煤炭高等教育“十四五”规划教材

成本管理会计

主　编　刘庆志　国凤兰　商广蕾
副主编　初　征　李妍玮　袁红波

中国矿业大学出版社
·徐州·

内容提要

成本管理会计以成本管理为中心，应用现代会计的概念、理论和方法进行成本核算与管理。本书围绕成本管理和价值创造展开，反映了国内成本管理会计理论和实践的最新发展，形成了一个较为完整的成本管理会计框架。本书共十二章，分别是概论、成本的概念和分类、成本核算的基本原理、要素费用核算、综合费用的核算，生产费用在完工产品与在产品之间的归集与分配、产品成本计算方法、变动成本法、本量利分析、经营预测、短期经营决策、成本控制系统。每章均配有练习与思考，帮助学生巩固所学知识。

本书可作为会计学、审计学、财务管理等工商管理类学科的本科教材，还可作为在职会计人员和从事经济管理工作的其他管理人员的培训与自学用书。

图书在版编目(CIP)数据

成本管理会计/刘庆志，国凤兰，商广蕾主编. —
徐州：中国矿业大学出版社，2023.4
ISBN 978-7-5646-5784-0

Ⅰ. ①成… Ⅱ. ①刘… ②国… ③商… Ⅲ. ①成本会计—管理会计 Ⅳ. ①F234.2

中国国家版本馆 CIP 数据核字(2023)第 068492 号

书　　名 成本管理会计
主　　编 刘庆志　国凤兰　商广蕾
责任编辑 史凤萍
出版发行 中国矿业大学出版社有限责任公司
（江苏省徐州市解放南路　邮编 221008）
营销热线 (0516)83885370　83884103
出版服务 (0516)83995789　83884920
网　　址 http://www.cumtp.com　**E-mail**：cumtpvip@cumtp.com
印　　刷 徐州中矿大印发科技有限公司
开　　本 787 mm×1092 mm　1/16　**印张** 18　**字数** 460 千字
版次印次 2023 年 4 月第 1 版　2023 年 4 月第 1 次印刷
定　　价 45.00 元
（图书出现印装质量问题，本社负责调换）

前　言

成本管理会计是以成本管理为中心，应用现代会计的概念、理论和方法进行成本核算与管理的一门理论性、实用性和综合性很强的学科；是服务于单位内部管理需要，通过利用相关信息，有机融合财务与业务活动，在单位规划、决策，控制和评价等方面发挥重要作用的管理活动。

为满足教学和实践工作的需要，加快高水平会计人才培养工作，我们总结多年教学与实践经验，全面学习宣传贯彻党的二十大精神，将党的二十大报告中的新思想新观点新论断融入教材、融入课堂、融入实践，精心编写了本书。

本书围绕成本管理和价值创造展开，反映了国内成本管理会计理论和实践的最新发展，形成了一个较为完整的成本管理会计的框架。本书最大特点是将“成本会计”与“管理会计”这两门课程进行了有效整合，本书具有以下几个方面的特色，一是兼顾会计相关课程的区别与联系，篇章结构安排注重成本管理会计的内在逻辑性，语言表述力求深入浅出，层次清晰，简明扼要，详略得当，避免重复；二是突出成本管理会计的理论体系，基本理论与方法的介绍详细全面，注重不同知识模块之间的关联性，全书形成了一个较为完整的理论体系结构；三是注重理论与实际相结合，借助教学案例，将理论与实践做了较好的融合；四是注意吸纳当前国内外成本管理会计理论与实务发展研究的最新成果，拓展完善学科领域。

本书由刘庆志、国凤兰、商广蕾担任主编，初征、李妍玮、袁红波担任副主编。全书的编写分工如下：第一章、第二章由刘庆志编写；第三章、第四章由国凤兰编写；第五章、第六章、第七章由初征编写；第八章、第九章、第十章由商广蕾编写；第十一章由李妍玮编写；第十二章由袁红波编写。最后由刘庆志对全书进行统稿。

本书可作为会计学、审计学、财务管理等工商管理类学科的本科教材，还可作为在职会计人员和从事经济管理工作的其他管理人员的培训与自学用书。

本书为山东省社科理论重点研究基地(山东数字经济研究基地)的阶段性研究成果,受山东数字经济研究基地资助,同时获得山东科技大学财经学院资助。

由于编者水平所限,书中可能存在疏漏与不足,恳请读者批评指正。

编者

2023 年 1 月

目　录

第一章　概论 ………………………………………………………… 1

第一节　成本管理会计的定义 ………………………………………… 1

第二节　成本管理会计的形成和发展 ………………………………… 2

第三节　成本管理会计的基本理论 …………………………………… 10

第四节　管理会计与财务会计的关系 ………………………………… 15

练习与思考 …………………………………………………………… 18

第二章　成本的概念和分类 ………………………………………… 20

第一节　成本的概念 …………………………………………………… 20

第二节　基于财务报告目的的成本分类 ……………………………… 24

第三节　基于管理目的的成本分类 …………………………………… 25

练习与思考 …………………………………………………………… 39

第三章　成本核算的基本原理 ……………………………………… 42

第一节　成本核算概述 ………………………………………………… 42

第二节　企业费用的分类 ……………………………………………… 44

第三节　成本核算的要求 ……………………………………………… 48

第四节　成本核算流程 ………………………………………………… 55

练习与思考 …………………………………………………………… 59

第四章　要素费用核算 ……………………………………………… 61

第一节　要素费用核算概述 …………………………………………… 61

第二节　原材料费用分配的核算 ……………………………………… 63

第三节　外购动力费用分配的核算 …………………………………… 70

第四节　职工薪酬分配的核算 ………………………………………… 73

第五节　折旧和其他费用分配的核算 ………………………………… 78

练习与思考 …………………………………………………………… 80

第五章　综合费用的核算 …………………………………………… 83

第一节　辅助生产费用的核算 ………………………………………… 83

第二节　制造费用的核算 ……………………………………………… 94

练习与思考 …………………………………………………………… 100

第六章　生产费用在完工产品与在产品之间的归集与分配 …… 104
第一节　在产品数量的核算 …… 104
第二节　完工产品和在产品之间分配费用的方法 …… 106
第三节　完工产品成本的核算 …… 115
练习与思考 …… 116

第七章　产品成本计算方法 …… 119
第一节　产品成本计算方法概述 …… 119
第二节　品种法和分批法 …… 122
第三节　产品成本计算的分步法 …… 134
练习与思考 …… 153

第八章　变动成本法 …… 158
第一节　变动成本法与完全成本法概述 …… 158
第二节　变动成本法与完全成本法的区别 …… 161
第三节　两种成本法分期营业利润差额的变动规律 …… 171
第四节　变动成本法的优缺点及应用 …… 175
练习与思考 …… 178

第九章　本量利分析 …… 182
第一节　本量利分析概述 …… 182
第二节　单一品种的本量利分析 …… 185
第三节　利润敏感性分析 …… 195
第四节　多品种条件下的本量利分析 …… 199
练习与思考 …… 201

第十章　经营预测 …… 204
第一节　经营预测概述 …… 204
第二节　销售预测 …… 207
第三节　成本预测 …… 221
第四节　利润预测 …… 224
练习与思考 …… 226

第十一章　短期经营决策 …… 228
第一节　决策分析概述 …… 228
第二节　短期经营决策的相关概念 …… 231
第三节　短期经营决策的常用方法 …… 234
第四节　生产决策 …… 236
第五节　定价决策 …… 249
练习与思考 …… 258

第十二章　成本控制系统 …… 261
第一节　预算管理与控制 …… 261
第二节　标准成本控制 …… 266
第三节　责任成本控制 …… 273
练习与思考 …… 276

参考文献 …… 279

第一章 概 论

【学习目标】 通过本章的学习，了解成本管理会计的形成与发展过程，掌握成本管理会计的基本内容和基本原则，能够区分管理会计与财务会计。

第一节 成本管理会计的定义

一、成本会计的定义

对于成本会计的定义，国内外学术界一直存在各种各样的观点。这里主要介绍狭义成本会计和广义成本会计的含义。

(1) 狭义成本会计的含义。狭义成本会计是指对成本核算资料进行归集、记录、汇总、分配，最终确定产品的总成本和单位成本的会计活动。该定义主要侧重于产品成本的计算，认为成本会计是商品经济发展到一定阶段产生的，是成本计算与复式记账法相结合的产物，是一种事后算账记录型的成本会计，属于传统的成本会计。

(2) 广义成本会计的含义。广义成本会计除了包含产品成本计算、核算的内容以外，还包括对成本的计划和控制等方面的内容。广义成本会计是指以成本和期间费用作为对象，通过计量、分析和报告与成本有关的财务信息和非财务信息，帮助内外部信息使用者做出决策的会计活动。这也是本书所用的成本会计定义。

公司需要成本会计信息来实现三个主要功能：① 为财务报告评估存货（资产负债表）和计量已售商品的成本（利润表）；② 计量作业、产品、服务和客户等不同维度的成本；③ 向管理者和运营人员提供关于战略、运营、流程、效率和履责等方面的经济反馈。可见，成本会计为财务会计和管理会计同时提供信息，第一个功能是满足财务会计的需要，第二个和第三个功能是满足管理会计的需要。实践中，多数会计人员认为成本信息是帮助管理者制定决策的重要管理会计信息，管理会计和成本会计之间的区分并不是很清晰，对此本书并不做严格区分。

二、管理会计的定义

现代会计有财务会计和管理会计两个分支。管理会计计量和报告财务与非财务信息，帮助管理者制定决策以实现组织目标。管理者利用管理会计信息选择、传达和实施战略，也利用管理会计信息制定研发、设计、生产和营销决策。管理会计的重点在于内部报告。当下，企业在很多方面都会用到管理会计，如风险管理、内部控制、投资预算等。

(1) 财政部关于管理会计的定义。管理会计是会计的重要分支，主要服务于单位(包括企业和行政事业单位，下同）内部管理，是通过利用相关信息，有机融合财务与业务活动，在单位规划、决策、控制和评价等方面发挥重要作用的管理活动。

（2）2005 年，英国特许管理会计师公会（CIMA）认为，管理会计是为组织创造价值和保值而收集、分析、传递、使用与决策相关的财务和非财务信息的管理活动。

（3）2008 年，美国管理会计师协会（IMA）认为，管理会计是一门专业学科，在制定和执行组织战略中发挥综合作用。

综上所述，本书认为，管理会计是从传统会计中分离出来与财务会计并列的一个会计分支，它运用一系列专门的方法，通过确认、计量、归集、分析、编制与解释、传递等一系列工作，以强化企业内部经济管理、实现最佳经济效益为目标，以现代企业经营活动及其价值表现为对象，通过对财务等信息的深加工和再利用，实现对经济过程的预测、决策、规划、控制、责任考核评价等。

理解此概念应注意以下几点：

（1）从属性看，管理会计属于管理学中会计学科的边缘学科，以提高经济效益为最终目的。

（2）从范围看，管理会计既为企业管理当局的管理目标服务，也为非管理集团服务。

（3）从内容看，管理会计既要研究传统管理会计的问题，也要研究管理会计的新领域、新方法，并且应把成本管理纳入管理会计研究的领域。

（4）从目的看，管理会计要运用一系列专门的方式方法，通过确认、计量、归集、分析、编制与解释、传递等一系列工作，为管理和决策提供信息，并参与企业经营管理。

管理会计的总目标是通过运用财务会计系统所提供的资料进行再加工、再提炼、再延伸，进而形成更高层次的管理信息，为经营当局预测前景、规划未来、经营决策、改进管理、控制和评价各责任单位的经济活动，提高经济效益和社会效益，在市场经济大潮中谋求发展。它的本质是一种全局性、长期性、决策性的提升企业价值的企业经济管理活动。

随着现代商业环境不断向服务型经济转变、向全球化市场发展，越来越多的企业认识到管理会计的重要性，成本管理、风险控制、预算分析、投资决策、战略分析等已成为很多大型公司必须要做的事情。会计变革更加需要管理会计，企业更加重视管理会计。未来，管理会计的发展定会加快传统会计改革的步伐，使传统会计顺利转变为符合时代要求的会计。

三、成本管理会计的定义

本书认为，成本管理会计是以提升企业价值为最终目的的会计信息系统，它运用一系列专门的概念和方法，通过确认、计量、估值，为管理和决策提供信息，并参与企业的经营管理。

第二节　成本管理会计的形成和发展

成本管理会计是会计学与管理学相互融合的一门综合性的新兴交叉学科，其目的是通过规划和控制企业的经济管理活动，为改进企业经营管理、提高经济效益服务。成本管理会计的形成和发展受社会实践及经济理论的双重影响：一方面，社会经济的发展要求加强企业管理;另一方面,经济理论的形成促使这种要求得以实现。成本管理会计的形成与发展过程,大体可以分为以下三个阶段。

一、以标准成本控制为基本特征的传统成本管理阶段

(一) 社会经济发展的基本特征

19 世纪,英国工业革命促进了企业生产规模的迅速扩大,合伙经营、股份公司等企业组织形式相继出现,企业的所有者逐渐将企业的经营权委托给专门的管理阶层(职业经理人)。为适应所有权与经营权的分离,满足各有关方面(如股东、债权人、经营者等)对公司的财务状况和经营成果的关注需求,需要编制会计报表,于是形成了近代会计。

20 世纪初,随着社会化大生产程度的提高,生产规模日益扩大,竞争日益激烈,企业的生存和发展并不仅仅取决于产量增长,更重要的是取决于成本的高低。因此,为在激烈的竞争中战胜对手,企业必须加强内部管理,提高生产效率,降低成本和费用,获取最大限度的利润。

(二) 经济理论的发展

20 世纪 20 年代,美国兴起了科学管理运动,但生产效率低下。为解决这一问题,泰勒的科学管理理论和法约尔的全面预算体系等古典经济理论有了很大的发展,其中古典组织理论对管理会计的形成影响很大。代表性的学派如下:

1. 官僚学派

官僚学派强调企业是一个正式的、机械性的组织结构,并由组织中的统治集团通过以下四个方面实行控制:① 劳动分工;② 规范化的权力体制;③ 经营过程的规划与标准;④ 工作责任的详细说明。

2. 科学管理学派

美国古典管理学家、科学管理理论的主要倡导者、被后人尊称为"科学管理之父"的泰勒创立了科学管理学派。

泰勒科学管理学说的中心目的是提高生产和工作效率。他认为,对于完成每项工作来说,总存在着一个"最佳途径",管理的职责在于为工作提供明确的指导,选拔最适合于该项工作的工人来完成该项工作,并用最有效的方法对这些工人进行培训。同时,工人们被假设只受经济奖励的激励。泰勒在诸如时间研究、动作研究等科学试验的基础上,制定出在一定客观条件下认为可以实现并且最有效率的标准操作方法,并以此方法训练全体工人,提出了标准化管理方法。

标准化管理,即通过时间研究、动作研究等,制定在一定条件下被认为是可以实现的,同时又是最有效率的标准(工作定额),作为评价和考核的依据。泰勒主张挑选第一流的工人,使用标准化的设备、工具和材料,掌握标准化的操作方法,并使作业环境标准化,生产出标准的产品。他还主张将计划职能和执行职能分开,计划部门根据各种标准制订计划,以预定的科学标准为基础,发展奖励计件工资制度,利用标准人工成本的概念。在此以后,他又把标准人工成本概念引申到标准材料成本的标准制造成本费用等。这样,通过制定在一定的条件下认为可以实现、同时又是最有效率的标准作为考核的依据,就可促使生产的各方面实现高度标准化,从而提高生产和工作效率。

3. 行政管理学派

行政管理学派研究的焦点是什么类型的专业化和等级制度才能使组织效率最大化，注重组织内较高一级的管理问题。行政管理学派的代表主要有法约尔、斯隆等。

20 世纪 20 年代，法国科学管理学家法约尔着重于企业全面经营管理的研究。他把工业企业的经营管理分为六种活动（技术、商业、财务、安全、会计、管理）和五种管理职能（计划、组织、指挥、协调、控制），其中控制的目的是保证实际工作能按已定计划和指令去完成活动，它涉及管理过程的其他四种职能。企业的预算是奋斗的目标、协调的工具、控制的标准和考核的依据，必须构成有机整体，与整个管理过程和各项活动相配合。同标准成本一样，预算控制方法尽管被引入会计中来，但在较长的一段时期内，这些技术方法只被看作会计配合推行泰勒的科学管理所做的一些尝试，以提高效率、降低消耗。为探讨预算控制方法更大范围的作用，他发展了一系列管理原则，强调劳动分工、个人权责的明确划分、命令与纪律、集权以及个人的首创精神与集体团结精神。

美国通用汽车公司总裁斯隆于 1924 年提出的事业部制，也称“斯隆模型”“联邦分权化”，是一种高度（层）集权下的分权管理体制。20 世纪 20 年代初，通用汽车公司合并、收购了许多小公司，企业规模急剧扩大，产品种类和经营项目增多，而内部管理却很难理顺。1919 年至 1920 年间，斯隆有感于通用汽车公司的管理混乱，撰写了关于通用汽车公司的组织研究报告。对于这份报告的意图，斯隆写道：“本研究的目的在于为通用汽车公司提出一种组织架构方案建议，这一方案将在公司广泛的运营领域中建立起行政指挥线，协调好各事业部的关系，同时也不会破坏以往的高效工作方式。”该报告基于两个原则：一是各事业部首席执行官的职责不应受到限制，每个以首席执行官为负责人的组织都应该具备各项必要的职能，从而保障各组织能够主动、合理、充分地发展。二是为了保证整个公司的合理发展和适度控制，绝对需要将一些职能集中起来行使。斯隆的事业部制将经营活动的分权化与政策决策的集中权相结合，取得了巨大的成功，有力地说明了事业部制是组织管理的一个极为有效的手段。

（三）管理会计的形成

该阶段形成了以提高企业的生产效率和工作效率为手段，以标准成本控制为基本特征的管理会计的雏形，其主要内容包括：

（1）标准成本。标准成本是指按照科学的方法制定人工、材料消耗标准，并以此为基础，形成产品标准成本中的标准人工成本、标准材料成本、标准制造费用等标准的方法。标准成本的制定，使成本计算由事后的计算和利用转为事前的计算和利用，是现代会计管理职能的重大体现。

（2）预算控制。预算控制是指将标准人工成本、标准材料成本、标准制造费用以预算形式表现出来，并据以控制料、工、费的发生，使之符合预算要求的方法。

（3）差异分析。差异分析是指在一定期间终了时，对料、工、费脱离标准的差异进行计算和分析，查明差异形成的原因和责任，借以评价和考核各有关方面的工作业绩，促使其改进工作的方法。

西方会计把标准成本、预算控制和差异分析等专门方法引入会计的方法体系，同时少数学者把这些内容综合起来，称之为管理的会计（management accounting），如 1922 年美国会计学家奎因斯坦在《管理的会计:财务管理入门》一书中第一次提出了“管理会计”这个术语,当时被称为“管理的会计”。1972 年,美国全国会计师联合会(NAA)下面单独设立了“管理会计师协会”(IMA),并创办了“管理会计证书”项目,举行取得管理会计师资格的考试。与此同时,英国成立了“成本和管理会计师协会”(ICMA),安排了取得管理会计师资格的考试。至此,传统管理会计得以形成。

二、以预测、决策为基本特征的现代管理会计阶段

(一)社会经济发展的基本特征

第二次世界大战以后,西方经济出现了两个明显的特点:一是现代科学技术的突飞猛进和将其大规模地应用于生产,使生产力获得十分迅速的发展;二是企业进一步集中,规模越来越大,生产经营日趋复杂,企业外部的市场情况瞬息万变、竞争加剧,经济环境动荡不安,失业率增加,经济危机频繁发生,企业活力普遍下降。企业管理当局为提高内部工作效率、战胜对手,在生产经营方面出现了以下变化:

(1) 广泛推行职能管理。利用行为科学研究的最新成果改善人际关系,利用激励机制调动职工主观能动性,以激励职工提高产品质量、降低产品成本、扩大企业盈利。

(2) 产品生产为满足顾客需求转向小批量生产。产品生产从重视单一品种的大批量生产转为按顾客要求进行多品种的小批量生产,以提高市场竞争力。

(3) 重视市场调查。由于市场竞争日趋激烈,企业不得不重视对市场的调查研究,借助最新研究成果,加强生产经营的预测和决策工作,与此同时强化了生产经营的日常控制和考评工作。

(4) 推行定量化管理。计算机技术的迅速发展,为定量化管理提供了保障。

由于在生产经营上的以上变化,企业管理的重心从简单依靠提高生产和工作效率以及内部的标准化管理转向提高企业经济效益。

(二)经济理论的迅速发展

为适应管理重心由提高生产和工作效率转向提高经济效益的需要,管理理论也得到了快速的发展。以运筹学、行为科学、系统理论、决策理论等为主要支柱的现代管理理论和管理学派的出现,极大地推动了管理会计的发展。

1. 运筹学

随着运筹学的发展以及在企业管理中的应用,许多量化的管理方法和技术得以建立和发展,用来帮助管理人员按照最优化的要求,对企业极为复杂的生产经营活动进行科学的预测、决策、组织、安排和控制,促使企业的生产经营实现最优运转,从而大大提高企业管理的科学化、现代化水平及其竞争和适应的能力。

2. 行为科学

行为科学管理理论始于 20 世纪 20 年代中期至 30 年代初期梅奥的霍桑实验,该项研究的成果表明,工人的工作动机和行为并不仅仅为金钱收入等物质利益所驱使,他们不是“经济人”,而是“社会人”,有社会性的需要。梅奥由此建立了人际关系理论,行为科学的前提称为人际关系学。1949 年,在美国芝加哥召开的一次跨学科会议上,首次提出“行为科学”这一名称。1953 年,这门综合性学科正式被定名为“行为科学”。

行为科学是运用心理学、社会学、社会心理学、人类学、经济学、政治学、历史学、法律学、教育学、精神病学及管理理论和方法，研究人的各种行为的规律性，分析人产生各种行为的客观原因和主观动机的一门新兴综合性边缘学科，并且发展成为国外管理研究的主要学派之一。

行为科学旨在创造一种适当的激励机制，激励人们确定如下行为准则：

(1) 每一个成员只有依靠组织才能有所作为，脱离组织则一事无成，从而在组织与成员之间形成一种同舟共济、患难与共的关系；

(2) 每一个成员只有在组织整体目标实现的同时，才能最大限度地实现个人目标；

(3) 组织应以组织整体目标与成员个人目标的协调一致为出发点，只有这样才能充分发挥各方面的积极性和创造性，才能不断增强活力和凝聚力，才能为长期健康发展提供有力的组织保障。

行为科学的产生主要是为了满足管理界日益增长的"应该注重组织内人的因素"的需要，其侧重点在于人际关系和人力资源，其主要贡献在于提出了群体动态、非正式组织、管理监督风格、参与管理和自我实现等几个概念。

3. 系统理论

系统思想源远流长，但作为一门科学的系统论，人们公认是美籍奥地利人、理论生物学家贝塔朗菲创立的。贝塔朗菲在1932年提出"开放系统理论"，并提出了系统论的思想；1937年提出了一般系统论原理，奠定了这门科学的理论基础；1968年发表著作《一般系统论：基础、发展和应用》(*General System Theory: Foundations, Development, Applications*)，该书被公认为是这门学科的代表作。

系统是一个有组织的、一元化的整体，它包括两个和两个以上的独立部分、元素或子元素，其界限由环境决定。系统理论认为：组织系统的各个部分是相互联系、相互依存、相互制约的；系统内部、系统之间以及系统与外部，要进行物质、能量和信息的交换，并通过交换形成一种稳定有序的状态。系统理论将组织看作一个开放的系统，强调组织对其所处环境的依赖性；对组织的研究不是组织的目的，而是帮助组织适应环境的手段；由于环境影响所产生的组织业绩水平的不规则性是组织实现其功能不可分割的因素，应认真研究。总之，对于不同的环境而言，没有一个可以通用的最佳组织结构。

4. 决策理论

决策理论形成于20世纪30—40年代。美国学者古立克在他的《组织理论》一文中认为，决策是行政的主要功能之一。美国学者巴纳德在《行政领导的功能》一书中认为，行政决策是实现组织目标的重要战略因素。美国著名的管理学家和社会科学家、经济组织决策管理大师西蒙，于1944年在他的《决策与行政组织》一文中提出了决策理论的轮廓。三年后，西蒙的著作《行政行为——在行政组织中决策程序的研究》，成为决策理论方面最早的专著。此后，他继续研究决策理论和实际决策技术(包括运筹学、计算机学)，为决策学成为新的管理学科奠定了基础。以西蒙为代表的决策理论学派吸收了系统理论、行为科学、运筹学和计算机科学等学科的研究成果，在20世纪70年代形成了一个独立的管理学派。

决策理论认为：

(1) 决策贯彻管理的全过程，管理就是决策。

(2) 由于个人能力所限，只能在某时间内处理较少数量的信息，因而理性要求面对一个问题时，只寻求解决该问题的第一方式，而不会不断地寻找直到找到最优的解决方式，这就是著名的“以满意代替最优”的思想。

(3) 决策者可能同时面对几个目标，有时这些目标之间还会相互冲突，这时就应找出该期间的最主要的目标，并设法予以完成。随着时间的推移，其他目标的重要性也会显现出来，这时，就要再排一个顺序，依次予以完成，这就是所谓的“目标排列”思想。

（三）管理会计的发展

社会经济的发展和经济理论的丰富，使得管理会计的理论体系逐渐完善，内容更加丰富，逐步形成了预测、决策、预算、控制、考核和评价的管理会计体系。

在该阶段，以标准成本制度为主要内容的管理控制继续得到强化并有了新的发展，同时产生了责任会计。责任会计将行为科学理论与管理控制理论结合起来，进一步加强了对企业经营的全面控制（不仅仅是成本控制），并且将责任者的责、权、利结合起来，考核、评价责任者的工作业绩，从而极大地激发了经营者的积极性和主动性。管理会计在强化控制职能的同时，开始行使预测、决策职能。随着各种预测、决策理论和方法广泛引入管理会计，逐步形成了以预测、决策为主要特征并与管理现代化要求相对应且行之有效的管理会计信息体系，理论体系更加完善，内容更加丰富，其主要内容包括以下几个方面。

1. 预测

预测是指运用科学的方法，根据历史资料和现实情况，预计和推测经济活动未来趋势和变化程度的过程，包括销售预测、成本预测、利润预测、资金需要量预测等内容。

2. 决策

决策是指按照既定的目标，通过预测、分析、比较和判断，从两个和两个以上的备选方案中选择最优方案的过程，包括经营决策（如产品品种决策、产品组合决策、生产组织决策、定价决策）、投资决策等内容。

3. 预算

预算是指以货币度量和非货币度量反映企业一定期间收入、成本、利润、对资产的要求及资金的需要，反映经营目标和结果的计划，包括业务预算、专门决策预算和财务预算等内容。

4. 控制

控制是指按预算要求，控制经济活动使之符合预算的过程，包括标准成本法和责任会计等内容。

5. 考核和评价

考核和评价是指通过实际与预算的比较，确定差异，分析差异形成的原因，并据以对责任者的业绩进行评价和对生产经营活动进行调整的过程。这一过程在标准成本法和责任会计的实施中表现出来。

现代管理科学认为，尽可能提高企业内部生产经营各方面、各环节的生产和工作效率固然重要，但更重要的是要把正确地进行决策放在首位，即所谓“管理的重心在经营，经营的重心在决策”。因此，现代管理会计把决策会计放在首位，并使之为企业生产经营决策服务。

1972年，管理会计与财务会计的区分形成制度化。美国全国会计师联合会(NAA)建立了单独的管理会计师协会(IMA)，英国也成立了成本和管理会计师协会(ICMA)，他们分别出版了专业性刊物《管理会计》月刊，在全世界范围内发行。同年，在美国由管理会计师协会主持举行了第一次“执业管理会计师”资格考试，从此在西方国家，除了“公证执业会计师”(CPA)外，又出现了专门的“注册管理会计师”(CMA)。

1980年4月，会计人员联合会在巴黎举行了第一次欧洲会议，代表来自欧洲、美洲国家和澳大利亚，会议主题是探讨如何应用和推广管理会计。

至此，以现代管理科学为理论和方法的、基础的、决策性的狭义管理会计的内容体系已经建立起来。1952年国际会计师联合会(IFAC)年会上正式采用了“管理会计”(management accounting)这一专门词汇，标志着现代管理会计正式形成，自此现代会计分为财务会计和管理会计两大分支。

三、以重视环境适应性为基本特征的战略管理会计阶段

(一) 社会经济发展的基本特征

20世纪70年代以后，现代科学技术迅速发展，全球性竞争日益激烈，企业生产经营面临的内外部环境发生了很大的变化，具体表现在以下方面。

1. 外部环境的变化

企业面临的外部环境日趋复杂，对企业的影响因素增多且变化明显加快，企业面临着市场的严峻选择。面对生存危机，企业从过去的被动适应，转向在竞争中主动明确自己的战略定位、创造并发挥自身的独特优势，以谋求自己的生存空间。

2. 内部环境的变化

从内部环境看，企业规模日益壮大，管理层次越来越多，这要求企业提高管理的有效性和管理效率，有效整合内部资源，以适应环境的变化。为降低经营风险，企业由单一产业转向多元化发展，产业间相互关联及波及效应的影响要求企业必须站在战略的高度分析产业并预测企业的发展前景。

3. 企业未来发展趋势的变化

从企业未来的发展趋势看，科技的迅猛发展使得企业不可预测的迅速变化的因素日益增多。企业生存所依赖的政治、经济、制度、文化、技术和产业等环境因素的不确定性增加，并不可避免地伴随着一切商业的运行，这要求企业必须成为适应性企业。适应性意味着企业针对变化做出再造、灵敏、柔性等相应的组织反映。

(二) 经济理论的发展

战略管理理论的发展为战略管理会计的发展奠定了理论基础。该理论起源于20世纪的美国，萌芽于20世纪20年代，形成于20世纪60年代，在20世纪70年代得到大发展。美国经济学家巴纳德最早把战略观念引入企业管理的理论和实践。1938年，他在《经营者的职能》一书中使用了战略概念。在该书中，巴纳德认为企业领导者的“产生道德创造能力和高水准准确性管理责任”是企业生存和发展的核心因素。美国学者钱德勒的《战略与结构:美国工商企业成长的若干篇章》(1962年)、安索夫的《企业战略论》(1965年)、安东尼的《经营管理系统的基础》(1965年)，这几本书的出版给战略管理理论与实践以极大的推动，

出现了席卷全球的“战略热”。

战略管理是管理者确立企业长期目标，在综合分析内外部相关因素的基础上制定达到目标的战略，并执行和控制整个战略的实施过程。战略管理的过程一般包括三个阶段，即战略的制定、战略的实施、战略的评价和控制。

为了制定企业战略，高层管理者必须分析企业的内外部环境，明确企业的优势、劣势、机会和威胁。战略管理的关键就是要在不断审视企业内外部环境变化的前提下，寻求一个能够利用优势，抓住机会，弱化劣势和避免、缓和威胁的战略。管理者根据对企业优势、劣势、机会和威胁的分析、比较，明确企业的宗旨，树立企业的目标，选择企业的战略，制定企业的政策，这就是企业战略制定阶段的主要内容。

企业战略确定以后，首先要建立一个战略实施的计划体系，其中包括各种行动方案、预算、程序，目的是将企业战略具体化，使之在时间安排和资源分配上有所保障。然后，根据新战略来调整企业的组织结构、人员安排、领导方式、财务政策、生产管理制度、研究与发展的政策、企业文化等，目的是通过这些战略措施使企业战略的实施更有效率。

对企业战略管理的过程和结果要及时进行评价。通过评价所得到的信息要及时、准确地反馈到企业战略管理的各个环节上去，以便企业的各级领导者采取必要的纠正措施。造成战略实施的结果与原计划不同的原因是多方面的。管理者在发现这些偏差之后，首先应重新检查或调整战略实施的计划体系或实施措施；其次应检查企业的政策、战略、目标是否正确；最后应重新考虑企业的宗旨。

（三）战略管理会计的产生

随着战略管理理论的发展和完善，著名管理学家西蒙于1981年在《战略管理会计》中首次提出了“战略管理会计”一词。他认为，战略管理会计应侧重企业与竞争对手的比较，收集竞争对手关于市场份额、定价、成本、产量等方面的信息。战略管理会计研究的主要内容应包括：市场份额的评估；战略预算的编制（把本企业的信息和竞争对手的信息按多栏式预算格式加以对比）；竞争地位的变化研究（以企业现有状态为起点，改变资本结构或定价策略将会给企业竞争地位造成的影响）；等等。

到了20世纪80年代末，西方会计界人士提出，既然战略管理会计源于企业未来战略管理，那么，不同的企业战略所要求的战略管理会计的侧重点也就不同。1987年，西蒙以调查问卷的形式，研究了防卫者和开拓者企业。他发现在持防卫者战略的企业中，战略管理会计并不十分注重对预算的编制和控制，而是侧重于研究影响战略的不确定因素；在持开拓者战略的企业中，战略管理会计极为重视预测数据、设立严格的预算目标以及控制产品的产量，对成本的控制则比较疏松。

战略管理会计是与企业战略管理密切联系的，它运用灵活多样的方法收集、加工、整理与战略管理相关的各种信息，并据此协助企业管理层确立战略目标、进行战略规划、评价管理业绩。在西蒙之后，很多学者的研究成果也在不断丰富和完善战略管理会计。

战略管理会计主要研究的内容包括：企业环境分析、战略管理成本分析、竞争对手分析、价值链分析、综合业绩评价等。

2014年10月27日，财政部发布《关于全面推进管理会计体系建设的指导意见》，就全面推进管理会计体系建设的重要性和紧迫性，指导思想、基本原则和主要目标，主要任务和措施以及工作要求等做出重要指示。2016 年 6 月 22 日，财政部印发《管理会计基本指引》，使管理会计形成了涵盖目标、原则、要素等内容的基本框架。2017 年 9 月 29 日，财政部印发《管理会计应用指引第 100 号——战略管理》等 22 项管理会计应用指引。2018 年 8 月 17 日，财政部印发《管理会计应用指引第 202 号——零基预算》等 7 项管理会计应用指引。2018 年 12 月 27 日，财政部印发《管理会计应用指引第 204 号——作业预算》等 5 项管理会计应用指引。至此，我国形成了战略管理、预算管理、成本管理、营运管理、投融资管理、绩效管理、风险管理和其他领域共八大领域的管理会计应用指引。我国将建成以管理会计基本指引为统领、以应用指引为具体指导、以案例示范为补充的管理会计指引体系。这为管理会计的发展规划了蓝图，开启了会计改革与发展的新篇章，在会计史上具有里程碑意义，必将对我国管理会计事业的发展，乃至社会经济发展产生积极而深远的影响。

第三节　成本管理会计的基本理论

一、成本管理会计的对象

从根本上讲，成本管理会计的对象是以使用价值为基础的价值活动。围绕成本管理会计的研究对象，学术界形成了几种不同的观点。

（一）现金流动论

持该观点的学者认为，管理会计的研究对象是企业的现金流动。

(1) 通过现金流动，可以把企业生产经营中的资金、成本、利润等几个方面联系起来，进行统一评价，为改善生产经营、提高经济效益提供重要的、综合性的信息。

(2) 现金流动表现为现金流入和现金流出两个方面，这两方面在数量上和时间上的差别，最终会影响企业的经济效益。

(3) 虽然一定期间的现金流入减去现金流出不等于利润，但却制约着利润的大小；而且现金流入与现金流出时间上的差异，制约着企业的资金占用水平。

(4) 通过货币资金时间价值的换算，把现金流动在时间上的差异表现出来，从而综合评价成本耗费水平、资金占用水平和盈利水平。

由此可见，现金流动具有较大的综合性和敏感性，可以在各环节发挥积极作用。

（二）价值差量论

持该观点的学者认为，管理会计的研究对象是价值差量。

(1) 现代管理会计的基本内容，包括成本性态分析与变动成本计算、盈亏临界点与本量利分析、经营决策的分析与评价、资本支出决策的分析与评价、标准成本系统、责任会计等方面，而价值差量是对每一项内容进行研究的基本方法，并能贯彻始终。

(2) 价值差量具有很大的综合性，管理会计研究的“差量”问题，既有价值差量，又包括实物差量和劳动差量，后者是前者的基础，前者是后者的综合表现。

（三）资金总运动论

持该观点的学者认为，管理会计的研究对象是企业及所属各级机构过去、现在、将来的资金总运动。

(1) 管理会计与财务会计是并列的两个分支,二者同属于会计这一范畴之下,因而管理会计与财务会计有着共同的研究对象。因此,管理会计的研究对象涵盖了所有时间、空间的资金运动。

(2) 资金运动的时空交错构成一个网络结构的资金运用系统,在这一系统中,管理会计的对象应涵盖所有时空的资金运用,而财务会计仅以过去的资金运动为对象。所以,把资金运动作为管理会计的对象,与管理会计实践及历史发展是相吻合的。

(四) 价值结合论

持该观点的学者认为,管理会计的研究对象是以使用价值管理为基础的价值管理。

(1) 从实质上讲,管理会计的对象是企业的生产经营活动。财务会计主要从外部报表使用者角度,通过填制凭证、登记账簿、编制报表等方法进行记账、算账和保障等会计循环工作,对已经发生或完成生产经营的交易或事项进行核算,以提供其所需的会计信息。管理会计主要从企业内部使用者角度,通过预测、决策、控制和评价等工作,对企业未来生产经营活动产生的现金流动进行规划和控制,以提高企业资金的使用效果。

(2) 从管理体现经济效益的角度上看,管理会计的对象是企业生产经营活动中的价值运动。在商品经济条件下,企业的生产经营活动表现为两个方面:一方面是使用价值的生产和交换过程,另一方面是价值形成和价值增值的过程。成本与管理会计以生产经营活动中的价值形成和价值增值过程为对象,通过对使用价值的生产和交换过程的优化提供信息并参与决策以实现价值最大增值的目的。

(3) 从实践角度上看,管理会计的对象具有复合性的特点。一方面,管理会计致力于使用价值生产和交换过程的优化,强调加强作业管理,其目的在于提高生产和工作效率;另一方面,在价值形成和价值增值过程中,管理会计强调加强价值管理,其目的在于提高经济效益,实现价值的最大增值。

正是因为管理会计对象具有的复合性,才使得作业管理和价值管理得以统一,并构成完整的管理会计对象。一方面,价值环节和价值链与作业环节和作业链密切联系,基本形成一一对应的关系;另一方面,价值的增值取决于作业环节的减少和无用作业的消除,因为作业环节的减少和无用作业的消除将减少资源的耗费,在整个纵向价值链的价值增值额不变的情况下,必然会增加企业的价值增值额。可以说,作业管理和价值管理是管理会计的两个轮子。

二、成本管理会计的目标

(一) 最终目标

目标通常是指通过努力想要达到的境地或标准。成本管理会计的目标就是成本管理会计的职能想要达到的标准。成本管理会计是适应企业加强内部经营管理、提高企业竞争力的需要而产生和发展起来的,因此,成本管理会计的最终目标是提高企业的经济效益。

(二) 分目标

为实现提高经济效益的最终目标,成本管理会计应实现以下两个分目标。

1. 正确计算成本,为管理和决策提供成本信息

成本管理会计应向各级管理人员提供以下经选择和加工的成本信息:

(1) 与计划、评价和控制企业生产经营活动有关的各类成本信息,包括历史的和未来可能的成本信息。这些成本信息有利于各级管理者加强对生产经营过程的控制,实现最佳经营。

(2) 与维护企业资产安全、完整以及资源的有效利用有关的各类成本信息。

(3) 与股东、债权人及其他企业外部利益相关者的决策有关的成本信息,这些信息将有利于投资、借贷及有关法规的实施。

2. 科学评价和估值,参与企业的经营管理

在现代管理理论的指导下,成本管理会计正在以会计特有的计量、估值的思维和方法积极参与企业的经营管理,将会计核算推向会计管理。从实践角度看,管理会计以制定各种战略、战术及经营决策,帮助协调组织企业工作等方式参与管理,这不仅有利于各项决策方案的落实,而且有利于企业在总体上兼顾长期、中期和短期利益的最佳化运行。同时,这也有利于从企业全局出发,认真考虑各项决策和计划之间的协调配合和综合平衡。

三、成本管理会计的职能

成本管理会计的职能是指成本管理会计实践本身客观存在的必然性所决定的内在功能,具体包括预测、决策、规划、控制、考核评价等职能。

(一) 预测

成本管理会计主要依据历史的或者现时的会计资料以及其他有关资料,采用定量分析模型或者定性分析手段,预计和推测企业未来经济业务的发展趋势以及对企业的财务状况、经营效益、现金流量等方面的影响,为企业内部经营管理决策提供可靠信息。成本管理会计的预测职能主要反映在销售预测、成本预测、利润预测、资金预测等方面。

(二) 决策

成本管理会计主要以提供与决策相关的信息的方式参与企业内部管理决策,充分利用所掌握的资料,严密地进行定量分析,帮助企业管理当局做出科学的决策。成本管理会计提供的数据和信息可以帮助管理人员有效完成各种不同类型的决策。例如,产品品种组合的选择、长期投资项目分析、产品定价等。决策以预测为基础,通过预测提出企业实现一定经营目标可供选择的备选方案,根据决策目标收集整理与各个方案有关的会计信息和其他资料,测算每个备选方案对企业产生的经济影响,并对能够实现某一特定经营目标的多个备选方案进行分析和比较,权衡利弊得失,做出最优选择,为管理人员做出正确的决策提供理论上的支持。

(三) 规划

规划是对企业未来的生产经营活动进行科学的安排与筹划。成本管理会计在对有关指标进行预测和决策后,主要的工作是正确编制各项预算,即实行全面预算。全面预算是经营管理决策的具体化,通过全面预算将事先确定的有关经济目标进行分解落实,从而合理有效地组织协调企业的生产经营活动,并为考核评价工作提供依据。

(四) 控制

成本管理会计根据事先编制的预算,实时控制企业的经济活动,对发生的实际经济活

动进行同步计量、记录和报告，及时将实际数据与预算数据进行对比，确定偏离程度，计算差异并分析差异产生的原因，确定相关责任。对于不利差异提出改进措施，并在必要时对预算进行修订。成本管理会计的控制职能主要由以下四个环节组成。

(1) 制定控制标准。全面预算是企业的总体目标，也是衡量企业生产经营活动绩效的标准。为更有效地实施控制，需要将全面预算的各项指标按照企业内部划分的责任单位进行层层分解，编制责任中心的责任预算，并将其作为评价考核各责任中心的标准。

(2) 对实际经营活动运行状况进行连续计量和记录，收集实际经营活动的反馈信息，定期编制业绩报告。

(3) 将实际经营活动的反馈数据同责任预算数据进行对比，确定差异程度，以分析各责任中心的工作绩效。

(4) 对偏离预算的差异进行纠正，根据差异产生的原因，及时调整企业的经营活动，保证既定经营目标的实现。

（五）考核评价

考核评价是对企业内部责任单位责任的落实和执行等进行考核与评价的过程。成本管理会计主要通过实施责任会计制度来进行责任考核。

成本管理会计的职能之间具有非常紧密的联系，构成一个完整的管理会计循环。预测是决策的前提，决策是规划的基础，而规划既是预测和决策的综合反映，又是经营目标的具体化，是进行控制、考核评价的依据。

四、成本管理会计的基本内容

成本管理会计旨在提高企业经济效益，并通过一系列专门方法，利用财务会计提供的资料及其他资料进行加工、整理和报告，使企业各级管理人员能据以对日常发生的各项经济活动进行规划与控制，并帮助决策者做出各种专门决策的一个会计分支。成本管理会计在企业的财务管理活动中起到越来越重要的作用。在成本管理会计的核心理念中，价值的创造与维护是最为重要的两点。成本管理会计是企业的战略、业务、财务一体化最有效的工具。

成本管理会计主要服务于企业内部经营管理，其内容非常广泛，并且不断发展、完善。就目前来看，成本管理会计的基本内容主要包括以下三个方面。

（一）预测决策会计

预测决策会计是根据企业现有条件和掌握的会计历史资料以及事物的内在联系，应用专门方法，对企业生产经营活动的未来发展趋势和状况进行预计和测算，并在此基础上，运用一系列现代管理技术和方法，分析评价各种决策的经济效果，为各级管理人员提供所需信息的会计。预测决策会计处于现代会计管理的核心地位，又是现代成本管理会计形成的关键标志之一。预测决策会计的具体内容包括经营预测、短期经营决策与长期投资决策等。

（二）规划控制会计

规划控制会计是成本管理会计的重要内容，它利用全面预算这一最为广泛的企业规划管理工具，通过标准成本制度，实施有效的成本控制，以保证企业的各个环节和各项经营活动朝着既定的目标前进。规划控制会计的具体内容包括全面预算和成本控制等。

（三）责任会计

责任会计是现代分权管理模式的产物，它是按照分权管理的思想划分各个管理层次的相应职责、权限及所承担义务的范围和内容，通过考核评价各有关方面履行责任的情况，反映其真实业绩，从而调动企业全体职工积极性的一种内部控制会计。责任会计的要点就在于利用会计信息对各分权单位的业绩进行计量、控制与考核。

五、成本管理会计的原则

为保证成本管理会计信息符合一定质量标准，更好地为企业创造价值，应遵循下列基本原则。

（一）最优化原则

最优化原则是指成本管理会计必须根据企业不同管理目标的特殊性，按照优化设计的要求，认真组织数据的收集、筛选、加工和处理，以及提供能满足科学决策需要的最优信息。

（二）成本效益原则

成本效益原则是指成本管理会计提供的信息必须能够体现成本管理会计为提高企业总体经济效益服务的要求；并且成本管理会计提供信息所获得的收益必须大于为取得或处理该信息所耗费的信息成本。比如，一家制造业公司经过研究发现，建立一套作业成本系统所带来的成本节约要大于系统实施和运维成本，那么管理者就可以做出实施作业成本系统的决策。

（三）决策有用性原则

决策有用性原则是指成本管理会计信息在质量上必须符合相关性和可行性的要求，这是衡量成本管理会计信息质量高低的重要标志。

（四）及时性原则

及时性原则是指成本管理会计获取信息与执行应及时满足企业经营管理对信息的需求，要求在尽可能短的时间内，迅速完成数据收集、处理和信息的传递，确保有用的信息得以及时利用。

（五）重要性原则

重要性原则强调成本管理会计在进行信息处理时，应当突出重点，抓住主要矛盾。对关键的事项，认真对待，采取重点处理的方法，分项单独说明；对次要事项，可以简化处理，合并反映；对于无足轻重或不具有相关性的事项，甚至可以忽略不计。贯彻重要性原则，必须考虑到效益原则和决策有用性原则的要求，同时它也是实现及时性的重要保证。

（六）灵活性原则

灵活性原则一方面是指获取用于生成成本管理会计信息的资料来源渠道具有多样性，它既包括来自企业内部的资料，又包括来自企业外部的情况；另一方面是指对资料的管理方法具有灵活性，应针对不同情况采用不同的会计管理方法，提供不同信息，以满足企业内部各方面管理的需要。

第四节　管理会计与财务会计的关系

管理会计与财务会计是现代会计的两大分支，在同时为企业提供服务时，各有自己的特点，二者既有联系，又有明显的区别。

一、管理会计与财务会计的联系

管理会计与财务会计同属企业的会计范畴，二者之间具有千丝万缕的联系。

（一）起源相同，同属现代会计

管理会计与财务会计都是在传统会计中孕育、发展和分离出来的，同属现代会计范畴，它们作为会计管理的重要组成部分，标志着会计学科的发展和完善。

（二）目标相同

尽管管理会计、财务会计分别对企业内部和外部提供信息，但最终目标都是使企业能够获得最大利润，提高经济效益。

（三）基本信息同源

管理会计所使用的信息尽管广泛多样，但基本信息来源于财务会计，有的是财务会计资料的直接使用，有的是财务会计资料的深加工和再利用。

（四）服务对象交叉

虽然管理会计与财务会计有内、外之分，但服务对象并不严格、唯一，在许多情况下，管理会计的信息可以为外部利益集团所利用，财务会计的信息对企业内部决策也至关重要。因为财务会计提供的许多重要财务成本指标，如资金、成本、利润等，对企业管理者同样重要，是其制定决策、编制计划和实施控制所不可缺少的。同样地，管理会计所进行的预测、决策、计划和控制等工作，是围绕着实施企业生产经营的最佳运转而展开的，是为怎样保持良好的财务状况和取得预期的经营成果服务的，同投资者、债权人的最终经济利益密切相关。

（五）某些概念相同

管理会计使用的某些概念，如成本、收益、利润等与财务会计完全相同，有些概念则是根据财务会计的概念引申出来的，如边际成本、边际收益和机会成本等。

（六）财务会计改革有助于管理会计发展

管理会计所需的资料大多来源于财务会计，因而企业管理会计工作受到财务会计工作质量的约束。财务会计的改革和发展，促进了财务会计信息质量的提高，可以为企业管理会计提供更多更好的资料信息，这可以极大地推动管理会计的发展。

二、管理会计与财务会计的区别

管理会计和财务会计既然从会计这个大学科中分离开来，二者之间肯定是有差别的，它们之间的差别主要有以下几个方面。

(一) 工作侧重点(具体目标)不同

管理会计工作的侧重点在于对企业经营管理遇到的特定问题进行分析研究,以便向企业内部各级管理者提供有效的预测、决策、控制和考核等信息资料,其具体目标主要为企业内部管理服务。从这个意义讲,管理会计又可称为"内部会计"。财务会计工作的侧重点在于根据日常的业务记录,登记账簿,定期编制有关的财务报表,向企业外部关系人(股东、财税机关、债务人、证券交易所等)报告企业的财务状况与经营成果。财务会计虽然对内也能提供与企业有关的、最基本的财务与成本信息,但主要侧重于为企业外部服务。从这个意义上讲,财务会计又可称为"外部会计"。

(二) 职能不同

管理会计是规划未来的会计,其职能侧重于对未来的预测、决策和规划,对现在的控制、考核和评价,属于"经营管理型"会计。财务会计是反映过去的会计,其职能侧重于核算和监督,属于"报账型"会计。

(三) 约束条件不同

管理会计不受会计准则、会计制度的制约,其处理方法可以根据企业管理的实际情况和需要确定,具有很大的灵活性。财务会计进行会计核算、财务监督,必须接受会计准则、会计制度及其他法规的制约,其处理方法只能在允许的范围内选用,灵活性较小。

(四) 作用时效不同

管理会计的工作重点在于"算活账",即从作用时效上,不仅要反映和分析过去,而且要能动地利用历史信息预测前景、参与决策、规划未来,控制和评价现在的经济活动,从而涵盖过去、现在和未来三个时态。管理会计面向未来的作用时效是第一位的,因此,它实质上属于"经营型"会计。财务会计主要是"记呆账",即从作用时效上,主要在于反映过去,记录既成事实的信息和解释信息,强调客观性、坚持历史成本原则,因此,它实质上属于"报告型"会计。

(五) 工作主体(范围)层次不同

管理会计的工作主体可分为多个层次,既可以以整个企业(如投资中心、利润中心)为主体,又可以将企业内部的局部区域或个别部门甚至某一管理环节(如成本中心、费用中心)、一个项目或一个问题作为其工作的主体。实际工作中,管理会计主要以企业内部责任单位为主体,以突出"以人为本"的行为管理。财务会计的工作主体往往只有一个层次,即以整个企业或者说是以控制资源、负有一定法律责任的经济实体为主体,从而能够适应财务会计所特别强调的、完整反映监督整个经济过程的要求。

(六) 信息精确程度不同

由于管理会计的工作重点面向未来,未来期间影响经济活动的不确定因素比较多,加之管理会计对会计信息及时性的要求,决定了管理会计所提供的信息不可能绝对精确,一般只能相对精确。财务会计反映已经发生或已经完成的经济活动,因此其提供的信息力求精确,数字必须平衡。

(七) 工作程序不同

由于管理会计工作的程序性较差,没有固定的工作程序可以遵循,有较大的回旋余地,所以，企业可以根据自己的实际情况，自行设计其管理会计工作流程，不同企业间的管理会计工作差别较大。财务会计必须执行固定的会计循环程序。从凭证填制到登记账簿，直至编制财务报告，都必须自觉地按照既定的程序处理，而且在通常情况下不得随意变更其工作内容或程序。因而，财务会计工作具有一定的强制性和程序性，且在实务中，同类企业间一致性较强。

（八）对会计人员素质要求不同

鉴于管理会计的方法灵活多样，又没有固定的工作程序可以遵循，其体系缺乏统一性和规范性，所以在很大程度上，管理会计的水平取决于会计人员素质的高低。同时，由于管理会计工作需要考虑的因素比较多，涉及的内容比较复杂，也要求从事这项工作的人员必须具备较宽的知识面和果断的应变能力，具有较强的分析问题、解决问题的能力。财务会计工作则需要基础知识比较扎实、操作能力强、工作细致的专门人才来承担。

（九）法律效力不同

管理会计的信息载体大多为没有统一格式的各种非正式的内部报告，不对外公开，故不具有法律效力。财务会计需定期地向外部关系人提供较为全面的、系统的、连续的和综合财务信息，且具有统一格式的正式报告，要对外公布，故具有法律效力。

管理会计与财务会计的区别具体见表 1-1。

表 1-1　管理会计与财务会计的区别

项目	管理会计	财务会计
工作侧重点（具体目标）不同	主要为企业内部各级管理者提供预测、决策、控制和考核等信息资料，是内部报告会计	主要根据日常的业务记录，登记账簿，定期编制有关的财务报表，为企业外部信息使用者提供相关信息，是外部报告会计
职能不同	对未来的预测、决策和规划，对现在的控制、考核和评价	核算和监督，属于"报账型"会计
约束条件不同	不受会计准则、会计制度的制约，其处理方法可以根据企业管理的实际情况和需要确定，具有很大的灵活性	接受会计准则、会计制度及其他法规的制约，其处理方法只能在允许的范围内选用，灵活性较小
作用时效不同	利用历史信息预测前景、参与决策、规划未来，控制和评价现在的经济活动，从而涵盖过去、现在和未来三个时态。其面向未来的作用时效是第一位的	反映过去，记录既成事实的信息和解释信息，强调客观性、坚持历史成本原则，属于"报告型"会计
工作主体（范围）层次不同	工作主体可以是企业，也可以是企业内部各责任单位，其会计主体是多层次的	以整个企业作为会计主体，通常不以企业内部各部门为主体提供相关资料
信息精确程度不同	提供的信息不可能绝对精确，只能是相对精确	提供的信息力求精确，数据必须平衡
工作程序不同	没有固定的工作程序	从凭证填制到登记账簿，直至编制财务报告，必须执行固定的会计循环程序

表 1-1(续)

项目	管理会计	财务会计
对会计人员素质要求不同	工作人员必须具备较宽的知识面和果断的应变能力,具有较强的分析问题、解决问题的能力	需要基础知识比较扎实、操作能力强、工作细致的专门人才
法律效力不同	信息载体大多为没有统一格式的各种非正式的内部报告,不对外公开,故不具有法律效力	有统一格式的正式报告,要对外公布,故具有法律效力

练习与思考

一、单项选择题

1. 在西方会计发展史上,第一次提出"管理会计"术语是在(　　)年。

A. 1922　　B. 1912　　C. 1902　　D. 1932

2. 管理会计服务对象侧重的是(　　)。

A. 企业内部管理者　　B. 税务局

C. 企业的债权人　　D. 股东

3. 管理会计所需要资料取自不同的方面,但其主要来源是(　　)。

A. 成本会计　　B. 责任会计　　C. 财务会计　　D. 责任分析

4.(　　)年"管理会计"这个专门词汇在国际会计师联合会年会上被通过,标志着管理会计体系正式形成。

A. 1982　　B. 1952　　C. 1942　　D. 1922

5. 财务会计主要是(　　)。

A. 为政策制定提供信息

B. 经营状况分析

C. 成本构成和成本控制

D. 提供给投资者、债权人和政府机构的外部财务报告

6. 财务会计从历史视角提供数据,而管理会计重点关注(　　)。

A. 过去　　B. 当前　　C. 未来　　D. 过去和当前

二、多项选择题

1.(　　)属于现代成本管理会计的基本内容。

A. 预测决策会计　B. 责任会计　　C. 预算会计　　D. 规划控制会计

2. 成本管理会计的职能包括(　　)。

A. 决策　　B. 控制　　C. 规划　　D. 预测

3. 对于成本管理会计的对象,理论界的主要观点有(　　)。

A. 现金流动论　　B. 价值差量论　　C. 资金总运动论　D. 价值结合论

4. 成本管理会计的形成和发展经历了(　　)。

A. 战略管理会计阶段　　B. 现代管理会计阶段
C. 传统管理会计阶段　　D. 责任管理会计阶段

三、判断题

1. 财务会计需要按照一定程序和原则对经济事项进行确认、计量，而管理会计不需要进行确认计量。（　）
2. 管理会计所提供的信息主要是满足企业外部信息使用者的需要。（　）
3. 管理会计可称为内部会计，财务会计可称为外部会计。（　）
4. 管理会计的最终目标是强化企业内部经营管理，提高企业经济效益。（　）
5. 管理会计是面向未来的会计，其信息的形成不以过去的资料为基础。（　）

四、简答题

1. 什么是管理会计？
2. 成本管理会计的目标是什么？成本管理会计有哪些职能？
3. 什么是成本会计？成本会计有什么作用？
4. 成本管理会计经历了哪些发展阶段？
5. 管理会计与财务会计有何区别与联系？

第二章　成本的概念和分类

【学习目标】 通过本章的学习，了解成本的概念，熟悉成本的主要分类标志和各种成本分类的意义；理解成本性态分析的程序、各种成本性态分析方法的特征及其适用范围；掌握固定成本和变动成本的概念、构成内容、特征及类型。

第一节　成本的概念

成本是一个普遍的经济范畴，凡是有经济活动的地方都必然发生一定的耗费，从而形成了成本。成本概念与成本范畴直接左右着成本管理会计的内容，是成本管理会计最核心的基础理论。成本的含义有多种不同的解释，经济学界和管理学界对此见仁见智，甚至对财务会计和管理会计的理解也不尽相同。因此，很难找到一个达到普遍共识的定义，可以从狭义和广义两个方面来理解和认识成本概念。

一、狭义成本概念

狭义成本通常指企业产品（或劳务）成本，也即长期以来我们用以论证成本含义的马克思的成本观。马克思在《资本论》中指出，按照资本主义方式生产的每一个商品的价值，用公式来表示是 $W=C+V+M$（商品价值＝不变资本＋可变资本＋剩余价值）。如果我们从这个产品价值中减去剩余价值 M，那么在商品中剩下来的只是一个在生产要素上耗费的资本价值 $C+V$ 的等价物或补偿价值；商品价值的这个部分，即补偿所消耗的生产资料价格和所使用的劳动力价格的部分，只是补偿商品使资本家自身耗费的东西，所以对资本家来说，这就是商品的成本价格。马克思称为“商品的成本价格”的那部分商品价值就是商品成本，可见，马克思把资本主义商品的成本价格视为生产要素上耗费的资本价值与补偿价值的统一。

成本是商品经济的产物，是商品价值的组成部分。在商品经济下，产品的价值由三个部分组成：① 已耗费的生产资料转移的价值（C）；② 劳动者为自己劳动创造的价值（V）；③ 劳动者为社会创造的价值（M）。从理论上讲，上述前两个部分，即 $C+V$，是商品价值中的补偿部分，构成了商品的理论成本。

综上所述，成本的经济内涵可以概括为：企业在生产经营过程中已耗费的、用货币表现的生产资料转移的价值与劳动者为自己劳动所创造的价值的总和，也就是企业在生产经营活动中所耗费的资金的总和。

马克思关于商品产品成本的论述是对狭义成本经济实质的高度理论概括，是指导我们进行成本会计研究的指南，也是实际工作中制定成本开支范围、考虑劳动耗费的价值补偿尺度的重要理论依据。但是，社会经济现象是纷繁复杂的，企业在成本核算和成本管理中需要考虑的因素也是多种多样的。因此，理论成本与实际工作中所应用到的成本概念并非完全一致。这主要表现在以下几个方面。

（1）在实际工作中，成本的开支范围是由国家通过有关法规制度加以界定的。为了促使企业加强经济核算、减少生产损失，对于劳动者为社会所创造的某些价值，如财产保险费等，以及一些不形成产品价值的损失性支出，如企业的废品损失、季节性和修理期间的停工损失等，也计入了成本。可见，实际工作中的成本开支范围与理论成本包括的内容是有一定差别的。就上述的废品损失、停工损失等损失性支出而言，从实质上看，并不形成产品价值。它们不是产品的生产性耗费，而是纯粹的损耗，其性质不属于成本的范畴。但是，基于经济核算的要求，将它们计入产品成本，可促使企业加强生产管理，减少生产损失。当然，对于这种成本实际开支范围与成本经济实质的背离，必须严格限制；否则，成本核算就失去了理论依据。

（2）上述成本概念，是就企业生产经营活动中所发生的全部劳动耗费而言的，是一个“全部成本”的概念。在实际工作中，是全部对象化，从而计算产品的全部成本，还是按一定的标准分类，部分计入产品成本，部分计入期间费用，则取决于成本核算制度。按照我国现行企业会计准则和企业财务通则的规定，企业应当采用制造成本法计算产品成本，从而企业生产经营中所发生的全部劳动耗费就相应地分为产品制造成本和期间费用两大部分。产品的制造成本即产品生产成本，是指为制造产品而发生的各种生产费用总和，包括原材料费用、生产工人薪酬费用和全部制造费用；期间费用则包括销售费用、管理费用和财务费用。在制造成本法下，期间费用不计入产品成本，而是直接计入当期损益。

上述理论成本的概念是马克思的成本观，主要是针对商品产品成本而言的。如果我们过分强调 $C+V$ 的普遍应用意义，将马克思所界定的产品成本当作一般的成本概念，即将 $C+V$ 当作成本的全部，就会忽略了成本的内容是随着经济管理的发展而不断发展的事实。实际上，在马克思之后，成本概念的内涵与外延已经无限地向外扩展了。

二、广义成本概念

产品成本属于成本，但不等于成本，成本涵盖的范围要比产品成本广泛得多。成本的广义化发展是成本概念发展的必然趋势。广义成本概念具有跨学科、跨领域、多层次的特征，属于多元化的成本概念。

在经济学中，既有古典经济学中的威廉·配第、亚当·斯密、大卫·李嘉图等的投资成本和比较成本，传统经济学中的马歇尔、凯恩斯等的边际效用、边际成本和重置成本，也有现代西方经济学中的萨缪尔森的厂商生产成本和机会成本、西蒙的价格成本、沃林的比较成本、阿罗与斯蒂格勒的信息成本、莫斯利阿尼和米勒的资本成本、科斯的交易成本和社会成本、贝克尔的人力资本成本、诺斯的制度成本、詹森和麦克林的代理成本等。由此可见，经济学家对于成本的定义较为宏观，凡是经济资源的牺牲都是成本。换言之，成本可以是有形的、主观认定的、货币性的，也可以是无形的、客观认定的、非货币性的，甚至可以包括诸如噪音和污染所引起的成本。当代西方经济学家对成本概念的发展与创新，促使成本概念不断跨界发展，有力推动了成本计量技术与方法的不断进步。

随着社会经济的不断发展，成本与管理不断地融合，成本的内容往往要服务于管理的需要。成本管理已经从微观扩展到宏观,从战术扩展到战略,从控制扩展到决策,从产品扩展到作业,形成了宏观成本、战略成本、决策成本、控制成本、作业成本等新成本概念。可以这样认为,管理的进步促使成本管理从价值方面予以科学计量,促进了成本经济内涵的扩充与发展。

美国会计学会在《成本概念与标准》报告(AAA,1955)中定义:成本是指为了实现一定目的而付出的(或可能付出的)以货币测定的价值牺牲。该定义不再强调成本与具体的成本计量对象相联系,而是强调目标导向,有两个突出特点:一是强调“以货币测定的价值牺牲”,表明了会计货币计量的本质特征;二是强调“为了实现一定的目的而付出的(或可能付出的)”,为了体现财务会计的收入与成本配比原则,提出可能付出的成本概念,试图将财务会计和成本管理会计对成本概念的理解统一起来。

成本管理会计将成本视为达到一个特定管理目标所失去或放弃的一切可以用货币计量的耗费。这就扩展了成本的内涵和外延,产品成本、项目成本、责任成本、质量成本、资金成本、机会成本、沉没成本、变动成本、固定成本等概念层出不穷,人们已经很难给成本下一个明确的定义,成本概念是成本管理会计理论与方法中发展最快的概念之一。

在成本管理会计中,成本概念的目的性十分强烈,对成本进行计量的目的就是满足不同信息使用者的决策需求,基于“不同目的,不同成本”构建一个多维成本的概念体系。为了加强成本管理和进行成本决策,涉及和应用的成本概念是多种多样的,包括用于预测、决策的成本,如专属成本、差量成本、边际成本、机会成本等;用于计划的成本,如预算成本、计划成本等;用于控制的成本,如标准成本、定额成本等;用于事后核算的成本,如生产成本、非生产成本等;用于分析考核的成本,如责任成本、可控成本、不可控成本等。有些成本的经济内涵已远远超出了产品成本的范畴。

对于成本的经济内涵,可以总结归纳为以下几点。

(1) 成本是为达到特定目的所发生的利益放弃或价值牺牲,它能够或应该能够用货币加以衡量。

(2) 成本是一个资产计价概念,不同于费用。

(3) 产品成本是成本管理会计的核心概念。

(4) 为满足经营管理的实际需要,管理者应使用不同的成本概念。

三、成本的作用

成本是企业生产经营过程中发生的资金耗费,成本会计系统通过向管理者及有关各方提供反映这种耗费的信息,帮助管理者及利益相关方更好地进行生产经营决策和管理业绩评价。同时,成本的经济内涵也决定了成本在经济管理工作中具有十分重要的作用。

(一) 成本是企业生产耗费的价值补偿尺度

为了保证企业再生产的不断进行,必须对生产耗费即资金耗费进行补偿。企业是自负盈亏的商品生产者和经营者,其生产耗费是用自身的生产成果即销售收入来补偿的,而成本就是衡量这一补偿份额大小的尺度。企业在取得销售收入后,必须把相当于成本的数额划分出来,用以补偿生产经营中的资金耗费,这样才能维持资金周转按原有规模进行。如果企业不能按照成本补偿生产耗费,再生产就不能按原有的规模进行。成本也是划分生产经营耗费和企业纯收入的依据，在一定的销售收入中，成本越低，企业纯收入就越多。可见，成本作为补偿生产耗费尺度的作用，对经济发展有着重要的影响。

（二）成本是综合反映企业工作质量的重要指标

成本是一项综合性的经济指标，企业经营管理中各方面工作的业绩，都可以直接地或间接地在成本上反映出来。例如，产品设计的好坏，生产工艺的合理程度，固定资产的利用情况，原材料消耗与浪费，劳动生产率的高低，产品质量的高低，产品产量的增减以及供、产、销各环节的工作是否协调等，都可以通过成本直接或间接地反映出来。

成本既然是综合反映企业工作质量的指标，就可以通过对成本的计划、控制、监督、考核和分析等促使企业以及企业内各单位加强经济核算，努力改进管理，降低成本，提高经济效益。例如，通过正确确定和认真执行企业以及企业内部各单位的成本计划指标，可以事先控制成本水平和监督各项费用的日常开支，促使企业及企业内部各单位努力降低各种耗费。又如，通过成本的对比和分析，可以及时发现在物化劳动和活劳动消耗上的节约或浪费情况，总结经验，找出工作中的薄弱环节，进而采取措施挖掘潜力，合理地使用人力、物力和财力，从而降低成本，提高经济效益。

（三）成本是企业制定产品价格的一项重要因素

在商品经济中，产品价格是产品价值的货币表现，产品价格应大体上符合其价值。无论国家还是企业，在制定产品价格时都应遵循价值规律。但在现阶段，人们还不能直接计算产品的价值，只能通过计算成本来间接地、相对地掌握产品的价值。因此，成本就成了制定产品价格的重要因素。当然，产品的定价是一项复杂的工作，应考虑的因素很多，例如国家的价格政策及其他经济政策、各种产品的比价关系、产品在市场上的供求关系及市场竞争的态势等。因此，成本只是制定产品价格的一项重要因素。

（四）成本是企业进行经营决策的重要依据

努力提高在市场上的竞争能力和经济效益是商品经济对企业的客观要求，而要达到这些目标，企业首先必须进行正确的生产经营决策。进行生产经营决策，需要考虑的因素很多，而成本是其中应考虑的主要因素之一。这是因为，在价格等因素既定的前提下，成本的高低直接影响着企业盈利的多少；而较低的成本，可以使企业在市场竞争中处于有利地位。

（五）成本是企业获取竞争优势的重要手段

当今时代，物流便捷，电商兴起，商品经济日益发达，社会产品愈加丰富，可供消费者选择的商品越来越多，更多的消费者期望能够购买到物美价廉的商品。因此，对于企业来说，谁能够满足消费者的这一需求，谁的产品就销售得快，从市场获得的收入和利润就多。越来越多的企业经营者认识到，当价格一定时，利润的多少取决于成本的高低；价格是市场决定的，只有成本是企业决定的；离开市场和用户谈成本是没有任何意义的，必须将它们结合在一起。企业应从市场和用户出发，科学地确定产品的目标价格、目标利润和目标成本，力争将企业成本降到最低限度，实现成本领先，击败竞争对手，以扩大自己的市场份额，获得更多的利润。在现代市场经济的背景下，企业管理离不开成本信息，成本信息是企业获取竞争优势的手段。

第二节　基于财务报告目的的成本分类

一、按经济用途分类

成本按经济用途可分为生产成本和非生产成本两大类。这是财务会计最主要和最基本的分类，分类结果主要用来确定存货成本和期间损益，满足对外财务报告的需要。

生产成本是指产品生产过程中发生的生产耗费。生产成本按经济用途可以分为直接材料、直接人工和制造费用三个成本项目。直接材料是指构成产品实体的原材料以及有助于产品形成的主要材料和辅助材料。直接人工是指直接从事产品生产的工人的职工薪酬，包括生产工人的工资及据其计提的其他职工薪酬。制造费用是指企业为生产产品和提供劳务而发生的各项间接费用，包括企业生产部门发生的水电费、固定资产折旧、无形资产摊销、管理人员的职工薪酬、劳动保护费、国家规定的有关环保费用、季节性和修理期间的停工损失等间接材料、间接人工和其他间接费用。直接人工和制造费用共同构成了产品在加工转换过程中发生的加工成本。

非生产成本是指管理部门在组织和管理过程中所发生的各项费用，包括销售费用、管理费用、财务费用和研发费用。非生产成本在期末一次性计入当期利润表。销售费用、管理费用、财务费用、研发费用的共同点是其支出可以使企业整体受益，但难以描述这项支出与特定产品之间的关系。因此，这些费用在财务会计上处理为期间成本，直接计入当期损益。

区分生产成本和非生产成本，便于反映和考核企业生产部门和管理部门的成本水平及管理责任，有利于企业进行成本核算，加强成本控制和成本分析考核，有助于根据成本核算信息进行预测和决策。

二、按可追溯性分类

成本按可追溯性可分为直接成本和间接成本两大类。成本的可追溯性是指成本的发生与特定归集对象之间的联系。在此特定成本计算对象可以是产品、步骤、批别，也可以是项目、责任中心或作业。其分类结果主要用来确定特定成本计算对象的成本，满足对外财务报告及内部经营管理的需要。

直接成本是在成本发生时即可确认直接计入某一成本计算对象的费用，是一种可以追溯的成本，如制造成本中的直接材料、直接人工，责任成本中的可控成本。间接成本是在成本发生时不能确认直接计入某一成本计算对象，而需要按照某种标准在各成本计算对象之间分配的费用，如制造成本中的制造费用，此时分配标准和分配方法的选择对于正确计算成本计算对象的成本十分重要。

三、按可盘存性分类

成本按可盘存性可分为可盘存成本（产品成本）和不可盘存成本（期间成本）。成本的可盘存性是指一定期间发生的成本是否构成资产价值，是否可在期末进行盘点，能否在资产负债表中予以反映，并递延到下期的性质。

产品成本是指与产品生产有直接联系的成本。它汇集于产品生产过程，随产品实体的流动而流转，其特征是构成产品成本的价值要通过实物形态予以体现，即与实物形态的销货和存货相联系，表现为销售产品成本或存货成本。如果产品已经销售，汇集于产品的成本应作为已销售产品的成本列入损益表。如果产品尚未加工完成或加工完成但未销售，其成本应列入资产负债表，作为流动资产的重要组成部分。产品成本具有可盘存性。

期间成本是与企业生产经营持续期间长短成正比的成本，其效益会随着时间的推移而消逝。因此，它不能结转下期，而应在发生时全额计入损益表，作为收入的扣减项目。期间成本不具有盘存性。

成本按可盘存性分类，便于企业根据成本流转方式确定成本管理方式，能够指导企业准确进行存货估价、正确计算损益。

第三节　基于管理目的的成本分类

一、按成本性态分类

成本性态，也称为成本习性，是指成本总额与特定业务量之间在数量方面的依存关系。它反映了业务量变动与其相应的成本变动之间的内在联系，因这种依存关系和内在联系是客观存在的，是成本固有的性质，故称之为成本性态。

成本性态中的业务量是指企业在一定营运期内投入或完成的经营工作量。业务量包括绝对量和相对量两类。其中，绝对量可分为实物量（如投产量、产出量、销售量）、价值量（如销售收入、产值、成本）和时间量（如生产工时、人工小时、机器工时）三种形式，相对量可以用百分比或比率（如开工率、作业率）表示。上述业务量的多种计量单位可以相互换算，具体使用何种计量单位由企业视其管理需要和现实可能而定。除非进行复杂条件下的分析，业务量通常使用产量或销售量。

成本按照其性态可以分为固定成本、变动成本和混合成本三大类。

（一）固定成本

1. 固定成本的含义

固定成本，是指在一定时期和一定业务量范围内，总额不随业务量增减变动而变动的成本。

2. 固定成本的内容

固定成本的具体内容一般包括生产成本中列入制造费用不随产量变动的办公费、差旅费、按使用年限法计提的折旧费、劳动保护费、管理人员薪金、租赁费等；销售费用中不受销量影响的销售人员薪金、广告费、折旧费等；管理费用中不受产销量影响的企业管理人员薪金、折旧费、租赁费、保险费和土地使用税等；财务费用中不受产销量影响、各期发生额稳定的利息支出等。

这类成本总额稳定，不受产量的影响，成本与总额保持反比例关系。这个比例系数就是单位产品的固定成本。

3. 固定成本的特点

(1) 固定成本总额的不变性。固定成本的总额与业务量的增减没有直接关系，不随业务量变化。若以 y 表示固定成本,以 a 表示固定成本总额,则固定成本的性态可以通过 $y=a$ 这样一个数学模型来表达,由此可见,固定成本线是一条平行于 x 轴的直线,如图 2-1 所示。

【例 2-1】 ABC 股份有限公司甲产品的年生产能力在 2 000 台到 10 000 台之间,这时每年需提取的生产设备折旧额为 8 000 元。根据上述资料及表 2-1 的资料,观察年折旧额与年产量之间的关系,可做出相关图示,如图 2-1 所示(一般横坐标表示业务量变动状况,纵坐标表示成本变动状况,下同)。

表 2-1 业务量与固定成本资料表

年份	业务量 x/台	固定成本总额 a/元	单位固定成本(a/x)/元
2018 年	2 000	8 000	4
2019 年	4 000	8 000	2
2020 年	8 000	8 000	1
2021 年	10 000	8 000	0.8

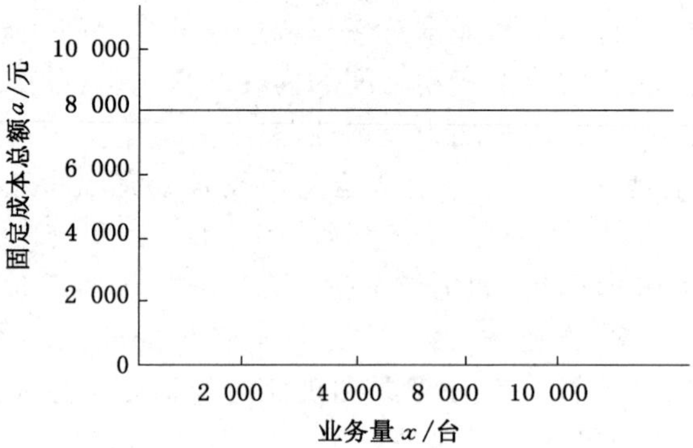

图 2-1 固定成本总额习性模型

(2) 单位固定成本的反比例变动性。由于固定成本总额的不变性,所以单位业务量中的固定成本,即单位固定成本,受业务量增减变动影响呈反比例变动,其性态模型为 $y=a/x$。在平面直角坐标图中,单位固定成本是一条反比例曲线,如图 2-2 所示。

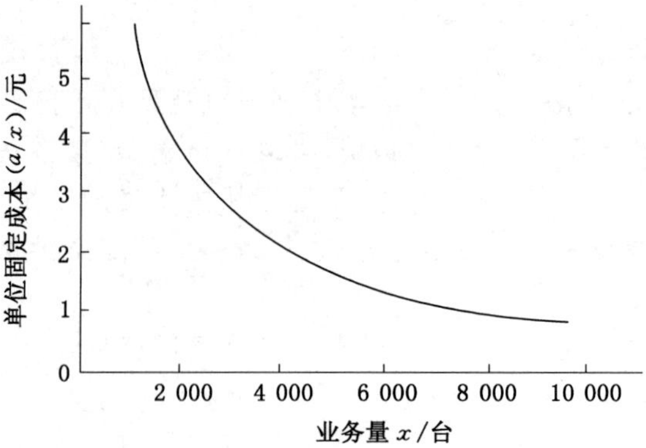

图 2-2 单位固定成本性态模型

4. 固定成本的种类

在固定成本特性分析的基础上，为寻求降低固定成本的正确途径，还需要根据其发生额是否受管理当局短期决策的影响，将固定成本进一步分为约束性固定成本和酌量性固定成本两类。

（1）约束性固定成本。约束性固定成本是指通过管理当局的决策行为不能改变其数额的固定成本，例如固定资产折旧费、保险费、房屋与机器设备的租赁费、不动产税、管理人员薪酬等。这类成本是企业经营业务必须负担的最低成本，也是维持整个企业生产能力的最低成本，即使业务经营中断，该项固定成本仍将保持不变，故又称为能量成本或经营能力成本。由于企业的经营能力一经形成，短期内很难改变，如果稍加削减，势必影响企业的盈利能力和长远目标，因此这种成本具有很大程度的约束性。要想降低约束性固定成本，只有从经济合理地利用企业的生产能力、提高产量、降低单位产品的固定成本着手。

（2）酌量性固定成本。酌量性固定成本是指通过管理当局的决策行为可以改变其数额的固定成本，例如广告费、新产品的研究开发费、职工培训费、经营租赁费等。显然，这些成本开支项目可以扩大产品销路，增加企业的竞争能力，对企业的业务经营肯定有益，但其支出数额的多寡并非不可改变。一般而言，此类成本在一定预算执行期内固定不变，与当期业务量无关，由企业管理当局在预算期前，斟酌预算期间的具体情况及财务负担能力对各个酌量性固定成本项目是否需要继续开支、是否需要增加或减少、是否需要完全停止分别做出决策，故又称为选择性（自定性）固定成本，这种成本具有很大程度的约束性。因此，要想降低酌量性固定成本，只有从精打细算、厉行节约、消灭浪费、减少酌量性固定成本的绝对额着手。通常，我们所讲的降低固定成本总额就是指降低酌量性固定成本。

5. 固定成本的相关范围

固定成本总额保持不变是就一定时期和一定业务量而言的，超出该相关范围后，固定成本总额将会发生变化。

需要强调的是，从较长时期看，所有成本都具有变动性，即使是约束性固定成本，也会随着时间的拉长具有变动性。随着时间的推移，一个正常成长的企业，其经营能力无论是在规模上还是质量上均会发生变化。如厂房扩大、设备更新、行政管理人员增加，均会导致折旧费、财产保险费、不动产税以及行政管理人员薪金的增加；经营能力的逆向变化当然也会导致上述费用发生变化。就空间范围而言，固定成本表现为在某一特定业务量水平内具有固定性。因为一旦业务量超出这一水平，企业势必扩大厂房、更新设备和增加行政管理人员，相关的费用也势必增加。

（二）变动成本

1. 变动成本的含义

变动成本，是指在一定时期和一定业务量范围内，其总额随业务量成正比例变动的成本。

2. 变动成本的内容

变动成本的具体内容一般包括生产成本中随产量成正比例变动的直接材料、燃料及动力、外购半成品、外部加工费；单纯计件工资形式下的直接人工；制造费用中随产量成正比例变动的物料用品费、燃料费、动力费、按产量法计提的折旧费等。

这类成本直接受产量的影响，二者保持正比例关系，比例系数稳定。这个比例系数就是单位产品的变动成本。

3. 变动成本的特点

(1) 变动成本总额的正比例变动性。变动成本的总额随业务量的变化成正比例变动关系，若以 y 表示变动成本、x 表示业务量、b 表示单位变动成本，则变动成本的性态可以通过 $y=bx$ 这样一个数学模型来表达。由此可见，变动成本线是一条以单位变动成本为斜率的直线，单位变动成本越大，则斜率越大，如图 2-3 所示。

【例 2-2】 ABC 股份有限公司生产某产品需用乙材料，每件产品需要乙材料 1 千克，每千克乙材料价格为 5 元，其他有关资料见表 2-2。当业务量(产量)变化时，变动成本(乙材料费用)的变动分析如图 2-3 所示。

表 2-2　业务量与变动成本资料表

业务量 x/千克	变动成本总额 bx/元	单位变动成本 b/元
1 000	5 000	5
2 000	10 000	5
3 000	15 000	5
4 000	20 000	5
5 000	25 000	5

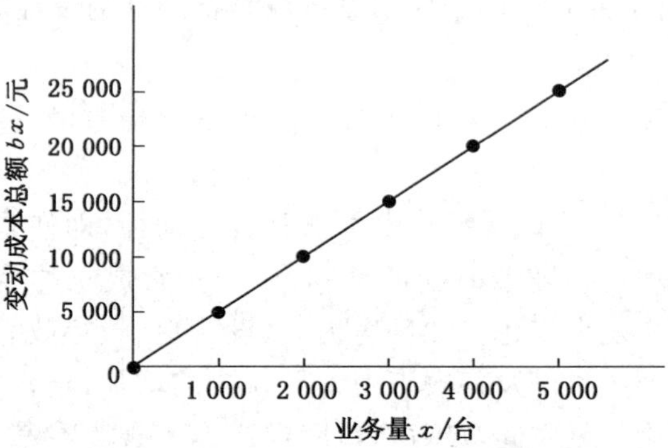

图 2-3　变动成本总额性态模型

(2) 单位变动成本的不变性。由于变动成本总额随业务量正比例变动，所以单位业务量中的变动成本，即单位变动成本，不受业务量增减变动影响而保持不变，其性态模型为 $y=b$。在平面直角坐标图中，单位变动成本是一条平行于横轴的直线，如图 2-4 所示。

4. 变动成本的种类

在变动成本特性分析的基础上，为寻求降低变动成本的正确途径，需要根据其发生的原因将变动成本进一步分为技术性变动成本和酌量性变动成本两类。

(1) 技术性变动成本。技术性变动成本是指其单位成本受客观因素影响、消耗量由技术因素决定的那部分变动成本。如制造业企业产品生产的外购件，在外购价格既定的情况

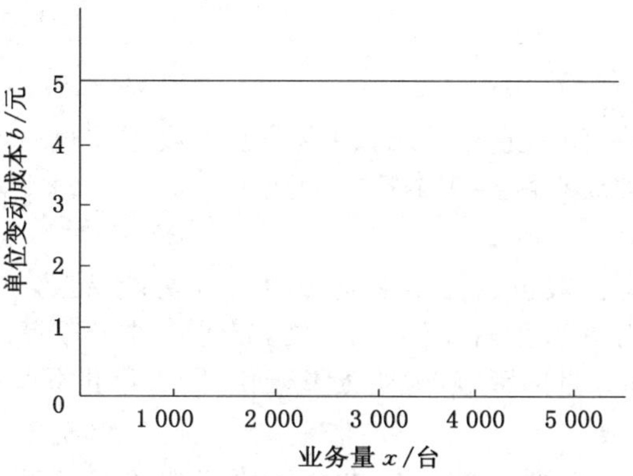

图 2-4　单位变动成本性态模型

下，其价格就属于受技术影响的、与产品产量成正比例变动的技术性变动成本。此外，在工资水平不变的情况下，流水线上生产工人的薪酬也属于受工艺流程影响的技术性变动成本。这类成本是利用生产能力所必须发生的成本，生产能力利用得越充分，这种成本发生得越多。根据该类变动成本的特性，企业应当通过改进设计、改革工艺技术，进行技术革新和技术革命，提高材料综合利用率、劳动生产率和产出率，以及避免浪费、降低单耗来实现该类成本的降低。

（2）酌量性变动成本。酌量性变动成本是指其单耗受客观因素影响，单位成本主要受企业管理部门决策影响的那部分变动成本。如在质量能够保证、单耗不变的前提下，企业可以在不同地区或不同供货单位采购到价格水平不同的某种原材料，其成本消耗就属于酌量性变动成本。此外，在分散作业的计件工资下，由于其计件单价受管理当局决策的制约，其工资成本就是随完工产量成正比例变动的酌量性变动成本。这种成本的效用主要是提高竞争能力或改善企业形象，其最佳的合理支出难以计算，通常要依靠管理人员的综合判断来决定。管理人员的决策一经做出，其支出额将随产量正比例变动。企业要想降低该类成本，应当通过合理决策、降低材料采购成本、优化劳动组合、严格控制制造费用支出、改善成本-效益关系来实现。

总之，要降低变动成本就应从降低单位产品变动成本的消耗量着手。

5. 变动成本的相关范围

就变动成本而言，只有单位变动成本不变，其总额才可能与业务量成正比例变动关系，而单位变动成本只在一定时期和一定业务量范围内相对保持稳定，超过了相关范围，变动成本就不再表现为完全的线性关系，而是非线性关系。例如，在生产初期阶段，生产还处于不成熟状态，单位产品可能因为产量较低而成本较高。随着产量的增加，技术、生产等各方面条件逐渐成熟，单位产品消耗的直接材料、直接人工等逐渐降低。但这时，变动成本总额不一定与产量完全成同比例变化，而是表现为小于产量增减幅度。当产量增长到相关范围以内时，单位产品耗用的直接材料、直接人工等较为稳定，从而变动成本总额与产量之间完全成线性关系。当业务量突破相关范围继续增长时，可能出现新的不经济因素，如轮班生产、加班加点、废品率上升等，这些因素可能使单位产品变动成本的变化与之不成比例。

（三）混合成本

1. 混合成本的含义

混合成本，是指成本总额随业务量总数变动，但不成正比例变动的成本，即混合成本是同时兼有固定成本和变动成本两类成本特性的成本。

2. 混合成本的内容

混合成本的具体内容一般包括公用事业费中的电费、水费、燃气费和电话费等，企业化验员、检验员、货运员等人员的薪酬，超定额工资，累进计件工资等。

这类成本的总额受业务量的影响，随业务量变化，但二者并不保持严格的正比例关系。

3. 混合成本的特点

(1) 混合成本总额的变动性。混合成本介于固定成本和变动成本之间，它们因业务量变动而变动，但不成正比例关系。混合成本中既有变动成本，也有固定成本。混合成本的性态可以理解为：混合成本＝固定成本＋变动成本。

(2) 单位混合成本额的反向变动性。由于混合成本总额随业务量同向变动，单位业务量负担的混合成本必然与业务量成反方向变动关系。

4. 混合成本的种类

由于成本按其性态分类实际上采用了“是否变动”和“是否正比例变动”双重分类标准，必然会导致有的成本明细项目既不属于固定成本也不属于变动成本，而是游离于二者之间，既随业务量变动又不成正比例变动。为了对该类成本的性态进行进一步分析，需要按照混合成本变动趋势的不同，将其进一步区分为半固定成本、半变动成本、延期变动成本和曲线式混合成本四类。

(1) 半固定成本，又称阶梯式混合成本。其成本总额在一定的业务量范围内保持固定不变，类似固定成本，当业务量突破该范围，其发生额会突然跳跃到一个新的水平，并在新的业务量变动范围内固定不变，直到业务量范围再被突破、发生新的跳跃变动为止。企业的化验员、质检员、保养工等人员的薪酬均属于这类成本。

【例 2-3】 某企业在产品月销售量不超过 1 000 件时可由 1 辆汽车送货，每辆车配 1 名送货员，每个送货员的薪金为 3 500 元。如果产品月销售量超过 1 000 件而不超过 2 000 件，必须由两辆货车送货，配两名送货员，送货员的薪金支出变成 7 000 元，依次类推。送货员的薪金就属于半固定成本。

根据例 2-3 的资料，半固定成本的成本性态模型如图 2-5 所示。

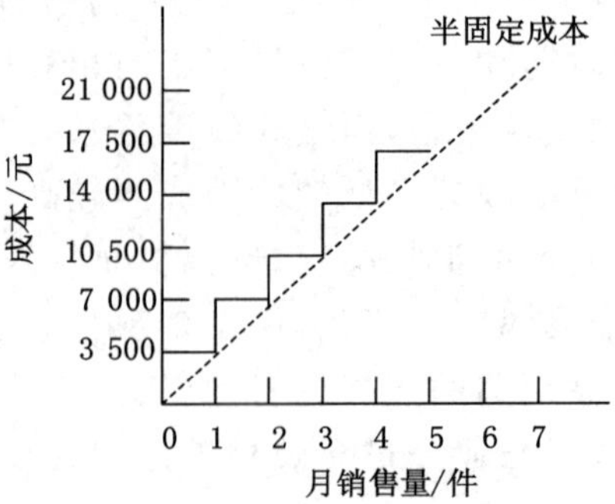

图 2-5　半固定成本性态模型

（2）半变动成本，又称为标准式混合成本。此类成本总额由两部分组成：一部分通常为一个基数，即固定成本部分，无论业务量是否发生，这部分成本总会发生，不受业务量影响；另一部分随业务量变动成正比例变动，为变动成本部分。由于半变动成本的一部分是固定不变的，其总额尽管随业务量变动，但与业务量之间不具有同等变动比例的关系，故称为半变动成本。如固定电话费，就是由按固定数额计收的月租费和按通话时间及计价标准计算的通话费用两部分组成的半变动成本；再如，水、电、燃气等公用事业费，机器设备维修保养费、销售人员的薪酬，也大多属于这类成本。

【例 2-4】 某运输公司租入一辆大型客车开展业务。合同规定，该公司支付的租金分为两部分：年租基本金 30 000 元；客车每运行 1 千米，再支付 0.75 元。大型客车年运输量与租金支出的关系见表 2-3。

表 2-3　运输量与租金关系表

业务量/千米	成本总额/元
0	30 000
20 000	45 000
40 000	60 000
60 000	75 000

例 2-4 表明，该公司的客车无论是否开展业务以及运行多少千米，都必须支付 30 000 元租金。在 30 000 元基础上，租金支出随着运输量从 0 逐渐增加到 60 000 千米，按相同的比例从 30 000 元逐渐增加到 75 000 元。

根据例 2-4 的资料，半变动成本的成本性态模型如图 2-6 所示。

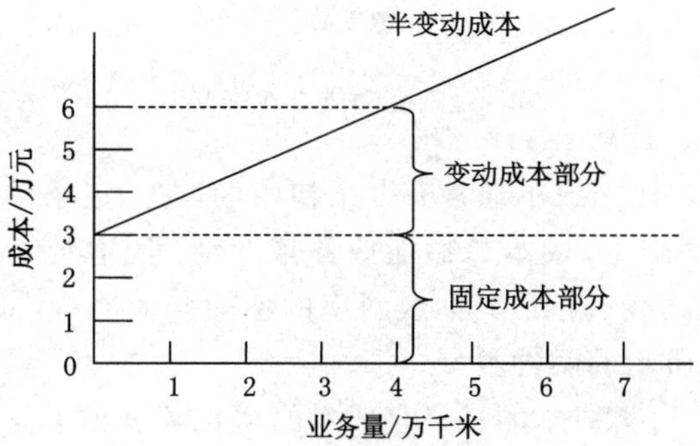

图 2-6　半变动成本性态模型

（3）延期变动成本，又称低坡式混合成本。其成本总额在一定的业务量范围内保持固定不变，但超过一定业务量后，则随业务量成正比例变动。如在固定工资超定额计奖的工资制度下，职工在完成正常工作定额之前，无论业务量完成多少，都只能取得固定工资或基础工资，超过正常定额的职工，除了可取得的基础工资外，还会得到按超定额部分和计件单价计算的超额工资，超额工资即属于延期变动成本；另外，加班工资、浮动工资也属于该类成本。

【例 2-5】 某企业规定其甲产品销售人员的每月薪金由基本薪金和超量奖励两部分组成。每月销量不超过 200 件的，支付基本薪金 3 000 元；超过 200 件的，每超过 1 件奖励 10 元。假定该企业某位销售人员某月共销售甲产品 400 件，则该销售人员的月薪金与销量的关系见表 2-4。

表 2-4 销售人员月薪金与销量关系表

甲产品的销售量/件	销售人员的月薪金/元
0	3 000
100	3 000
200	3 000
300	4 000
400	5 000

表 2-4 中，该销售人员的月薪金在月销售量 300 件时为 4 000 元(3 000＋10×100)；在月销售量 400 件时为 5 000 元(3 000＋10×200)。

根据例 2-5 的资料，延期变动成本的成本性态模型如图 2-7 所示。

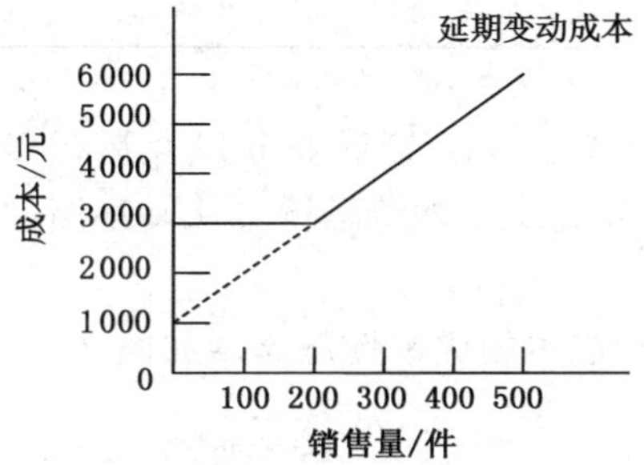

图 2-7 延期变动成本性态模型

(4) 曲线式混合成本。这类成本通常有一个初始量，在一定条件下保持不变，相当于固定成本；在这个初始量的基础上，成本总额随业务量变动，但并不存在线性关系，在平面直角坐标图上表现为一条抛物线。按照其曲线斜率的不同变动趋势，曲线式混合成本可以进一步分为如图 2-8、图 2-9 所示的两种类型。

① 递减型混合成本。这类成本的特点是成本的增长幅度小于业务量的增长幅度，成本的斜率随业务量递减，反映在平面直角坐标图上是一条凸型曲线。如热处理使用的电炉设备，每班均需预热，因预热而耗电的成本(初始量)属于固定成本性质；预热之后进行热处理的耗电成本则随业务量的增加而逐步上升，但其上升越来越慢，即其上升率是递减的。

递减型混合成本的成本性态模型如图 2-10 所示。

② 递增型混合成本。这类成本的特点是成本的增长幅度随业务量的增长而呈更大幅度变化，成本的斜率呈递增趋势，反映在平面直角坐标图上是一条凹型曲线。如各种违约金、罚金和累进计件工资等都属于这类成本。

递增型混合成本的成本性态模型如图 2-11 所示。

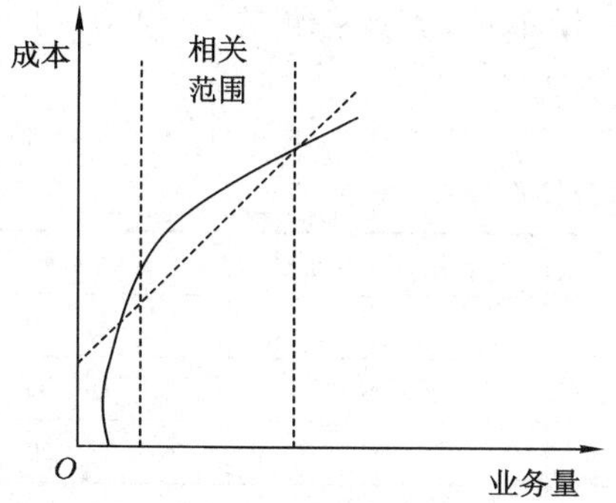

图 2-8　递减曲线成本

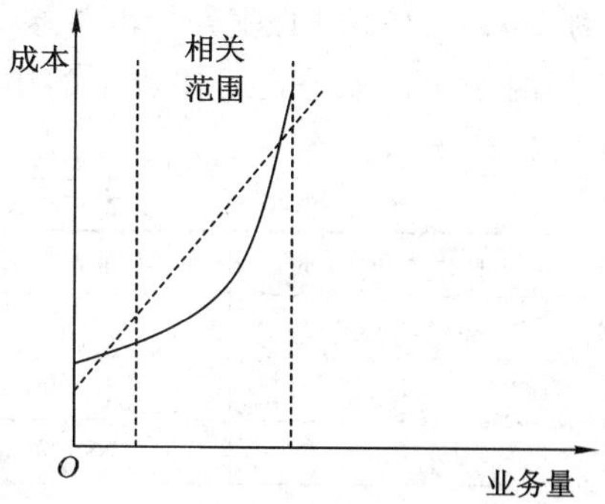

图 2-9　递增曲线成本

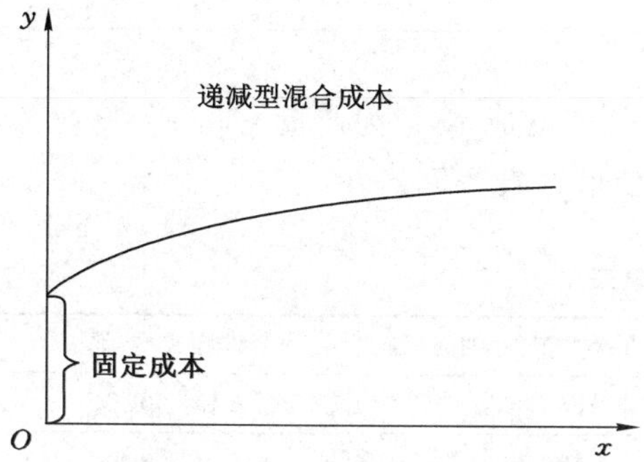

图 2-10　递减曲线成本性态模型

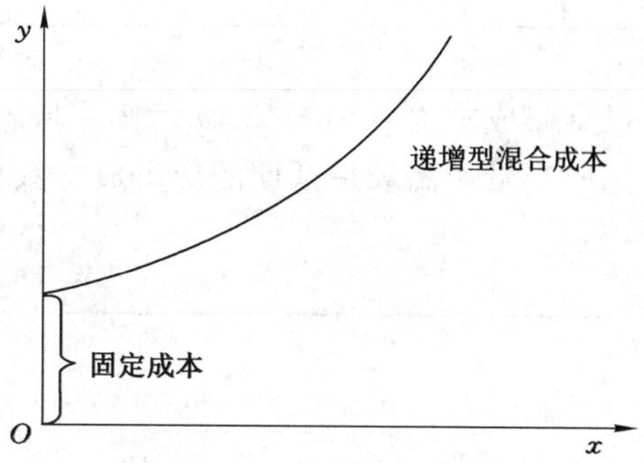

图 2-11　递增曲线成本性态模型

5. 混合成本的分解

混合成本需要进一步分解为固定成本和变动成本，才能成为成本管理会计的应用基础。下面介绍几种混合成本的分解方法。

(1) 高低点法。高低点法，是通过观察一定相关范围内的各期业务量与相关成本所构成的所有坐标点，从中选出高、低两点坐标，并据此推算固定成本总额(或混合成本中的固定部分)和单位变动成本(或混合成本中的单位变动成本)的一种成本性态分析方法。

高低点法的具体计算步骤如下。

第一，确定高低两点。从由各期业务量与相关成本所构成的所有坐标点中，找出由最高业务量及同期成本所构成的高点和由最低业务量及同期成本所构成的低点。

第二，计算单位变动成本 b。

$$单位变动成本=\frac{高低点混合成本之差}{高低点业务量之差}$$

第三，计算固定成本 a。

$$固定成本=高点成本-单位变动成本\times高点业务量$$

或：

$$固定成本=低点成本-单位变动成本\times低点业务量$$

第四，建立成本性态模型。

将 a 和 b 的值代入成本性态模型 $y=a+bx$，即可完成成本性态分析。

【例 2-6】 某公司的业务量以直接人工小时为计量单位，其业务量在 68 000～138 000 小时范围内变化。该公司维修成本的历史资料见表 2-5。

表 2-5　维修成本的历史资料

月份	直接人工/小时	实际成本/元	月份	直接人工小时	实际成本/元
1 月	120 000	91 000	7 月	68 000	73 000
2 月	135 000	93 000	8 月	80 000	76 000
3 月	110 000	85 000	9 月	95 000	77 000
4 月	100 000	84 000	10 月	111 000	90 000
5 月	90 000	80 000	11 月	124 000	95 000
6 月	79 000	72 000	12 月	138 000	94 000

设维修成本为 $y=a+bx$，a 为固定成本，b 为单位变动成本，x 为产量。

选取产量最高和最低期的历史成本数据，选取结果见表 2-6。

表 2-6　选取结果表

	月份	直接人工/小时	维修成本/元
业务量最高期	12 月	138 000	94 000
业务量最低期	7 月	68 000	73 000

将有关数据代入上述公式：

$b=\frac{94\ 000-73\ 000}{138\ 000-68\ 000}=0.3$(元)。

$a=94\ 000-0.3\times 138\ 000=52\ 600$(元)，或：$a=73\ 000-0.3\times 68\ 000=52\ 600$(元)。

维修成本的一般方程式为：$y=52\ 600+0.3x$。

这个方程式适用于 68 000～138 000 直接人工小时的业务量范围。例如，今年 1 月份计划业务量为 96 000 直接人工小时，则预计维修成本为：$y=52\ 600+0.3\times 96\ 000=81\ 400$(元)。

预计的结果，可能与历史成本资料中同样产量的实际成本不同，如本例 6 月份业务量为 79 000 直接人工小时，实际维修成本为 72 000 元，与预计的 76 300 元不同。这并不奇怪，用方程式预计的维修成本代表历史平均水平，而实际发生额总有一定偶然性。

用高低点法估计成本的原理，可以通过图 2-12 来表示。在使用高低点法时，只选择产量最高和最低的两组数据，根据这两点求出直线方程的截距 a 和斜率 b。

高低点法的主要优点是简便易懂、易行。高低点法的缺点是没有利用全部数据估计成本，而是只选择了诸多历史资料中的高、低两组数据作为计算依据。如果选用的数据不具有代表性，建立起来的成本性态模型很可能不具有代表性，导致较大的计算误差。因此，这种方法只适用于成本变化趋势比较稳定的企业进行成本性态分析的情况。

(2) 散布图法。散布图法又称布点图法，是一种目测法。使用这种方法时，首先将若干期业务量和混合成本组成的历史数据的坐标点逐一在坐标图上标明，以横轴代表业务量

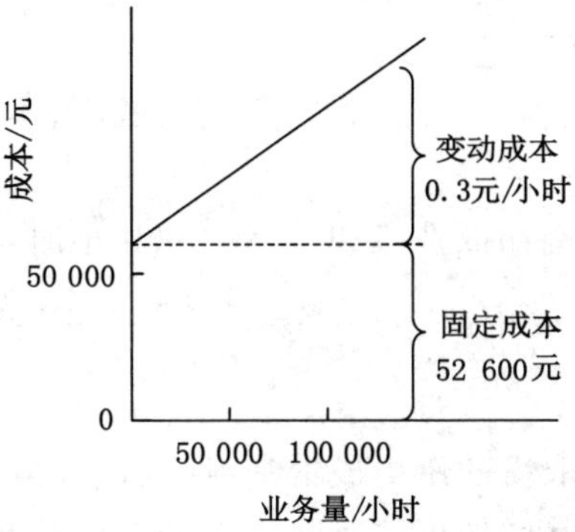

图 2-12　高低点法示意图

(x)，纵轴代表混合成本(y)，这样各个历史成本数据就形成了若干成本点散布在坐标图上；最后后通过目测，在各成本点之间画一条尽可能接近所有坐标点的直线，直线在纵轴上的截距即固定成本，然后据以推算单位变动成本，以进行成本性态分析。

散布图法的具体步骤：

第一，标出散布点。将各期业务量与相应成本的历史资料作为点的坐标标注在平面直角坐标图上。

第二，画线。目测画一条直线，使其尽可能通过或接近所有坐标点，使所有坐标点均匀地分布在直线两侧。

第三，读出固定成本值 a。在纵轴上读出该直线的截距值，即固定成本总额 a。

第四，任选一点求单位变动成本 b。在直线上任选一点，将其业务量 x 和固定成本 a 代入等式 $y=a+bx$，即可求出单位变动成本 b。

第五，建立成本性态分析模型。根据求出的 a、b，写出 $y=a+bx$ 成本性态分析模型。

【例 2-7】　根据历史成本资料，采用散布图法进行成本估计。

首先，将历史成本资料标入直角坐标系，成为散布图，如图 2-13 所示。

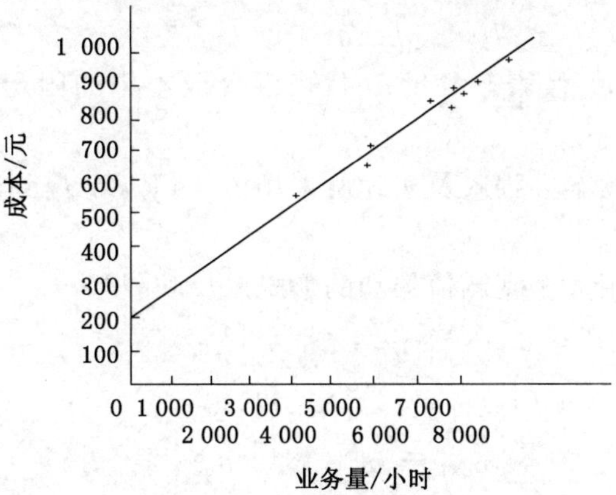

图 2-13　散布图

其次，根据离散的历史成本点目测成本业务量变动的趋势，并画出一条能反映平均变动趋势的直线。在画此线时，力求直线两边的散布点个数相同，并且使各点到直线的距离之和尽可能最小，此直线即为平均成本线。

再次，根据画出的直线与纵轴的交点，确定直线的截距，本例为 200 元。它就是固定成本的平均值。

最后，在直线上任取一点，例如取业务量 $x=8\ 000$ 小时，在图上查得对应的成本 $y=1\ 000$(元)，据此计算单位变动成本：$b=\frac{y-a}{x}=\frac{1\ 000-200}{8\ 000}=0.1$(元)。所以，维修成本 $y=200+0.1x$。

散布图法考虑了全部已经取得的历史成本资料，在这种意义上可以认为是对只考虑两个点的高低点法的一种改进。其图像可以反映成本的变动趋势，比较形象直观，容易掌握，较高低点法更为科学，结果更为准确。但是，由于仅凭目测画线，随意性太大，难免存在一定的误差。所以，散布图法只适用于对成本性态分析精确度要求不高的情况。

(3) 回归直线法。回归直线法也叫最小平方法，是根据一定期间业务量和成本的历史资料，用数学上的最小平方法的原理，对历史资料进行处理，计算出能代表平均成本水平的直线截距和斜率，以其作为固定成本和单位变动成本的一种成本性态分析方法。

回归直线法的原理如下：假设存在一条直线 $y=a+bx$，最能代表各期成本的平均水平，则这条直线与各实际成本点的误差值应比其他直线都小。这条直线最能代表 x 和 y 之间的关系，称为离散各点的回归直线。回归直线的 a 和 b 由离散各点的值来决定，在散布图法中我们目测来画这条直线，现在要根据各点的 x 和 y 值将其计算出来。

回归直线法的基本原理为：先按散点图法把过去某一期间的混合成本历史数据，逐一在坐标图上标明；然后通过目测，在各个成本点之间画一条能反映 x 与 y 关系的平均变动趋势直线。但如前所述，画这种直线时，往往会因人而异，难以确定哪条较为准确。从数学的观点来看，选用全部观测数据(即成本点)的误差平方和最小的直线最为准确，这条直线在数理统计中称为回归直线。

回归直线法运用于混合成本的分解，通常只需要采用以下简便方法：

假设混合成本的直线方程式为：

$$y=a+bx$$

其中，y 代表混合成本总额；x 代表业务量；a 代表混合成本中的固定成本总额；b 代表混合成本中的单位变动成本。

根据上述混合成本的基本方程式及实际所采用的一组 n 个观测值，即可建立回归直线的联立方程式。

先把上述基本方程式用 n 个观测值的和的形式来反映，得：

$$\sum y_i = na + b\sum x_i \tag{1}$$

再将式(1)的左右双方各项用业务量(x)来加权，得：

$$\sum x_i y_i = a\sum x_i + b\sum x_i^2 \tag{2}$$

式(1)和式(2)组成了以 a 和 b 为未知数的标准的二元一次方程组：

$$\begin{cases} na + b\sum x_i = \sum y_i \\ a\sum x_i + b\sum x_i^2 = \sum x_i y_i \end{cases}$$

求方程组的解：

$$a=\frac{\sum y_i-b\sum x_i}{n} \tag{3}$$

$$b=\frac{n\sum x_iy_i-\sum x_i\sum y_i}{n\sum x_i^2-\left(\sum x_i\right)^2} \tag{4}$$

根据式(3)和式(4)，即可计算出回归直线的系数 a 和 b。最终就可把混合成本分解为固定成本和变动成本。

【例 2-8】 使用例 2-6 的资料，采用回归直线法进行成本性态分析，为便于数据代入公式，将有关历史成本资料事先进行加工，见表 2-7。

表 2-7　回归直线法数据计算表

月份	x_i	y_i	x_iy_i	x_i^2
1 月	120	91	10 920	14 400
2 月	135	93	12 555	18 225
3 月	110	85	9 350	12 100
4 月	105	84	8 820	11 025
5 月	90	80	7 200	8 100
6 月	79	72	5 688	6 241
7 月	68	73	4 964	4 624
8 月	80	76	6 080	6 400
9 月	95	77	7 315	9 025
10 月	111	90	9 990	12 321
11 月	124	95	11 780	15 376
12 月	138	94	12 972	19 044
合计	1 255	1 010	107 634	136 881

将有关数据代入式(3)和式(4)：

$a=\dfrac{1\ 010-0.356\ 2\times1\ 255}{12}=46.91$(元)。

$b=\dfrac{12\times107\ 634-1\ 255\times1\ 010}{12\times136\ 881-1\ 255^2}=0.356\ 2$(元)。

维修成本的一般方程式为：$y=46.91+0.356\ 2x$。

回归直线法利用了微分极值原理，在理论上比较健全，是对散布图法的改进和提高，计算结果精确，但是，计算过程比较烦琐，计算的工作量较大。如果在计算机上利用应用软件，如 Excel，则可以十分方便地应用这种方法。

最后还应注意，上述三种数学分解方法均包含估计成分，带有一定的假定性，其分解结果均不可能绝对准确，而且要求以相应的历史成本数据为前提，所以在实际运用时，必须考虑运用的条件是否具备。如果条件不具备，就应考虑其他混合成本分解方法。

综上所述，成本按性态分类的结果可用图 2-14 表示。

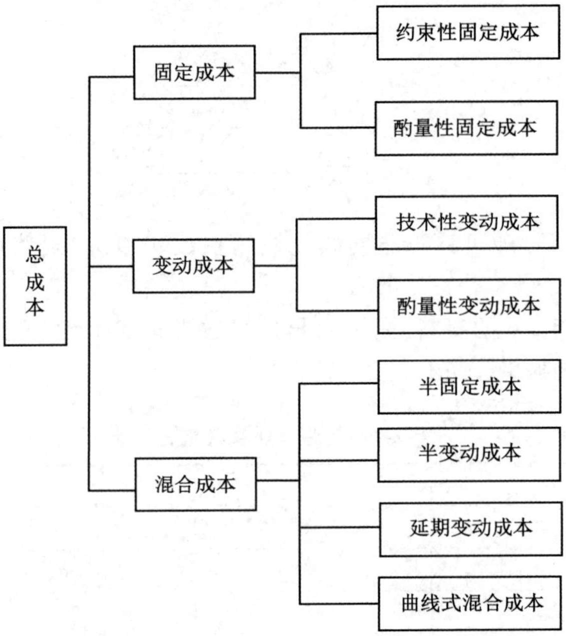

图 2-14　成本按照性态分类示意图

二、成本按其可控性分类

成本按其可控性可分为可控成本和不可控成本。成本的可控性是指责任单位对其成本的发生是否可以事先预计并落实责任、事中施加影响和事后进行考核的性质。

可控成本是指责任单位可以预计、计量、施加影响和落实责任成本的成本。不可控成本是指责任单位不能事先预计并落实责任、事中施加影响、事后进行考核的成本。一般来讲，可控成本应同时符合三个条件：① 责任中心或责任者能够通过一定方式事先了解将要发生的成本；② 责任中心或责任者能够对成本进行有效计量；③ 责任中心或责任者能够通过自己的行为对成本加以调节和控制。不能同时符合上述三个条件的成本，通常为不可控成本。

成本的可控与否是相对而言的，与以下三种因素有关。

(1) 与责任中心或责任者所处管理层级的高低有直接关系。对企业来说，几乎所有成本都是可控成本，一般不存在不可控成本；而对于企业内部的各个部门、车间、工段、班组来说，则既有各自专属的可控成本，又有各自的不可控成本。

(2) 与责任中心或责任者管理权限的大小有直接关系。一项对于较高层级的责任中心来说属于可控的成本，对于其下属的较低层级的责任中心来说可能就是不可控成本；反过来，较低层级责任中心的可控成本一定是其所属的较高层级责任中心的可控成本。例如，生产车间发生的折旧费对于生产车间而言属于可控成本，但对于其下属的班组来说则属于不可控成本。

(3) 与责任中心或责任者控制范围的大小有直接关系。一项对某一责任中心来说属于可控的成本，对于其他责任中心来说就是不可控成本。例如，材料购买价格对采购部门来说基本属于可控成本，但对生产部门或销售部门来说则属于不可控成本。区分可控成本和不可控成本旨在分清各部门责任，确定其责任成本，考核评价其责任业绩。

三、成本按其相关性分类

成本按其相关性可分为相关成本和无关成本。成本的相关性是指成本的发生与特定决策方案是否有关的性质。

相关成本是指与决策方案有关的成本。

无关成本是指与决策方案无关的成本。

利用成本的相关性分类，企业可以进行成本预测和成本决策，并能对未来成本进行规划。

练习与思考

一、单项选择题

1. 将全部成本分为固定成本、变动成本和混合成本所采用的分类依据是(　　)。

A. 成本核算目标　　B. 成本的可辨认性

C. 成本的经济用途　　D. 成本的性态

2. 下列费用中属于酌量型固定成本的是(　　)。

A. 房屋及设备租金　　B. 技术研发费

C. 行政管理人员的薪金　　D. 不动产税金

3. 下列各项中，能构成变动成本法产品成本内容的是(　　)。

A. 变动成本　　B. 固定成本

C. 生产成本　　D. 变动生产成本

4. 在 $y=a+bx$ 中，y 表示总成本，a 表示固定成本，x 表示销售额，则 x 的系数应是(　　)。

A. 单位变动成本　　B. 单位边际贡献

C. 变动成本率　　D. 边际贡献率

5. 在应用历史资料分析法进行成本性态分析时，必须首先确定 a，然后才能计算出 b 的方法是(　　)。

A. 直接分析法　　B. 高低点法

C. 散布图法　　D. 回归直线法

二、多项选择题

1. 下列费用中，属于约束性固定成本的有(　　)。

A. 折旧费　　B. 保险费

C. 广告费　　D. 财产税

2. 在相关范围内固定不变的是(　　)。

A. 固定成本　　B. 单位产品固定成本

C. 变动成本　　D. 单位变动成本

3. 分解混合成本的方法有(　　)。

A. 高低点法　　B. 散布图法

C. 最小平方法　　D. 线性规划法

4. 在相关范围内,随业务量变动而变动的是(　　)。

A. 固定成本　　B. 单位产品固定成本

C. 变动成本　　D. 单位变动成本

5. 下列各项中,属于变动成本特征的有(　　)。

A. 在相关范围内,其成本总额不受产量增减变动的影响

B. 在相关范围内,其成本总额随着产量的增减成比例变动

C. 在相关范围内,其单位产品成本不受产量变动的影响并保持不变

D. 成本总额的变动与产量的变动不保持严格的比例

三、判断题

1. 管理会计中的成本概念不强调成本发生的时态。(　　)

2. 成本按其可辨认性分为直接成本与间接成本,有利于分清各部门责任、考核工作业绩。(　　)

3. 固定成本在任何条件下,其总额均不随业务量的增减变动发生变化。(　　)

4. 在相关范围内,固定成本总额和单位变动成本均具有不变性。(　　)

5. 在一定条件下,混合成本可以用一元直线方程来模拟。(　　)

四、简答题

1. 什么是成本性态? 在成本管理会计中,成本为什么要按性态分类?

2. 什么是变动成本? 变动成本有何特点?

3. 什么是固定成本? 固定成本有何特点?

4. 什么是混合成本? 在成本管理会计中,为什么要分解混合成本?

5. 成本性态分析的方法有哪几种? 各有何特点?

五、业务题

1. 宏达公司 2022 年下半年各月的机器设备维修费资料见表 2-8。

表 2-8　设备维修资料表

月份	业务量/千机器小时	维修费/元
7 月	40	580
8 月	32	500
9 月	52	700
10 月	48	660
11 月	56	740
12 月	44	625

要求：

(1) 根据上述资料，采用高低点法将维修费分解为固定成本和变动成本，并写出成本公式。

(2) 根据上述资料采用回归直线法将维修费分解为固定成本和变动成本，并写出成本公式。

(3) 2023 年 1 月，该公司计划使用机器时数为 55 千机器小时，则预计的机器设备维修费应为多少？

2. 讯达公司 2022 年最高业务量和最低业务量下的制造费用总额见表 2-9。

表 2-9　讯达公司制造费用

摘　要	高点(10 月)	低点(3 月)
业务量/机器小时	75 000	50 000
制造费用总额/元	176 250	142 500

表 2-9 中制造费用总额包括变动成本、固定成本和混合成本三类。该厂会计部门对低点月份业务量为 50 000 机器小时的制造费用总额做了分析，其各类成本的组成情况如下：

变动成本总额：50 000 元。

固定成本总额：60 000 元。

混合成本总额：32 500 元。

制造费用总额：142 500 元。

要求：

(1) 采用高低点法将该厂的混合成本分解为变动成本与固定成本，并写出成本公式。

(2) 若该厂计划期的月生产能力为 65 000 机器小时，则其制造费用总额将为多少？

第三章　成本核算的基本原理

【学习目标】　了解制造业成本核算的特点和成本核算原则；理解费用界限的划分与产品成本计算的关系；熟悉成本核算的主要账户和成本核算流程；掌握成本核算的要求和企业费用的分类。

第一节　成本核算概述

一、成本核算的特点

传统的成本核算体系中，企业建立的是反映经营流程的成本核算系统。因为根据经营流程建立的成本核算系统，可以使管理者更好地对企业的经营业绩进行监控。一个经营流程提供的可以是有形的产品，也可以是无形的服务。与其他行业相比，制造业的成本核算体系最为完整，其方法也最为典型。因此，本书主要以制造业为例介绍成本核算的方法。

制造业的成本核算包括生产费用汇总核算和产品成本计算两部分内容。生产费用汇总核算，需要先根据成本开支范围对生产费用进行审核和控制；然后采用一定的程序将生产费用按其发生地点和用途进行归集，并采用适当的标准在各成本计算对象之间进行分配。产品成本计算就是计算出各成本计算对象的总成本和单位成本。在制造业中，由于企业往往生产多种产品，且月末通常有未完工的产品，因此需要将汇集的生产费用在各种产品之间、完工产品与在产品之间进行分配，以求得各种产品的总成本和单位成本。

二、成本核算的基本原则

（一）合法性原则

合法性原则是指计入成本的费用必须符合国家法律、法规和制度等的规定，不符合规定的费用不能计入成本。如目前制度规定，凡属于增加固定资产而发生的各项资本性支出，均不能直接计入成本；购入无形资产的支出、对外投资支出、被没收的财物、各项罚款性质的支出等，不能列入成本支出。又如，销售费用、管理费用和财务费用作为期间费用处理，不能计入产品成本。

虽然由于企业生产类型和管理要求等方面不同，其成本核算具有不同的特点，但是对于所有企业而言，成本核算提供的信息应具备相关、及时、准确的特征。相关是指成本核算数据必须满足使用者特定的信息需求。及时是指信息的反馈能满足成本分析、成本决策和成本考核的需要，为及时制定措施、改进企业生产工作服务，否则过时信息就会失去其价值。准确是相对而言的，因为成本核算中有些因素是预计的，不同核算方法和分配方法求得的结果是不同的，成本信息只能是相对准确。所以，相对准确主要是指成本信息的质量是可靠的，没有人为地任意提高或降低成本。

（二）分期核算原则

分期核算是指分期进行成本计算和报告成本信息。企业的生产经营活动是连续进行的，为了充分发挥会计对生产经营活动的控制作用，满足决策者对短期信息的需求，需要人为地把持续不断的企业生产经营活动划分成一个个首尾相接、间隔相等的会计期间。会计期间的假设是在持续经营假设的基础上人为规定提供会计信息的期限。成本核算的分期与会计上月、季、年期间的划分一致，有利于经营成果的确定。需要指出的是，产品成本的分期核算，与产品成本计算期是有区别的。产品成本计算期是对产品负担生产费用所规定的起讫期，它受产品生产类型的影响，可以与会计期间一致，也可以与各批或各件产品的生产周期一致。产品成本的分期核算与产品的生产类型无具体联系，它是指成本的具体核算工作，包括费用的归集和分配。计算和报告产品成本，都必须按会计期间进行，并于期末对成本计算账户的发生额进行加计，及时计算完工产品成本。

（三）配比原则

企业的生产经营过程所发生的费用，可按下列三种方式配比确认。

(1) 按因果关系确认。对于费用发生与有关营业收入存在明显因果关系的支出，应在该项营业收入实现时，确认为营业成本，并与之配比；而在该项营业收入尚未实现时，先作为计入存货的成本确认。如产品生产的材料耗费、人工耗费，应计入产品生产成本，并随着产品的销售转为销售成本，与相关的销售收入配比。

(2) 按受益期分配确认。对于支出的效益涉及若干会计年度的资本性支出，应在与支出效益相关的各受益期，按合理而又系统的方式分配确认为费用，分别与各受益期的收入进行配比，如固定资产折旧费用等。

(3) 按发生的时期立即确认。对于既无明显的因果关系，又难以按受益原则进行分摊的支出，在发生的当期立即确认，即作为期间成本与发生当期的收入配比，如广告费用、诉讼费用等。并非所有的费用只能按一种方式与收入配比，需要分别根据上述情况进行配比处理，如果不分情况把所有费用都计入产品成本，就会影响成本指标的客观性和相关性。

（四）实际成本计价原则

实际成本计价包含三方面的含义：一是对产品生产耗用的原材料、燃料和动力等费用，都按实际成本计价。具体而言，原材料、燃料和动力在数量方面要按其实际耗用数量计算；在价格方面，可以采用实际价格或计划价格计价，但是在计入产品成本时，对于计划价格与实际价格的差异要进行调整，将其调整为实际成本。二是固定资产折旧必须按照其原始价值和规定使用年限计算。三是对完工产品要按照实际成本计价，但并不排除“库存商品”账户及其明细账也可按计划成本计价，对于实际成本与计划成本之间的差额，另设“产品成本差异”账户登记。按实际成本计价，可以减少成本计算的随意性，使成本信息保持客观性和可验证性，能正确计算企业当期的盈利水平；但是它也有局限性，当物价变动较大时，历史成本不能确切地反映资产的现值。为此，应按国家的规定，根据物价变动的情况，对资产账面价值及损益进行适当的调整。

在企业对外的会计报表中,必须按实际成本对产成品、自制半成品和劳务计价,如资产负债表中的存货项目和利润表中的主营业务成本项目。

如果企业按计划成本、定额成本或标准成本进行产品成本核算,对实际成本与预计成本的差异可另设账户归集,但应在会计期末及时分摊,将产品的计划成本、定额成本或标准成本调整为实际成本。企业内部对原材料、燃料按计划成本进行日常核算的,实际成本与计划成本的差异也应在会计期末合理分摊,将生产产品所耗材料、燃料的计划成本调整为实际成本。

(五)重要性原则

企业进行成本核算时,所采用的成本计算步骤、费用分配方法、成本计算方法等,都是根据每一企业的具体情况进行选择的。对于一些主要产品、主要费用,应采用比较复杂、详细的方法进行分配和计算,而对一些次要产品、次要费用,则可采用简化的方法,进行合理计算和分配,而不能不分主次。

另外,为充分发挥成本信息对经营管理的作用,对于产品成本中重要的内容应单独设立项目反映,并力求精确。对于次要的内容则可简化核算,或与其他内容合并反映。如构成产品实体的原料及主要材料、生产工人的薪酬,一般应直接计入产品成本明细账,在"直接材料""直接人工"项目中单独反映;其他生产费用可归集后分配计入产品成本,在综合性项目"制造费用中"合并反映。但是,如果某些费用在产品成本中比重较大,如企业某种产品主要依靠外厂加工,则外部加工费应直接计入产品成本明细账的专设成本项目单独反映,以便于运用成本信息进行预测、决策、分析和考核。

(六)一贯性原则

成本核算涉及多项成本费用的归集与分配,而每一项成本费用的分配又往往有多种分配方法可供选择,企业应当根据自身的生产特点和管理要求选择合理的方法予以分配。与成本核算有关的会计处理方法一经确定,应保持前后一致,没有特殊情况,不应经常变动,便于计算出来的各期成本资料进行比较。如确需有必要改变上述会计处理方法,应在有关的财务报告中说明变更情况和原因,并根据需要揭示会计处理方法的改变对企业财务状况和经营成果所产生的影响。

成本核算提供的信息符合以上特征才能发挥其应有的作用。为此,企业进行成本核算时,应遵循以上成本核算的基本原则,这些原则是从成本核算实践中提炼和归纳出来,并把感性认识上升到理性认识而逐渐形成的。它对于成本会计人员合理地、恰当地处理成本核算业务,提供相关、及时和准确的成本信息,具有重要指导作用。

第二节 企业费用的分类

一、按经济内容分类

此处的企业费用,是指企业生产经营管理费用。企业生产经营过程中的耗费是多种多样的,为了科学地进行成本管理,正确计算产品成本和期间费用,需要对种类繁多的费用进行合理归类。企业费用可以按不同的标准分类,其中最基本的分类是按经济内容和经济用途分类。

（一）费用要素的含义

费用要素,是指企业费用按经济内容分类分出来的若干项目,即企业费用按经济内容分类核算的项目。费用按经济内容分类,也称为费用按经济性质分类,它反映企业在生产经营过程中消耗了什么,反映消耗的经济内容。

（二）费用要素项目

1. 三大费用要素

企业的生产经营过程,也是物化劳动(劳动对象和劳动手段)和活劳动的耗费过程。因而生产经营过程中发生的费用,按其经济内容分类,可划归为劳动对象方面的费用、劳动手段方面的费用和活劳动方面的费用三大类。这三类可以称为费用的三大要素。

2. 具体费用要素项目

对企业费用按照经济内容分为三大费用要素太过笼统,不便于组织具体的会计核算,为了具体反映各种费用的构成和水平,还应在此基础上,将其进一步划分为以下八个费用要素项目。

(1) 外购材料,指企业为进行生产经营而耗用的一切从外单位购进的原料及主要材料、半成品、辅助材料、包装物、修理用备件和低值易耗品等。

(2) 外购燃料,指企业为进行生产经营而耗用的一切从外单位购进的各种固体、液体和气体燃料。

(3) 外购动力,指企业为进行生产经营而耗用的一切从外单位购进的各种动力。

(4) 职工薪酬,指企业应计入产品成本和期间费用的职工薪酬,具体包括工资以及根据工资计提的其他职工薪酬。

(5) 折旧费,指企业按照规定的固定资产折旧方法计算提取的折旧费用。

(6) 利息支出,指企业应计入财务费用的借入款项的利息支出减利息收入后的净额。

(7) 税金,指应计入企业管理费用的各种税金,如房产税、车船税、城镇土地使用税、印花税等。

(8) 其他支出,指不属于以上各要素但应计入产品成本或期间费用的费用支出,如差旅费、租赁费、外部加工费以及保险费等。

（三）企业费用按经济内容分类的意义

按照以上费用要素反映的费用,称为要素费用。将费用划分为若干要素分类核算,可以反映企业一定时期内在生产经营过程中耗用了什么、耗用了多少,据以分析企业各个时期各种费用的构成和水平。这种分类反映了企业生产经营中外购材料和燃料费用以及职工薪酬的实际支出,便于企业核定流动资金定额、储备资金定额,考核储备资金的周转速度,考核生产费用预算执行情况,分析各要素费用的比重,为编制材料采购预算、劳动工资预算、制造费用预算等提供依据。但是,这种分类不能说明各项要素费用的用途,因而不便于分析各种费用的支出是否节约、是否合理。

二、按经济用途分类

企业在生产经营中发生的费用，按照经济用途可以分为计入产品成本的生产费用和直接计入当期损益的期间费用两大类，而这两大类费用又可以按照经济用途做进一步分类。

（一）生产费用按经济用途的分类

1. 产品成本项目的含义

计入产品成本的生产费用在产品生产过程中的用途不尽相同：有的直接用于产品生产，如生产加工中使用的原材料；有的间接用于产品生产，如车间管理人员的薪酬。因此，为具体反映计入产品成本的生产费用的各种用途，提供产品成本构成情况的资料，还应将其进一步划分为若干个项目，即产品生产成本项目。产品生产成本项目，简称产品成本项目或成本项目，是生产费用按经济用途分类核算的项目。

2. 产品成本项目

企业一般应设置以下几个产品成本项目：

（1）直接材料，指构成产品实体的原材料以及有助于产品形成的主要材料和辅助材料。

（2）燃料和动力，指直接用于产品生产的燃料和动力。

（3）直接人工，指直接从事产品生产的工人的职工薪酬。

（4）制造费用，指企业为生产产品和提供劳务而发生的各项间接费用，包括企业生产部门（如生产车间）发生的水电费、固定资产折旧、无形资产摊销、管理人员的职工薪酬、劳动保护费、国家规定的有关环保费用、季节性和修理期间的停工损失等。

企业可根据生产特点和管理要求对上述成本项目做适当调整。对于管理上需要单独反映、控制和考核的费用，以及产品成本中比重较大的费用，应专设成本项目；否则，为了简化核算，不必专设成本项目。例如，如果废品损失在产品成本中所占比重较大，在管理上需要对其进行重点控制和考核，则应单设“废品损失”成本项目。又如，如果工艺上耗用的燃料和动力不多，为了简化核算，可将其中的工艺用燃料费用并入“直接材料”成本项目，将工艺用动力费用并入“制造费用”成本项目。

（二）期间费用按经济用途的分类

企业的期间费用按照经济用途可分为销售费用、管理费用和财务费用。

1. 销售费用

销售费用是指企业在产品销售过程中发生的费用，以及为销售本企业产品而专设的销售机构的各项经费。销售费用包括运输费、装卸费、包装费、保险费、展览费和广告费，以及为销售本企业商品而专设的销售机构（含销售网点、售后服务网点等）的职工薪酬、业务费等经营费用。

2. 管理费用

管理费用是指企业为组织和管理生产经营活动所发生的各项费用。管理费用包括企业的董事会和行政管理部门在企业的经营管理中发生的，或者应由企业统一负担的公司经费（包括行政管理部门职工工资、修理费、机物料消耗、低值易耗品摊销、办公费和差旅费等)、工会经费、待业保险费、劳动保险费、董事会费(包括董事会成员津贴、会议费和差旅费等)、咨询费、诉讼费、业务招待费、房产税、车船税、城镇土地使用税、印花税、技术转让费、矿产资源补偿费、无形资产摊销、职工教育经费、研究与开发费、排污费、存货盘亏毁损(减盘盈)、计提的坏账准备和存货跌价准备等。

3. 财务费用

财务费用是指企业为筹集生产经营所需资金而发生的各项费用。财务费用包括利息支出(减利息收入)、汇兑损失(减汇兑收益)以及相关的手续费等。

(三) 企业费用按经济用途分类的意义

这种分类方法反映了企业在生产经营过程中发生的耗费究竟“消耗到哪儿了”,它是制造成本计算法的基础,也是企业正确计算产品成本的关键。它能根据用途区分“成本”和“费用”,也能清楚地反映产品成本的构成,有利于成本的分析和考核,也有利于企业进行成本预测和决策。

(四) 费用要素与产品成本项目的关系

1. 费用要素与产品成本项目的联系

费用要素与产品成本项目反映的经济内容一致,都是在企业生产经营过程中发生的各种费用,生产费用的发生过程也就是产品成本的形成过程。因此,按经济内容反映的各项费用要素的发生额,是构成按经济用途分类的成本项目的基础。

2. 费用要素与产品成本项目的区别

(1) 二者包括的范围有所不同。费用要素反映的是企业在一定期间内发生的全部费用,既包括计入产品成本的生产费用,又包括不计入产品成本的期间费用。比如,“外购材料”费用要素,既包括用于产品生产的为生产产品直接耗用的材料和为组织管理生产的机物料耗用,也包括并非用于产品生产的企业管理部门的耗料;既包括用于产品生产的原材料,又包括企业管理部门的物料消耗。产品成本项目只包括计入产品生产的费用。比如,上述产品生产直接耗用的材料,计入“直接材料”成本项目;为组织管理生产的机物料耗用,计入“制造费用”成本项目;企业管理部门的耗料,不计入成本项目。

(2) 二者归属分配的对象有所不同。费用要素反映的费用,是与特定会计期间相联系的,而成本项目反映的费用是与特定成本对象相联系的,指某一期间某种产品应负担的费用,二者不一定相等。因为某一会计期间实际发生的生产费用有时并不全部计入当期产品成本,如长期待摊费用;也有一些费用,当期虽未发生,但应计入产品成本。此外,某一会计期间投入生产的产品,当期不一定完工,当期完工的产品可能是前期投产的,即某一会计期间完工产品的成本,可能包括几个时期的生产费用。

综上所述,某种完工产品的成本,是该种产品在整个生产过程中应负担的生产费用的总和。产品成本的计算过程,就是把某一会计期间产品负担的生产费用按成本计算对象和成本项目进行归集和分配,加上月初在产品生产费用,在完工产品和月末在产品之间分配。

三、其他分类

（一）生产费用按与生产工艺的关系分类

计入产品成本的各项生产费用，按与生产工艺的关系，可以分为直接生产费用和间接生产费用。直接生产费用是指由生产工艺本身引起的、直接用于产品生产的各项费用，如原料及主要材料费用、生产工人薪酬和机器设备折旧费等。间接生产费用是指与生产工艺没有联系，间接用于产品生产的各项费用，如生产车间机物料消耗、辅助车间生产工人的薪酬和车间厂房折旧费等。

（二）生产费用按计入产品成本的方法分类

计入产品成本的各项生产费用，按计入产品成本的方法，可以分为直接计入费用（一般称为直接费用）和间接计入费用（一般称为间接费用）。直接计入费用是指可以分清哪种产品所耗用、可以直接计入某种产品成本的费用。间接计入费用，是指不能分清哪种产品所耗用、不能直接计入某种产品成本，而必须按照一定标准分配计入各有关产品成本的费用。

生产费用按与生产工艺的关系分类和按计入产品成本的方法分类之间既有联系又有区别。它们之间的联系表现在：直接生产费用在多数情况下是直接计入费用，如原材料费用大多能够直接计入某种产品成本；间接生产费用在多数情况下是间接计入费用，如机物料消耗大多需要按照一定标准分配计入有关的各种产品成本。但它们毕竟是对生产费用的两种不同分类，直接生产费用与直接计入费用、间接生产费用与间接计入费用不能等同。例如，在只生产一种产品的企业（或车间）中，直接生产费用和间接生产费用都可以直接计入这种产品的成本，因而均属于直接计入费用。又如，在用同一种原材料，同时生产出几种产品的联产品生产企业（或车间）中，直接生产费用和间接生产费用都需要按照一定标准分配计入有关的各种产品成本，因而均属于间接计入费用。

此外，费用还可以按照其他的分类方法进行分类，以满足成本管理的不同需求。如费用按与业务量的关系可以分为变动成本和固定成本，按是否可控可以分为可控成本与不可控成本，等等。

第三节　成本核算的要求

一、遵循企业产品成本核算制度

遵循产品成本核算制度是指企业需要遵循国家规定的成本开支范围和费用开支标准。所谓成本开支范围，是指哪些费用允许列入成本，哪些费用不允许列入成本的规定。成本开支范围是根据企业经营活动中所发生的费用的不同性质，依据成本的内容和加强成本核算的要求，由国家在相关法律规章中统一制定的。确定成本开支范围的基本原则是：一切与生产经营活动有关的支出，都应计入企业的成本、费用。就制造企业而言，其所发生的直接材料、直接人工、制造费用、管理费用、销售费用和财务费用构成企业的成本费用范围。其中，直接材料、直接人工和制造费用构成产品的生产成本；管理费用、销售费用和财务费用则由于和产品的受益关系不太明显，分配的客观标准不易确定，不计入产品的制造成本，全部作为所属会计期间的期间费用，冲减当期收益。费用开支标准是指对某些费用支出的金额和比例做出一些限制性的规定。如允许在税前列支的职工薪酬金额、坏账提取比例和业务招待费的提取比例等。企业应严格遵守成本开支范围和费用开支标准，在合法的前提下展开经营活动。这样既能保证成本、费用的真实性，内容的一致性，具有分析对比的可能性，又能正确地计算企业的损益，真实地反映企业的财务成果，提供真实、正确、有用的会计信息。

成本开支范围主要是国家根据成本的客观经济内涵、国家的分配方针和企业实行独立核算的要求而规定的，旨在使产品成本能正确反映企业生产消耗水平，使各企业的成本开支口径一致。成本开支范围一经规定，则要保持相对稳定，但随着国家经济体制的改革、分配方针的改变和财务管理制度的变化，需做出相应的修订与调整。

企业发生的应计入成本、费用的支出主要包括下列各项：

(1) 生产经营过程中实际消耗的原材料、辅助材料、备品配件、外购半成品、燃料、动力、包装物的原价，运输、装卸、整理等费用。

(2) 企业直接从事产品生产人员的薪酬。

(3) 固定资产折旧费、租赁费和低值易耗品的摊销费等。

(4) 其他为组织管理生产、经营活动所发生的制造费用、管理费用、销售费用和财务费用。其中，制造费用计入产品成本，管理费用、销售费用和财务费用不计入产品成本。

企业发生的不应计入成本、费用的支出包括下列各项：

(1) 购置和建造固定资产的支出，购入无形资产和其他资产的支出。

(2) 对外界的投资以及分配给投资者的利润。

(3) 被没收的财物以及因违反法律而支付的各项滞纳金、罚款以及企业自愿赞助、捐赠的支出。

(4) 在公积金中开支的支出。

(5) 国家法律、法规规定以外的各种支出。

(6) 国家规定不得列入成本的其他支出。

二、划分各种费用的界限

为了正确地进行成本核算，计算产品成本和期间费用，必须正确划分以下五个方面的费用界限。

(一) 划分生产经营管理费用与非生产经营管理费用的界限

企业经济交易和事项的多样性，致使其支出的用途和性质也是多方面的，除了与日常生产经营管理活动有关的支出外，还有资本性支出、福利性支出、营业外支出等。而不同用途的支出，其列支的项目应该不同。例如，企业购建固定资产的支出，应计入固定资产的造价；固定资产盘亏损失、固定资产报废清理净损失等应计入营业外支出。用于产品生产和销售、用于组织和管理生产经营活动，以及为筹集生产经营资金所发生的各种支出，即企业日常生产经营管理活动中的各种耗费，则应计入产品成本或期间费用。企业应按照国家成本开支范围的有关规定，正确地核算产品成本和期间费用。凡不属于企业日常生产经营方面的支出，均不得计入产品成本或期间费用，即不得乱挤成本；凡属于企业日常生产经营方面的支出，均应全部计入产品成本或期间费用，不得遗漏。乱挤成本，会减少企业利润和国家税收收入；少计成本，则会虚增利润，使企业成本得不到应有的补偿，从而影响企业生产经营活动的顺利进行。无论乱挤还是少计成本，都会造成成本不实，不利于企业的成本管理。因此，企业必须正确划分应否计入生产经营管理费用的界限，防止乱挤成本和少计成本的错误做法。

（二）划分生产费用与期间费用的界限

企业日常生产经营中所发生的各项耗费，其用途和计入损益的时间是有所不同的。用于产品生产的费用形成产品成本，并在产品销售后作为产品销售成本计入企业损益；由于当月投产的产品不一定当月产成，当月产成的产品也不一定当月销售，因而当月的生产费用往往不是计入当月损益的产品销售成本。而本月发生的销售费用、管理费用和财务费用，则是作为期间费用，直接计入当月损益。因此，为了正确计算产品成本和期间费用，正确计算企业各月份的损益，必须正确地划分生产费用和期间费用的界限。应当防止混淆生产费用与期间费用的界限，借以调节各月份产品成本和各月损益的错误做法。

（三）划分各月份的费用界限

企业为正确计算各月损益，按月分析和考核成本计划的执行情况和结果，还必须正确划分各个月份的费用界限。本月发生的费用，都应在本月全部入账，不能将一部分延至下月入账。划分各月份费用界限时，应贯彻权责发生制原则，正确地核算费用的摊提。本月份支付，但属于本月及以后各月受益的费用，应记作待摊的费用，在各月间合理分摊计入成本；对于受益期限超过一年的费用，应记作长期待摊费用，在费用项目的受益期限内，分月摊入成本。本月虽未支付，但本月已经受益，应由本月负担的费用，应记作预提的费用，预提计入本月的成本费用。为了简化核算工作，对于数额较小的应该跨期摊销和预提的费用，也可以将其全部计入支付月份的成本费用，而不作为待摊的费用和预提的费用处理。正确划分各月份的费用界限，是保证成本核算正确的重要环节。应当防止利用待摊和预提的办法人为地调节各月成本、人为地调节各月损益的错误做法。

（四）划分各种产品的费用界限

制造业企业通常进行多种产品生产经营，为了正确地计算各种产品的成本，正确地分析和考核各种产品成本预算或定额成本的执行情况，必须将应计入本月产品成本的生产费用在各种产品之间正确地进行划分。凡属于某种产品单独发生，能够直接计入该种产品的费用，均应直接计入该种产品成本；凡属于几种产品共同发生，不能直接计入某种产品的费用，则应采用适当的分配方法，分配计入这几种产品的成本。应该防止在盈利产品与亏损产品之间、可比产品与不可比产品之间任意转移生产费用，借以掩盖成本超支或以盈补亏的错误做法。

（五）划分完工产品与在产品的费用界限

企业月末产品加工完成情况不尽相同，因此需分别情况组织成本计算。在月末计算产品成本时，如果某种产品已全部完工，那么，这种产品的各项生产费用之和就是这种产品的完工产品成本。如果某种产品均未完工，那么，这种产品的各项生产费用之和，就是这种产品的月末在产品成本。如果某种产品既有完工产品，又有在产品，则应将这种产品的各项生产费用,采用适当的分配方法在完工产品与月末在产品之间进行分配,分别计算完工产品成本和月末在产品成本。应该防止任意提高或降低月末在产品成本,借以调节完工产品成本的错误做法。

上述五个方面费用界限的划分过程,也是各项期间费用的归集和产品成本计算的过程。在这一过程中,应贯彻受益原则,即何者受益何者负担费用,何时受益何时负担费用;负担费用的多少应与受益程度的大小成正比。

三、确定财产物资的计价和价值结转方法

企业的生产经营过程,同时也是各种劳动的耗费过程。在各种劳动耗费中,作为生产资料转移价值的财产物资耗费占有相当的比重。因此,财产物资计价和价值结转方法是否恰当,会对成本计算的正确性产生重要的影响。企业财产物资计价和价值结转方法主要包括:固定资产原值的计算方法、折旧方法、折旧率的种类和高低;固定资产修理费用是否采用待摊或预提方法以及摊提期限的长短;固定资产与低值易耗品的划分标准;材料成本的组成内容、材料按实际成本进行核算时发出材料单位成本的计算方法、材料按计划成本进行核算时材料成本差异率的计算等;低值易耗品和包装物价值的摊销方法、摊销率的高低及摊销期限的长短等。为了正确地计算成本,对于各种财产物资的计价和价值的结转,应采用合理简便的方法,国家有统一规定的,应采用国家统一规定的方法;国家没有统一规定的,比照企业会计准则制度的有关规定,选择适当的方法。各种方法一经确定,则应保持相对稳定,不能随意改变,以保证成本信息的可比性。

四、做好各项成本核算的基础工作

为了加强成本审核、控制,正确、及时地计算成本,企业应做好以下各项基础工作。

(一)建立健全原始记录制度

原始记录是指按规定格式,对企业生产经营活动做出的最初记录。它是反映企业生产经营活动的第一手资料,是进行成本预测与决策、编制成本计划、进行成本核算、分析消耗定额和成本计划执行情况的主要依据,是成本管理的重要基础。成本核算就是对各项生产费用和期间费用进行数据处理,计算产品成本,这就需要通过一定的方式取得各项数据。而原始记录是提供成本计算数据的主要方式,它是按照规定的格式,对企业生产经营活动中的具体事实所作的最初的记载,是经济事项的载体。例如,企业生产经营中材料的领用、工时的消耗、生产设备的运转、动力的消耗、费用的开支、废品的发生、产品质量的检验、产品在生产过程中的转移、产成品和自制半成品的交库等,都要记录在具有一定格式的凭证中。这种直接记载具体事实的凭证就是原始记录。建立严密的原始记录制度,制定合理的凭证传递流程,对加强企业经营管理、正确计算产品成本、提供制定各项定额和编制成本计划的依据,都具有重要意义。

企业的原始记录非常广泛,与成本核算有关的原始记录主要有如下几类:

(1)反映物资动态的原始记录,如领料单、限额领料单、退料单、补料单、废料回收单、自制原材料入库单等。

(2)反映劳动工资的原始记录,如职工录用通知单、职工调动通知单、考勤记录表、工资

和奖金支付单等。

(3) 反映设备使用的原始记录,如设备利用率、设备产量定额、固定资产修理停运时间定额等。

(4) 反映生产活动的原始记录,如生产任务通知单、工票、停工通知单、废品通知单、产品完工通知单、半成品入库单、调拨通知单、报废通知单、盈亏报告单、在产品转移交接单、能源耗用记录单等。

(5) 反映产品产出的原始记录,如产成品入库单、报废单、盈亏报告单等。

(6) 反映费用开支的原始记录,如现金支付凭证、报销单等。

以上原始记录往往为几个部门所需要,因此,按要求填写的原始记录,应分别送交有关部门使用。如果采取一式一份的原始记录形式,则要按需要部门依次传递使用。

企业应健全原始记录制度,统一规定各种原始记录的格式、内容、填制方法、存档和销毁等制度;应根据成本计算和内部控制的需要,制定各种原始记录的传递程序,包括凭证传递所流经的部门、各部门对凭证的处理程序等。为了清楚地反映凭证的流程,凭证传递流程最好用流程图表示。原始记录要符合成本管理的要求,简明实用。成本核算人员要会同企业的计划统计、生产技术、劳动工资、物资供销等有关部门,认真制定既符合成本核算需要、又符合各方面管理需要,既科学又简便易行、又讲求实效的原始记录制度;还要组织有关职工认真做好各种原始记录的登记、传递、审核和保管工作,以便正确及时地为成本核算和其他有关方面提供资料和信息。

(二) 建立健全定额管理制度

定额是指在企业的生产经营活动中,对人力、物力、财力的配备、利用和消耗以及获得成果等方面所规定的应遵循的标准和应达到的水平。定额管理是成本管理的基础,是进行成本预测、决策、计划、控制和考核的依据,也是衡量经营成果的尺度。制定定额是编制成本预算,制定产品定额成本的基础。做好定额的制定和修订工作,可以使企业成本预算的编制建立在科学合理的基础上,使成本核算有了可靠的依据,也为开展成本控制和成本分析提供了客观标准。因此,加强定额管理具有重要意义。

与成本核算有关的定额主要包括以下几个方面:

(1) 物资消耗定额,是指为生产单位产品或完成一定工作量所限定的材料、工具、动力的消耗标准,如原材料消耗定额、材料利用率、材料损耗率等。

(2) 劳动定额,是指单位产品所限定的时间或单位时间所限定的产品数量标准,如工时定额、产量定额、缺勤率等。

(3) 设备利用定额,是指使用设备应达到的效率标准,如设备利用率、设备产量定额、固定资产修理停运时间等。

(4) 费用定额,是指为完成一定工作量所限定的费用开支标准,如制造费用定额、管理费用定额、销售费用定额等。

(5) 质量定额,是指对所完成工作量规定的质量标准,如产品合格率、一级品率、废品率、返修率等。

产品的各项消耗定额,既是编制成本计划、分析和考核成本水平的依据,也是审核和控制成本的标准。在计算产品成本时,往往要用产品的原材料和工时的定额消耗量或定额费用作为分配实际费用的标准。因此,为了加强生产管理和成本管理,企业必须建立和健全定额管理制度,凡是能够制定定额的各种消耗,都应该制定先进、合理、切实可行的消耗定额,并随着生产的发展、技术的进步、劳动生产率的提高,不断修订消耗定额,以充分发挥其应有的作用。

制定定额的基本方法有经验统计法和技术分析法两种。所谓经验统计法,是指根据经验和统计资料而制定定额的方法。这种方法的优点是简便易行,但对构成定额的各种因素缺乏仔细的分析和计算,容易受主观因素影响。所谓技术分析法,是在研究和分析生产技术条件和生产组织,以及可能采取的技术组织措施基础上,通过技术计算或者测定而制定定额的方法。技术分析法的主要优点是比较准确,但要投入大量的人力进行测定。企业采用什么方法比较合适,要从实际出发,根据需要与可能的条件来确定。定额的制定应本着既先进又合理的原则,并应随着企业生产技术条件的变化和管理水平的提高而定期修订,否则定额就失去了其应有的作用。

(三) 建立健全物资管理制度

成本核算是以价值形式来核算企业生产经营管理中的各项费用的,但价值形式的核算是以实物计量为基础的。为此,进行成本管理,正确地计算成本,必须建立和健全材料物资的计量、收发、领退和盘点制度。

企业一切物资的收发都要经过计量、验收和办理必要的凭证手续。因此,必须做好以下各项工作:① 根据不同计量对象,配置必要的计量器具,尤其对消耗量大的水、风、电、汽的计量器具要配备齐全;② 设置专职的质量检验机构,形成完整的质量检查制度,做到不符合质量、规格要求的材料物资不入库,不发货;③ 建立计量仪器和器具的管理与定期检验制度,以保证计量仪器和器具始终处于良好状态;对零部件和产品的质量应不定期地进行抽查,以检查质量验收制度的执行情况。

领发材料、半成品、工具等物资,要有严格的手续和制度。有消耗定额的,按定额发料;没有消耗定额的,按照合理需用量发料,防止乱领乱用,造成积压浪费。对于每月发出或每批生产剩余的物资,应及时办理退库手续或结转到下期继续使用,以使计入产品成本的材料物资消耗正确无误。

库存物资应定期进行清查盘点,做到账物相符,避免出现差错或霉烂变质,防止积压浪费和贪污盗窃,以保护财产物资的安全。

做好材料物资的计量、验收、领发和清查工作,既可以保证企业财产物资的安全,也便于比较准确地计算生产费用和产品成本。

凡是材料物资的收发、领退,在产品、半成品的内部转移,以及产成品的入库等,均应填制相应的凭证,办理审批手续,并严格进行计量和验收。库存的各种材料物资、车间的在产品和产成品均应按规定进行盘点。只有这样,才能保证账实相符,保证成本计算的正确性。

(四) 建立健全内部结算制度

内部结算是指对企业内部各部门、各车间之间的经济事项,运用货币形式进行等价交换结算,以明确经济责任的一种结算形式。在计划管理基础较好的企业中,为了分清企业内部各单位的经济责任,便于分析和考核企业内部各单位成本计划的完成情况和管理业绩,以及加速和简化核算工作,应对原材料、半成品、厂内务车间相互提供的劳务(如修理、运输等)制定内部结算价格,作为企业内部结算和考核的依据。

内部结算包括内部结算价格、内部结算方式和内部结算组织三方面的工作。

1. 内部结算价格

内部结算价格是企业内部各单位之间计价结算的价格。对于原材料、辅助材料、燃料、动力、在产品、半成品和劳务等,都要制定合理的内部结算价格。企业内部各单位之间相互提供产品或劳务,都可以按内部结算价格进行结算。企业内部结算价格的制定涉及企业内部各方面的利益,应由各有关部门共同协作制定。这就要求制定内部结算价格要保证企业整体利益与个内部单位利益的一致性,要兼顾内部各单位的利益。

企业可以以市场价格、协商价格、计划单位成本、成本加成价格作为内部结算价格,但是不论采用什么方法制定内部结算价格,都应保持相对稳定,同时也要根据企业生产年经营情况的变动而定期予以调整。内部结算价格应由企业统一颁布,各单位要严格执行,不能擅自改变价格标准。

2. 内部结算方式

确定内部结算价格后,企业内部单位之间发生经济往来时,就可依据一定的价格和结算方式进行结算。内部结算方式有厂内货币结算方式、厂内支票结算方式、厂内托收承付结算方式、厂内委托收款结算方式和厂内委托付款结算方式等。企业应本着既满足往来结算和资金管理的需要,又简化结算手续的原则选用结算方式。

3. 内部结算组织

无论企业采用哪一种结算方式,都需要一定的内部结算组织或机构。我国目前采用较为广泛的内部结算组织形式有两种:一是在企业财会部门设立结算中心,二是在企业内部设立内部银行。内部结算中心职能范围小,主要负责企业内部单位之间的往来结算,一般不具有资金管理的职能,核算工作也较为简单。一些规模较小的企业往往采用这种内部结算组织形式。内部银行的职能范围较广,具有结算、信贷、控制和信息等职能,但其核算工作也较复杂。因此,对于一些规模大、内部单位多、基础工作好、管理要求高的企业,通常采用内部银行的内部结算组织形式。

内部结算价格,是企业内部各核算单位实行"独立核算,自计盈亏"的价值尺度,是实行内部模拟市场、模拟法人运行的基础,也是进行合理分配的经济杠杆。因此,建立和完善内部结算价格系统,对原材料、主要材料、辅助材料、燃料和动力、工具、配件等物资和劳务制定合理的内部交换价格,对于实行成本控制、正确处理企业内部单位之间的经济关系具有重要的作用。

(五) 建立健全成本责任制度

为降低产品成本,考核各责任单位的成本水平,需要建立健全成本责任制度。完善成本责任制度应做好如下工作。

1. 建立健全责任成本制度

责任成本是以各责任单位作为成本计算对象所计算的成本。由于产品成本是以产品作为成本计算对象的,因此,它不能反映每一责任单位的工作业绩,不便于将每一责任单位成本的高低与其应承担的责任及经济利益相联系。所以,在进行成本计算时,还应创造条件,计算出每一责任单位的责任成本,便于进行各责任单位责任成本的考核和分析。

2. 建立健全内部成本管理体系

内部成本管理体系涉及企业的所有部门和全体职工。该系统是否完善、运行是否合理，直接关系到成本责任制的推行。因此，应建立一个运行自如、合理的内部成本管理体系，并使之逐步完善。

3. 建立健全成本考核制度

成本会计不仅要计算成本，对产品成本指标进行分析，而且需进行考核。应考核每一种产品成本的升降以及各责任单位的责任成本的高低情况。要对成本进行考核，就应建立一套成本考核的收集、整理、对比、计算等方法和程序，使成本考核形成制度，促使成本指标不断降低。

4. 建立健全成本责任奖惩制度

在计算出产品成本及责任成本之后，应对各责任单位可控成本的高低进行分析，实行规范、严格的奖惩制度，以鼓励先进，鞭策落后，调动各部门及人员不断降低产品成本的积极性，促进企业经济效益的不断提高。

需要指出的是，做好成本会计工作，除了建立和健全以上各项基础工作外，还必须提高企业全员的成本意识，加强全程成本的管理。

五、选择适当的成本计算方法

产品成本是在生产过程中形成的，产品的生产工艺过程和生产组织不同，所采用的产品成本计算方法也应该有所不同。计算产品成本是为了加强成本管理，因而还应该根据管理要求的不同，采用不同的产品成本计算方法。因此，企业只有按照产品生产特点和管理要求，选用适当的成本计算方法，才能正确、及时地计算产品成本，为成本管理提供有用的信息。

第四节　成本核算流程

一、成本核算的账户设置

制造业进行成本核算一般应设置“基本生产成本”“辅助生产成本”“制造费用”“销售费用”“管理费用”“财务费用”等账户。如果需要单独核算废品损失、停工损失，还应设置“废品损失”“停工损失”账户。

（一）“基本生产成本”账户

基本生产是指为完成企业主要生产目的而进行的商品产品生产。为了归集基本生产所发生的各种生产费用，计算基本生产产品成本，应设置“基本生产成本”账户。该账户借方登记企业为进行基本生产而发生的各种费用；贷方登记转出的完工入库的产品成本；余额在借方，表示基本生产的在产品成本，即基本生产在产品占用的资金。

“基本生产成本”账户应按产品品种或产品批别、生产步骤等成本计算对象设置产品成本明细分类账（或称基本生产成本明细账、产品成本计算单），账内按产品成本项目分设专栏或专行，其格式举例详见表 3-1、表 3-2。

表 3-1　基本生产成本明细账

车间:第一车间　　　　产量:800 件

产品:甲产品　　　　单位:元

月	日	摘　要	直接材料	燃料和动力	直接人工	制造费用	合计
8	31	在产品费用	21 000	9 000	12 000	20 000	62 000
9	30	本月生产费用	105 000	45 000	58 000	88 000	296 000
		合　计	126 000	54 000	70 000	108 000	358 000
9	30	本月完工产品成本	98 000	42 000	56 000	96 000	292 000
9	30	完工产品单位成本	122.50	52.50	70	120	365
9	30	在产品费用	28 000	12 000	14 000	12 000	66 000

表 3-2　基本生产成本明细账

车间:第一车间　　　　产量:500 件

产品:乙产品　　　　单位:元

月	日	摘　要	直接材料	燃料和动力	直接人工	制造费用	合计
9	30	本月生产费用	70 000	30 000	50 000	80 000	230 000
9	30	本月完工产品成本	70 000	30 000	50 000	80 000	230 000
9	30	完工产品单位成本	140	60	100	160	460

如果企业生产的产品品种较多,为了按照产品成本项目(或者既按车间又按成本项目)汇总反映全部产品总成本,还可以设置“基本生产成本二级账”。“基本生产成本二级账”的格式见表 3-3。

表 3-3　基本生产成本二级账

车间:第一车间　　　　单位:元

月	日	摘　要	直接材料	燃料和动力	直接人工	制造费用	合计
8	31	在产品费用	21 000	9 000	12 000	20 000	62 000
9	30	本月生产费用	175 000	75 000	108 000	168 000	526 000
		合　计	196 000	84 000	120 000	188 000	588 000
9	30	本月完工产品成本	168 000	72 000	106 000	176 000	522 000
9	30	在产品费用	28 000	12 000	14 000	12 000	66 000

(二)“辅助生产成本”账户

辅助生产是指为基本生产服务而进行的产品生产和劳务供应。辅助生产所提供的产品和劳务,有时也对外销售,但这不是它的主要目的。为了归集辅助生产所发生的各种生产费用,计算辅助生产所提供的产品和劳务的成本,应设置“辅助生产成本”账户。该账户的借方登记为进行辅助生产而发生的各种费用;贷方登记完工入库产品的成本或分配转出的劳务成本;余额在借方,表示辅助生产在产品的成本,即辅助生产在产品占用的资金。

“辅助生产成本”账户应按辅助生产车间和生产的产品、劳务分设明细分类账,账中按辅助生产的成本项目或费用项目分设专栏或专行进行明细登记。

（三）“制造费用”账户

为了核算企业为生产产品和提供劳务而发生的各项制造费用，应设置“制造费用”账户。该账户的借方登记实际发生的制造费用；贷方登记分配转出的制造费用；除季节性生产企业外，该账户月末应无余额。

“制造费用”账户，应按车间、部门设置明细分类账，账内按费用项目设立专栏进行明细登记。

（四）“销售费用”账户

为了核算企业在产品销售过程中所发生的各项费用以及为销售本企业产品而专设的销售机构的各项经费，应设置“销售费用”账户。该账户的借方登记实际发生的各项产品销售费用；贷方登记期末转入“本年利润”账户的产品销售费用；期末结转后该账户应无余额。

“销售费用”账户的明细分类账，应按费用项目设置专栏，进行明细登记。

（五）“管理费用”账户

为了核算企业行政管理部门为组织和管理生产经营活动而发生的各项管理费用，应设置“管理费用”账户。该科目的借方登记发生的各项管理费用；贷方登记期末转入“本年利润”科目的管理费用；期末结转后该账户应无余额。

“管理费用”账户的明细分类账，应按费用项目设置专栏，进行明细登记。

（六）“财务费用”账户

为了核算企业为筹集生产经营所需资金而发生的各项费用，应设置“财务费用”账户。该科目的借方登记发生的各项财务费用；贷方登记应冲减财务费用的利息收入、汇兑收益以及期末转入“本年利润”科目的财务费用；期末结转后该账户应无余额。

“财务费用”账户的明细分类账，应按费用项目设置专栏，进行明细登记。

二、成本核算的流程

成本核算流程，是指对企业在生产经营过程中发生的各项费用，按照成本核算的要求，逐步进行归集和分配，最后计算出各种产品的成本和各项期间费用的过程，也即成本核算的一般程序。根据前述的成本核算要求和企业费用的分类，可将成本核算流程归纳如下。

(1) 对企业的各项支出进行严格的审核和控制，并按照国家的有关规定确定其应否计入产品成本和期间费用。

(2) 对应计入产品成本和期间费用的支出，根据国家规定的成本开支范围，确定应计入产品成本的生产费用和不应计入产品成本的期间费用。

(3) 要素费用的分配。对于生产过程中耗用的材料，根据领料凭证编制材料费用分配表，进行材料费用分配的核算；对于发生的人工费用，根据产量通知单等凭证记录，编制职工薪酬分配表，组织职工薪酬分配的核算；对于其他要素费用，同样需要依据原始凭单记录，编制有关分配表，组织其分配的核算。在要素费用分配过程中，凡是能直接计入产品成本计算对象的生产费用，根据各要素费用分配表可记入“基本生产成本”“辅助生产成本”账户及其明细账户；不能直接计入成本计算对象的生产费用，先在“制造费用”账户及其明细账户归集。

(4) 摊提费用的分配。本月发生的待摊的费用归集后，应将本月摊销额按照用途进行分配，编制相应的分配表；尚未发生但应计入本月成本的预提的费用，也应编制相应的分配表组织其分配的核算。根据分配表中列示的数据资料，记入“辅助生产成本”“制造费用”等账户及其明细账户。

(5) 辅助生产费用的归集和分配。归集在“辅助生产成本”账户及其明细账户的辅助生产费用，对于完工入库的自制工具模具等产品的成本转为存货成本；对于其提供的劳务成本，则应根据受益对象及其耗用劳务量，编制辅助生产费用分配表进行分配，记入“辅助生产成本”“制造费用”等账户及其明细账户。

(6) 制造费用的归集和分配。各基本车间的制造费用分别车间归集后，月终分别不同车间编制制造费用分配表，分配记入各车间的“基本生产成本”账户及其明细账户。

(7) 完工产品成本的确定和结转。经过以上费用归集和分配，各成本计算对象应负担的生产费用已全部记入有关产品的基本生产成本明细账。如果当月全部完工，所归集的生产费用为完工产品成本；如果全部未完工，所归集的生产费用为期末在产品成本；如果只有部分完工，则要采用一定的方法在完工产品与期末在产品之间进行分配，已确定本期完工产品成本，并将完工验收入库的产成品成本从“基本生产成本”账户及其明细账户结转至“库存商品”账户及其明细账户。

(8) 已售产品成本的结转。对于已经销售产品的成本，要从“库存商品”账户及有关明细账户转到“主营业务成本”账户及其明细账户。

(9) 期间费用的结转。对于月份内发生的期间费用，应分别性质，先在“销售费用”“管理费用”“财务费用”账户及其明细账户中归集，月终从“销售费用”“管理费用”“财务费用”账户及其明细账户转到“本年利润”账户进行利润计算。

结合本节所讲述成本核算的主要账户和成本核算的流程，下面以图 3-1 列示成本核算账务处理的基本程序。通过这一图示，既可以对成本核算的账务处理有一个概括的了解，也可以从账务处理的角度进一步理解成本核算的一般程序。

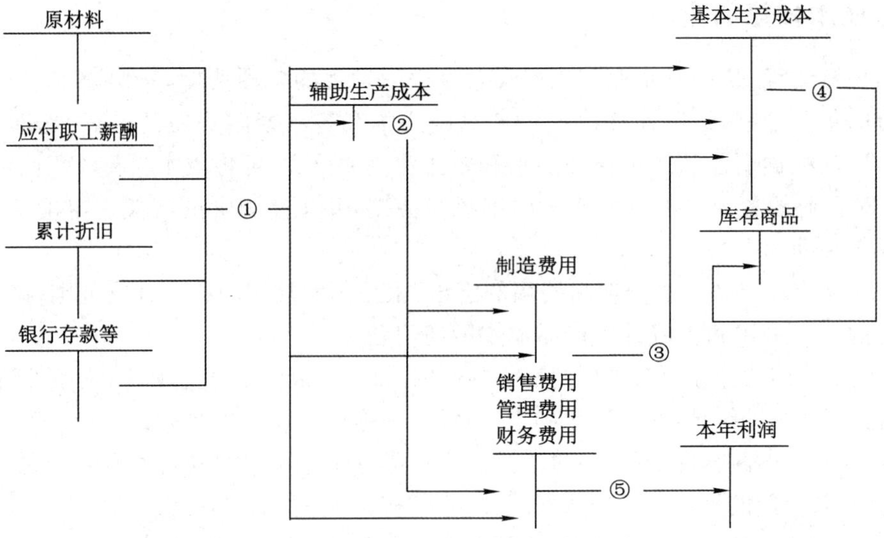

图 3-1　成本核算账务处理程序图

注：① 要素费用分配；② 辅助生产费用分配；③ 制造费用分配；④ 完工产品成本结转；⑤ 期间费用结转。

练习与思考

一、单项选择题

1. 下列各项中，不应计入产品成本的是（　　）。

A. 企业行政管理部门用固定资产的折旧费用

B. 车间厂房的折旧费用

C. 车间生产用设备的折旧费用

D. 车间辅助人员的工资

2. 下列各项中，属于企业费用要素的是（　　）。

A. 直接材料　　B. 外购材料

C. 直接人工　　D. 废品损失

3. 下列各项中，属于产品成本项目的是（　　）。

A. 外购材料　　B. 外购燃料

C. 外购动力　　D. 直接人工

4. 下列各项中，应计入制造费用的是（　　）。

A. 构成产品实体的原材料费用　　B. 产品生产工人工资

C. 车间管理人员工资　　D. 生产工艺用燃料费用

5. 下列各项中，属于直接生产费用的是（　　）。

A. 机物料消耗　　B. 辅助工人工资

C. 车间厂房折旧费用　　D. 车间机器设备折旧费用

二、多项选择题

1. 制造业企业的生产经营管理费用包括（　　）。

A. 生产费用　　B. 销售费用

C. 管理费用　　D. 财务费用

2. 下列各项中，属于产品成本项目的有（　　）。

A. 废品损失　　B. 制造费用

C. 直接人工　　D. 工资

3. 下列各项中，属于费用要素中"税金"的有（　　）。

A. 房产税　　B. 车船税

C. 城镇土地使用税　　D. 印花税

4. 下列各项中，属于直接计入费用的有（　　）。

A. 几种产品共同耗用的原材料费用

B. 一种产品耗用的生产工人工资

C. 几种产品共同负担的机器设备折旧费

D. 一种产品负担的制造费用

5. 下列各项中，属于直接生产费用的有（　　）。

A. 机器设备的折旧费
B. 车间厂房的折旧费
C. 几种产品共同耗用的原材料费用
D. 车间的机物料消耗

三、判断题

1. 产品成本项目就是计入产品成本的费用按经济内容分类核算的项目。 (　　)
2. 直接生产费用既可能是直接计入费用,也可能是间接计入费用。 (　　)
3. 如果企业只生产一种产品,其全部生产费用均属于直接计入费用。 (　　)
4. 企业发生的直接用于产品生产、专门设有成本项目的费用,应单独记入“基本生产成本”总账科目。 (　　)
5. “辅助生产成本”账户月末应无余额。 (　　)

四、简答题

1. 试述制造业成本核算的要求。
2. 成本核算需要正确划分哪些费用界限?
3. 成本核算应做好哪些基础工作?
4. 企业费用按经济内容是如何分类的?
5. 企业费用按经济用途是如何分类的?
6. 费用要素与产品成本项目的关系如何?
7. 生产费用按与生产工艺的关系如何分类?
8. 生产费用按计入产品成本的方法如何分类?
9. 试述制造业成本核算的一般程序。

第四章　要素费用核算

【学习目标】　通过本章的学习，了解要素费用核算的一般规律；理解要素费用归集与分配的关系；熟悉要素费用分配的一般程序、要素费用分配表的结构；掌握要素费用分配的方法和要素费用分配的账务处理。

第一节　要素费用核算概述

一、按用途分配要素费用

企业发生的各项要素费用应按其用途和发生地点进行归集和分配。

（一）基本生产车间的要素费用分配

基本生产车间发生的生产费用支出，按用途分配记入“基本生产成本”“制造费用”总账科目及其所属明细账。

(1) 基本生产成本明细账，即产品成本明细账（或产品成本计算单）是按产品品种等成本计算对象设置和登记的，账内按成本项目分设专栏或专行。因此，在发生各种要素费用如材料、动力、薪酬等费用时，对于基本生产车间直接用于产品生产，并且专设成本项目的各项费用，如构成产品实体的原材料费用、生产工艺用燃料或动力费用、生产工人的薪酬费用等，应单独记入“基本生产成本”总账科目。如果是某一种产品的直接计入费用，还应直接记入该种产品成本明细账的“直接材料”“直接燃料和动力”“直接人工”等成本项目；如果是几种产品共耗的间接计入费用，则应采用适当的分配方法，分配以后分别记入该种产品成本明细账的“直接材料”“直接燃料和动力”“直接人工”等成本项目。

(2) 对于基本生产车间直接用于产品生产，但没有专设成本项目的各项费用，如机器设备的折旧费等，以及基本生产车间的其他生产费用支出，如车间办公费、车间物料消耗、车间管理人员薪酬费用，应先记入“制造费用”总账科目及所属明细账有关的费用项目，然后通过一定的分配程序，转入或分配转入“基本生产成本”总账及所属明细账“制造费用”成本项目。

（二）辅助生产车间的要素费用分配

辅助车间发生的生产费用，应分别情况进行处理。

(1) 若辅助车间的“制造费用”单独核算，即辅助车间设有“制造费用”明细账，亦即“辅助生产成本”明细账内按成本项目设专栏，则辅助生产费用的分配可以比照上述基本生产车间费用的处理办法进行。

(2) 若辅助车间的"制造费用"不单独核算，即辅助车间未设"制造费用"明细账，亦即"辅助生产成本"明细账内按费用项目设专栏，发生的直接或间接用于辅助生产的各项费用，均记入"辅助生产成本"总账及其所属明细账的相关费用项目。辅助生产费用应按照其用途，采用一定的方法进行分配。

（三）企业行政管理部门要素费用分配

在生产经营过程中发生的用于产品销售的费用、行政管理部门发生的费用，以及筹集资金活动中发生的费用等各项期间费用，不计入产品成本，而应按其用途分别记入"销售费用""管理费用""财务费用"总账科目及其所属明细账的相关费用项目，然后转入"本年利润"科目，计入当期损益。

对于购建和建造固定资产的费用，购买无形资产的费用等资本性支出，不计入产品成本和期间费用，按用途记入"在建工程""无形资产"等科目。

二、共耗费用分配的通用模式

对于各项间接计入费用，应当选择适当的方法进行分配。所谓分配方法适当，是指分配依据的标准与分配对象有比较密切的联系，因而分配结果比较合理，而且分配标准的资料比较容易取得，计算比较简便。

一般情况下，分配间接计入费用的标准主要有三类：① 成果类，如产品的重量、体积、产量、产值等；② 消耗类，如生产工时、生产工资、机器工时、原材料消耗量或原材料费用等；③ 定额类，如定额消耗量、定额费用等。

分配间接费用的计算公式，可以概括如下：

$$费用分配率=\frac{应分配实际费用总额}{分配对象分配标准数之和}$$

$$某分配对象应分配的费用=该对象的分配标准数\times费用分配率$$

三、要素费用分配表

各项要素费用的分配，是通过编制各种要素费用分配表进行的。要素费用分配表的编制，应根据成本核算的体制、凭证的数量以及传递程序等具体条件的不同而有所区别。企业实行集中工作方式的，应由财会部门编制；实行分散工作方式的，应由各车间、部门的成本会计人员编制。要素费用分配表无论由谁编制，其编制的要求和基本方法是一样的。企业财会部门和各车间或部门要合理分工、相互配合，认真做好各项要素费用的归集与分配工作，以便正确计算产品成本。

四、要素费用分配的账务处理

企业根据要素费用分配表，进行要素费用分配的账务处理，借记"基本生产成本""辅助生成成本""制造费用""管理费用"等科目，贷记每一项要素费用对应的会计科目，如"原材料""应付职工薪酬""累计折旧"等科目，并且据以编制要素费用分配的记账凭证。根据发生费用的原始凭证或者要素费用分配的记账凭证，登记各种成本、费用总账科目及其所属明细账。

第二节 原材料费用分配的核算

一、原材料费用分配的核算

(一) 按用途分配原材料费用

企业生产经营过程中领用的各种材料,包括原料及主要材料、辅助材料、半成品、修理用备件、包装物、低值易耗品等,无论是外购还是自制,都应根据审核后的领、退料凭证,按照材料的具体用途进行归集和分配。

1. 基本生产车间用料

(1) 用于产品生产、构成产品实体的原料、主要材料以及有助于产品形成的大额辅助材料等原材料费用,应直接或分配记入"基本生产成本"明细账的"直接材料"成本项目。按照重要性原则,直接用于产品生产、构成产品实体的原材料费用,由于其在产品成本中一般占有较大的比重,应单独设置"直接材料"成本项目进行反映。该部分原材料通常是按照产品品种(或成本计算对象)分别领用,如机械生产用的钢材、纺织生产用的原棉等,属于直接计入费用,可以直接记入各种产品成本的"直接材料"成本项目。对于不能按照产品品种(或成本计算对象)分别领用,而是几种产品共同耗用的原料及主要材料,如化工生产的多种产品所耗用的原材料费用,属于间接计入费用,应采用既合理又简便的分配方法,在各种产品之间进行分配,再记入各种产品成本的"直接材料"成本项目。

(2) 用于产品生产的燃料费用,应直接或分配记入"基本生产成本"明细账的"直接燃料和动力"成本项目。如果企业未单独设置"直接燃料和动力"成本项目,应记入产品成本明细账的"直接材料"成本项目。

(3) 用于车间物料消耗的原材料费用,应记入"制造费用"明细账的"机物料消耗"费用项目。

2. 辅助生产车间用料

(1) 辅助生产车间的材料费用分配,原则上可比照基本生产车间进行处理。

(2) 辅助生产车间的材料费用分配也可采用简化的办法,即全部记入"辅助生产成本"明细账的"原材料"费用项目。

3. 行政管理部门用料

(1) 行政管理部门管理和组织生产经营活动的各种材料费用记入"管理费用"明细账的"其他"(或"物料消耗")费用项目中。

(2) 产品销售的各种材料费用,记入"销售费用"明细账的"包装费"等有关费用项目中。

4. 其他用料

除了上述生产经营过程中使用的材料外,对于发出的其他用途的材料,应根据其发出的具体用途,分别记入"其他业务成本""在建工程"等相关的项目。

(二) 共耗材料费用的分配

几种产品共同耗用的某种原材料费用属于间接计入费用,应采用合理的方法,在各种产品之间进行分配，记入其“直接材料”成本项目。分配方法的合理性主要源自其分配标准的选择。分配共耗材料费用的标准有很多，可以按照产品的重量、体积分配，也可以按照其他分配标准分配，在材料消耗定额比较准确稳定的情况下，原材料费用可以按照产品的材料定额消耗量或材料定额费用的比例分配。

1. 定额耗用量比例法

定额耗用量比例法是按照各种产品原材料定额消耗量比例分配材料费用的一种分配方法。它一般在各项消耗定额健全且比较准确的情况下采用。其计算分配的程序是：① 计算各种产品原材料本月定额耗用量；② 计算单位产品的原材料定额消耗量应分配的原材料费用（即原材料费用分配率）；③ 计算各种产品应分配的实际材料费用。计算公式如下：

$$\text{某产品原材料本月定额耗用量}=\text{该产品本月实际产量}\times\text{单位产品原材料消耗定额}$$

$$\text{原材料费用分配率}=\frac{\text{共耗原材料实际费用总额}}{\text{各种产品原材料定额耗用量之和}}$$

$$\text{某产品应分配的原材料费用}=\text{该产品原材料定额耗用量}\times\text{原材料费用分配率}$$

【例 4-1】 某企业生产甲、乙两种产品共同耗用 A 材料 60 000 千克，每千克 15 元，共计 900 000 元。生产甲产品 600 件，单件甲产品原材料消耗定额为 30 千克；生产乙产品 400 件，单件乙产品原材料消耗定额为 15 千克。采用定额耗用量比例法分配计算如下：

甲产品材料定额耗用量＝600×30＝18 000（千克）。

乙产品材料定额耗用量＝400×15＝6 000（千克）。

原材料费用分配率＝$\frac{60\ 000\times15}{600\times30+400\times15}=37.5$。

甲产品应分配原材料费用＝18 000×37.5＝675 000（元）。

乙产品应分配原材料费用＝6 000×37.5＝225 000（元）。

按现行制度规定，原材料日常核算可以按实际成本计价核算，也可以按计划成本计价核算。而对于材料收发业务较多且计划成本资料较为健全、准确的企业，一般采用计划成本进行材料收发核算。原材料按计划成本核算的特点是：收发凭证按材料的计划成本计价，原材料的总分类账和明细分类账均按计划成本登记。原材料的实际成本与计划成本的差异，通过“材料成本差异”科目核算；月份终了，将发出的原材料的计划成本与材料成本差异调整为实际成本。

2. 定额费用比例法

在生产多种产品或多种产品共同耗用多种原材料费用的情况下，也可以采用按原材料定额费用比例分配原材料费用的方法。它一般适用于几种产品共同耗用几种材料的情况。其计算分配的程序是：① 计算各种产品原材料定额费用；② 计算单位产品的原材料定额费用应分配的原材料实际费用（即原材料费用分配率）；③ 计算各种产品应分配的原材料实际费用。计算公式如下：

$$\text{某种产品原材料定额费用}=\text{该产品实际产量}\times\text{单位产品原材料费用定额}$$

$$\text{原材料费用分配率}=\frac{\text{共耗原材料实际费用总额}}{\text{各种产品原材料定额费用之和}}$$

$$\text{某种产品应分配的原材料实际费用}=\text{该产品原材料定额费用}\times\text{原材料费用分配率}$$

【例 4-2】 某企业生产甲、乙两种产品，共同耗用了 A、B 两种材料，共计 82 080 元。本月投产甲产品300件,乙产品240件。甲产品材料消耗定额为:A材料6千克,B材料8千克;乙产品材料消耗定额为:A材料9千克,B材料5千克。A材料计划单价10元,B材料计划单价8元。计算分配如下:

(1) 甲、乙产品材料定额费用。

甲产品A材料定额费用=300×6×10=18 000(元)。

甲产品B材料定额费用=300×8×8 =19 200(元)。

甲产品材料定额费用合计37 200元。

乙产品A材料定额费用=240×9×10=21 600(元)。

乙产品B材料定额费用=240×5×8 =9 600(元)。

乙产品材料定额费用合计31 200元。

(2) 材料费用分配率。

$$原材料费用分配率=\frac{82\ 080}{37\ 200+31\ 200}=1.2。$$

(3) 甲、乙产品应分配材料实际费用。

甲产品应分配材料费用=37 200×1.2=44 640(元)。

乙产品应分配材料费用=31 200×1.2=37 440(元)。

(三) 原材料费用分配表

在实际工作中,各种材料费用的分配是通过编制原材料费用分配表进行的。原材料费用分配表是按车间、部门和材料的类别,根据归类后的领退料凭证和其他有关资料编制的。原材料费用分配表的格式及举例见表4-1。

表4-1　原材料费用分配表

20××年9月

应借科目		成本或费用项目	直接计入	分配计入			合计
				定额消耗量	分配率	分配金额	
基本生产成本	甲产品	直接材料	22 800	18 000		675 000	697 800
	乙产品	直接材料	176 100	6 000		225 000	401 100
	小计		198 900	24 000	37.50	900 000	1 098 900
辅助生产成本	供水	直接材料	63 000				63 000
	运输	直接材料	33 000				33 000
	小计		96 000				96 000
制造费用	基本生产车间	机物料	7 500				7 500
	供水车间	机物料	3 000				3 000
	运输车间	机物料	2 250				2 250
	小计		12 750				12 750
管理费用		物料	3 000				3 000
销售费用		物料	2 700				2 700
合计			313 350			900 000	1 213 350

（四）原材料费用分配的账务处理

根据材料费用分配表编制会计分录，据以登记有关总账和明细账。根据表4-1，编制会计分录如下：

借：基本生产成本——甲产品　　697 800
　　　　　　　　——乙产品　　401 100
　　辅助生产成本——供水　　63 000
　　　　　　　　——运输　　33 000
　　制造费用——基本生产车间　　7 500
　　　　　　——供水车间　　3 000
　　　　　　——运输车间　　2 250
　　管理费用　　3 000
　　销售费用　　2 700
　贷：原材料　　　　1 213 350

企业根据以上会计分录，登记有关总账和所属明细账。

上列原材料费用是按实际成本进行核算分配的，如果原材料费用是按计划成本进行核算分配，计入产品成本和期间费用的原材料费用是计划成本，还应该分配材料成本差异额。

二、燃料费用分配的核算

（一）单独核算燃料费用

燃料费用按其大类归属于材料费用。如果企业燃料费用在产品成本中比重较大，可以与动力费用合并设置专门的成本项目组织核算。

单独核算燃料费用的企业，应增设“燃料”科目，在成本项目中增设“直接燃料”成本项目，以单独核算燃料的增减变动和结存，以及燃料费用的分配情况。燃料费用的分配与原材料费用的分配程序和方法相同。直接用于产品生产的燃料，在只生产一种产品或者按照产品品种（或产品成本计算对象）分别领用时，属于直接计入费用，可以直接记入各种产品成本明细账的“直接燃料”成本项目。如果不能按产品品种分别领用，而是几种产品共同耗用的燃料，属于间接计入费用，则应采用适当的分配方法，在各种产品之间进行分配，然后再记入各种产品成本明细账的“直接燃料”成本项目。分配标准可以是燃料的定额耗用量或定额费用，也可以是产品的重量、体积、所耗原材料的数量或费用等。

直接用于产品生产、专设成本项目的燃料费用，应记入“基本生产成本”总账科目的借方及其所属明细账的“直接燃料”成本项目。直接用于辅助生产、专设成本项目的燃料费用，应记入“辅助生产成本”总账科目的借方及其所属明细账的有关项目。用于基本生产和辅助生产但没有专设成本项目的燃料费用，应记入“基本生产成本”“辅助生产成本”总账科目的借方及其所属明细账的有关项目（如“直接材料”成本项目）。间接用于生产的燃料费用应记入“制造费用”借方及其所属明细账的有关项目。用于产品销售以及组织和管理生产经营活动的燃料费用，则应记入“销售费用”“管理费用”总账科目的借方及所属明细账有关项目。已领燃料总额，应记入“燃料”科目的贷方。

（二）不单独核算燃料费用

不单独核算燃料费用的企业，不设置“燃料”科目，也不设“直接燃料”成本项目。企业生产经营过程中发生的燃料费用支出，作为原材料费用的组成内容，视同原材料费用核算。

三、周转材料分配的核算

（一）按用途分配周转材料

周转材料，是指企业能够多次使用、逐渐转移其价值但仍保持原有的形态，不确认为固定资产的材料。周转材料种类繁多，分布于企业生产经营的各个环节，具体用途各不相同，会计处理也不尽相同。生产车间领用的周转材料，应记入“制造费用”总账科目及其明细账。销售部门领用的周转材料，随同商品出售不单独计价的，应记入销售费用；随同商品出售并单独计价的，应视为材料销售，将取得的收入作为“其他业务收入”，相应的周转材料账面价值，记入“其他业务成本”。用于出租的周转材料，收取的租金应作为“其他业务收入”并计算缴纳增值税，相应的周转材料账面价值应记入“其他业务成本”；用于出借的周转材料，其账面价值应记入“销售费用”；管理部门领用的周转材料，其账面价值应计入“管理费用”。

（二）周转材料摊销的核算

企业应根据周转材料的消耗方式、价值大小、耐用程度等，选择适当的摊销方法，将其账面价值一次或分期计入有关成本费用。常用的周转材料摊销方法有一次转销法、五五摊销法、分次摊销法等。目前，企业会计准则规定包装物、低值易耗品采用一次转销法或五五摊销法进行摊销；建造承包商的钢模板、木模板、脚手架和其他周转材料等，可以采用一次转销法、五五摊销法或者分次摊销法进行摊销。

1. 一次转销法

一次转销法，即一次摊销法或一次计入法。采用这种方法，领用时，将周转材料的全部价值一次计入当月（领用月份）产品成本、期间费用等，借记“制造费用”“管理费用”等科目，贷记“周转材料”科目。报废时，报废的残料价值冲减有关的成本、费用，作为当月摊销的减少，借记“原材料”等科目，贷记“制造费用”“管理费用”等科目。

周转材料采用按计划成本进行日常核算时，领用周转材料应按计划成本进行账务处理。月末，还要调整领用周转材料的成本差异，借记“制造费用”“管理费用”等科目，贷记“材料成本差异”科目（调整分配超支成本差异用蓝字，调整分配节约成本差异编制相反的会计分录）。

【例 4-3】 某企业基本生产车间领用一批周转材料，其实际成本为 900 元，采用一次转销法摊销。同时，报废一批低值易耗品，残料作价 45 元，作为原材料入库。

借：制造费用	900	
贷：周转材料		900
借：原材料	45	
贷：制造费用		45

【例 4-4】 某企业销售一批产品，随同产品一并销售若干包装物。包装物售价 2 000

元，增值税税额 340 元，账面价值 1 800 元，价款已收存银行。

借：银行存款　　2 340

　贷：其他业务收入　　2 000

　　应交税费——应交增值税（销项税额）　　340

借：其他业务成本　　1 800

　贷：周转材料　　1 800

一次转销法的核算比较简便，但由于低值易耗品的使用期一般不止一个月，因而采用这种方法会使各月成本、费用负担不太合理，还会产生账外财产，不便于实行价值监督。这种方法一般适用于单位价值较低，使用期限较短，一次领用数量不多，以及容易破损的低值易耗品。

2. 五五摊销法

五五摊销法，是指在领用周转材料时先摊销其账面价值的 50%，待报废时再摊销其账面价值的 50%的一种摊销方法。

采用五五摊销法，周转材料应分别"在库""在用""摊销"进行明细核算。领用周转材料时，按其账面价值，借记"周转材料——在用"科目，贷记"周转材料——在库"科目；摊销其账面价值的 50%时，借记"制造费用""管理费用""销售费用""其他业务成本"等科目，贷记"周转材料——摊销"科目。周转材料报废时，摊销其余 50%的账面价值，借记"制造费用""管理费用""销售费用""其他业务成本"等科目，贷记"周转材料——摊销"科目；同时，转销周转材料全部已提摊销额，借记"周转材料——摊销"科目，贷记"周转材料——在用"科目。报废周转材料的残料价值，借记"原材料"等科目，贷记"制造费用""管理费用""销售费用""其他业务成本"等科目。

如果周转材料按计划成本进行日常核算，月末需要调整分配所领周转材料的计划成本，分配成本差异。

【例 4-5】 某企业领用了一批全新的包装箱，无偿提供给客户周转使用。包装箱账面价值 50 000 元，采用五五摊销法摊销。该批包装箱报废时，残料估价 2 000 元作为原材料入库。

(1) 领用包装物并摊销其价值的 50%。

借：周转材料——在用　　50 000

　贷：周转材料——在库　　50 000

借：销售费用　　25 000

　贷：周转材料——摊销　　25 000

(2) 包装物报废，摊销其余 50%的账面价值并转销全部已提摊销额。

借：销售费用　　25 000

　贷：周转材料——摊销　　25 000

借：周转材料——摊销　　50 000

　贷：周转材料——在用　　50 000

(3)报废包装物的残料作价入库。

借：原材料　　2 000

　贷：销售费用　　2 000

【例 4-6】 某企业基本生产车间领用工具一批，其计划成本 3 000 元；报废以前领用的另一批生产用具计划成本 2 000 元，回收残料计价 100 元。本月周转材料成本差异率为节约 3%。编制会计分录如下：

(1) 领用时。

借：周转材料——在用　　　3 000

　贷：周转材料——在库　　　3 000

(2) 摊销价值的 50%。

借：制造费用　　　1 500

　贷：周转材料——摊销　　　1 500

(3) 报废以前领用生产用具的摊销额。

借：原材料　　　100

　　制造费用　　　900

　贷：周转材料——摊销　　　1 000

(4) 注销报废生产用具。

借：周转材料——摊销　　　2 000

　贷：周转材料——在用　　　2 000

(5) 月末，调整分配本月所领生产用具的成本节约差异。

借：制造费用　　　90

　贷：材料成本差异——周转材料成本差异　　　90

从上述可知，在按计划成本进行周转材料日常核算情况下，"周转材料"总账科目的月末余额，就是月末周转材料(包括在库和在用)按计划成本反映的摊余价值，再加上或减去"材料成本差异——周转材料成本差异"科目的余额，就是月末周转材料按实际成本反映的摊余价值。

采用五五摊销法，虽然会计处理略显繁杂，但周转材料在报废之前，始终有 50% 的价值保留在账面上，有利于加强对周转材料的管理与核算，能够对在用周转材料实行价值监督。各月成本、费用负担周转材料的摊销额比较合理，但其核算工作量较大。因此，该种方法适用于各月领用和报废周转材料的数量比较均衡、各月摊销额相差不多的周转材料。

3. 分次摊销法

分次摊销法，是指根据周转材料可供使用的估计次数，将其成本分期计入有关成本费用的一种摊销方法。各期周转材料摊销额的计算公式如下：

某期周转材料摊销额＝周转材料账面价值×(该期实际使用次数÷预计可使用次数)

分次摊销法的核算原理与五五摊销法相同，只是周转材料的价值是分期计算摊销的，而不是在领用和报废时各摊销一半。领用周转材料时，按其账面价值，借记"周转材料——在用"科目，贷记"周转材料——在库"科目；分期摊销其账面价值时，按计算的本期摊销额，借记"制造费用""管理费用""销售费用""工程施工"等科目，贷记"周转材料——摊销"科目。周转材料报废时，应将其账面摊余价值一次转销，借记"制造费用"

“管理费用”“销售费用”“工程施工”等科目，贷记“周转材料——摊销”科目；同时，转销周转材料全部已提摊销额，借记“周转材料——摊销”科目，贷记“周转材料——在用”科目。报废周转材料的残料价值，借记“原材料”等科目，贷记“制造费用”“管理费用”“销售费用”“工程施工”等科目。

采用分次摊销法，各月成本、费用负担的周转材料摊销额比较合理，但核算工作量较大。这种方法一般适用于一些单位价值较高、使用期限较长而不易损坏的周转材料，如多次反复使用的专用工具等。

第三节　外购动力费用分配的核算

一、外购动力费用支出的核算

外购动力费用，是指企业从外部购买的各种动力所支付的费用。外购动力主要包括外购电力、蒸汽等动力。外购动力有的直接用于产品生产，如生产工艺用电力；有的间接用于产品生产，如生产单位（车间或分厂）照明用电力；有的则用于经营管理，如企业行政管理部门照明用电力和取暖等。

外购动力应根据其使用数量向供应单位支付款项。一般情况下，使用的外购动力都有仪器仪表计量，在支付外购动力费用时，应根据供应单位抄录的耗用数量和计价标准所开列的账单予以支付。但是，供应单位开列账单的起讫期与会计期间往往不一致，如果在支付动力费用时，直接借记有关成本、费用科目，贷记“银行存款”科目，可能会影响当月成本、费用的正确性。根据权责发生制原则，企业可以将实付动力费作为暂付款项处理，记入“应付账款”科目的借方和“银行存款”科目的贷方。月末根据耗用单位自己抄录的本期实耗数量，按照用途分配时，借记有关成本、费用科目，贷记“应付账款”科目。

当供应单位每月抄表日基本固定，且每月自抄表日至月末的耗用数量相差不多时，也可不通过“应付账款”科目，可在支付外购动力费用时直接借记有关成本、费用科目，贷记“银行存款”科目。

二、外购动力费用分配的核算

（一）按用途分配外购动力费用

1. 基本生产车间用动力

（1）基本生产车间用于产品生产的外购动力费用，应直接或分配记入“基本生产成本”总账科目及其所属产品成本明细账的“直接动力”成本项目。

（2）基本生产车间组织、管理生产的动力费用，以及用于产品生产但未专设成本项目的动力费用，应记入“制造费用”总账科目及其所属“制造费用”明细账的“水电费”费用项目。

2. 辅助生产车间用动力

（1）辅助生产车间的外购费用分配，原则上应比照基本生产车间进行处理。

(2) 辅助生产车间的外购费用分配也可采用简化的办法，即全部记入“辅助生产成本”总账科目及其所属“辅助生产成本”明细账的“水电费”费用项目。

3. 行政管理部门用动力

(1) 行政管理部门管理和组织生产经营活动的动力费用，应记入“管理费用”总账科目及“管理费用”明细账的“水电费”费用项目。

(2) 产品销售的动力费用，应记入“销售费用”总账科目及其所属的“销售费用”明细账的“水电费”费用项目。

4. 其他用动力

除了上述生产经营过程中使用的外购动力外，对于其他用途的外购动力，应根据其具体用途，分别记入“其他业务成本”“在建工程”等相关的项目。

(二) 共耗外购动力费用的分配

1. 外购动力费用在各车间、部门之间的分配

由于各车间、部门的动力用电和照明用电一般分别装有记录动力耗用量的仪表，因此可以根据计量仪表记录的实际耗用数量和外购动力的计价标准计算分配。

外购动力费用(以电力为例)分配的计算公式如下：

$$外购动力分配率=\frac{共耗费用总额}{对象本月之和}$$

某对象应分配的动力费＝外购动力费用分配率×该对象本月用电度数

2. 外购动力费用在各产品之间的分配

生产车间为生产产品耗用的外购动力，由于一般不能按产品分别安装计量仪表，因而生产车间动力费用在各种产品之间的分配应选择适当的标准，采用一定的方法，分配计入各种产品成本。分配间接计入的外购动力费用，常用的分配标准有：生产工时、机器工时、机器功率时数(机器标牌功率×机器开动时数)、定额耗用量等。其计算公式如下：

$$分配率=\frac{产品共耗费用总额}{产品分配标准数之和}$$

某种产品应分配的外购动力费用＝分配率×该种产品分配标准数额

【例 4-7】 某企业 20××年 9 月用电度数合计为 134 250 度，金额为 53 700 元，每度电 0.40 元。直接用于产品生产耗电 85 500 度，金额 34 200 元，没有分别产品安装电表，规定按机器工时比例分配。甲产品机器工时为 11 100 小时，乙产品机器工时为 6 000 小时。该企业设有“直接动力”成本项目。甲、乙产品动力费用分配计算如下：

$动力耗用分配率=\frac{34\,200}{11\,100+6\,000}=2$。

甲产品动力费用＝2×11 100＝22 200(元)。

乙产品动力费用＝2×6 000＝12 000(元)。

(三) 外购动力费用分配表

实际工作中，外购动力费用的分配是通过编制外购动力费用分配表进行的，外购动力费用分配表的格式及举例详见表 4-2。

表 4-2　外购动力费用分配表

20××年 9 月

应借科目		成本或费用项目	生产工时/小时（分配率 2）	度数/度（分配率 0.4）	金额/元
基本生产成本	甲产品	直接动力	11 100		22 200
	乙产品	直接动力	6 000		12 000
	小计		17 100	85 500	34 200
辅助生产成本	供水	直接动力		15 000	6 000
	运输	直接动力		10 000	4 000
	小计			25 000	10 000
制造费用	基本生产车间	水电费		11 250	4 500
	供水车间	水电费		250	100
	运输车间	水电费		250	100
	小计			11 750	4 700
管理费用		水电费		9 000	3 600
销售费用		水电费		3 000	1 200
合计				134 250	53 700

（四）外购动力费用分配的账务处理

根据表 4-2 编制会计分录如下：

借:基本生产成本——甲产品　　22 200
　　　　　　　　——乙产品　　12 000
　　辅助生产成本——供水　　6 000
　　　　　　　　——运输　　4 000
　　制造费用——基本生产车间　　4 500
　　　　　　——供水车间　　100
　　　　　　——运输车间　　100
　　管理费用　　3 600
　　销售费用　　1 200
　贷:应付账款(或银行存款)　　53 700

企业根据以上会计分录,登记有关总账和所属明细账。

需要说明的是,如果企业生产工艺用的动力没有单独设置“直接动力”成本项目核算,可以记入“制造费用”成本项目,作为制造费用核算。

第四节 职工薪酬分配的核算

一、职工薪酬概述

(一)职工薪酬的组成内容

职工薪酬,是指企业为获得职工提供的服务而给予各种形式的报酬以及其他相关支出。职工薪酬主要包括以下内容:

1. 职工工资、奖金、津贴和补贴

职工工资、奖金、津贴和补贴是指构成工资总额的计时工资、计件工资,支付给职工的超额劳动报酬和增收节支的劳动报酬,为补偿职工特殊或额外的劳动消耗和其他特殊原因支付给职工的津贴,以及为保证职工工资水平不受物价影响而支付给职工的物价补贴等。

2. 职工福利费

职工福利费是指企业按照职工工资总额的一定比例提取的、用于职工个人福利的薪酬。职工福利费主要包括职工因公负伤赴外地就医的路费,职工生活困难补助,未实行医疗统筹企业的职工医疗费用,以及按规定发生的其他职工福利支出。

3. 社会保险费

社会保险费是指企业按照国家和政府有关部门规定的基准和比例计算,向社会保险经办机构缴纳的医疗保险费、养老保险费、失业保险费、工伤保险费和生育保险费等。

4. 住房公积金

住房公积金是指企业按照国家和政府有关部门规定的基准和比例计算,向住房公积金管理机构缴存的住房公积金。

5. 工会经费和职工教育经费

工会经费和职工教育经费是指企业按照一定比例提取的用于改善职工文化生活和学习先进技术,以提高职工的文化水平和业务素质支出。这主要包括开展工会活动、职工教育及职工技能培训等相关支出。

6. 非货币性福利

非货币性福利是指企业以自己的产成品或外购商品发放给职工作为福利,或将自己拥有的资产或租赁资产无偿提供给职工使用,或为职工提供诸如医疗保健服务,或向职工提供企业支付了一定补贴的商品或劳务等。

7. 解除劳动关系补偿

该项补偿是指企业因实施重组或改组计划、实施主辅分离改制或因职工不能胜任等原因,在职工劳动合同尚未到期之前解除与职工的劳动关系,或者为鼓励职工自愿接受裁减而提出补偿建议的计划中给予职工的经济补偿。

8. 其他薪酬

其他薪酬是指在上述七种薪酬以外、企业为获得职工提供的服务而给予的其他薪酬,如带薪缺勤(企业对职工年休假、病假、婚假、产假、丧假、探亲假等原因产生的缺勤,按规定进行的补偿)、长期利润分享计划等。

(二) 工资总额的组成

在职工薪酬中,工资总额的组成部分是其基本内容,也是计算和提取职工福利费、社会保险费、住房公积金以及工会经费和职工教育经费等的依据。工资总额,是指各单位在一定时期内直接支付给本企业全体职工的劳动报酬总额。工资总额由下列六个部分组成。

1. 计时工资

计时工资是指按计时工资标准和工作时间支付给职工的劳动报酬,包括:

① 对已做工作按计时工资标准支付的工资;

② 实行结构工资制的单位支付给职工的基础工资和岗位工资;

③ 新参加工作职工的见习工资等。

2. 计件工资

计件工资是指按职工所完成的工作量和计件单价计算支付的劳动报酬,包括:

① 实行超额累进计件、直接无限计件、限额计件和超定额计件等计件工资形式下,按有关计算规定和计件单价支付给职工的工资;

② 按工作任务包干方法支付给职工的工资;

③ 按营业额提成或利润提成办法支付给职工的工资。

3. 奖金

奖金是指支付给职工的标准工资以外的超额劳动报酬和增收节支的劳动报酬,包括生产奖、节约奖、劳动竞赛奖等。

4. 津贴和补贴

津贴和补贴是指为了补偿职工特殊或额外劳动消耗和因其他特殊原因支付给职工的津贴,以及为了保证职工工资水平不受物价变动影响而支付给职工的物价补贴。

(1) 津贴包括:补偿职工特殊或额外劳动消耗的津贴,如高空津贴、井下津贴、野外津贴、中夜班津贴等;保健性津贴,如卫生防疫津贴等;技术性津贴,如特级技师津贴等;年功性津贴,如工龄津贴等;其他津贴,如冬煤津贴等。

(2) 补贴包括:为保证职工生活水平不受物价上升影响支付给职工的副食品价格补贴、粮价补贴等物价补贴。

5. 加班加点工资

加班加点工资是指按规定对职工在法定工作时间以外从事的劳动所支付给职工的加班工资和加点工资。

6. 特殊情况下支付的工资

特殊情况下支付的工资包括:

① 根据国家法律、法规和政策规定在某些非工作时间内支付的工资,如病、伤、产假工资等;

② 附加工资和保留工资等。

在进行工资费用核算时必须注意以下两方面的问题:

第一,划清工资总额组成与非工资总额组成的界限。例如,劳保保护费、出差伙食补助和误餐补助、独生子女补助等，虽然随同工资发给职工，但不属于工资总额的组成内容，不应计作工资费用。

第二，工资总额的组成内容与计入产品成本及期间费用的工资费用是有所区别的，即企业的工资总额并非全部计入产品成本和期间费用。如，企业医务人员、福利人员的工资应由职工福利费负担；企业从事在建工程施工人员的工资由在建工程成本负担，不计入产品成本及期间费用。

二、工资费用分配的核算

（一）按用途分配工资费用

1. 基本生产车间的工资

(1) 基本生产车间生产工人的工资，应直接或分配记入“基本生产成本”总账科目及其所属产品成本明细账的“直接人工”成本项目。

(2) 基本生产车间管理人员的工资，应记入“制造费用”总账科目及其所属“制造费用”明细账的“职工薪酬”费用项目。

2. 辅助生产车间的工资

(1) 辅助生产车间人员的工资，原则上应比照基本生产车间进行处理。

(2) 辅助生产车间人员的工资费用分配也可采用简化的办法，即全部记入“辅助生产成本”总账科目及其所属“辅助生产成本”明细账的“职工薪酬”费用项目。

3. 行政管理部门的工资

(1) 行政管理部门管理人员的工资，应记入“管理费用”总账科目及“管理费用”明细账的“职工薪酬”费用项目。

(2) 产品销售部门人员的工资，应记入“销售费用”总账科目及其所属的“销售费用”明细账的“职工薪酬”费用项目。

4. 其他人员的工资

除了上述人员外，对于其他人员的工资，应根据其具体用途，分别记入“在建工程”“应付职工薪酬——职工福利”(生活福利部门人员工资)等相关的项目。

（二）共耗工资费用的分配

其中，生产工人的计件工资，属于直接计入费用，根据工资结算凭证(产量记录)直接记入某种产品成本的“直接人工”成本项目。生产工人的计时工资一般属于间接计入费用，但是在只生产一种产品时，属于直接计入费用，可以直接记入该种产品成本的“直接人工”成本项目；在生产多种产品时，则属于间接计入费用，应按照产品的生产工时比例等分配标准分配后再记入各种产品成本明细账“直接人工”成本项目。

按生产工时(实际或定额)比例分配计算公式如下：

$$工资费用分配率=\frac{共耗计时工资总额}{产品本月生产工时之和}$$

$$某产品应分配计时工资=工资费用分配率\times该产品生产工时$$

【例 4-8】 某企业生产甲、乙两种产品，生产工人计件工资分别为：甲产品 45 000 元，乙产品 30 000 元；甲、乙产品计时工资共计 480 000 元。甲、乙 产品生产工时分别为 25 000 小时和 15 000 小时。按生产工时比例分配计算如下：

$$工资费用分配率=\frac{480\ 000}{25\ 000+15\ 000}=12。$$

甲产品应分配工资费用＝12×25 000＝300 000(元)。

乙产品应分配工资费用＝12×15 000＝180 000(元)。

(三) 工资费用分配表

工资费用分配一般应编制工资费用分配表，工资费用分配表是根据工资结算汇总表编制的。其一般格式及举例见表 4-3。

表 4-3　工资费用分配表

20××年 9 月

应借科目		成本或费用项目	直接计入/元	分配计入			合计/元
				生产工时/小时	分配率	分配金额/元	
基本生产成本	甲产品	直接人工	45 000	25 000		300 000	345 000
	乙产品	直接人工	30 000	15 000		180 000	210 000
	小计		75 000	40 000	12	480 000	555 000
辅助生产成本	供水	直接人工	72 000				72 000
	运输	直接人工	48 000				48 000
	小计		120 000				120 000
制造费用	基本生产车间	职工薪酬	30 000				30 000
	供水车间	职工薪酬	15 000				15 000
	运输车间	职工薪酬	15 000				15 000
	小计		60 000				60 000
管理费用		职工薪酬	90 000				90 000
销售费用		职工薪酬	45 000				45 000
合　计			390 000			480 000	870 000

(四) 工资费用分配的账务处理

根据表 4-3，编制会计分录如下：

借：基本生产成本——甲产品　　345 000

　　　　　　　　——乙产品　　210 000

　　辅助生产成本——供水　　72 000

　　　　　　　　——运输　　48 000

　　制造费用——基本生产车间　　30 000

　　　　　　——供水车间　　15 000

　　　　　　——运输车间　　15 000

　　管理费用　　90 000

　　销售费用　　45 000

　贷：应付职工薪酬——工资　　870 000

企业根据以上会计分录，登记有关总账和所属明细账。

三、其他职工薪酬分配的核算

（一）按用途分配其他职工薪酬

其他职工薪酬包含了除职工工资、奖金、津贴和补贴以外的多项内容，这里只介绍根据工资费用计算提取的职工福利费、社会保险费、住房公积金、工会经费和职工教育经费的分配。

现行企业会计准则规定，上述其他职工薪酬，应当按照工资总额的一定比例提取，并根据受益对象按用途计入成本、费用，其记入成本、费用的会计科目，与工资费用分配记入的口径基本一致。需要指出的是，按医务及生活福利部门人员的工资额提取的职工福利费，作为管理费用列支，而不由职工福利费列支。因为如果由职工福利费列支，则一方面增加了职工福利费来源；另一方面又减少了应付职工福利费，其结果是这部分应付职工福利费等于没有提取。因此，按照生活福利部门人员工资比例提取职工福利费时，借记“管理费用”科目，贷记“应付职工薪酬——职工福利”科目。

【例 4-9】 某企业 20××年 9 月应付工资数额见表 4-3。根据企业所在地政府的规定，企业分别按照工资总额的 9%、12%、2%、11%计提医疗保险、养老保险、失业保险和住房公积金；根据去年实际发生的职工福利费情况，今年提取的职工福利费为工资总额的 1.5%；企业分别按照 2%、2.5%计提工会经费和职工教育经费。

根据表 4-3 和以上计提比例，该企业 9 月份其他职工薪酬计算如下：

(1) 应记入“基本生产成本”科目的其他职工薪酬。

甲产品：345 000×(9%+12%+2%+11%+1.5%+2%+2.5%)=138 000(元)。

甲产品：210 000×(9%+12%+2%+11%+1.5%+2%+2.5%)=84 000(元)。

(2) 应记入“辅助生产成本”科目的其他职工薪酬。

供水：72 000×(9%+12%+2%+11%+1.5%+2%+2.5%)=28 800(元)。

运输：48 000×(9%+12%+2%+11%+1.5%+2%+2.5%)=19 200(元)。

(3) 应记入“制造费用”科目的其他职工薪酬。

基本生产车间：30 000×(9%+12%+2%+11%+1.5%+2%+2.5%)=12 000(元)。

供水车间：15 000×(9%+12%+2%+11%+1.5%+2%+2.5%)=6 000(元)。

运输车间：15 000×(9%+12%+2%+11%+1.5%+2%+2.5%)=6 000(元)。

(4) 应记入“管理费用”科目的其他职工薪酬。

90 000×(9%+12%+2%+11%+1.5%+2%+2.5%)=36 000(元)。

(5) 应记入“销售费用”科目的其他职工薪酬。

45 000×(9%+12%+2%+11%+1.5%+2%+2.5%)=18 000(元)。

（二）其他职工薪酬分配表

企业计算提取的其他职工薪酬可通过编制的其他职工薪酬分配表进行。其他职工薪酬分配表格式及举例详见表 4-4。

表 4-4　其他职工薪酬分配表

20××年 9 月　　　　单位:元

应借科目		成本或费用项目	工资总额	计提其他职工薪酬(40%)
基本生产成本	甲产品	直接人工	345 000	138 000
	乙产品	直接人工	210 000	84 000
	小计		555 000	222 000
辅助生产成本	供水	直接人工	72 000	28 800
	运输	直接人工	48 000	19 200
	小计		120 000	48 000
制造费用	基本生产车间	职工薪酬	30 000	12 000
	供水车间	职工薪酬	15 000	6 000
	运输车间	职工薪酬	15 000	6 000
	小计		60 000	24 000
管理费用		职工薪酬	90 000	36 000
销售费用		职工薪酬	45 000	18 000
合计			870 000	348 000

(三) 其他职工薪酬分配的账务处理

根据表 4-4,编制会计分录如下:

借:基本生产成本——甲产品　　138 000
　　　　　　　　——乙产品　　84 000
　　辅助生产成本——供水　　28 800
　　　　　　　　——运输　　19 200
　　制造费用——基本生产车间　　12 000
　　　　　　——供水车间　　6 000
　　　　　　——运输车间　　6 000
　　管理费用　　36 000
　　销售费用　　18 000
　贷:应付职工薪酬　　348 000

企业根据以上会计分录,登记有关总账和所属明细账。

另外,为减少费用分配表的编制工作,上述工资费用分配表和其他职工薪酬分配表也可以合并编制。

第五节　折旧和其他费用分配的核算

一、折旧费用分配的核算

(一) 按用途分配折旧费用

固定资产在长期使用过程中保持实物形态不变,但其价值随着固定资产的损耗而逐渐减少，这部分由于损耗而减少的价值称为“固定资产折旧”。固定资产折旧应分期计入产品成本和期间费用。企业生产单位(车间或分厂)的折旧费用是产品成本的组成部分，企业管理部门、销售部门的折旧费用则应计入期间费用。固定资产折旧应按照其使用车间、部门等进行汇总，并进行相应的会计处理。

基本生产车间机器设备的折旧费用是直接用于产品生产的费用，应直接或分配记入“基本生产成本”科目。但是，由于企业生产某种产品往往需要使用多种机器设备，而某种机器设备可能生产多种产品，一般属于分配工作比较复杂的间接计入费用。因此，为简化成本计算，没有专门设置成本项目核算，与生产车间的其他固定资产折旧费用一起记入“制造费用”科目借方。企业行政管理部门和其他经营业务部门的固定资产折旧费用，则分别记入“管理费用”“销售费用”等科目的借方，固定资产折旧总额记入“累计折旧”科目的贷方。

企业根据确定的折旧计算方法和计算折旧的范围提取折旧。企业应对除已提足折旧继续使用的固定资产和单独估价入账的土地以外的所有固定资产，计提折旧。此外，提前报废的固定资产不补提折旧，未提足折旧的净损失列为营业外支出。为了简化折旧计算工作，月份内增加的固定资产当月不计提折旧，从下月起计提折旧；月份内减少的固定资产，当月照提折旧，从下月起停止计提折旧。

(二) 折旧费用分配表

折旧费用的分配是通过编制折旧费用分配表进行的，并据此编制会计分录，登记有关总账及所属明细账。折旧费用分配表格式及举例见表4-5。

【例4-10】 某企业20××年9月份折旧费用分配见表4-5。

表4-5 折旧费用分配表

20××年9月　　　　单位：元

应借科目	费用项目	基本生产车间	供水车间	运输车间	行政管理部门	专设销售机构	合计
制造费用	折旧费	30 000					30 000
			6 750				6 750
				5 550			5 550
管理费用	折旧费				4 500		4 500
销售费用	折旧费					1 500	1 500
合计							48 300

(三) 折旧费用分配的账务处理

根据表4-5，编制会计分录如下：

借：制造费用——基本生产车间　　30 000

　　　　　　——供水车间　　6 750

　　　　　　——运输车间　　5 550

　　管理费用　　4 500

销售费用　　　　1 500

贷：累计折旧　　　　48 300

企业根据以上会计分录，登记有关总账和所属明细账。

二、其他费用分配的核算

企业要素费用中的其他费用是指上述各项费用以外的其他费用支出，包括邮电费、保险费、劳动保护费、修理费、差旅费、运输费、办公费、水电费、技术转让费、业务招待费等。这些费用有的是产品成本的组成部分，有的则是期间费用等的组成部分，即使计入产品成本的其他各项费用，也没有专设成本项目。因此，这些费用发生时，根据有关的付款凭证，按照费用的用途进行归类，分别记入“制造费用”“辅助生产成本”“管理费用”“销售费用”科目的借方，以及“银行存款”等科目的贷方。

【例 4-11】 某企业以银行存款支付应由 9 月份负担的费用 45 795 元，其中，基本生产车间的劳保费 3 000 元、办公费 1 200 元、其他费用 945 元；供水车间的劳保费 5 000 元、办公费 1 500 元、其他费用 3 850 元；运输车间的劳保费 4 800 元、办公费 3 000 元、其他费用 4 200元；专设销售机构的广告费 3 000 元、办公费 1 000 元、其他费用 500 元；企业行政管理部门的办公费 11 000 元、其他费用 2 500 元；企业融资理财中发生的金融机构手续费 100 元、其他费用 200 元。编制会计分录如下：

借：制造费用——基本生产车间

　　　　5 145(3 000＋1 200＋945)

　　——供水车间　　10 350(5 000＋1 500＋3 850)

　　——运输车间　　12 000(4 800＋3 000＋4 200)

管理费用　　13 500(11 000＋2 500)

销售费用　　4 500(3 000＋1 000＋500)

财务费用　　300(100＋200)

贷：银行存款　　　　45 795

通过上述各种要素费用的核算、分配，已经将这些费用按照用途分别记入有关总账科目及其所属明细科目的借方进行归集，其中记入“基本生产成本”科目借方的费用，同时也记人各所属明细账的“直接材料”“直接燃料和动力”“直接人工”等成本项目。这就是说，在成本、费用核算中，已经划分了计入产品成本和期间费用与不计入产品成本和期间费用的界限；划分了应计入产品成本的生产费用与不应计入产品成本的期间费用的界限。

练习与思考

一、单项选择题

1. 对于外购动力费用总额，应根据有关的凭证，借记有关科目，贷记(　　)。

A. “基本生产成本”科目　　B. “辅助生产成本”科目

C. “其他应付款”科目　　D. “银行存款”或“应付账款”科目

2. 生产车间领用的直接用于产品生产、有助于产品形成的辅助材料，应借记的科目是

(　　)。

A. “基本生产成本”　　B. “辅助材料”

C. “制造费用”　　D. “原材料”

3. 专设成本项目的生产费用都是(　　)。

A. 直接计入费用　　B. 直接生产费用

C. 间接计入费用　　D. 间接生产费用

4. 在企业未设置“直接动力”成本项目的情况下，生产车间发生的直接用于产品生产的动力费用，应借记的科目是(　　)。

A. “基本生产成本”　　B. “制造费用”

C. “应付账款”　　D. “银行存款”

二、多项选择题

1. 下列费用中，可以直接借记“基本生产成本”科目的有(　　)。

A. 构成产品实体的原材料费用　　B. 车间照明用电费

C. 车间生产工人工资　　D. 车间管理人员工资

2. 作为分配间接计入费用的标准应具备的条件有(　　)。

A. 发生的数额较大

B. 分配标准与费用的多少有比较密切的联系

C. 资料比较容易取得

D. 发生的数额比较稳定

3. 专设成本项目的生产费用(　　)。

A. 是直接生产费用　　B. 可能是直接计入费用

C. 可能是间接计入费用　　D. 是间接计入费用

4. 几种产品共同耗用的原材料费用，属于间接计入费用，其分配标准可以按照(　　)。

A. 产品的材料定额消耗量比例分配

B. 产品的材料定额费用比例分配

C. 产品的体积分配

D. 产品的重量分配

三、判断题

1. 企业发生的直接用于产品生产、专门设有成本项目的费用应单独记入“基本生产成本”总账科目。(　　)

2. 间接生产费用都是间接计入费用。(　　)

3. 用于基本生产车间和辅助生产车间以及行政管理部门的照明用电不计入成本，应计入管理费用。(　　)

4. 直接用于辅助生产的费用以及用于基本生产和辅助生产但没有专设成本项目的费用，应分别记入“辅助生产成本”和“制造费用”科目。(　　)

四、业务题

1. 某企业生产甲、乙两种产品共同耗用A种原材料，耗用量无法按产品直接划分。甲产品投产100件，原材料单耗定额为10千克；乙产品投产200件，原材料单耗定额为4千克。甲乙两种产品实际消耗总量为1 782千克。

A原材料计划单价为20元，原材料成本差异率为−2%。

要求：

(1) 按照定额消耗比例分配甲、乙两种产品的原材料费用。

(2) 编制原材料费用分配的会计分录。

2. 某企业某月25日支付外购动力费用15 100元。该月末查明各车间部门耗电度数为：① 基本车间：工艺电12 500度，照明电2 300度；② 辅助车间：工艺电3 700度，照明电1 100度；③ 行政管理部门用电1 850度。该月应付外购动力费用合计15 444元。

要求：

(1) 按照用电度数分配计算各车间、部门动力和照明用电费。

(2) 按照机器工时分配计算基本生产车间甲、乙两种产品的动力费用。产品机器工时分别为：甲产品1 150小时；乙产品850小时。

(3) 编制该月份支付外购电费的会计分录。

(4) 编制该月份分配外购电费的会计分录。（基本生产车间设置“直接燃料和动力”成本项目，辅助车间未设该项目。）

3. 某企业生产甲、乙、丙三种产品，实际工时为：甲产品24 000小时，乙产品31 000小时，丙产品35 000小时。根据工资结算凭证汇总的工资费用为：基本生产车间生产工人工资22 500元，车间管理人员工资3 500元，企业行政管理部门人员工资2 000元，专设销售机构人员的工资2 000元。

要求：分配工资费用，并编制工资费用分配的会计分录。

五、简答题

1. 费用核算的一般程序是怎样的？其中专设成本项目的直接生产费用核算程序是怎样的？

2. 分配间接计入费用的通用模式是什么？各种费用分配的标准主要有哪几类？

3. 周转材料摊销有哪些方法？

4. 材料费用分配表如何编制？怎样进行账务处理？

5. 如何编制职工薪酬分配表？

6. 如何分配固定资产折旧费用？

7. 外购动力费用怎样计算和分配？

第五章　综合费用的核算

【学习目标】 通过本章的学习，了解综合费用核算的一般规律；理解要素费用核算与综合费用核算的关系；熟悉综合费用归集与分配的思路与程序；掌握辅助生产费用、制造费用分配的方法，掌握综合费用归集与分配的账务处理。

第一节　辅助生产费用的核算

一、辅助生产费用归集的核算

（一）辅助生产的特点

制造业企业生产车间按生产任务的不同，可以划分为基本生产车间和辅助生产车间。基本生产车间以直接生产各种对外销售的产品为主要任务，辅助生产车间为基本生产车间和行政管理部门提供劳务或产品。其中，有的辅助生产车间只生产一种产品或提供一种劳务，如供电、供水、运输等；有的则生产多种产品或提供多种劳务，如修理、工具模具和修理用备件的制造等。辅助生产提供的产品和劳务，有时也对外销售，但主要是为本企业服务。辅助生产产品和劳务成本的高低，影响企业产品成本和期间费用的水平，因此，正确、及时组织辅助生产费用的归集和分配，对于节约费用、降低成本有着重要的意义。

（二）辅助生产费用的内容

辅助生产费用是辅助生产车间在一定时期内为基本生产车间和行政管理部门等提供劳务或产品而发生的各种耗费。具体包括两个部分的内容：一是该车间自身发生的各项费用，包括直接材料、直接人工、制造费用等；二是从其他辅助生产车间分来的费用，这部分费用是当存在多个辅助生产车间时，由于相互提供劳务或产品而从其他辅助生产车间分进来的交互服务费用。

（三）辅助生产费用归集的核算

辅助生产费用的归集和分配是通过“辅助生产成本”科目进行的。“辅助生产成本”科目一般应按车间以及产品或劳务的种类设置明细账，账内按照成本项目或费用项目设置专栏，进行明细核算。与之相对应，辅助生产费用归集的核算有两种核算程序。

1. 既设置“辅助生产成本”科目，又设置“制造费用”科目

这种核算程序下，辅助生产车间的“制造费用”单独核算，“辅助生产成本”明细账内按费用项目分设专栏，其具体核算方法与基本生产车间一致。对于直接用于辅助生产产品或提供劳务的费用，应记入“辅助生产成本”科目及其明细账的借方；辅助生产车间发生的制

造费用，则先记入“制造费用——辅助生产车间”科目及其明细账的借方进行汇总，然后从“制造费用——辅助生产车间”科目及其明细账的贷方，直接转入或分配转入“辅助生产成本”科目及其明细账的借方，计算辅助生产的产品或劳务的成本。辅助生产完工的产品或劳务的成本，经过分配以后从“辅助生产成本”科目的贷方转出，期末如有借方余额则为辅助生产的在产品成本。

【例 5-1】 某企业 20××年 9 月辅助生产成本和辅助车间制造费用明细账格式，见表 5-1～表 5-4。

表 5-1 辅助生产成本明细账

车间名称：供水车间　　20××年 9 月　　单位：元

摘　要	直接材料	直接动力	直接人工	制造费用	合计
原材料费用分配表	63 000				63 000
外购动力费用分配表		6 000			6 000
工资费用分配表			72 000		72 000
其他职工薪酬分配表			28 800		28 800
制造费用分配表				41 200	41 200
合　计	63 000	6 000	100 800	41 200	211 000
本月转出	63 000	6 000	100 800	41 200	211 000

表 5-2 辅助生产成本明细账

车间名称：运输车间　　20××年 9 月　　单位：元

摘　要	直接材料	直接动力	直接人工	制造费用	合计
原材料费用分配表	33 000				33 000
外购动力费用分配表		4 000			4 000
工资费用分配表			48 000		48 000
其他职工薪酬分配表			19 200		19 200
制造费用分配表				40 900	40 900
合　计	33 000	4 000	67 200	40 900	145 100
本月转出	33 000	4 000	67 200	40 900	145 100

表 5-3 制造费用明细账

车间名称：供水车间　　20××年 9 月　　单位：元

摘　要	机物料	电费	职工薪酬	折旧费	办公费	劳动保护费	其他	合计
分配材料	3 000							3 000
分配动力费		100						100
分配职工薪酬			21 000					21 000
分配折旧费				6 750				6 750
分配其他费用					1 500	5 000	3 850	10 350
本月发生	3 000	100	21 000	6 750	1 500	5 000	3 850	41 200
本月转出	3 000	100	21 000	6 750	1 500	5 000	3 850	41 200

表 5-4　制造费用明细账

车间名称:运输车间　　　　20××年 9 月　　　　单位:元

摘　要	机物料	电费	职工薪酬	折旧费	办公费	劳动保护费	其他	合计
分配材料	2 250							2 250
分配动力费		100						100
分配职工薪酬			21 000					21 000
分配折旧费				5 550				5 550
分配其他费用					3 000	4 800	4 200	12 000
本月发生	2 250	100	21 000	5 550	3 000	4 800	4 200	40 900
本月转出	2 250	100	21 000	5 550	3 000	4 800	4 200	40 900

2. 只设置“辅助生产成本”科目,不设置“制造费用”科目

这种核算程序下,辅助生产车间的“制造费用”不单独核算,“辅助生产成本”明细账内按成本项目分设专栏。辅助生产车间发生的全部生产费用,无论是为提供劳务或产品发生的,还是为组织管理生产而发生的制造费用,全部记入“辅助生产成本”科目及其明细账的借方。该科目借方归集辅助生产费用,贷方登记结转完工入库的自制材料、工模具的成本以及向其他辅助生产车间、基本生产车间、行政管理部门等受益单位分配转出的劳务费用。期末若有余额在借方,为辅助生产车间在产品的成本。

如果辅助生产车间不对外提供商品产品或劳务,而且辅助生产车间规模较小,发生的制造费用较少,不需要按照规定的成本项目计算辅助生产的成本。为了简化核算工作,辅助生产车间的制造费用可以不单独设置“制造费用——辅助生产车间”明细账,即不通过“制造费用”科目进行核算,而直接记入“辅助生产成本”科目及其明细账的借方。这时,“辅助生产成本”明细账就是按照成本项目与费用项目相结合设置专栏,而不是按成本项目设置的专栏。

【例 5-2】 某企业 20××年 9 月辅助生产成本明细账格式,见表 5-5、表 5-6。

表 5-5　辅助生产成本明细账

车间名称:供电车间　　　　20××年 9 月　　　　单位:元

摘　要	机物料	电费	职工薪酬	折旧费	办公费	劳动保护费	其他	合计
分配材料	1 000							1 000
分配动力费		200						200
分配职工薪酬			12 000					12 000
分配折旧费				500				500
分配其他费用					1 100	1 500	1 400	3 700
本月发生	1 000	200	12 000	500	1 100	1 500	1 400	17 400
本月转出	1 000	200	12 000	500	1 100	1 500	1 400	17 400

表 5-6 辅助生产成本明细账

车间名称:供水车间　　20××年 9 月　　单位:元

摘　要	机物料	电费	职工薪酬	折旧费	办公费	劳动保护费	其他	合计
分配材料	400							400
分配动力费		300						300
分配职工薪酬			6 400					6 400
分配折旧费				300				300
分配其他费用					350	250	500	1 100
本月发生	600	300	6 400	300	350	250	500	8 500
本月转出	600	300	6 400	300	350	250	500	8 500

上述辅助生产费用两种归集程序中,第一种归集程序,“辅助生产成本”科目与“基本生产成本”科目一样,一般按车间以及产品和劳务种类设置明细账,账内按成本项目设立专栏或专行进行明细核算。辅助生产的制造费用,通过单独设置“制造费用”科目及其明细账进行归集,然后转入“辅助生产成本”科目的借方,计入辅助生产产品或劳务的成本。第二种归集程序,辅助生产的制造费用不通过“制造费用”科目及其明细账单独核算,而是直接记入“辅助生产成本”科目。辅助生产费用归集的两种程序的主要区别在于辅助生产制造费用归集的程序不同。

二、辅助生产费用分配的核算

(一) 辅助生产费用分配的程序

归集在“辅助生产成本”科目及其明细账借方的辅助生产费用,由于辅助生产车间所生产的产品和劳务的种类不同,其费用结转和分配的程序也不同。

1. 提供产品,结转完工产品成本,待实际领用时再转入有关成本费用

辅助生产车间生产工具、模具、修理用备件所发生的费用,在工具、模具、修理用备件完工入库时,其成本从“辅助生产成本”科目及其明细账的贷方分别转入“周转材料”和“原材料”等科目的借方,其结转过程与基本生产车间完工产品成本的结转基本相同。以后领用时,根据用途按存货发出的各种计价方法,计入有关成本、费用。

2. 提供劳务,按受益单位耗用量比例分配辅助生产劳务费用

辅助生产车间提供水、电、汽、修理、运输等劳务作业所发生的费用,应按各受益单位的耗用量,采用一定的分配方法在受益单位之间进行分配,从“辅助生产成本”科目的贷方转入“基本生产成本”“制造费用”“管理费用”“销售费用”等科目的借方。

(二) 辅助生产费用分配的方法

辅助生产费用的分配必须分别车间进行,其分配的计算一般通过编制“辅助生产费用分配表”进行。该表不仅起到分配计算辅助生产费用的作用,也是各受益部门耗用辅助生产费用据以入账的依据。

虽然辅助生产提供的产品和劳务,主要是为基本生产车间等服务的,但是在某些辅助生产车间之间,也有相互提供产品和劳务的情况,如供电车间为修理车间提供电力、修理车

间为供电车间修理设备等。为了正确计算辅助生产产品和劳务的成本，在分配辅助生产费用时，应先在各辅助生产车间之间进行费用的交互分配，再对外（即辅助生产车间以外的各受益单位）分配费用。

辅助生产费用的分配，通常采用的分配方法有直接分配法、顺序分配法、交互分配法、代数分配法和计划成本分配法。

1. 直接分配法

（1）特点。直接分配法，是指不考虑各辅助生产车间之间相互提供产品或劳务的情况，将辅助生产费用直接分配给除辅助生产车间以外的各受益单位。

（2）计算分配。采用直接分配法，应先计算某辅助车间费用分配率，然后再按受益量分配该辅助车间费用。但在计算费用分配率时，必须注意将其他辅助生产车间耗用量从总供应量中扣除。分配对象去除其他辅助生产车间叫外部对象。用公式表示如下：

$$\text{某辅助车间费用分配率}=\frac{\text{该车间账面直接发生额}}{\text{该车间外部对象的受益量}}$$

$$\text{某受益对象应分配的辅助生产费用}=\text{费用分配率}\times\text{该受益对象的受益量}$$

【例 5-3】 某企业设有供电和供水两个辅助生产车间。20××年 9 月份，供电车间供电 29 000 千瓦时，全月发生的辅助生产费用为 17 400 元，每度电计划成本为 0.70 元；供水车间供水 12 500 吨，全月发生的辅助生产费用为 8 500 元，每吨水计划成本为 0.80 元。水、电均为一般消耗用。其有关的受益单位和受益数量见表 5-7。

表 5-7　某企业辅助生产劳务量表

受益单位	供电数量/千瓦时	供水数量/立方米
供电车间		2 500
供水车间	4 000	
基本生产车间	20 000	9 000
行政管理部门	5 000	1 000
合计	29 000	12 500

根据表 5-7 等资料，采用直接分配法编制辅助生产费用分配表，见表 5-8。

表 5-8　辅助生产费用分配表

（直接分配法）

项目		供电车间	供水车间	合计
待分配辅助生产费用/元		17 400	8 500	25 900
供应辅助生产以外的劳务数量		25 000	10 000	—
计量单位		千瓦时	立方米	—
分配率		0.696	0.85	—
基本生产车间	耗用数量	20 000	9 000	—
	分配金额/元	13 920	7 650	21 570
行政管理部门	耗用数量	5 000	1 000	—
	分配金额/元	3 480	850	4 330
合计/元		17 400	8 500	25 900

根据表4-8,编制会计分录如下:

借:制造费用——基本生产车间　　21 570

　管理费用　　4 330

　贷:辅助生产成本——供电车间　　17 400

　　　　　　　　——供水车间　　8 500

(3)优缺点及适用性。采用直接分配法,由于各辅助生产费用只是进行对外分配,分配计算一次即可完成,计算工作简便。但由于在计算费用分配率时,待分配费用没有包括耗用其他辅助生产车间劳务的成本,因此并不是该车间的实际费用。供应劳务量又剔除了其他辅助生产车间耗用数量,当辅助生产车间相互提供产品或劳务量差异较大时,分配结果往往与实际不符,不够准确。这种分配方法一般只适宜在辅助生产车间相互提供产品或劳务不多、不进行费用的交互分配对辅助生产成本和产品制造成本影响不大的情况下采用。

2. 顺序分配法

(1)特点。顺序分配法,是指各辅助生产车间之间的费用分配按照受益多少的顺序依次排列,受益少的排在前,先将费用分配出去,受益多的排在后面,后将费用分配出去,排列在前的分配给排列在后的,排列在后的不再分配给排列在前的。但应注意的是,受益多少是指受益金额的大小,并非指受益数量的多少。分配对象包括排列在后的辅助生产车间和外部对象。排列在后的辅助生产车间进行分配时,应在原发生费用的基础上,加上排列在前的辅助生产车间费用分配转入数。

(2)计算分配。采用顺序分配法的分配思路是:先排列顺序,后计算费用分配率,再按受益量分配辅助生产费用。用公式表示如下:

$$某辅助车间费用分配率=\frac{该车间账面直接发生额+排到在前的车间分配转入额}{该车间分配对象的受益量}$$

$$某受益对象应分配的辅助生产费用=费用分配率\times该受益对象的受益量$$

【例5-4】 沿用前例资料,假定供电车间受益少,按顺序分配法编制辅助生产费用分配表,见表5-9。

表5-9　辅助生产费用分配表

(顺序分配法)　　金额单位:元

项目	辅助生产车间						基本生产车间		行政管理部门	
	供电车间			供水车间						
车间部门	劳务量	待分配费用	分配率	劳务量	待分配费用	分配率	耗用量	分配金额	耗用量	分配金额
	29 000	17 400	—	12 500	8 500	—	—	—	—	—
分配电费	−29 000	−17 400	0.6	4 000	2 400	—	20 000	12 000	5 000	3 000
分配水费				−10 000	−10 900	1.09	9 000	9 810	1 000	1 090
分配金额合计							—	21 810	—	4 090

根据表 5-9，编制会计分录如下：

借：辅助生产成本——供水车间　　2 400
　　制造费用——基本生产车间　　12 000
　　管理费用　　3 000
　贷：辅助生产成本——供电车间　　17 400

借：制造费用——基本生产车间　　9 810
　　管理费用　　1 090
　贷：辅助生产成本——供水车间　　10 900

（3）优缺点及适用性。顺序分配法的辅助生产费用分配表的下线呈梯形，因而这种分配方法也称为梯形分配法。采用顺序分配法能有重点地反映辅助生产车间之间交互提供服务的关系，分配结果较直接分配法合理。但是，由于这种方法使得排列在前的辅助生产车间费用的归集不完整，导致辅助生产车间之间交互提供服务的关系反映不全面，交互分配不够充分，从而使分配结果的正确性也受到一定的影响，并且计算工作量有所增加。顺序分配方法只适用于各辅助生产车间之间相互受益程度有明显顺序的企业。在各辅助生产车间的分配顺序确定以后，一般不宜经常变动。

3. 交互分配法

（1）特点。交互分配法，是将辅助生产费用的分配分两次进行：辅助生产车间之间应先根据相互提供的产品或劳务的数量和交互分配前的费用分配率进行一次交互分配；然后再将交互分配后的实际费用对辅助生产车间之外的各受益部门进行分配。

（2）计算分配。交互分配法计算分配分两步进行：

第一步，交互分配。首先根据辅助生产车间提供劳务的总量以及所发生的辅助生产费用总额，计算交互分配前的单位劳务成本（即交互分配率），然后根据各辅助生产车间的受益量和单位劳务成本进行一次交互分配。具体计算公式如下：

$$\text{A 辅助车间交互分配率}=\frac{\text{A 车间账面直接发生额}}{\text{A 车间所有受益对象的受益量}}$$

某辅助生产车间应分 A 车间费用＝A 车间交互分配率×该辅助生产车间受益 A 车间量

第二步，对外分配。首先，各个辅助生产车间将交互分配前的辅助生产费用加上交互分配转入的辅助生产费用，减去交互分配转出的辅助生产费用，计算交互分配后的实际费用。然后，按照辅助生产车间外部各受益对象的受益量计算出对外分配率，并据以对外部各受益对象进行直接分配。

$$\text{某辅助车间交互分配率}=\frac{\text{该车间交互分配后账面余额}}{\text{该车间外部对象的受益量}}$$

外部某受益对象应负担的费用＝对外分配率×该受益对象耗用劳务量

【例 5-5】 沿用前例资料，按交互分配法编制辅助生产费用分配表，见表 5-10。

表 5-10　辅助生产费用分配表

（交互分配法）　　　　金额单位：元

项　目		交互分配			对外分配		
		供电车间	供水车间	小计	供电车间	供水车间	小计
待分配费用		17 400	8 500	25 900	16 700	9 200	25 900
供应劳务数量		29 000	12 500	—	25 000	10 000	—
计量单位		千瓦小时	立方米	—	千瓦小时	立方米	—
费用分配率(单位成本)		0.60	0.68	—	0.668	0.92	—
供电车间	耗用数量	—	2 500	—	—	—	—
	分配金额	—	1 700	1 700	—	—	—
供水车间	耗用数量	4 000	—	—	—	—	—
	分配金额	2 400	—	2 400	—	—	—
基本生产车间	耗用数量	—	—	—	20 000	9 000	—
	分配金额	—	—	—	13 360	8 280	21 640
行政管理部门	耗用数量	—	—	—	5 000	1 000	—
	分配金额	—	—	—	3 340	920	4 260
分配金额合计		2 400	1 700	4 100	16 700	9 200	25 900

根据表 5-10，编制会计分录如下：

借：辅助生产成本——供电车间　　　2 400

　　　　　　　　——供水车间　　　1 700

　贷：辅助生产成本——供电车间　　　1 700

　　　　　　　　　——供水车间　　　2 400

借：制造费用——基本生产车间　　　21 640

　　管理费用　　　4 260

　贷：辅助生产成本——供电车间　　　16 700

　　　　　　　　　——供水车间　　　9 200

【例 5-6】　沿用例 5-1 的资料，其有关的受益单位和受益数量见表 5-11。

表 5-11　某企业辅助生产劳务量表

受益单位	供水数量/立方米	运输数量/吨公里
供水车间		3 600
运输车间	30 000	
基本生产车间	150 000	72 000
行政管理部门	15 000	18 000
销售部门	16 000	87 775
合　计	211 000	181 375

按交互分配法编制辅助生产费用分配表，见表 5-12。

表 5-12 辅助生产费用分配表

（交互分配法）

单位：元

项目		交互分配			对外分配		
		供水车间	运输车间	小计	供水车间	运输车间	小计
待分配费用		211 000	145 100	356 100	183 880	172 220	356 100
供应劳务数量		211 000	181 375	—	181 000	177 775	—
计量单位		立方米	吨公里	—	立方米	吨公里	—
费用分配率(单位成本)		1	0.8	—	1.015 9	0.968 8	—
供水车间	耗用数量	—	3 600	—	—	—	—
	分配金额	—	2 880	2 880	—	—	—
运输车间	耗用数量	30 000	—	—	—	—	—
	分配金额	30 000	—	30 000	—	—	—
基本生产车间	耗用数量	—	—	—	150 000	72 000	—
	分配金额	—	—	—	152 385	69 754	222 139
行政管理部门	耗用数量	—	—	—	15 000	18 000	—
	分配金额	—	—	—	15 239	17 438	32 677
销售部门	耗用数量	—	—	—	16 000	87 775	—
	分配金额	—	—	—	16 256	85 028	101 284
分配金额合计		30 000	2 880	32 880	183 880	172 220	356 100

根据表 5-12，编制会计分录如下：

借：辅助生产成本——供水车间　　2 880
　　　　　　　——运输车间　　30 000
　贷：辅助生产成本——供水车间　　30 000
　　　　　　　　——运输车间　　2 880

借：制造费用——基本生产车间　　222 139
　　管理费用　　32 677
　　销售费用　　101 284
　贷：辅助生产成本——供水车间　　183 880
　　　　　　　　——运输车间　　172 220

(3) 优缺点及适用性。交互分配法实际上是交互分配与直接分配相结合的方法。采用交互分配法，辅助生产内部相互提供产品或劳务全都进行了交互分配，从而提高了分配结果的正确性。同时，该种方法易于理解和操作。由于各辅助生产车间都要计算两个费用分配率，进行两次分配，因而增加了计算工作量。在各月辅助生产费用水平相差不大的情况下，为了简化计算工作，也可以用上月的辅助生产单位成本作为本月交互分配的单位成本。这种分配方法一般适用于各辅助生产车间之间相互提供劳务较多的企业。

4. 代数分配法

(1) 特点。代数分配法，是根据初等代数中解多元一次联立方程的原理，先计算出各辅助生产车间劳务的单位成本，然后根据该单位成本和各受益单位(包括辅助生产内部和外部各单位)耗用的数量，计算分配辅助生产费用的一种方法。

(2) 计算分配。代数分配法计算分配的关键是建立多元一次方程组。该方程组由若干个多元一次方程式组成，有几个辅助生产车间就有几个方程式。方程式的左边表示该辅助生产车间的归集额，它包括两个部分：一是各辅助生产车间所发生的费用；二是交互分配后转入的费用。方程式的右边表示各辅助生产费用的分配额。

【例 5-7】 沿用例 5-2 的资料，代数分配法计算分配如下：

设：每度电的单位成本为 x，每吨水的单位成本为 y。

应设立的多元一次联立方程式为：

$$\begin{cases} 17\ 400+2\ 500y=29\ 000x \\ 8\ 500+4\ 000x=12\ 500y \end{cases}$$

解此联立方程得：$x=0.677\ 304\ 96$，$y=0.896\ 737\ 59$。

根据上述计算分配结果，按代数分配法编制辅助生产费用分配表，见表 5-13。

表 5-13 辅助生产费用分配表

(代数分配法)　　　　金额单位:元

项目		供电车间	供水车间	合计
待分配费用		17 400	8 500	25 900
供应劳务数量		29 000	12 500	—
计量单位		千瓦小时	立方米	—
单位成本(分配率)		0.677 304 96	0.896 737 59	—
供电车间	耗用数量	—	2 500	—
	分配金额	—	2 241.84	2 241.84
供水车间	耗用数量	4 000	—	—
	分配金额	2 709.22	—	2 709.22
基本生产车间	耗用数量	20 000	9 000	—
	分配金额	13 546.10	8070.64	21 616.74
行政管理部门	耗用数量	5 000	1 000	—
	分配金额	3 386.52	896.74	4 283.26
分配金额合计		19 641.84	11 209.22	30 851.06

根据表 5-13，编制会计分录如下：

借:辅助生产成本——供电车间　　2 241.84

　　　　　　　——供水车间　　2 709.22

　制造费用——基本生产车间　　21 616.74

　管理费用　　4 283.26

　贷:辅助生产成本——供电车间　　19 641.84

　　　　　　　　——供水车间　　11 209.22

(3) 优缺点及适用性。采用代数分配法分配辅助生产费用，分配结果最准确。但在辅助生产车间较多的情况下，未知数较多，解方程组的工作量较大，计算工作比较复杂。因而，这种分配方法适宜辅助生产车间不多或者已经实现计算工作电算化的企业采用。

5. 计划成本分配法

(1) 特点。计划成本分配法，是先根据劳务的计划单位成本和各受益单位(包括辅助生产车间)的受益量进行分配，再将计划成本分配额与“实际”费用(原待分配费用加上按计划成本分入的费用)之间的差额，也就是辅助生产成本差异，进行调整分配。为简化计算工作，如果成本差异较小，也可全部调整计入管理费用。

(2) 计算分配。计划成本分配法可分两步进行分配。

第一步，计划分配。根据企业已确定的计划单位成本和各受益部门(包括辅助生产车间)的受益量进行分配。各受益对象所承担的计划成本可以按以下公式计算：

某受益部门应负担的计划成本＝该受益部门受益量×该种劳务的计划单位成本

第二步，调整分配(追加分配)。将各辅助生产车间实际发生的费用与各该辅助生产车间按计划成本分配转出费用之间的成本差异，进行调整分配。成本差异可以按以下公式计算：

某辅助生产车间的成本差异＝该车间实际成本－该车间计划成本

＝该车间原待分配辅助生产费用＋按计划分配转入费用－按计划分配转出费用

【例 5-8】 仍沿用前例资料，按交互分配法编制辅助生产费用分配表，见表 5-14。

表 5-14 辅助生产费用分配表

(计划成本分配法)　　金额单位：元

项目		供电车间	供水车间	合计
待分配费用		17 400	8 500	25 900
劳务供应数量		29 000	12 500	—
计量单位		千瓦小时	立方米	—
计划单位成本		0.70	0.80	—
供电车间	耗用数量	—	2 500	—
	分配金额	—	2 000	2 000
供水车间	耗用数量	4 000	—	—
	分配金额	2 800	—	2 800
基本生产车间	耗用数量	20 000	9 000	—
	分配金额	14 000	7 200	21 200
行政管理部门	耗用数量	5 000	1 000	—
	分配金额	3 500	800	4 300
按计划成本分配合计		20 300	10 000	30 000
辅助生产实际成本		19 400	11 300	30 700
辅助生产成本差异		－900	1 300	400

根据表 5-14，编制会计分录如下：

借：辅助生产成本——供电车间	2 000	
——供水车间	2 800	
制造费用——基本生产车间	21 200	
管理费用	4 300	
贷：辅助生产成本——供电车间		20 300
——供水车间		10 000
借：管理费用	400	
贷：辅助生产成本——供电车间		900
——供水车间		1 300

(3) 优缺点及适用性。采用计划成本分配法，由于辅助生产车间的产品或劳务的计划单位成本有现成资料，只要有各受益单位耗用辅助生产车间的产品或劳务量，便可进行分配，从而简化和加速了分配的计算工作；按照计划单位成本分配，排除了辅助生产实际费用的高低对各受益单位成本的影响，便于考核和分析各受益单位的经济责任；还能够反映辅助生产车间产品或劳务的实际成本脱离计划成本的差异。但是，采用该种分配方法，计划单位成本与实际误差不能太大，否则会影响分配结果的正确性。这种方法一般适宜于计划成本基础较好、有比较准确的计划成本资料的企业采用。

第二节　制造费用的核算

一、制造费用归集的核算

（一）制造费用概述

制造费用在产品成本中占有一定的比重，它是构成产品成本的综合性成本项目。企业在产品生产过程中，除了直接耗用各种材料费用、发生人工费用外，还会发生各种制造费用。并且，伴随着科技进步和企业生产工艺水平的不断提高，制造费用在产品成本中的比重越来越高，因此，正确地核算制造费用，对于正确计算产品成本至关重要。辅助生产车间制造费用的核算已在上一节中讲述，本节着重讲述基本生产车间制造费用的核算。

（二）制造费用的内容

制造费用是指企业各生产单位（事业部、分厂、车间）为生产产品（或提供劳务）而发生的、应该计入产品成本、但没有专设成本项目的各项生产费用。它包括各生产单位为组织和管理生产而发生的各项费用，以及直接用于产品生产但未专设成本项目和间接用于产品生产的各项费用。

制造费用包括：

(1) 间接用于产品生产的费用。这部分费用在制造费用中占绝大部分。这具体包括：机物料消耗，各生产单位生产用房屋及建筑物的折旧费、经营租赁费、保险费，生产单位生产用的照明费、取暖费、运输费和劳动保护费等。

(2) 直接用于产品生产，但未专设成本项目的费用。这些费用在管理上不要求单独核算，或者在核算上不便于单独核算。这具体包括：生产用机器设备的折旧费、经营租赁费、保险费，生产工具摊销费，设计制图费和实验检验费，以及未专设成本项目的生产工艺用动力等。

（3）用于组织和管理生产的费用。这具体包括：生产单位管理人员的薪酬费用，生产单位管理用房屋建筑物和设备的折旧费、经营租赁费、保险费，生产单位管理用工具的摊销费，生产单位管理用的照明费、水电费、取暖费、差旅费和办公费等。

上述制造费用的内容比较复杂，企业应当按照管理要求分别设立若干费用项目进行计划和核算，以归类反映各项费用的计划执行情况。

（三）制造费用的归集

制造费用的核算，是通过设置“制造费用”总账科目及其明细账进行归集和分配的。“制造费用”账户属于集合分配账户，借方归集月份内发生的制造费用，贷方反映费用的分配，除季节性生产外，月末一般无余额。该账户应按不同的车间、部门设置明细账，账内按照费用项目设立专栏或专行，分别反映各车间、部门各项制造费用的支出情况。其格式见表 5-15。

制造费用是通过设立费用项目进行归集的。制造费用的明细项目，可以按照费用的经济用途设立，如用于车间办公方面的各项支出设立“办公费”项目；也可以按照费用的经济内容设立，如车间组织管理的物料耗费，设立“机物料消耗”项目。但是，一般是按相同性质的费用合并设立的，如，将车间、分厂生产用房屋建筑物的折旧费，车间、分厂机器设备的折旧费，以及车间、分厂管理用房屋建筑物的折旧费等固定资产的折旧费，合并设立一个“折旧费”项目。不论其用途是直接用于产品生产、间接用于产品生产，还是用于组织和管理生产。这是为了减少费用项目和简化核算工作。

制造费用的费用项目，一般应包括：机物料消耗、职工薪酬、折旧费、租赁（不包括融资租赁）费、保险费、低值易耗品摊销、水电费、取暖费、运输费、差旅费、办公费、劳动保护费、设计制图费、试验检验费等。至于如何设立费用项目以及设立多少费用项目由企业自定，但为了便于各企业之间，以及企业不同时期之间进行制造费用的比较、分析和考核，一经确定，不应任意变更。

制造费用发生时，根据有关的付款凭证、转账凭证和前述各种费用分配表，记入“制造费用”科目的借方，并视具体情况，分别记入“原材料”“应付职工薪酬”“累计折旧”等科目的贷方。期末按照一定的标准进行分配时，从该科目的贷方转出，记入“基本生产成本”等科目的借方。除季节性生产的车间外，“制造费用”科目期末应无余额。

应当明确的是，对于辅助生产车间发生的费用，如果是通过“制造费用”科目单独核算的，则应比照基本生产车间发生的费用核算；如果不通过“制造费用”科目单独核算，则应全部记入“辅助生产成本”科目及其明细账的有关费用项目。

【例 5-9】 根据各种费用分配表以及付款凭证，登记某企业基本生产车间制造费用明细账，见表 5-15。

表 5-15 制造费用明细账 单位:元

摘　要	机物料消耗	周转材料摊销	水电费	职工薪酬	折旧费	运输费	办公费	劳保费	其他	合计
分配耗用材料	7 500									7 500
周转材料摊销		855								855
分配动力费			4 500							4 500
分配职工薪酬				42 000						42 000
分配折旧费					30 000					30 000
分配其他费用							3 000	1 200	945	5 145
分配辅助生产费用			152 385			69 754				222 139
本月发生	7 500	855	156 885	42 000	30 000	69 754	3 000	1 200	945	312 139
本月转出	7 500	855	156 885	42 000	30 000	69 754	3 000	1 200	945	312 139

二、制造费用分配的核算

（一）制造费用分配概述

为了正确计算产品的生产成本，必须合理地分配制造费用。由于各车间（或分厂）的制造费用水平不同，且绝大部分是由企业的生产单位（车间、分厂）发生的，因此，制造费用的分配应该按照不同车间（或分厂）分别进行，而不应将各车间（或分厂）的制造费用汇总起来在整个企业范围内统一分配。但对于制造费用中可能有一部分厂部或总厂发生的，例如设计制图费和试验检验费等，涉及全厂范围内所生产产品及提供劳务的，这部分制造费用发生时由厂部或总厂进行归集（即记入“制造费用——厂部或总厂”账户），并在整个企业范围内统一分配。

基本生产车间的制造费用是产品生产成本的组成部分，具体分配时，在只生产一种产品的车间（或分厂），其制造费用是直接计入费用的，应直接计入该种产品生产成本。在生产多种产品的车间（或分厂）中，制造费用则应该采用既合理又较简便的分配方法，分配计入各种产品的生产成本。即记入“基本生产成本”科目及其明细账“制造费用”成本项目。

辅助生产车间单独核算其制造费用时，汇总在“制造费用——辅助生产车间”科目的数额，在只生产一种产品或提供一种劳务的辅助生产车间，直接计入该种辅助生产产品或劳务的成本；在生产多种产品或提供多种劳务的辅助生产车间，则应采用适当的分配方法，分配计入辅助生产产品或劳务成本，即记入“辅助生产成本”科目借方及其明细账的“制造费用”成本项目。

制造费用的分配方法很多，对此，现行企业会计准则并未做出硬性规定，意味着企业可以自行选择合理简便的分配方法分配制造费用。合理分配制造费用的关键，在于正确选择分配标准。在选择分配标准时，应遵循分配标准的资料必须比较容易取得，并且与制造费用之间存在客观的因果比例关系的原则。现实中，受益产品或劳务的机器工时、生产工时、直接材料、直接人工、直接成本、产量等都可能作为分配标准。根据分配标准的不同，制造费用分配的方法可分为实际分配率法、计划分配率法和累计分配率法三大类（本书仅介绍前两类方法)。不管企业选择何种方法分配制造费用,分配方法一经确定,不应任意变更。

（二）实际分配率法

1. 特点

采用实际分配率法,应先根据各车间和分厂归集的制造费用和耗用分配标准总量,分别计算出各车间和分厂的制造费用分配率,然后根据制造费用分配率和各产品耗用的分配标准量计算出各产品应负担的制造费用。其分配的计算公式如下:

$$制造费用分配率=\frac{该车间制造费用总额}{该车间各对象的本期分配标准数}$$

某产品应负担的制造费用＝该生产单位的制造费用分配率×该产品耗用的分配标准数

按实际分配率法分配制造费用,通常以生产工时(实际工时或定额工时)、生产工人工资、机器工时为分配标准。

采用该类方法分配,“制造费用”账户月末应无余额。

2. 生产工时比例法

生产工时比例法,是生产工人工时比例法的简称,是按照各种产品耗用生产工人工时的比例分配制造费用的一种方法。

【例 5-10】 某企业20××年9月份基本生产车间发生的制造费用总额为312 139元,基本生产车间甲产品生产工时为25 000小时,乙产品生产工时15 000小时,分配计算如下:

制造费用分配率$=\frac{312\ 139}{25\ 000+15\ 000}=7.803\ 475$。

甲产品应分配的制造费用＝7.803 475×25 000＝195 087(元)。

乙产品应分配的制造费用＝7.803 475×15 000＝117 052(元)。

上述计算过程一般是通过编制制造费用分配表进行的,见表5-16。

表 5-16　制造费用分配表

车间:基本生产车间　　　　20××年9月　　　　单位:元

应借科目		生产工时/小时	分配率	分配金额/分配率
基本生产成本	甲产品	25 000		195 087
	乙产品	15 000		117 052
合　计		40 000	7.803 475	312 139

根据表5-16,编制制造费用分配的会计分录如下:

借:基本生产成本——甲产品　　　　195 087

　　　　　　　——乙产品　　　　117 052

　贷:制造费用——基本生产车间　　　　312 139

按生产工时比例分配是较为常用的一种方法,它能将劳动生产率的高低与产品负担费用的多少联系起来,分配结果比较合理。同时,该分配标准的资料容易取得,使分配计算的工作较为简便。但是,如果固定资产折旧费、动力费在制造费用中占的比重较大,且各种产品的机械化程度不同,按此标准分配制造费用,就会使机械化程度较高的产品少负担固定资产折旧费、动力费等,致使分配结果与制造费用的实际情况不相符合。因此,生产工时比例法适用于各产品生产的机械化程度大致相同的情况。此外，由于生产工时是分配间接计入费用常用的分配标准之一，所以，必须正确组织好产品生产工时的记录和核算等基础工作，以保证生产工时的正确、可靠。

3. 直接工资比例法

直接工资比例法，是按照直接计入各种产品成本的生产工人实际工资的比例分配制造费用的一种方法。

该种分配方法与生产工时比例法的原理基本相同。如果生产工人计时工资是按照生产工时比例分配的，那么，按照生产工人工资比例分配制造费用，实际上就是按生产工时比例分配制造费用。

由于职工薪酬分配表和产品成本计算单中有现成的生产工人工资的资料，分配标准容易取得，分配计算工作较为简便。采用这种方法，各种产品生产的机械化程度或者产品加工的技术等级不能相差悬殊，否则，机械化程度高、加工技术等级低的产品，由于工资费用少，分配负担的制造费用也少，影响费用分配的合理性，从而影响产品成本计算的正确性。因此，这种方法适用于各种产品机械化程度和产品加工技术等级大致相同的情况。

4. 机器工时比例法

机器工时比例法，是按照各种产品生产所耗用机器设备运转时间的比例分配制造费用的一种方法。

采用这种分配方法，如果生产车间中机器设备的类型大小不一，应将机器设备划分为若干类别，按照不同类别归集和分配制造费用，也可以对不同机器设备按系数折成标准工时进行分配，以提高分配结果的合理性。这种方法适用于机械化、自动化程度较高的生产车间，因为在这种车间所发生的制造费用中，折旧费用、动力费等费用所占比重较大，而且这些费用的发生又与机器设备的使用密切相关，按机器工时分配制造费用较为合理。但应予以指出的是，分厂的制造费用与车间的机器工时没有直接联系，因此分厂制造费用分配不应采用此种方法。

该方法的计算程序、原理与生产工时比例法基本相同。但是，采用这种方法，必须正确组织各种产品所耗用机器工时的记录工作，以保证工时的准确性。为了提高分配结果的正确性，可以采用上述将机器设备分类处理的方法，也可以将制造费用按性质和用途分类，如分为与机器设备使用有关的费用，及由于管理组织生产而发生的费用，分别采用适当的方法分配制造费用。

（三）计划分配率法

1. 特点

计划分配率法，是按照各生产单位年度制造费用预算和计划产量的定额工时及事先确定的全年适用的计划分配率分配制造费用的方法。采用这种分配方法，不论各月实际发生的制造费用多少，每月各种产品成本中的制造费用都按年度计划确定的计划分配率分配。年度内如果发现全年制造费用的实际数和产品的实际产量与计划数发生较大的差额时，应及时调整计划分配率。

2. 计算分配

年度计划分配率法的计算公式如下：

$$年度计划分配率=\frac{该车间年度制造费用预算总额}{该车间各对象的年度计划产量定额总工时}$$

某月某产品应负担的制造费用=年度计划分配率×该月该产品实际产量定额工时

【例 5-11】 某生产车间全年制造费用预算为 4 000 000 元，全年各种产品的计划产量为：甲产品 2 500 件，乙产品 1000 件。单件产品工时定额为：甲产品 6 小时，乙产品 5 小时。6 月份实际产量为：甲产品 200 件，乙产品 80 件；6 月份实际发生制造费用为 350 000 元。分配计算如下：

(1) 计算各产品年度计划产量定额工时。

甲产品年度计划产量定额工时=6×2 500=15 000(小时)。

乙产品年度计划产量定额工时=5×1 000=5 000(小时)。

(2) 年度计划分配率$=\frac{4\ 000\ 000}{15\ 000+5\ 000}=200$。

(3) 计算各产品实际产量定额工时。

甲产品年度实际产量定额工时=6×200=1 200(小时)。

乙产品年度实际产量定额工时=5×80=400(小时)。

(4) 计算各种产品应分配的制造费用。

甲产品应分配的制造费用=200×1 200=240 000(元)。

乙产品应分配的制造费用=200×400=80 000(元)。

根据分配结果编制会计分录如下：

借：基本生产成本——甲产品	240 000	
——乙产品	80 000	
贷：制造费用——基本生产车间		320 000

采用年度计划分配率分配法时，每月实际发生的制造费用与分配转出的制造费用金额不等，因此，“制造费用”科目一般有月末余额，可能是借方余额，也可能是贷方余额。如为借方余额，表示年度内累计实际发生的制造费用大于按计划分配率累计的分配转出额，是该月超过计划的预付费用，属于待摊的费用，应列为企业的资产项目。如为贷方余额，表示年度内按计划分配率分配累计的分配转出额大于累计的实际发生额，是该月按照计划应付未付费用，属于预提的费用，应列为企业的负债项目。“制造费用”科目的年末余额，就是全年制造费用的实际发生额与计划分配额的差额，一般应在年末调整计入 12 月份的产品成本。年末调整分配后，“制造费用”科目应无余额。

【例 5-12】 某生产车间全年制造费用预算为 4 000 000 元，全年各种产品的计划产量为：甲产品 2 500 件，乙产品 1 000 件。单件产品工时定额为：甲产品 6 小时，乙产品 5 小时。12 月初制造费用账户有贷方余额 10 000 元；12 月份实际产量为：甲产品 200 件，乙产品 160 件；12 月份实际发生制造费用为 390 000 元。分配计算如下：

(1) 计算各产品实际产量定额工时。

甲产品 12 月份实际产量定额工时=6×200=1 200(小时)。

乙产品 12 月份实际产量定额工时=5×160=800(小时)。

(2) 制造费用 12 月份借方余额=－10 000+390 000=380 000(元)。

(3) 12 月份借方余额分配率=380 000÷(1 200+800)=190。

(4) 甲产品应分配的12月份借方余额＝190×1 200＝228 000(元)。

乙产品应分配的12月份借方余额＝190×800＝152 000(元)。

借:基本生产成本——甲产品　　228 000

　　　　　　　——乙产品　　152 000

　贷:制造费用——基本生产车间　　380 000

3. 优缺点及适用范围

这种分配方法核算工作简便,特别适用于季节性生产的企业或车间。因为在这种制造企业中,生产淡季和旺季的产量悬殊,而各月制造费用却相差不多,如果按实际费用进行分配,会导致各月制造费用水平波动太大,使淡季成本水平偏高,而旺季则偏低,不利于成本分析与考核。而采用年度计划分配率分配制造费用,有利于均衡各月产品成本水平。

年度计划分配率是在制造费用实际发生前确定的,要求企业必须有较高的计划工作和定额管理的水平。否则,年度制造费用的计划数与实际数相去太远,就会影响产品成本计算的正确性。

练习与思考

一、单项选择题

1. 采用辅助生产费用分配的交互分配法,对外分配费用的总额是(　　)。

A. 交互分配前的费用

B. 交互分配前的费用加上交互分配转入的费用

C. 交互分配前的费用减去交互分配转出的费用

D. 交互分配前的费用加上交互分配转入的费用,减去交互分配转出的费用

2. 制造费用分配后,“制造费用”科目一般应无余额,如有余额则是(　　)。

A. 季节性生产的车间　　B. 工时定额准确的产品

C. 机械化程度较高的车间　　D. 各种产品生产机械化程度大致相同

3. 某项辅助生产费用分配时,编制的会计分录是:借记“基本生产成本”科目,贷记“辅助生产成本”科目,该项费用可能是(　　)。

A. 修理车间的修理费　　B. 运输车间的运输费

C. 动力车间的动力费　　D. 供水车间的水费

4. 为简化辅助生产费用分配,计划成本分配法下的辅助生产费用差额可计入(　　)。

A. 管理费用　　B. 制造费用　　C. 营业外支出　　D. 基本生产成本

二、多项选择题

1. 辅助生产费用分配的方法有(　　)。

A. 直接分配法　　B. 生产工资比例法

C. 交互分配法　　D. 计划分配率法

2. 制造费用包括(　　)。

A. 间接用于产品生产的费用

B. 直接用于产品生产，但没有专设成本项目的费用

C. 车间组织和管理生产的费用

D. 分厂用于组织和管理生产的费用

3. 在按计划分配率法分配制造费用后，“制造费用”科目月末可能(　　)。

A. 有余额　　B. 无余额

C. 有借方余额　　D. 有贷方余额

4. 辅助生产费用进行两次或两次以上分配的分配方法是(　　)。

A. 计划成本分配法　　B. 交互分配法

C. 代数分配法　　D. 顺序分配法

三、判断题

1. 所有生产车间发生的各种制造费用，一律通过“制造费用”科目核算。　(　　)

2. 无论采用何种分配方法，制造费用分配后，“制造费用”科目都没有余额。　(　　)

3. 采用顺序分配法分配辅助生产费用时，应将辅助生产车间之间相互提供劳务受益多的车间排列在前面先分配出去，受益少的车间排在后面后分配出去。　(　　)

4. “辅助生产成本”科目月末可能有余额。　(　　)

四、业务题

1. 某工业企业辅助生产的制造费用不通过“制造费用”科目核算。该企业机修和运输两个辅助生产车间之间相互提供劳务。修理耗用的材料不多，修理费用均按修理工时比例分配。该企业20××年8月有关辅助生产费用的资料，见表5-17。

表5-17　辅助生产费用和劳务量汇总表

辅助车间名称		运输车间	机修车间
待分配费用		4 800元	9 400元
供应劳务数量		16 000千米	18 800小时
耗用劳务数量	运输车间		800小时
	机修车间	1 000千米	
	基本一车间	6 000千米	9 200小时
	基本二车间	5 000千米	6 800小时
	企业管理部门	4 000千米	2 000小时

要求：根据上述有关资料，采用直接分配法分配辅助生产费用并编制相应的会计分录。

2. 某工业企业辅助生产车间的制造费用不通过“制造费用”科目核算，有关资料见表5-18。

表 5-18　辅助生产费用分配表

分配方向			交互分配			对外分配		
辅助车间名称			运输	机修	合计	运输	机修	合计
待分配费用			4 800 元	9 400 元	14 200 元			
劳务供应数量			16 000 千米	18 800 工时		15 000 千米	18 000 工时	
单位成本(分配率)								
辅助车间	运输	耗用数量		800 工时				
		分配金额						
	修理	耗用数量	1 000 千米					
		分配金额						
	金额小计							
基本车间	一车间	耗用数量				6 000 千米	9 200 工时	
		分配金额						
	二车间	耗用数量				5 000 千米	6 800 工时	
		分配金额						
	金额小计							
企业管理部门		耗用数量				4 000 千米	2 000 工时	
		分配金额						
分配金额合计								

要求：根据以上资料，采用交互分配法计算填列辅助生产费分配表，并编制相应的会计分录。

3. 某企业辅助生产修理车间和供电车间本月发生费用、提供劳务量以及各受益单位耗用劳务量汇总，见表 5-19。

表 5-19　辅助生产费用和劳务量汇总表

辅助生产车间		修理车间	供电车间
待分配费用		5 200 元	9 200 元
劳务供应量		4 000 小时	22 500 度
计划单位成本		1.50 元	0.42 元
耗用劳务数量	供电车间	200 小时	
	修理车间		1 200 度
	基本生产车间	3 500 小时	19 800 度
	管理部门	300 小时	1 500 度

要求：

(1) 采用计划成本分配法分配辅助生产费用。

(2) 编制有关会计分录。

4. 某企业基本生产车间全年制造费用计划为 234 000 元；全年各种产品的计划产量

为：甲产品 19 000 件，乙产品 6 000 件，丙产品 8 000 件；单件产品工时定额为：甲产品 5 小时，乙产品 7 小时，丙产品 7.25 小时。本月份实际产量为：甲产品 1 800 件，乙产品 700 件，丙产品 500 件。本月实际发生的制造费用为 20 600 元；“制造费用”科目本月月初借方余额为 200 元。

要求：

(1) 计算制造费用年度计划分配率。

(2) 计算并结转本月份应分配转出的制造费用。

五、简答题

1. 在什么情况下，辅助生产发生的制造费用可以不通过“制造费用”账户核算？

2. 简要说明辅助生产费用归集与分配的特点。

3. 辅助生产费用的分配有哪些分配方法？说明各种分配方法的特点、优缺点及适用性。

4. 辅助生产费用的交互分配法和计划成本分配法二者在确定各辅助生产车间实际费用时有何不同？为什么？

5. 制造费用包括哪些内容？怎样核算制造费用？

6. 制造费用有哪些分配方法？试述各种分配方法的特点、适用范围及优缺点。

第六章　生产费用在完工产品与在产品之间的归集与分配

【学习目标】 通过本章的学习，理解本章内容与要素费用核算及综合费用核算的关系，完工产品成本结转的程序；熟悉生产费用在完工产品与在产品之间分配方法的特点及应用条件；掌握在产品按所耗直接材料费用计价法、约当产量比例法、在产品按定额成本计价法、定额比例法等方法的分配计算。

第一节　在产品数量的核算

一、在产品数量核算的意义

（一）在产品的含义

在产品，也称在制品，是指没有完成全部生产过程、不能作为商品销售的产品。在产品有广义和狭义之分。狭义的在产品是就某一车间或某一生产步骤而言，仅指本车间或本生产步骤正在加工或装配中的在制品（零件、部件和半成品），正在返修的废品以及完成本车间生产、但尚未验收入库的产品，本车间或本步骤已完工的半成品不包括在内。而广义的在产品是就整个企业范围来说的，不仅包括狭义在产品，还包括已经完成部分加工阶段、已由中间仓库验收、但还需继续加工的半成品，以及等待返修的废品。对外不准备在本企业继续加工、等待对外销售的自制半成品，应作为商品产品，不应列入在产品。本章述及的在产品为狭义在产品。

（二）在产品计价的意义

无论采用哪一种方法，都必须首先取得在产品收、发、结存的数量资料，它是产品成本核算的基础工作。也就是说，要正确地进行完工产品与月末在产品的费用分配，在产品数量控制是关键。这主要是因为相对于完工产品而言，在产品停留在产品的生产环节，面临着较大的风险。在产品数量核算就是对在产品收、发、结存的实物数量加以控制，在日常管理中要对其在各道工序上的投入数、加工时间、加工进度、实存情况以及在产品转移、短缺、毁损、溢余等情况进行记录，以充分反映在产品在整个生产加工过程中的流转情况，确保在产品以真实的数量参与生产费用的分配。

企业必须正确组织在产品的数量核算，取得在产品收发和结存的数量资料。在产品数量核算通常有两种方式：一是通过账面核算资料确定，要求企业设置“在产品收发结存账”；

二是通过月末实地盘点确定。在产品数量的核算，应同时具备账面核算资料和实际盘点资料，做好在产品收发结存的日常核算工作和在产品的清查工作，既可以从账面上随时掌握在产品的动态，又可以查清在产品的实存数量，以及正确计算产品成本和加强生产资金和在产品实物管理。

二、在产品收发结存的日常核算

它是根据领料凭证、在产品内部转移凭证、产品检验凭证和产品交库凭证，及时登记在产品收发结存账，最后由车间核算人员审核汇总。

车间在产品收发结存的日常核算，通常是通过“在产品收发结存账”进行的。“在产品收发结存账”作为反映在产品收发存情况的原始记录，因其通常是在操作的工作台上进行登记的，故亦称之为“台账”。在产品台账可分别车间，按产品品种和零部件的名称、类别、批次设置，由车间核算员登记，以反映和提供该车间各种在产品收入、转出和结存动态的业务核算资料。台账还可以结合企业生产工艺特点和内部管理的需要，进一步按照加工工序、工艺流程来组织在产品数量核算。企业应根据在产品的领料凭证、内部转移凭证、废品返修单、产品检验凭证、产成品或自制半成品的交库凭证等及时进行登记。在产品的台账记录，反映了在产品增减的动态，为清查核对在产品数量提供了原始依据。

在产品台账的格式，可以根据产品的生产特点和所采用的产量、工时记录的种类来设计。其格式举例见表 6-1。

表 6-1　在产品台账

车间名称：第一车间

零件名称：12163　　　　计量单位：件

日期	摘要	收入		转出			结存	
		凭证号	数量	凭证号	合格品	废品	完工	未完工
31/8	结存						3	7
1/9			20		26			4
…			…		…		…	…
合计			320		315	4	3	8

组织在产品数量核算的另一个重要环节是，对于在产品的内部转移、送交检验、毁损报废以及自制半成品的入库、出库等过程都必须填具相应的原始凭证，单随物移。如在产品内部转移时，应填制转移交接单，注明移送在产品的名称、数量、转入转出车间名称，并由经手人签名盖章；加工的自制半成品进出中间仓库时，应有交库单、出库单跟随；发生在产品短缺、毁损、报废时，应及时填具相应的短缺单和报废单，并查明原因，分清责任。

完善在产品收发结存日常核算的原始凭证，健全在产品流转过程中的交接手续，对于正确计算在产品成本、加强生产管理、有效控制在产品流转、保护在产品安全完整具有重要意义。

第二节　完工产品和在产品之间分配费用的方法

一、生产费用在完工产品与在产品之间的分配原理

企业生产过程中发生的生产费用，经过一系列的分配、汇总后，应计入产品成本的各项生产费用已按成本项目全部归集在“基本生产成本”账户及其明细账中。为了计算产品成本，还需加上月初在产品成本，然后将其在本月完工产品和月末在产品之间进行分配，计算出本月完工产品成本和月末在产品成本。如果产品全部完工，所归集的生产费用就是完工产品成本；如果没有完工产品，所归集的生产费用就是月末在产品成本；如果既有完工产品，又有在产品，就需将月初在产品成本与本月发生的生产费用之和，在本月完工产品与月末在产品之间进行分配，以计算本月完工产品成本和月末在产品成本。

月初在产品成本、本月生产费用、本月完工产品成本和月末在产品成本之间的关系，可用下面的公式表示：

月初在产品成本＋本月生产费用＝本月完工产品成本＋期末在产品费用

不难看出，在掌握等式前两项资料的情况下，确定完工产品成本有两种方法：

① 先确定月末在产品成本，再计算求得完工产品成本；

② 将前两项费用之和采用一定的分配方法在本月完工产品和月末在产品之间进行分配后，同时求得完工产品成本和月末在产品成本。

完工产品和月末在产品之间分配费用，是成本计算工作中一个重要而复杂的问题，在产品结构复杂、零部件种类和加工工序较多的情况下更是这样。企业应该根据在产品数量的多少、各月在产品数量变化的大小、各项费用比重的大小，以及定额管理基础的好坏等具体条件，选择既合理又较简便的分配方法，划分完工产品成本和月末在产品成本。

完工产品和月末在产品之间分配费用通常采用的分配方法有：在产品不计价法、在产品按完工产品计价法、在产品按年初成本计价法、在产品按所耗直接材料费用计价法、约当产量比例法、在产品按定额成本计价法、定额比例法。

二、在产品不计价法

在产品不计价法，是指虽然月末有在产品，但不计算在产品成本。这种方法适用于各月末在产品数量很少、价值较低，且各月在产品数量比较稳定的情况。从上面的公式可以看出，本月完工产品成本的多少，取决于本月生产费用与月初和月末在产品成本的差额。如果各月末在产品的数量很小，那么，月初和月末在产品的成本就很小，月初在产品成本与月末在产品成本的差额就更小。在这种情况下，无论是否计算在产品成本，对于完工产品成本的影响很小，管理上不要求计算在产品成本，为了简化成本核算，可以不计算在产品成本，即某种产品本月归集的全部生产费用就是其完工产品成本。

三、在产品按年初成本计价法

在产品按年初成本计价法，是指在产品成本按年初固定成本计算 ，各月末在产品的成本固定不变。这种方法适用于在产品数量较小，或者在产品数量虽大，但各月之间在产品

数量变动不大的情况。这种情况下，月初、月末在产品成本的差额不大，算不算各月在产品成本的差额，对完工产品成本的影响不大。为了简化核算工作，同时又反映在产品占用的资金，各月在产品成本可以按年初数固定计算。例如，炼铁厂、化工厂或其他有固定容器装置的在产品，数量都较稳定，可以采用这种方法。采用该方法，本月发生的生产费用就是本月完工产品的成本。

应当注意的是，采用在产品按年初成本计价法，每年末应根据实际盘点的在产品数量，重新调整计算确定12月末在产品的实际成本，并将算出的年末在产品成本作为下一年度各月固定的在产品成本，以免按年初成本计价的在产品成本与实际出入过大，影响成本计算的正确性。

四、在产品按完工产品计价法

在产品按完工产品计价法，是指将在产品视同完工产品分配费用。这种方法适用于月末在产品已经接近完工，或者产品已经加工完毕，但尚未验收或包装入库的产品。在这种情况下，因为在产品成本已接近完工产品成本，为了简化核算工作，将月末在产品视同完工产品，按完工产品与在产品的数量比例分配生产费用，计算完工产品成本和月末在产品成本。

五、在产品按所耗直接材料费用计价法

在产品按所耗直接材料费用计价法，是指在产品只负担其所耗材料费用，而直接人工和制造费用等加工费用项目由完工产品成本负担。这种方法适用于各月末在产品数量较多，变化较大，且直接材料费用占产品成本比重较大的产品，例如，造纸、酿酒等行业的产品，直接材料费用占产品成本比重较大。采用这种方法时，月末在产品只计算其耗用的直接材料费用，不计算其耗用的加工费用，产品的加工费用全部计入完工产品成本。因此，某种产品的全部生产费用，扣减其月末在产品的直接材料费用，就是其完工产品的成本。

【例6-1】　某企业生产甲产品，直接材料费用在产品成本中所占比重较大，在产品按所耗直接材料费用计价法。甲产品月初在产品直接材料费用（即月初在产品成本）为26 000元；本月发生：直接材料费用390 000元，直接燃料和动力费用3 400元，直接人工费用4 100元，制造费用5 230元；完工产品650件，月末在产品150件。该种产品的直接材料费用是在生产开始时一次投入的，直接材料费用按完工产品和在产品的数量比例分配。分配计算如下：

（1）直接材料费用分配率$=\frac{26\ 000+390\ 000}{650+150}=520$。

（2）完工产品直接材料费用$=520\times650=338\ 000$（元）。

（3）月末在产品直接材料费用（月末在产品成本）$=520\times150=78\ 000$（元）。

（4）完工产品成本$=338\ 000+3\ 400+4\ 100+5\ 230=350\ 730$（元）。

六、约当产量比例法

（一）加权平均法

约当产量比例法，是按照完工产品数量与月末在产品约当产量的比例分配生产费用，

计算完工产品成本和月末在产品成本的一种方法。所谓约当产量，是指将月末在产品数量按其投料程度和加工程度，折算为相当于完工产品的数量。约当产量比例法适用范围较广泛，当月末在产品数量较大，各月末在产品数量变化也较大，不宜采用其他方法时，采用此种方法尤为合适。

约当产量比例法的计算公式如下：

$$月末在产品约当产量=月末在产品数量\times在产品加工程度(或投料程度)$$

$$某成本项目分配率=\frac{该成本项目月初在产品成本+该成本项目本月生产费用}{完工产品产量+月末在产品约当产量}$$

$$完工产品某成本项目成本=完工产品产量\times该成本项目分配率$$

$$\begin{aligned}月末在产品某成本项目成本&=月末在产品约当产量\times该成本项目分配率\\&=月初在产品成本+本月生产费用-本月完工产品成本\end{aligned}$$

值得注意的是，使用上述公式计算分配时，通常需要先分别每个成本项目计算分配，然后加总即可得到完工产品成本和月末在产品成本。

【例 6-2】 某基本生产车间生产甲产品，本月完工产品产量为 380 件，月末在产品数量为 120 件。原材料在生产开始时一次投入，其他费用在产品完工程度为 50%，月初在产品成本和本月发生的生产费用见表 6-2。

表 6-2 月初在产品成本和本月发生的生产费用表 单位：元

项目	月初在产品成本	本月生产费用	合计
直接材料	16 000	99 000	115 000
直接人工	2 210	24 190	26 400
制造费用	2 090	22 550	24 640
合　　计	20 300	145 740	166 040

(1) 在产品约当产量的计算。

材料费用在产品约当产量：120×100%=120(件)。

加工费在产品约当产量：120×50%=60(件)。

(2) 直接材料的分配。

直接材料分配率$=\frac{115\ 000}{380+120}=230$。

在产品应负担的直接材料=120×230=27 600(元)。

完工产品应负担的直接材料=380×230=87 400(元)。

(3) 直接人工的分配。

直接人工分配率$=\frac{26\ 400}{380+60}=60$。

在产品应负担的直接人工：60×60=3 600(元)。

完工产品应负担的直接人工：380×60=22 800(元)。

(4) 制造费用的分配。

制造费用分配率$=\frac{24\ 640}{380+60}=56$。

在产品应负担的制造费用＝60×56＝3 360(元)。

完工产品应负担的制造费用＝380×56＝21 280(元)。

(5) 完工产品成本和在产品成本的计算。

月末在产品总成本＝27 600＋3 600＋3 360＝34 560(元)。

完工产品总成本＝87 400＋22 800＋21 280＝131 480(元)。

(二) 先进先出法

先进先出法假设生产的产品是按投入生产的时间先后顺序完工的。月初在产品应先于本月投产产品完工,在产品生产周期小于一个月的情况下,月初在产品将在本月全部完工。这样,月初在产品成本应全部计入本月完工产品成本,而本月发生的生产费用只在本月产品与月末在产品之间进行分配,月末在产品成本不再受上月成本水平的影响,也就客观反映了本月的成本水平。其计算公式如下:

$$完工产品本月约当产量=本月完工产品数量-月初在产品约当产量$$

$$本月约当总量=本月完工产品数量-月初在产品约当产量+月末在产品约当产量$$

$$某成本项目分配率=\frac{该成本项目本月生产费用}{本月约当总量}$$

$$\begin{aligned}\begin{matrix}完工产品某\\成本项目成本\end{matrix} &= \begin{matrix}完工产品\\本月约当产量\end{matrix}\times 该成本项目分配率+\begin{matrix}月初在产品\\该成本项目成本\end{matrix}\\ &= \begin{matrix}该成本项目\\月初在产品成本\end{matrix}+本月生产费用-月末在产品某成本项目成本\\ &= 月末在产品约当产量\times 该成本项目分配率\end{aligned}$$

【例 6-3】 沿用例 6-2 的资料,假设月初在产品数量为 60 件,月初在产品完工程度为 50%,要求用先进先出法计算完工产品成本和月末在产品成本。

完工产品直接材料本月约当产量＝380－60＝320(件)。

直接材料本月约当总量＝380－60＋120＝440(件)。

直接材料分配率＝$\frac{99\ 000}{440}$＝225。

完工产品直接材料成本＝320×225＋16 000＝88 000(元)。

完工产品直接材料成本＝16 000＋99 000－27 000＝88 000(元)。

月末在产品直接材料成本＝120×225＝27 000(元)。

完工产品加工费本月约当产量＝380－60×50%＝350(件)。

加工费本月约当总量＝380－60×50%＋120×50%＝410(件)。

直接人工分配率＝$\frac{24\ 190}{410}$＝59。

完工产品直接人工成本＝350×59＋2 210＝22 860(元)。

完工产品直接人工成本＝2 210＋24 190－3 540＝22 860(元)。

月末在产品直接人工成本＝60×59＝3 540(元)。

制造费用分配率＝$\frac{22\ 550}{410}$＝55。

完工产品直接人工成本＝350×55＋2 090＝21 340(元)。

完工产品直接人工成本＝2 090＋22 550－3 300＝21 340(元)。

月末在产品直接人工成本＝60×55＝3 300(元)。

(三) 完工程度的测定

采用约当产量比例法,必须正确计算在产品的约当产量。而在产品约当产量正确与否,主要取决于在产品投料程度和完工程度的测定是否正确,这对于费用分配的正确性影响很大。在实际工作中,材料投入和产品加工情况千差万别,需要根据具体情况分别计算投料程度和完工程度。

1. 投料程度的测定

(1) 原材料在生产开始时一次投入,则每件在产品与每件完工产品的原材料消耗相同,其在产品投料程度亦为100%,直接材料成本项目不需要计算月末在产品约当产量,可按照完工产品数量与在产品数量的比率进行分配。

(2) 原材料在生产过程中随生产加工进度陆续投入,且投料程度与加工程度完全一致或基本一致,这时分配直接材料费用的月末在产品约当产量可以与分配加工费用所采用的在产品约当产量一致,即月末在产品的投料程度可以采用加工费的完工程度。

(3) 原材料分工序一次投入,并在每一道工序开始时一次投入。其计算公式如下:

$$某工序在产品投料程度=\frac{本工序止累计消耗定额}{产品消耗定额}\times 100\%$$

【例 6-4】 某产品的生产经三道工序制成,直接材料消耗定额为2 000千克,其中,第一道工序直接材料消耗定额800千克,第二道工序直接材料消耗定额600千克,第三道工序直接材料消耗定额600千克。月末在产品数量:第一道工序为200台,第二道工序为300台,第三道工序为350台。完工产品2 300台,月初在产品和本月发生的直接材料成本为12 348元。假定直接材料分三道工序,并在每道工序开始时一次投入。计算过程和结果见表6-3。

表 6-3 按投料程度折算的在产品约当产量计算表

工序	材料消耗定额/千克	在产品数量/台	在产品投料程度	在产品约当产量/台	完工产品/台	合计/台
1	800	200	800÷2 000×100%＝40%	200×40%＝80	—	—
2	600	300	(800＋600)÷2 000×100%＝70%	300×70%＝210	—	—
3	600	350	(800＋600＋600)÷2 000×100%＝100%	350×100%＝350	—	—
合计	2 000	—	—	640	2 300	2 940

$$直接材料分配率=\frac{12\ 348}{2\ 940}=4.2。$$

完工产品所耗直接材料成本＝4.2×2 300＝9 660(元)。

月末在产品所耗直接材料成本＝4.2×640＝2 688(元)。

2. 完工程度的测定

(1) 平均计算,即一律按50%作为各工序在产品的完工程度。在生产进度比较均衡,各工序在产品数量和单位产品在各工序的加工量都相差不多的情况下，由于后面各工序在产品多加工的程度可以抵补前面各工序少加工的程度，全部在产品的加工程度均可以按50%平均计算。

(2) 各工序分别测定加工程度。为了提高成本计算的正确性，加速成本的计算工作，可以按照各工序累计工时定额占完工产品工时定额的比率，即各工序在产品的加工程度，事前确定各工序在产品的完工程度。其计算公式如下：

$$\text{某工序在产品完工程度}=\frac{\text{累计前面工序工时}+\text{本工序工时}\times 50\%}{\text{单位产品工时}}$$

公式中本工序(即在产品所在工序)工时定额乘以50%，是因为该工序中各件在产品的完工程度不同，为了简化加工程度的测算工作，在本工序一律按平均加工程度50%计算。在产品从上一道工序转入下一道工序时，因上一道工序已经完工，所以前面各道工序的工时定额应按100%计算。

【例 6-5】 沿用例6-4的资料，假定该产品工时消耗定额为20工时，其中，第一道工序工时消耗定额8工时，第二道工序工时消耗定额8工时，第三道工序工时消耗定额4工时。加工程度和约当产量的计算过程和结果见表6-4。

表 6-4　按加工程度折算的在产品约当产量计算表

工序	工时消耗定额/工时	在产品数量/台	在产品投料程度	在产品约当产量/台	完工产品/台	合计/台
1	8	200	8×50%÷20×100%=20%	200×20%=40	—	—
2	8	300	(8+8×50%)÷20×100%=60%	300×60%=18	—	—
3	4	350	(8++8+4×50%)÷20×100%=90%	350×90%=315	—	—
合计	20	—	—	535	2 300	2 835

若该产品月初在产品和本月耗用直接人工成本累计数为10 773元，耗用制造费用累计数为7 371元。

直接人工分配率$=\frac{10\ 773}{2\ 835}=3.8$。

完工产品应负担的直接人工成本=3.8×2 300=8 740(元)。

月末在产品应负担的直接人工成本=3.8×535=2 033(元)。

制造费用分配率$=\frac{7\ 371}{2\ 835}=2.6$。

完工产品应负担的制造费用=2.6×2 300=5 980(元)。

月末在产品应负担的制造费用=2.6×535=1 391(元)。

七、在产品按定额成本计价法

在产品按定额成本计算法，根据月末实际结存的在产品数量和各项费用的单位定额，计算出月末在产品定额成本，再将月初在产品成本加上本月生产费用，减去按定额成本计算的月末在产品成本，即为完工产品成本。按定额成本计算在产品成本时，月末在产品成本脱离定额的差异全部由完工产品成本负担。因此，这种方法适用于定额管理基础较好，各项消耗定额比较准确、稳定，且各月在产品数量变动不大的情况。计算公式如下：

$$\text{月末在产品直接材料定额成本}=\text{月末在产品直接材料约当产量}\times\text{单位产品材料消耗定额}\times\text{材料计划单价}$$

$$\text{月末在产品直接人工定额成本}=\text{月末在产品加工费约当产量}\times\text{单位产品工时定额}\times\text{单位定额工时人工费用率}$$

$$\text{月末在产品制造费用定额成本}=\text{月末在产品加工费约当产量}\times\text{单位产品工时定额}\times\text{单位定额工时制造费用率}$$

$$\text{月末在产品定额成本}=\text{月末在产品直接材料定额成本}+\text{月末在产品直接人工定额成本}+\text{月末在产品制造费用定额成本}$$

$$\text{完工产品成本}=\text{月初在产品成本}+\text{本月生产费用}-\text{月末在产品定额成本}$$

采用这种方法，应根据各种在产品有关定额资料，以及在产品月末结存数量，计算各种月末在产品的定额成本。

【例 6-6】 假设某企业所生产的甲、乙产品，生产费用在完工产品与月末在产品之间的分配均采用在产品按定额成本计价的方法。甲产品月末在产品 100 件，单件原材料费用定额为 300 元（原材料在生产开始时一次投入），在产品定额工时 1 000 小时；乙产品月末在产品 200 件，单件原材料费用定额为 320 元（原材料在生产开始时一次投入），在产品定额工时 2 000 小时。其他有关资料及月末在产品定额成本的计算结果见表 6-5。

表 6-5　月末在产品定额成本计算表

20××年 9 月

产品名称	在产品数量/件	直接材料定额费用/元	定额工时/小时	直接动力（每工时 1.2 元）	直接人工（每工时 15 元）	制造费用（每工时 9.2 元）	定额成本合计/元
甲产品	100	30 000	1 000	1 200	15 000	9 200	55 400
乙产品	200	64 000	2 000	2 400	30 000	18 400	114 800
合计	—	94 000	—	3 600	45 000	27 600	170 200

采用这种分配方法，月末在产品定额成本与实际成本之间的差异（脱离定额差异），全部由完工产品负担不尽合理。如前所述，在各项消耗定额或费用定额比较准确、稳定，又不需要经常修订定额的条件下，采用这种分配方法能够比较准确而又较简便地解决完工产品与月末在产品之间分配费用的问题，否则会影响产品成本计算的正确性。

此外，使用该方法，如果产品成本中直接材料费用所占比重较大，为了进一步简化成本计算工作，月末在产品成本可以只按定额原材料费用计算，其他生产实际费用全部计入完工产品成本。也就是把前述在产品按所耗直接材料费用计价法，与在产品按定额成本计价法相结合应用，即在产品按定额直接材料费用计价法，月末在产品只计算所耗直接材料费用，而直接材料又是按定额计算的。

根据第三、四、五章各种费用分配表及有关凭证，登记甲、乙产品的“基本生产成本”明细账，详见表 6-6、表 6-7。

表 6-6　产品成本明细账

（基本生产成本明细账）　　　　产量：2 000 件

产品名称：甲产品　　　　20××年 9 月　　　　单位：元

摘　要		直接材料	直接动力	直接人工	制造费用	合计
月初在产品成本		27 900	1 500	57 000	11 265	97 665
本月生产费用		697 800	22 200	483 000	195 075	1 398 075
生产费用合计		725 700	23 700	540 000	206 340	1 495 740
产成品成本	总成本	695 700	22 500	525 000	197 140	1 440 340
	单位成本	347.85	11.25	262.50	98.57	720.17
月末在产品成本		30 000	1 200	15 000	9 200	55 400

表 6-7　产品成本明细账

（基本生产成本明细账）　　　　产量：950 件

产品名称：乙产品　　　　20××年 9 月　　　　单位：元

摘　要		直接材料	直接动力	直接人工	制造费用	合计
月初在产品成本		81 000	1 701	36 450	19 440	138 591
本月生产费用		401 100	12 000	294 000	117 064	824 164
生产费用合计		482 100	13 701	330 450	136 504	962 755
产成品成本	总成本	418 100	11 301	300 450	118 104	847 955
	单位成本	440.11	11.90	316.26	124.32	892.58
月末在产品成本		64 000	2 400	30 000	18 400	114 800

八、定额比例法

定额比例法，是产品的生产费用按照完工产品和月末在产品的定额耗用量或定额费用的比例，分配计算完工产品成本和月末在产品成本的方法。其中，直接材料费用按照直接材料定额耗用量或直接材料定额费用比例分配；直接人工、制造费用等各项加工费，可以按定额工时比例分配，也可以按定额费用比例分配。

这种分配方法适用于定额管理基础较好，各项消耗定额或费用定额比较准确、稳定，各月末在产品数量变动较大的产品。因为该方法月初和月末在产品费用之间脱离定额的差异，要在完工产品与月末在产品之间按比例分配，从而提高了产品成本计算的正确性。

定额比例法计算公式（公式Ⅰ）如下：

$$\text{某成本项目分配率}=\frac{\text{该成本项目月初在产品成本}+\text{该成本项目本月生产费用}}{\text{完工产品定额耗用量}+\text{月末在产品定额耗用量}}$$

$$\text{完工产品实际成本}=\text{完工产品定额耗用量}\times\text{该成本项目费用分配率}$$

$$\text{月末在产品实际成本}=\text{月末在产品定额耗用量}\times\text{该成本项目费用分配率}$$

【例 6-7】　丙产品月初在产品费用为：直接材料 2 100 元，直接人工 9 000 元，制造费用 60 000 元。本月生产费用为：直接材料 12 300 元，直接人工 45 000 元，制造费用 30 000 元。

完工产品 4 000 件,直接材料定额费用 8 000 元,定额工时 5 000 小时。月末在产品 1 000 件,直接材料定额费用 2 000 元,定额工时 1 000 小时。完工产品与月末在产品之间,直接材料费用按照直接材料定额费用比例分配,其他费用按定额工时比例分配。各项费用分配计算结果见表 6-8。

表 6-8　产品成本明细账

产品名称:丙产品　　　　20××年×月　　　　单位:元

成本项目	月初在产品费用	本月费用	生产费用合计	费用分配率	完工产品费用		月末在产品费用	
					定额	实际费用	定额	实际费用
①	②	③	④=②+③	⑤=④/(⑥+⑧)	⑥	⑦=⑥×⑤	⑧	⑨=⑧×⑤
直接材料	2 100	12 300	14 400	1.44	8 000	11 520	2 000	2 880
直接人工	9 000	45 000	54 000	9	5 000	45 000	1 000	9 000
制造费用	60 000	30 000	90 000	15	5 000	75 000	1 000	15 000
合计	71 100	87 300	158 400	—	—	131 520	—	26 880

按照上列公式计算分配费用,必须取得完工产品和月末在产品的定额耗用量或定额费用资料。完工产品和月末在产品的原材料定额耗用量和工时定额耗用量,是根据完工产品和月末在产品的实际数量乘以单位原材料消耗定额和工时消耗定额之和计算求得的。完工产品和月末在产品的定额费用,是根据完工产品和月末在产品的原材料、定额耗用量和工时定额耗用量,乘以原材料计划单价或单位小时计划工资、费用计算求得的。采用这种方法,在在产品的种类和生产工序繁多时,核算工作量繁重。因此,月末在产品定额耗用量可采用简化的方法计算(倒挤的方法)。其计算公式如下:

月初在产品定额耗用量+本月投入的定额耗用量=本月完工产品定额耗用量+月末在产品定额耗用量

上列公式中月初在产品定额耗用量,根据上月成本计算资料取得,本月投入的定额耗用量中的原材料定额耗用量,根据领料凭证所列原材料定额耗用量等数据计算求得;本月投入的工时定额耗用量,根据有关定额工时的原始记录计算求得。按照上列倒挤方法计算月末在产品的定额数据,可以简化计算工作,但是,在发生在产品盘盈、盘亏的情况下,计算求得的成本资料不能如实反映产品成本的水平。为了提高成本计算的正确性,需要每隔一定时期对在产品进行一次实地盘点,根据在产品的实存数计算定额耗用量。

在具备了月初在产品的定额耗用量(或定额费用)和定额工时、本月投入的定额耗用量(或定额费用)和定额工时,以及本月完工产品定额耗用量(或定额费用)和定额工时资料的情况下,倒挤求出月末在产品的定额资料。可以按下列公式(公式Ⅱ)分配费用。

$$\text{某成本项目分配率}=\frac{\text{该成本项目月初在产品成本}+\text{该成本项目本月生产费用}}{\text{月初在产品定额耗用量}+\text{本月投入的定额耗用量}}$$

完工产品和月末在产品费用的计算公式同前。

【例 6-8】　承例 6-7 资料,丙产品月初定额直接材料费用 1 500 元;定额工时 1 500 小时。本月投入定额直接材料费用 8 500 元,定额工时 4 500 小时。本月实际发生的费用和完工产品定额资料同例 6-7。各项费用分配计算结果见表 6-9。

表 6-9 产品成本明细账

产品名称:丙产品　　　　20××年×月　　　　单位:元

成本项目	月初在产品		本月投入		合计		费用分配率	完工产品		月末在产品	
	定额	实际	定额	实际	定额	实际		定额	实际	定额	实际
①	②	③	④	⑤	⑥=②+④	⑦=③+⑤	⑧=⑦/⑥	⑨	⑩=⑨×⑧	11=⑥−⑨	12=11×⑧
直接材料	1 500	2 100	8 500	12 300	10 000	14 400	1.44	8 000	11 520	2 000	2 880
直接人工	1 500	9 000	4 500	45 000	6 000	54 000	9	5 000	45 000	1 000	9 000
制造费用	1 500	60 000	4 500	30 000	6 000	90 000	15	5 000	75 000	1 000	15 000
合计	—	71 100	—	87 300	—	158 400	—	—	131 520	—	26 880

根据公式Ⅱ计算分配的结果与公式Ⅰ计算分配的结果是相同的,这是因为分母中:

月初在产品定额耗用量(定额费用)+本月投入的定额耗用量(定额费用)=完工产品定额耗用量(定额费用)+月末在产品定额耗用量(定额费用)

采用定额比例法分配完工产品与月末在产品费用,分配结果比较正确,同时还便于将实际费用与定额费用进行比较,分析和考核定额的执行情况。

生产费用在各种产品之间,以及在同种产品的完工产品与月末在产品之间分配和归集以后,分别计算出各种产品的总成本和单位成本,借以考核和分析各种产品成本计划的执行情况。

第三节 完工产品成本的核算

通过前述章节的核算,制造业企业发生的各项生产费用,已在各种产品之间进行了分配,在此基础上,又在同种产品的完工产品和月末在产品之间进行了分配,计算出了完工产品成本。应将完工产品成本从有关“产品成本计算单”中转出,并根据从“产品成本计算单”中转出的完工产品成本编制“产成品成本汇总表”,示例见表 6-10。

完工产品的成本,应从“基本生产成本”科目及其所属明细科目贷方转出,记入有关科目的借方。完工入库的产成品成本,借记“库存商品”科目;完工的自制材料、工具、模具等的成本,分别借记“原材料”“周转材料”等科目,贷记“基本生产成本”科目。“基本生产成本”科目月末借方余额就是基本生产在产品的成本,即占用在基本生产过程中的资金。

【例 6-9】 某企业的完工产品包括产成品、自制材料、工具、模具等。根据表 6-6、表 6-7 的甲、乙产品成本明细账,汇总编制产成品成本汇总表,见表 6-10。

表 6-10 产成品成本汇总表

20××年 9 月　　　　单位:元

产品名称	直接材料	直接动力	直接人工	制造费用	合计
甲产品	695 700	22 500	525 000	197 140	1 440 340
乙产品	418 100	11 301	300 450	118 104	847 955
合计	1 113 800	33 801	825 450	315 244	2 288 295

借:库存商品——甲产品　　1 440 340
　　　　　——乙产品　　847 955
　贷:基本生产成本——甲产品　　1 440 340
　　　　　　　　——乙产品　　847 955

练习与思考

一、单项选择题

1. 下列各项中,不应列入在产品的是(　　)。

A. 已验收入库的对外销售的自制半成品　　B. 已验收入库的仍需加工的自制半成品

C. 正在车间加工中的合格产品　　D. 正在车间返修的废品

2. 对于定额管理基础较好,各项消耗定额较准确、稳定,且各月末在产品数量变化较大的企业,生产费用在完工产品与在产品之间的分配方法适宜采用(　　)。

A. 约当产量比例法　　B. 在产品按所耗原材料费用计价法

C. 在产品按定额成本计价法　　D. 定额比例法

3. 某种产品经三道工序加工而成。各工序的工时定额分别为10小时、20小时、20小时。各工序在本工序的加工程度按50%计算。第三工序的加工程度为(　　)。

A. 40%　　B. 50%　　C. 80%　　D. 100%

4. 原材料在每道工序开始时一次投料的情况下,分配原材料费用的在产品投料程度,等于原材料的(　　)与完工产品消耗定额的比率。

A. 所在工序消耗定额　　B. 所在工序累计消耗定额

C. 所在工序累计消耗定额之半　　D. 所在工序消耗定额之半

5. 某种产品经三道工序加工而成。各工序的工时定额分别为10小时、20小时、20小时。各工序在本工序的加工程度按50%计算。第三工序的累计工时定额为(　　)。

A. 40小时　　B. 30小时　　C. 40小时　　D. 50小时

二、多项选择题

1. 选择生产费用在完工产品与在产品之间分配的方法时,应考虑的因素有(　　)。

A. 在产品数量的多少　　B. 各月在产品数量变化的大小

C. 各项费用比重的大小　　D. 定额管理基础的好坏

2. 在某种产品月初、月末在产品数量不同的情况下,2月份计算产品成本时,能够使本月生产费用等于本月完工产品成本的方法是(　　)。

A. 不计算在产品成本法　　B. 在产品按年初成本计价法

C. 在产品按定额成本计价法　　D. 约当产量比例法

3. 某基本生产车间完工产品转出时,可能借记的科目有(　　)。

A. "基本生产成本"　　B. "辅助生产成本"

C. "自制半成品"　　D. "库存商品"

4. 采用在产品按定额成本计价法分配完工产品与在产品费用,应具备的条件是(　　)。

A. 定额管理基础较好　　B. 各项消耗定额变动较大

C. 各月末在产品数量变化较小　　D. 各月末在产品数量变化较大

5. 广义的在产品是指(　　)。

A. 尚在本步骤加工中的在产品　　B. 转入各半成品库等待继续加工的半成品

C. 未经验收入库的产成品　　D. 等待返修的废品

三、判断题

1. 约当产量是指月末在产品数量按照完工程度折算的相当于完工产品的产量。(　　)

2. 狭义在产品是指正在某车间或某步骤加工中的在产品。(　　)

3. 某种产品采用按年初数固定计算在产品成本法进行生产费用的分配,该产品12月份发生的生产费用等于完工产品成本。(　　)

4. 采用在产品按所耗直接材料计价时,某种产品月末在产品只计算其所耗的直接材料费用,不计算其他加工费用,产品的加工费用全部计入完工产品成本。(　　)

5. 各月末在产品数量变化不大的产品,可以不计算月末在产品成本。(　　)

四、业务题

1. 某企业甲产品所耗原材料在生产开始时一次投入,月末在产品按所耗直接材料费用计价。8月初在产品成本为13 000元,8月份生产费用如下:原材料147 000元,直接燃料和动力费6 000元,人工费9 000元,制造费用12 000元。本月完工产品600件,月末在产品200件。

要求:分配计算甲产品完工产品成本和月末在产品成本。

2. 某企业20××年10月A种产品成本明细账部分数据见表6-11。

该种产品采用定额比例法分配费用。原材料费用按定额费用比例分配;其他费用按定额工时比例分配。

要求:计算填列A种产品成本明细账。

表6-11　成本明细账　　　　金额单位:元

月	日	摘要		直接材料	直接人工	制造费用	合计
8	31	余额		11 200	9 500	8 300	29 000
9	30	本月生产费用		88 900	76 600	66 320	231 820
9	30	累计					
9	30	分配率					
9	30	完工产品	定额	5 800	3 760		
			实际				
9	30	月末在产品	定额	3 300	1 980		
			实际				

3. 某种产品经三道工序完成,其材料在每道工序开始时分别一次投入,其各工序的材料消耗定额和9月末在产品数量见表6-12。

表 6-12 产品资料表

工序	本工序材料消耗定额/千克	9月末在产品数量/件
1	180	200
2	108	150
3	72	230
合计	360	—

该种产品9月初在产品原材料费用17 300元,9月份原材料费用23 200元,该月完工产品900件。

要求:

(1) 计算各工序按原材料消耗程度表示的完工率。

(2) 计算9月末在产品约当产量。

(3) 分配计算完工产品和月末在产品的原材料费用。

4. 某企业生产甲产品由三道工序制成,原材料在生产开始时一次投入。单位产品工时定额为40小时,第一工序工时定额8小时,第二工序工时定额16小时,第三工序工时定额16小时,各道工序在产品加工程度均按50%计算。本月甲产品完工200件,各工序在产品数量:第一工序20件,第二工序40件,第三工序60件。月初在产品成本及本月生产费用累计为:直接材料16 000元,直接人工7 980元,制造费用8 512元。

要求:

(1) 分工序计算完工率。

(2) 分工序计算在产品约当产量。

(3) 计算费用分配率。

(4) 计算完工产品费用和月末在产品费用。

(5) 编制完工产品入库的会计分录。

5. 某产品各项消耗定额比较准确稳定,各月末在产品数量变化不大,月末在产品按定额成本计价。该产品月初在产品成本及本月生产费用合计为:原材料费用48 020元,直接人工费用15 250元,制造费用12 000元。原材料生产开始时一次投料,单位产品原材料费用定额70元。完工产品产量420件,月末在产品100件,定额工时共计1 300小时。每小时费用定额:人工费用2.05元,制造费用2.40元。

要求:采用在产品按定额成本计价法分配计算完工产品成本和月末在产品成本。

五、简答题

1. 生产费用在完工产品与在产品之间分配费用的方法有哪几种?如何根据企业的具体情况选择适当的分配方法?

2. 试述约当产量比例法的特点和适用范围。

3. 试述在产品按所耗直接材料费用计价法的特点和适用范围。

4. 约当产量比例法下,如何测定在产品生产过程中的投料程度和加工程度?

5. 试述定额比例法的特点和适用范围。

6. 试述在产品定额成本计价法的特点和适用范围。

第七章 产品成本计算方法

【学习目标】 通过本章的学习，熟悉生产特点和管理要求对产品成本计算的影响；熟悉简化的分批法的特点、适用范围和计算程序；掌握品种法、分批法及分步法的特点、适用范围、计算程序和相应的账务处理；理解产品成本计算的各种方法的综合运用。

第一节 产品成本计算方法概述

产品成本是在生产过程中形成的，因此，生产的特点在很大程度上影响着成本计算方法的特点。成本计算是为成本管理提供资料的，因此，采用什么方法，提供哪些资料，要考虑成本管理的要求。当然，成本管理的要求也脱离不开生产的特点。以上两个方面的关系说明，企业在确定产品成本计算方法时，必须从企业的具体情况出发，同时考虑企业的生产特点和进行成本管理的要求。

生产特点和管理要求对产品成本计算的影响，主要表现在成本计算对象的确定上。成本计算对象是指企业为了计算产品成本而确定的归集和分配生产费用的对象，通俗地讲就是计算什么的成本。成本计算对象可以是一种产品、一项服务、一项作业，具体到工业产品生产，根据管理的需要，可以是产品的品种，也可以是产品的批别或者是产品的生产步骤。

计算产品成本，首先要确定成本计算对象，然后在各个成本计算对象之间分配和归集生产费用，计算各个成本计算对象的完工产品成本和月末在产品成本。

一、企业的生产类型

企业的生产类型及其不同生产类型的特点，对企业选择成本计算方法有着重要的影响。企业的生产类型，可按生产工艺过程的特点和生产组织的特点进行划分。

（一）按工艺过程特点分类

工业企业的生产，按其生产工艺过程的特点，可以分为单步骤生产和多步骤生产两种类型。

1．单步骤生产

单步骤生产，亦称简单生产，是指生产工艺过程不能间断、不可能或不需要划分为几个生产步骤的生产，例如发电、采掘等工业生产。这类生产由于技术上的不可间断（如发电），或由于工作地点上的限制（如采煤），通常只能由一个企业整体进行，而不能由几个企业协作进行。属于单步骤生产的企业，其产品的生产周期一般比较短，通常没有自制半成品或其他中间产品。

2. 多步骤生产

多步骤生产，亦称复杂生产，是指产品的生产工艺过程由可以间断的若干生产步骤所组成的生产，它既可以在一个企业或车间内独立进行，也可以由几个企业或车间在不同的工作地点协作进行。属于多步骤生产的企业，其产品的生产周期一般较长，产品品种不是单一的，有半成品或中间产品。例如，纺织、钢铁、机械、造纸、服装等工业生产。

多步骤生产按其产品的加工方式，又可分为连续加工式生产和装配式生产。连续加工式生产是指原材料投入生产后，要依次经过各生产步骤的连续加工，才能成为产品的生产。例如，纺织、钢铁等工业生产。装配式生产是指先将原材料分别在各个加工车间平行加工为零件、部件，然后再将零件、部件装配为产品的生产。例如，机械、车辆、仪表制造等工业生产。

（二）按生产组织特点分类

生产组织是指保证生产过程各个环节、各个因素相互协调的生产工作方式。工业企业的生产，按其生产组织的特点，可以分为大量生产、成批生产和单件生产三种类型。

1. 大量生产

大量生产是指不断地重复生产相同产品的生产。在这种生产的企业或车间中，产品的品种较少，而且比较稳定，采用专业设备不断重复进行生产，专业化水平较高。例如，采掘、纺织、面粉、化肥的生产。

2. 成批生产

成批生产是指按照事先规定的产品批别和数量进行的生产。在这种生产的企业或车间中，产品的品种较多，而且具有一定的重复性。例如，服装、机械的生产。成批生产按照产品批量的大小，又可以分为大批生产和小批生产。大批生产，由于产品批量大，往往在几个月内不断地重复生产一种或几种产品，因而性质近于大量生产。小批生产，由于生产产品的批量小，一批产品一般可以同时完工，因而其性质近于单件生产。

3. 单件生产

单件生产类似小批生产，是指根据订货单位的要求，生产个别的、特殊的产品的生产。例如，重型机器制造和船舶制造等。这种类型生产的主要特点是品种多，每一订单产品数量少，一般不重复或不定期重复生产，专业化程度不高，通常采用通用设备进行加工。

单步骤生产和连续加工式的多步骤生产的生产组织多为大量生产。装配式的多步骤生产的生产组织，则有大量生产、成批生产和单件生产的区别。

二、生产特点和成本管理要求对产品成本计算的影响

（一）对产品成本计算对象的影响

生产特点和成本管理要求必然对产品成本计算产生影响。这一影响主要表现在成本计算对象的确定上。

从产品生产工艺过程看，单步骤生产只有一个生产步骤，其工艺过程不能间断，只能按照生产产品的品种计算成本。而在多步骤生产中，为了加强各个生产步骤的成本管理，往往不仅要求按照产品的品种或批别计算成本，而且要求按照产品生产的步骤计算成本。但

是，如果企业的规模较小，管理上不要求按照生产步骤考核生产费用、计算产品成本，也可以不按照生产步骤计算成本，而只按照产品品种或批别计算成本。

从产品生产组织特点看，在大量生产情况下，一种或若干种产品连续不断地重复生产，一方面同样的原材料不断投入，另一方面相同的产品不断产出。因而，管理上只要求，而且也只能按照产品的品种计算成本。大批生产往往集中投料，生产一批零部件供几批产品耗用；耗用量较多的零部件，也可以另行分批生产。在这种情况下，零部件生产的批别与产品生产的批别往往是不一致的，因而也就不能按照产品的批别计算成本，而只能按照产品的品种计算成本。小批、单件生产，由于其生产的产品批量小，一批产品一般可以同时完工，因而有可能按照产品的批别或件别，归集生产费用，计算产品成本。从管理要求看，为了分析和考核各批产品成本水平，也要求按照产品批别或件别计算成本。

综上所述，在产品成本计算工作中有着三种不同的成本计算对象：① 以产品品种为成本计算对象；② 以产品批别为成本计算对象；③ 以产品生产步骤为成本计算对象。

成本计算对象的确定，是设置产品成本明细账、归集生产费用、计算产品成本的前提，是构成成本计算方法的主要标志，因而也是区别各种成本计算基本方法的主要标志。

（二）对产品成本计算期的影响

产品成本计算既包括完工产品成本的计算，也包括在产品成本的计算，一般情况下都是定期于每月月末进行的。但在不同生产类型中也不完全一样，这主要决定于生产组织的特点。在大量、大批生产中，由于生产活动连续不断地进行着，月末一般都有完工产品和未完工的在产品，因而产品成本计算都是定期于每月月末进行，而与产品的生产周期不相一致。但在小批、单件生产中，每月不一定都有产品完工，完工产品成本有可能在某批或某件产品完工以后计算，因而完工产品成本的计算是不定期的，而与生产周期相一致。

（三）对完工产品与在产品之间费用分配的影响

生产类型的特点，还影响到月末在进行成本计算时有没有在产品，是否需要在完工产品与在产品之间分配费用的问题。在单步骤生产中，生产过程不能间断，生产周期也短，一般没有在产品，或者在产品数量很少，因而计算产品成本时，生产费用不必在完工产品与在产品之间进行分配。在多步骤生产中，是否需要在完工产品与在产品之间分配费用，在很大程度上取决于生产组织的特点。在大量、大批生产中，由于生产连续不断地进行，而且经常存在在产品，因而在计算成本时，就需要采用适当的方法，将生产费用在完工产品与在产品之间进行分配。在小批、单件生产中，一批产品一般可以同时完工，在每批、每件产品完工前，产品成本明细账中所记的生产费用就是在产品的成本；完工后，其所记的费用就是完工产品的成本，因而不存在在完工产品与在产品之间分配费用的问题。

三、产品成本计算的基本方法

为了适应不同类型生产特点和成本管理要求，在产品成本计算工作中有着三种不同的成本计算对象：产品品种、产品批别和产品的生产步骤。以成本计算对象为主要标志的产品成本计算基本方法有三种：

（1）以产品品种为成本计算对象的产品成本计算方法，称为品种法。品种法一般适用于单步骤的大量生产，如发电、采掘等；也可用于不需要分步骤计算成本的多步骤的大量、大批生产，如小型造纸厂、水泥厂等。

（2）以产品批别为成本计算对象的产品成本计算方法，称为分批法。分批法适用于单件、小批的单步骤生产或管理上不要求分步骤计算成本的多步骤生产，如修理作业、专用工具模具制造、重型机器制造、船舶制造等。

（3）以产品生产步骤为成本计算对象的产品成本计算方法，称为分步法。分步法适用于大量、大批的多步骤生产，如纺织、冶金、机械制造等。

这三种方法是产品成本计算的基本方法，是因为这三种方法与不同类型生产的特点有着直接联系，涉及成本计算对象的确定，是计算产品实际成本必不可少的方法，见表 7-1。所有工业企业，不论哪一种生产类型，进行成本计算所采用的基本方法都只有这三种。

表 7-1　成本计算方法与各种类型生产的关系

成本计算方法	生产组织	生产工艺过程和管理要求	成本计算对象
品种法	大量大批生产	单步骤生产或管理上不要求分步骤计算成本的多步骤生产	产品品种
分批法	单件小批生产	单步骤生产或管理上不要求分步骤计算成本的多步骤生产	产品批别
分步法	大量大批生产	管理上要求分步骤计算成本的多步骤生产	产品生产步骤

在工业企业中，根据生产特点和管理要求采用不同的成本计算方法，主要是为了正确提供成本核算资料以加强成本管理。但是，不论哪种生产类型，采用哪种成本计算方法，最终都必须按照产品品种计算出产品成本，因此，品种法又是基本方法中最基本的产品成本计算方法。

四、产品成本计算的辅助方法

在实际工作中，除了采用上述三种成本计算基本方法外，还采用其他成本计算方法，如定额法、分类法等。但这些成本计算方法都不是独立的成本计算方法，不能单独使用，在进行成本计算时，必须结合各种基本方法使用。这些方法都是为了解决成本计算或成本管理过程中的某一方面的问题而采用的。在产品品种规格繁多的企业，为简化成本计算工作，可采用分类法计算产品成本。在定额管理基础较好的企业，为了配合和加强定额管理，加强成本控制，可采用定额法来进行成本计算。分类法和定额法与生产特点无直接联系，不涉及成本计算对象，主要与简化成本计算工作和加强成本管理有联系，只有具备这种条件才能采用，从计算产品实际成本角度来说，不是必不可少的成本计算方法。因此，分类法和定额法也称为产品成本计算的辅助方法。

第二节　品种法和分批法

一、品种法概述

（一）品种法的含义

产品成本计算的品种法，亦称简单法，是按照产品品种归集生产费用、计算产品成本的一种方法。

（二）品种法的适用范围

品种法主要适用于大量、大批的单步骤生产，例如发电、采掘等生产。在大量、大批的多步骤生产中，如果企业或车间的规模较小，或者车间是封闭式的（即从原材料投入到产品产出的全过程，都是在一个车间内进行的），或者生产是按流水线组织的，管理上不要求按照生产步骤计算产品成本，也可以采用品种法计算产品成本。例如小型水泥厂、织布厂以及辅助生产的供水、供电、蒸汽车间等。

（三）品种法的特点

1. 成本计算对象

在采用品种法计算产品成本的企业或车间里，成本计算对象就是产品品种。

如果只生产一种产品，计算产品成本时，只需要为这种产品开设一本产品成本明细账，账内按成本项目设立专栏或专行。在这种情况下，所发生的全部生产费用都直接计入费用，可以直接记入该产品成本明细账的有关成本项目，而不存在在各成本计算对象之间分配费用的问题。

如果是生产多种产品，产品成本明细账就要按照产品品种分别设置。发生的生产费用中，能分得清是哪种产品耗用的，可以直接记入该产品成本明细账的有关成本项目；分不清的则要采用适当的分配方法，在各成本计算对象之间进行分配，然后分别记入各产品成本明细账的有关成本项目。

2. 成本计算期

在大量、大批的单步骤生产中，由于是不断地重复生产一种或几种产品，不能在产品制造完工时立即计算它的成本，因而成本计算一般是定期于每月月末进行。在多步骤生产中，如采用品种法计算成本，成本计算一般也是定期于每月月末进行。

3. 费用在完工产品与在产品之间的分配

在单步骤生产中，月末计算成本时，一般不存在尚未完工的在产品，或者在产品数量很小，因而可以不计算在产品成本。在这种情况下，产品成本明细账中按成本项目归集的生产费用，就是该产品的总成本。

在一些规模较小，而且管理上又不要求按照生产步骤计算成本的大量、大批的多步骤生产中，月末一般都有在产品，而且数量较多。这就需要将产品成本明细账中归集的生产费用，选择适当的分配方法，在完工产品与月末在产品之间进行分配，以便计算完工产品成本和月末在产品成本。

（四）品种法的成本核算程序

品种法是产品成本计算方法中的最基本方法，因而品种法的计算程序，体现着产品成本计算的一般程序。

1. 按产品的品种设置基本生产成本明细账

在基本生产成本账中，按成本项目设置专栏。对于有月初在产品成本的产品，还应在产品成本明细账中登记月初在产品的成本。

2. 本月费用的横向分配，确定各产品的本月生产费用

（1）根据生产过程中发生的各项要素费用的原始凭证和有关资料，编制本月各种要素

费用分配表，根据各种要素费用分配表登记基本生产成本、辅助生产成本、制造费用等明细账。

（2）将辅助生产成本明细账所归集的费用，按各种产品和各受益单位的耗用量，编制本月辅助生产费用分配表，分配辅助生产费用。根据辅助生产费用分配表，登记基本生产成本、制造费用等明细账。

（3）将制造费用明细账所归集的费用，采用一定的方法，在本月生产的各种产品之间进行分配，编制本月制造费用分配表，并登记基本生产成本明细账。

3. 基本生产成本明细账所归集的生产费用纵向分配

月末如果没有在产品，则本月发生的生产费用就是完工产品成本；月末如果有在产品，而且数量很大时，则应采用一定的分配方法，将基本生产成本明细账所归集的生产费用在本月完工产品和月末在产品之间进行分配，从而计算出本月完工产品成本。

根据各成本明细账中计算出的本月完工产品成本，汇总编制产品成本汇总表，计算出完工产品总成本和单位成本，并在基本生产明细账中转出。

品种法成本核算程序如图 7-1 所示。

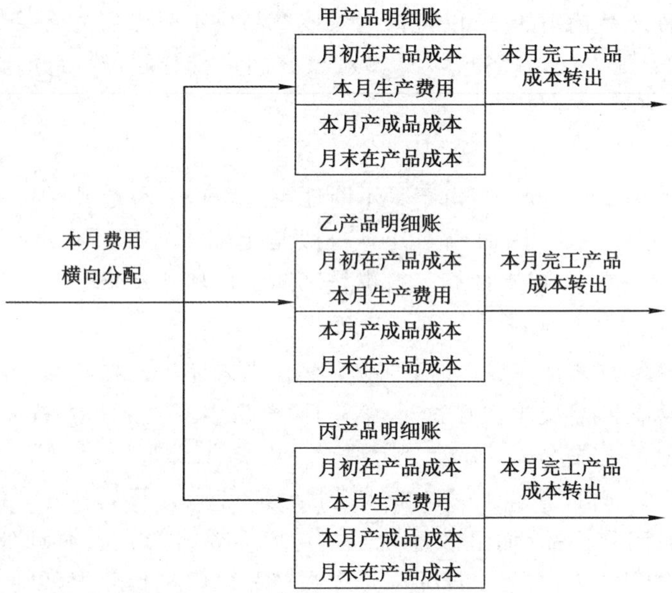

图 7-1　品种法的成本核算程序

二、分批法概述

（一）分批法的含义

产品成本计算的分批法，是按照产品的批别归集生产费用、计算产品成本的一种方法。在这种生产类型企业中，由于生产多是根据购货单位的订货单组织的，因此，分批法也称订单法。

（二）分批法的适用范围

它主要适用于小批、单件，管理上不要求分步骤计算成本的多步骤生产，具体有下列几种情况：

第一，根据客户订单生产的企业，如造船厂、重型机械厂等。这类企业接收的订单往往是单件或几件产品，且每件产品一般都有特殊规格或特殊性能要求，因而在使用的原材料及加工工艺上有区别，所以要分批计算产品成本。

第二，产品种类经常变化的企业，如制药厂、食品罐头厂、服装厂、印刷厂等。这类企业产品种类经常变换，或品种固定但生产规模小，一般不可能按产品设置流水线大量生产，所以也要按投产批次分批计算产品成本。

第三，以修理业务为主，需要分别计算修理业务成本的企业。

第四，新产品试制车间及内部工具、模具制造车间等。

（三）分批法的特点

1．成本计算对象

成本计算对象就是产品的批别（单件生产为件别）。在小批和单件生产中，产品的种类和每批产品的批量，大多根据购买单位的订单确定，因而按批、按件计算产品成本，往往也就是按照订单计算产品成本。

如果在一张订单中规定有几种产品，或虽然只有一种产品但其数量较大而又要求分批交货时，这时，如按订货单位的订单组织生产，就不利于按产品品种考核、分析成本计划的完成情况，从生产管理上也不便于集中一次投料，或满足不了分批交货的要求。针对这一情况，企业生产计划部门可以将上述订单按照产品品种划分批别组织生产，或将同类产品划分数批组织生产、计算成本。如果一张订单中只规定一件产品，但其属于大型复杂的产品，价值较大，生产周期较长，如大型船舶制造，也可以按照产品的组成部分分批组织生产、计算成本。

如果在同一时期内，企业接到不同购货单位要求生产同一产品的几张订单，为了经济合理地组织生产，企业生产计划部门也可以将其合并为一批组织生产、计算成本。在这种情况下，分批法的成本计算对象，就不是购货单位的订货单，而是企业生产计划部门签发下达的生产任务通知单。生产任务通知单内应对该批生产任务进行编号，该编号称为产品批号或生产令号。

会计部门应根据产品批号设立产品成本明细账。生产费用发生后，就按产品批别进行归集、直接计入费用直接计入；间接计入费用则要合理选择分配标准，采用适当的分配方法，在各批产品之间进行分配，然后记入各批别产品成本明细账。

2．成本计算期

由于分批法下存在多个成本计算对象，为了保证各批产品成本计算的正确性，各批产品成本明细账的设立和结算，应与生产任务通知单的签发和结束密切配合，协调一致，即各批或各订单产品的成本总额，在其完工以后（完工月份的月末）计算确定。因而，完工产品成本计算是不定期的，其成本计算期与产品的生产周期基本一致，而与核算报告期不一致。

3．费用在完工产品与在产品之间的分配

在小批、单件生产下，由于完工产品成本计算期与产品的生产周期一致，因而在月末计算产品成本时，一般不存在在完工产品与在产品之间分配费用的问题。

在单件生产中，产品完工前，产品成本明细账所记的生产费用，都是在产品成本。产品完工时，产品成本明细账所记的生产费用，就是完工产品的成本。因而，在月末计算成本时，不存在完工产品与在产品之间费用分配的问题。

在小批生产中，由于产品批量较小，批内产品一般都能同时完工，或者在相距不久的时间同期内全部完工。月末计算成本时，或是全部已经完工，或是全都没有完工，因而一般也不存在完工产品与在产品之间费用分配的问题。

但在小批生产中，如批内产品有跨月陆续完工的情况，在月末计算成本时，一部分产品已完工，另一部分产品尚未完工，这时就有必要在完工产品与在产品之间分配费用，以便计算完工产品成本和月末在产品成本。如果跨月陆续完工的情况不多，月末完工产品数量占批量比重较小时，可以采用按计划单位成本、定额单位成本或近期相同产品的实际单位成本计算完工产品成本，从产品成本明细账中转出，剩余数额即为在产品成本。在该批产品全部完工时，还应计算该批产品的实际总成本和单位成本，但对已经转账的完工产品成本，不作账面调整。这样做主要是为了计算先交货的成本。这种分配方法核算工作虽然简单，但是分配结果不甚正确。因而，在批内产品跨月陆续完工情况较多，月末完工产品数量占批量比重较大时，为了提高成本计算的正确性，则应采用适当的方法，在完工产品与月末在产品之间分配费用，计算完工产品成本和月末在产品成本。为了使同一批产品尽量同时完工，避免跨月陆续完工的情况，减少完工产品与月末在产品之间分配费用的工作，在合理组织生产的前提下，可以适当缩小产品的批量。

（四）分批法的成本核算程序

1. 按产品的批别设置基本生产成本明细账

在基本生产成本账中，按成本项目设置专栏。对于有月初在产品成本的产品，还应在产品成本明细账中登记月初在产品的成本。

2. 本月费用的横向分配，确定各批别的本月生产费用

编制本月各种费用分配表，并登记相关的成本、费用明细账。生产费用的分配归集包括要素费用、辅助生产费用、制造费用等。在分批法下，应特别强调按订单（或批别）归集成本费用，因此，凡能分清属于某一订单（或批别）产品所耗的单设成本项目的直接计入费用，直接计入各成本计算对象；对于那些不能分清楚属于哪一张订单（或批别）消耗的单设成本项目的间接计入费用，单独分配后记入各成本计算对象；不单设成本项目的费用，一般是先按车间、部门或者费用用途，归集为综合费用，月末再直接计入或者分配计入各成本计算对象。

3. 基本生产成本明细账所归集的生产费用纵向分配

如批内产品同时完工的情况，产品成本明细账所记的生产费用，就是完工产品的成本。如批内产品有跨月陆续完工的情况，在该批别本月完工产品与该批别月末在产品之间分配费用，并在基本生产明细账中转出该批别本月完工产品成本。

分批法成本核算程序如图 7-2 所示。

三、分批法成本核算程序举例

【例 7-1】 某企业属于单件小批多步骤生产的企业，按购货单位要求分批生产甲、乙两

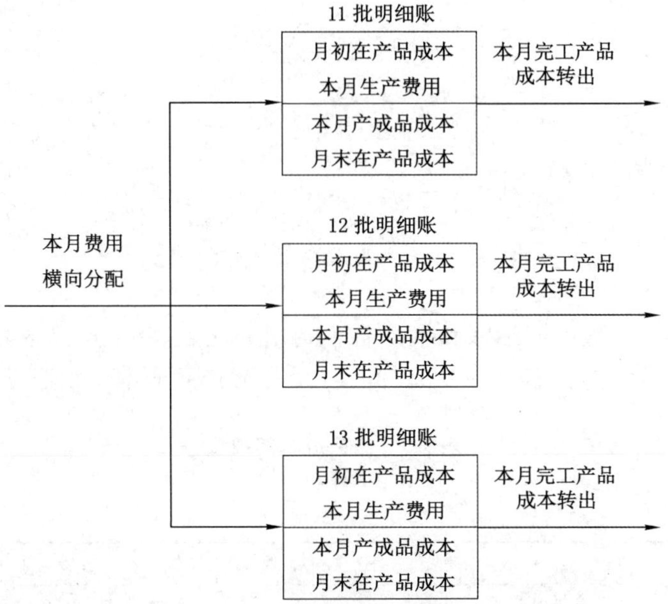

图 7-2　分批法的成本核算程序

种产品，采用分批法计算成本。该企业只有一个生产车间，该企业 20××年 6 月份有关资料如下：

4110 号甲产品 8 件，4 月份投产，材料在生产开始时一次投入，本月全部完工。

4120 号甲产品 10 件，5 月份投产，本月完工 6 件，月末未完工 4 件。要求按约当产量法在完工产品和月末在产品之间进行分配。材料在生产开始时一次性投入，月末在产品完工程度为 50%。

4122 号乙产品 8 件，5 月份投产，材料在生产开始时一次投入，本月完工 2 件结转，为简化核算，完工产品按定额成本结转。

(1) 根据本月各种费用分配表和其他有关资料，将各批别的本月生产费用按成本项目登记产品成本明细账。

各批产品在 6 月发生的直接计入费用直接计入，间接计入费用在各批产品之间分配后登记产品成本明细账，登记结果见表 7-2。

表 7-2　各批产品本月生产费用　　单位：元

批号	直接材料	直接人工	制造费用	合计
4110	0	2 800	4 600	7 400
4120	0	4 000	6 000	10 000
4122	0	5 000	8 000	13 000
合计	0	11 800	18 600	30 400

编制会计分录：

借：基本生产成本——4110　　2 800

——4120　　4 000

——4120　　5 000

贷：应付职工薪酬　　11 800

借：基本生产成本——4110　　4 600

——4120　　6 000

——4120　　8 000

贷：制造费用　　18 600

(2) 根据上月产品成本明细账和本月各种费用分配表，登记产品成本明细账的月初产品成本和本月生产费用发生额。4110、4120、4122 批号产品成本明细账见表 7-3～表 7-5。

表 7-3　产品成本明细账

金额单位：元

批号：4110　　产品名称：甲产品　　投产月份：4 月

购货单位：　　批量：8 件　　完工月份：6 月

月	日	摘要	直接材料	直接人工	制造费用	合计
4	30	4 月生产费用	7 800	1 200	1 800	10 800
5	31	5 月生产费用	0	1 800	3 200	5 000
5	31	小计	7 800	3 000	5 000	15 800
6	30	6 月生产费用	0	2 800	4 600	7 400
6	30	生产费用累计	7 800	5 800	9 600	23 200
6	30	完工产品总成本	7 800	5 800	9 600	23 200
6	30	完工产品单位成本	975	725	1 200	2 900

表 7-4　产品成本明细账

金额单位：元

批号：4120　　产品名称：甲产品　　投产月份：5 月

购货单位：　　批量：10 件　　完工月份：6 月完工 6 件

月	日	摘要	直接材料	直接人工	制造费用	合计
5	31	5 月生产费用	10 000	2 000	4 000	16 000
6	30	6 月生产费用	0	4 000	6 000	10 000
6	30	生产费用累计	10 000	6 000	10 000	26 000
6	30	完工产品数量/件	6	6	6	—
6	30	月末在产品约当产量/件	4	2	2	—
6	30	约当总产量	10	8	8	
6	30	完工产品单位成本	1 000	750	1 250	3 000
6	30	完工产品总成本	6 000	4 500	7 500	18 000
6	30	月末在产品成本	4 000	1 500	2 500	8 000

表 7-5　产品成本明细账

金额单位：元

批号：4122　　产品名称：乙产品　　投产月份：5月

购货单位：　　批量：8件　　完工月份：6月，完工2件

月	日	摘要	直接材料	直接人工	制造费用	合计
5	31	5月生产费用	16 000	4 000	6 000	26 000
6	30	6月生产费用	0	5 000	8 000	13 000
6	30	生产费用累计	16 000	9 000	14 000	39 000
6	30	产品单位定额成本	2 000	1 800	3 000	6 800
6	30	完工产品总成本	4 000	3 600	6 000	13 600
6	30	月末在产品成本	12 000	5 400	8 000	25 400

4120 在产品分配直接材料的约当产量＝4×100%＝4(件)。

4120 分配直接材料的总约当产量＝6＋4＝10(件)。

4120 单位产成品直接材料费用＝$\frac{10\ 000}{10}$＝1 000(元)。

4120 产成品分配直接材料费用＝6×1 000＝6 000(元)。

4120 在产品分配直接材料费用＝4×1 000＝4 000(元)。

4120 在产品分配加工费的约当产量＝4×50%＝2(件)。

4120 分配加工费的总约当产量＝6＋2＝8(件)。

4120 单位产成品直接人工费用＝$\frac{2\ 000+4\ 000}{8}$＝750(元)。

4120 产成品分配直接人工费用＝6×750＝4 500(元)。

4120 在产品分配直接人工费用＝2×750＝1 500(元)。

4120 单位产成品制造费用＝$\frac{4\ 000+6\ 000}{8}$＝1 250(元)。

4120 产成品分配制造费用＝6×1 250＝7 500(元)。

4120 在产品分配制造费用＝2×12 50＝2 500(元)。

根据各成本明细账中计算出的本月完工产品成本，汇总编制6月产品成本汇总表，在基本生产明细账中转出该品种本月完工产品成本。

四、简化分批法

在小批、单件生产的企业或车间中，如果同一月份投产的产品批数很多，且月末未完工的批数也较多，例如机械制造厂或修配厂就属于这种情况，在这种情况下，如果将当月发生的间接计入费用全部分配给各批产品，而不管各批产品是否已经完工，费用分配的核算工作将非常繁重。因此，在这类企业或车间中，可采用一种简化的分批法。

简化分批法又称为累计间接计入费用分配法，也称为累计分批法。采用这种方法，仍应按照产品批别设立产品成本明细账，但在各批产品完工之前，账内只需按月登记直接计入费用(例如直接材料费用)和生产工时。每月发生的间接计入费用，不是按月在各批产品之间进行分配，而是先将其记入基本生产成本二级账中，按成本项目分别累计起来；只有在有产品完工的那个月份，才按二级账累计间接计入费用除以累计工时总数，计算二级账累

计间接计入费用分配率，再乘以完工产品生产工时计算完工产品负担的间接计入费用；而全部产品的在产品应负担的间接计入费用，则以总数反映在基本生产成本二级账中，不进行分配，不分批计算在产品成本。因此，这种方法可称为不分批计算在产品成本的分批法。

简化分批法的材料成本核算程序与分批法下完全相同，材料成本核算程序如图7-3所示。

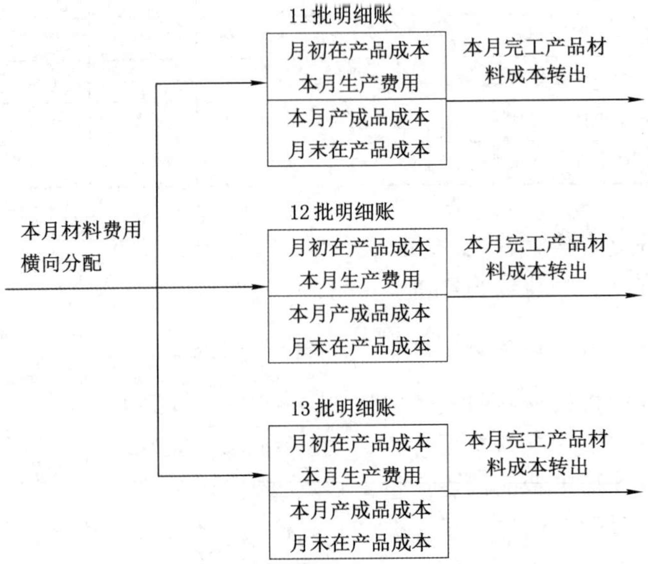

图7-3　简化分批法的材料成本核算程序

简化分批法的加工费成本核算程序与分批法不同，其加工费成本核算程序如图7-4所示。

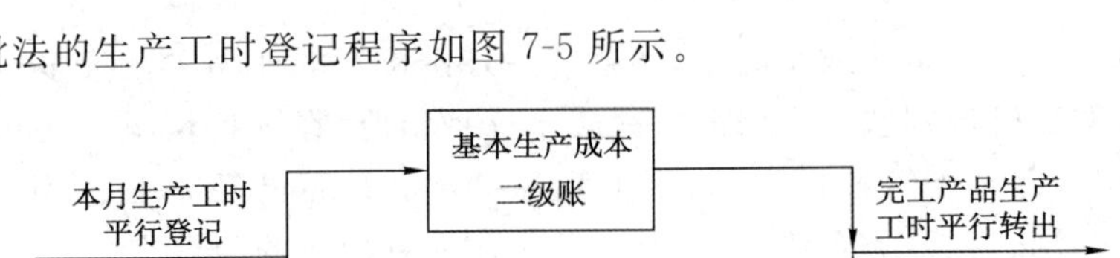

图7-4　简化分批法加工费成本核算程序

简化分批法的生产工时登记程序如图7-5所示。

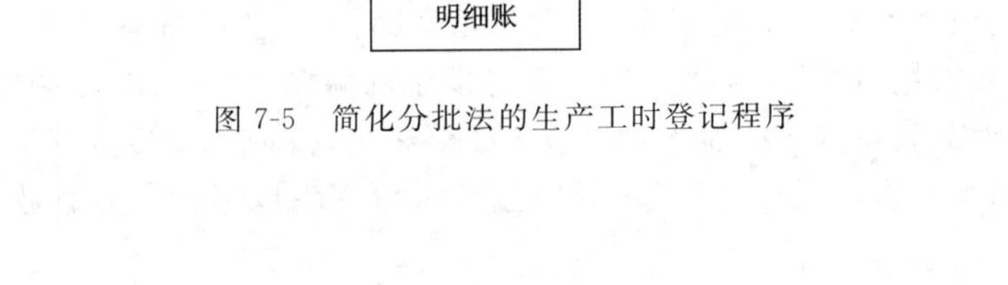

图7-5　简化分批法的生产工时登记程序

其计算公式如下：

$$\text{二级账累计间接计入费用分配率}=\frac{\text{二级账累计间接计入费用}}{\text{二级账累计生产工时}}$$

$$\text{二级账累计间接计入费用}=\text{二级账月初在产品间接计入费用}+\text{二级账本月间接计入费用}$$

$$\text{二级账累计生产工时}=\text{二级账月初在产品生产工时}+\text{二级账本月生产工时}$$

$$=\text{二级账完工产品生产工时}+\text{二级账月末在产品生产工时}$$

$$\text{二级账完工产品应负担的间接计入费用}=\text{二级账完工产品生产工时}\times\text{二级账累计间接计入费用分配率}$$

$$\text{二级账月末在产品应负担的间接计入费用}=\text{二级账月末在产品生产工时}\times\text{二级账累计间接计入费用分配率}$$

$$=\text{二级账累计间接计入费用}-\text{二级账完工产品应负担的间接计入费用}$$

$$\text{某批完工产品应负担的间接计入费用}=\text{该批产品完工产品生产工时}\times\text{二级账累计间接计入费用分配率}$$

（一）简化分批法成本核算程序举例

【例 7-2】 某企业属于小批生产企业，产品批别多，生产周期较长，每月末常有大量在产品。为简化核算工作，该企业采用简化分批法计算成本，该企业只有一个生产车间，20××年 6 月份有关资料如下：

410 号：甲产品 8 件，4 月份投产，本月全部完工。

415 号：乙产品 10 件，5 月份投产，本月全部未完工。

416 号：丙产品 10 件，5 月份投产，本月完工 4 件。材料在生产开始时一次投入。

该企业的基本生产成本二级账登记的各项生产费用、生产工时见表 7-6。

表 7-6　基本生产成本二级账

金额单位：元

月	日	摘要	直接材料	生产工时	直接人工	制造费用	合计
5	31	5 月末在产品小计	20 000	2 000	15 800	20 400	56 200
6	30	6 月发生	4 000	2 000	16 200	19 600	39 800
6	30	账面累计	24 000	4 000	32 000	40 000	96 000
6	30	二级账累计分配率	—	—	8	10	—
6	30	完工产品总成本	12 000	2 020	16 160	20 200	48 360
6	30	6 月末在产品小计	12 000	1 980	15 840	19 800	47 640

在基本生产成本二级账中，5 月 31 日在产品的生产工时和各项费用系上月末根据上月的生产工时和生产费用资料计算登记；本月发生的材料费用和生产工时，应根据本月材料费用分配表、生产工时记录，与各批产品成本明细账平行登记；本月发生的各项间接计入费用，应根据各费用分配表汇总登记。二级账累计间接计入费用分配率计算如下：累计直接

人工分配率＝32 000÷4 000＝8。累计制造费用分配率＝40 000÷4 000＝10。

本月完工转出产品的材料费用和生产工时，应根据各批产品的产品成本明细账中完工产品的材料费用和生产工时汇总登记；各项间接计入费用，可以根据账中完工产品工时分别乘以各项费用的累计分配率计算登记，也可以根据各批产品成本明细账中完工产品的各该费用汇总登记。以账中累计行的各栏数字分别减去本月完工产品转出数，即为6月末在产品的材料费用、生产工时和各项间接计入费用。月末在产品的材料费用和生产工时，也可以根据后列各批产品成本明细账中月末在产品的材料费用和生产工时分别汇总登记；各项间接计入费用也可以根据其生产工时分别乘以各该费用累计分配率计算登记。二者计算结果应该相符。该企业设立的各批产品成本明细账，详见表7-7～表7-9。

表7-7　产品成本明细账　　金额单位：元

批号：410　　产品名称：甲产品　　投产月份：4月

购货单位：　　批量：8件　　完工月份：6月，完工8件

月	日	摘要	直接材料	生产工时	直接人工	制造费用	合计
4	30	4月发生	4 000	400			
5	31	5月发生	2 000	600			
5	31	5月末在产品小计	6 000	1 000			
6	30	6月发生	2 000	200			
6	30	账面累计	8 000	1 200			
6	30	二级账累计分配率	—	—	8	10	—
6	30	完工产品总成本	8 000	1 200	9 600	12 000	29 600
6	30	完工产品单位成本	1 000	—	1 200	1 500	3 700

表7-8　产品成本明细账　　金额单位：元

批号：415　　产品名称：乙产品　　投产月份：5月

购货单位：　　批量：10件　　完工月份：

月	日	摘要	直接材料	生产工时	直接人工	制造费用	合计
5	31	5月发生	4 000	400			
6	30	6月发生	2 000	400			
6	30	6月末在产品小计	6 000	800			

表7-9　产品成本明细账　　金额单位：元

批号：416　　产品名称：丙产品　　投产月份：5月

购货单位：　　批量：10件　　完工月份：6月，完工4件

月	日	摘要	直接材料	生产工时	直接人工	制造费用	合计
5	31	5月发生	10 000	600			
6	30	6月发生	0	1 400			
6	30	账面累计	10 000	2 000			
6	30	二级账累计分配率	—	—	8	10	—

表 7-9(续)

月	日	摘要	直接材料	生产工时	直接人工	制造费用	合计
6	30	完工产品总成本	4 000	820	6 560	8 200	18 760
6	30	完工产品单位成本	1 000	—	1 640	2 050	4 690
6	30	6 月末在产品小计	6 000	1 180			

上述各批产品成本明细账中，凡没有完工产品的月份只登记直接材料和生产工时以及它们的累计数。凡是有完工产品的月份，不论批内是全部完工还是部分完工，除了登记直接材料、生产工时及累计数，还要根据基本生产成本二级账登记各项累计间接计入费用的累计分配率，并乘以完工产品生产工时计算登记完工产品应分配的间接计入费用，最终计算出完工产品总成本和单位成本。

第 410 批产品，月末全部完工，因而其产品成本明细账中累计的材料费用和生产工时，就是完工产品的材料费用和生产工时。第 416 批产品，月末部分完工、部分在产，因而还应在完工产品与在产品之间分配费用。该种产品所耗材料在生产开始时一次投入，因而原材料费用按完工产品与在产品的数量比例分配；完工产品工时根据丙产品单位定额工时 205 小时计算。

根据各成本明细账中计算出的本月完工产品成本，汇总编制 6 月产品成本汇总表，在基本生产明细账和二级账中转出该品种本月完工产品成本。

（二）简化分批法的特点

综上所述，简化分批法与一般的分批法相比较，具有以下特点：

(1) 采用简化分批法必须设立基本生产成本二级账。从计算产品实际成本的角度来说，采用其他成本计算方法，可以不设立基本生产成本二级账；但采用简化的分批法，则必须设立这种二级账。其作用在于：① 按月提供企业或车间全部产品的累计生产费用(包括直接计入费用和间接计入费用)和生产工时资料；② 在有产品完工的月份，按照上列公式计算和登记全部产品累计间接计入费用分配率；③ 根据完工产品生产工时和累计间接计入费用分配率，计算和登记完工产品应负担的累计间接计入费用，并计算完工产品总成本；④ 以全部产品累计生产费用减去本月完工产品总成本，计算和登记月末各批在产品总成本。

(2) 每月发生的间接计入费用，不是按月在各批产品之间进行分配，而是先在基本生产成本二级账中累计起来，在有产品完工的月份，才按上列公式在各批完工产品之间进行分配，计算完工产品成本；对未完工的在产品，则不分配间接计入费用，只以总数反映在二级账中，即不分批计算在产品成本。显然，采用这种分批法，可以简化费用的分配和登记工作；月末未完工产品的批数越多，核算工作就越简化。

(3) 采用这种方法，各批产品之间分配间接计入费用的工作以及完工产品与月末在产品之间分配间接计入费用的工作，即间接计入费用的横向分配和纵向分配工作，都是利用累计间接计入费用分配率，到产品完工时合并在一起进行的。也就是说，各项累计间接计入费用分配率，既是在各批完工产品之间，也是在某批产品的完工产品与月末在产品之间分配费用的依据。

（三）简化分批法的适用范围

简化分批法适用于同一月份投产的产品批数很多，且月末未完工的批数也较多的企业。因为简化分批法简化了各项间接计入费用的横向分配,同一月份投产的产品批数越多,核算工作就越简化;简化分批法也简化了各项间接计入费用的纵向分配工作,月末未完工产品的批数越多,核算工作就越简化。

另外,由于这种方法需要计算累计间接计入费用分配率,因而这种方法在各月间接计入费用水平悬殊的情况下也不宜采用。例如,前几个月的间接计入费用水平低而本月高,若某批产品本月投产,当月完工,那么用本月累计间接计入费用分配率分配计算该批完工产品成本,就会发生不应有的偏低。

第三节　产品成本计算的分步法

一、分步法概述

(一) 分步法的含义

产品成本计算的分步法,是按照产品的生产步骤归集生产费用、计算产品成本的一种方法。

(二) 分步法的适用范围

它主要适用于大量、大批的多步骤生产,因为在这类企业中,产品生产可以划分为若干个生产步骤进行。例如,纺织企业生产可分为纺纱、织布等步骤,冶金企业生产可分为炼铁、炼钢、轧钢等步骤,机器制造企业生产可分为铸造、加工、装配等步骤。为了加强成本管理,不仅要求按照产品品种归集生产费用,计算产品成本,而且要求按照产品的生产步骤归集生产费用,计算各步骤产品成本,提供反映各种产品及其各生产步骤成本计划执行情况的资料。

(三) 分步法的特点

1. 成本计算对象

成本计算对象就是各种产品的生产步骤。因此,在计算产品成本时,应按照产品的生产步骤设立产品成本明细账。如果只生产一种产品,成本计算对象就是该种产成品及其所经过的各生产步骤,产品成本明细账应该按照产品的生产步骤开立。如果生产多种产品,成本计算对象则应是各种产成品及其所经过的各生产步骤。产品成本明细账应该按照每种产品的各个步骤开立。在进行成本计算时,应按步骤分产品分配和归集生产费用,单设成本项目的直接计入费用,直接计入各成本计算对象;单设成本项目的间接计入费用,单独分配计入各成本计算对象;不单设成本项目的费用,一般是先按车间、部门或者费用用途,归集为综合费用,月末再直接计入或者分配计入各成本计算对象。

需要指出的是,在实际工作中,产品成本计算的分步与产品生产步骤的划分不一定完全一致。例如,在按生产步骤设立车间的企业中,一般讲,分步计算成本也就是分车间计算成本。如果企业生产规模很大,车间内又分成几个生产步骤,而管理上又要求分步计算成本时,也可以在车间内再分步计算成本。

2. 成本计算期

在大量、大批的多步骤生产中,由于生产过程较长,可以间断,而且往往是跨月陆续完工，因此，成本计算一般是按月、定期地进行，而与产品的生产周期不一致。

3. 费用在完工产品与在产品之间的分配

由于大量、大批多步骤生产的产品往往跨月陆续完工，月末各步骤一般存在未完工的在产品。因此，在计算成本时，还需要采用适当的分配方法，将汇集在各种产品、各生产步骤产品成本明细账中的生产费用，在完工产品与在产品之间进行分配。计算各产品、各生产步骤的完工产品成本和在产品成本。

4. 各步骤之间成本的结转

产品生产是分步骤进行的，上一步骤生产的半成品是下一步骤的加工对象。因此，为了计算各种产品的产成品成本，还需要按照产品品种结转各步骤成本。也就是说，与其他成本计算方法不同，在采用分步法计算产品成本时，在各步骤之间还有成本结转问题。这是分步法的一个重要特点。

（四）分步法的种类

由于各个企业生产工艺过程的特点和成本管理对各步骤成本资料的要求（要不要计算半成品成本）不同，以及对简化成本计算工作的考虑，产品成本计算的分步法分为逐步结转分步法和平行结转分步法两种。

二、逐步结转分步法

在采用分步法计算成本的大量、大批多步骤生产中，有的产品制造步骤过程是由一系列循序渐进的、性质不同的加工步骤所组成的。在这类生产中，从原料投入到产品制成，中间要经过几个生产步骤的逐步加工，前面各步骤生产的都是半成品，只有最后步骤生产的才是产成品。与这类生产工艺过程特点相联系，为了加强对各生产步骤成本的管理，往往要求不仅计算各种产成品成本，而且计算各步骤半成品成本。首先，这是成本计算的需要。有一些半成品为本企业几种产品共同耗用，为了分别计算各种产成品的成本，也先要计算这些半成品的成本。其次，这是成本控制的要求。在实行厂内经济责任制的企业，为了有效地控制各生产步骤内部的生产耗费和资金占用水平，也要求计算并在各生产步骤之间结转半成品成本。最后，这是对外销售的需要。有些企业生产的半成品不完全为企业自用，还经常作为商品对外销售。为了计算外售半成品成本，全面考核和分析其成本计划的执行情况，也要求计算这些半成品的成本。

（一）逐步结转分步法概述

1. 逐步结转分步法的含义

逐步结转分步法，又称计算半成品成本的分步法。它是指按照产品加工的步骤，计算各步骤半成品成本，并随着各步骤半成品实物的转移而转移，将各步骤半成品成本逐步结转至下一步骤产品成本明细账，逐步计算各步骤的半成品成本，直至最后步骤计算出产成品成本的方法。

2. 逐步结转分步法的分类

按照结转的半成品成本在下一步骤产品成本明细账中反映方法的不同，逐步结转分步法又可分为综合结转分步法和分项结转分步法。

(1) 综合结转分步法,是指各步骤将本步骤生产的半成品成本汇总后,结转至下一步骤产品成本明细账的“半成品”成本项目的分步法。

(2) 分项结转分步法,是指各步骤将本步骤生产的半成品成本,分不同的成本项目,分别结转至下一步骤产品成本明细账的“半成品”成本项目的分步法。

3. 逐步结转分步法的适用范围

逐步结转分步法适用于大量、大批多步骤生产,特别是连续式多步骤生产。该方法一般应在半成品种类不多,逐步结转半成品成本的工作量不大,管理上要求提供各生产步骤半成品成本资料的情况下采用。

4. 逐步结转分步法的特点

(1) 以产品的生产步骤为成本计算对象,设置生产成本明细账,归集各步骤的生产费用,计算每步骤的半成品成本及最终的产成品成本。

(2) 各步骤半成品成本随着各步骤半成品实物的转移而转移。在逐步结转分步法下,除第一步骤外,以后每步骤的生产成本明细账中要增设“半成品”成本项目,反映上步骤转入的半成品成本。

如果各步骤半成品是通过半成品库转移的,则要设置“自制半成品”账户核算入库、出库半成品成本。在综合结转法下,其明细账结构同一般财产物资明细账一样,采用数量金额式;但在分项结转分步法下,就需采用多栏式明细账格式,按成本项目设专栏。如果各步骤半成品在步骤之间直接移交,则无须设置“自制半成品”账户。

(3) 按月计算成本。月末,各步骤生产费用需要在本步骤完工半成品和月末本步骤狭义在产品之间进行分配。

5. 逐步结转分步法的成本核算程序

(1) 按产品的生产步骤设置基本生产成本明细账。在基本生产成本明细账中按成本项目设置专栏;除第一步骤外,以后每步骤的生产成本明细账中要增设“半成品”成本项目,反映上步骤转入的半成品成本。对于有月初在产品成本的产品,还应在产品成本明细账中登记月初在产品的成本。

(2) 本月费用的横向分配,确定产品的各生产步骤的本月生产费用。编制本月各种费用分配表,并登记相关的成本、费用明细账。生产费用的分配归集包括要素费用、辅助生产费用、制造费用等。在进行成本计算时,应按产品的生产步骤分配和归集生产费用,单设成本项目的直接计入费用,直接计入各成本计算对象;单设成本项目的间接计入费用,单独分配后计入各成本计算对象;不单设成本项目的费用,一般是先按车间、部门或者费用用途,归集为综合费用,月末再直接计入或者分配计入各成本计算对象。

(3) 基本生产成本明细账所归集的生产费用纵向分配。月末,各步骤生产费用需要在本步骤完工半成品和月末本步骤狭义在产品之间进行分配。

采用约当产量法时,首先需要计算该步骤月末狭义在产品的约当产量(相当于该步骤半成品数量),月末狭义在产品数量按照本步骤完工程度折算月末狭义在产品分配加工费的约当产量,按照本步骤投料程度折算分配直接材料的约当产量,计算公式如下:

本步骤月末狭义在产品约当产量=本步骤月末在产品数量×在产品本步骤完工程度

某步骤总约当产量=该步骤本月半成品数量+该步骤月末狭义在产品约当产量

$$\text{某步骤单位半成品某成本项目费用}=\frac{\text{该步骤月初在产品该成本项目费用}+\text{该步骤本月该成本项目费用}}{\text{该步骤总约当产量}}$$

$$\text{某步骤本月半成品的某成本项目费用}=\text{该步骤本月半成品数量}\times\text{该步骤单位半成品该成本项目费用}$$

$$\text{某步骤月末狭义在产品的某成本项目费用}=\text{本步骤月末狭义在产品约当产量}\times\text{该步骤单位半成品该成本项目费用}$$

(4) 各步骤半成品成本随着各步骤半成品实物的转移而转移。在逐步结转分步法下，各步骤所耗用的上一步骤半成品的成本，要随着半成品实物的转移，从上一步骤的产品成本明细账转入相同产品的下一步骤产品成本明细账的“半成品”成本项目，以便逐步计算各步骤的半成品成本和最后步骤的产成品成本。

直接移交方式下的逐步结转分步法的成本核算程序如图 7-6 所示。

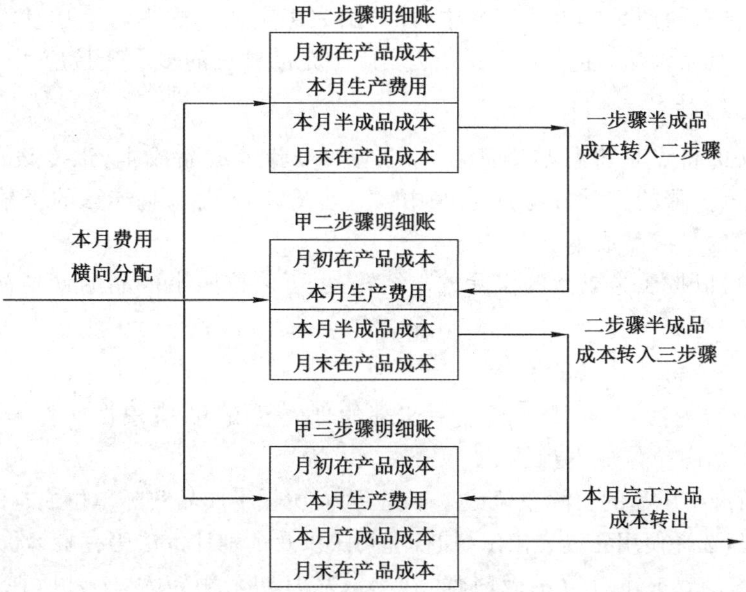

图 7-6　直接移交方式下的逐步结转分步法的成本核算程序

半成品库收发方式下的逐步结转分步法的成本核算程序如图 7-7 所示。

第一步骤完工半成品在验收入库时，应根据完工转出的半成品成本编制借记“自制半成品”科目、贷记“基本生产成本”科目的会计分录；第二步骤领用时，再编制相反的会计分录。如果半成品完工后不通过半成品库收发，而直接转入下一步骤，则半成品成本应在各步骤的产品成本明细账之间直接结转。

采用逐步结转分步法，每月月末，各项生产费用（包括所耗上一步骤半成品成本）在各步骤产品成本明细账中归集以后，如果该步骤既有完工的半成品（最后步骤为产成品），又有正在加工中的在产品，为了计算完工的半成品（最后步骤为产成品）和正在加工中在产品的成本，还应将各步骤产品成本明细账中归集的生产费用，采用适当的分配方法，在完工半成品（最后步骤为产成品）与正在加工中的在产品之间进行分配，然后通过半成品的逐步结

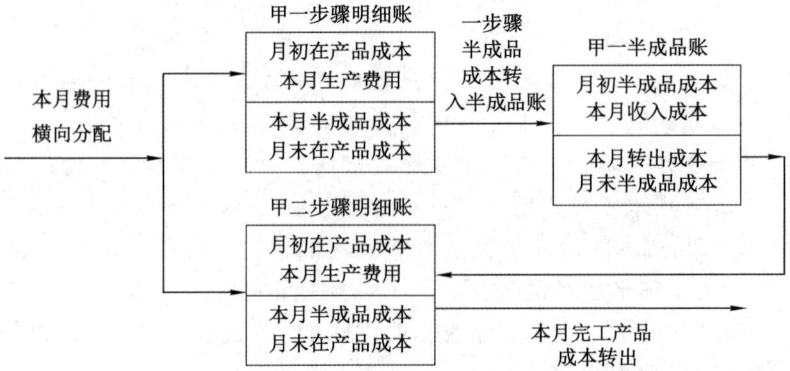

图 7-7　半成品库收发方式下的逐步结转分步法的成本核算程序

转，在最后一个步骤的产品成本明细账中，计算出完工产成品成本。上述计算程序表明，每一个步骤都是一个品种法，逐步结转分步法实际上是品种法的多次连接应用。

（二）综合结转法

综合结转法的特点是将各步骤所耗用的上一步骤半成品成本，以专设的“半成品”项目，综合记入各该步骤的产品成本明细账中。各步骤产品成本明细账的半成品成本项目，反映上步骤转入的半成品成本。

综合结转，可以按照半成品的实际成本结转，也可以按照半成品的计划成本（或定额成本）结转。

1. 半成品按实际成本综合结转

采用这种结转方法，各步骤所耗上一步骤的半成品费用，应根据所耗半成品的实际数量乘以半成品的实际单位成本计算。

由于各月所产半成品的实际单位成本不同，因而所耗半成品实际单位成本的计算，可根据企业的实际情况，选择使用先进先出法、加权平均法以及个别计价法等存货计价方法计价。

为了提高各步骤成本计算的及时性，在半成品月初余额较大，本月所耗半成品全部或者大部分是以前月份所生产的情况下，本月所耗半成品费用也可按上月末的加权平均单位成本计算。

月末，各步骤生产费用需要在本步骤完工半成品和月末本步骤狭义在产品之间进行分配。

【例 7-3】　某公司甲产品的生产属于大量、大批连续式多步骤生产，由三个车间分三个步骤加工而成。第一车间加工的 A 半成品为第二车间所用，第二车间加工的 B 半成品为第三车间所用，第三车间加工制成甲产成品。材料系生产开始时一次投入，单位各步骤产品耗用上步骤一件半成品，各步骤半成品在步骤之间直接移交，各步骤狭义在产品的本步骤加工程度为 50%，基本生产成本账面费用分配采用约当产量法。20××年 6 月份有关生产资料见表 7-10。

表 7-10　各步骤生产数量记录　　单位:件

甲产品	一步骤	二步骤	三步骤
月初在产品数	40	60	20
本月投产数	160	140	180
本月完工数	140	180	160
月末在产品数	60	20	40

根据本月各种费用分配表和其他有关资料,将甲产品各步骤的本月生产费用按成本项目登记产品成本明细账。

甲产品各步骤在 6 月发生的直接计入费用直接计入,间接计入费用在甲产品各步骤之间分配后登记产品成本明细账。登记结果见表 7-11。

表 7-11　各步骤本月生产费用　　单位:元

步骤	直接材料	直接人工	制造费用	合计
一步骤	1 600	730	1 500	3 830
二步骤	—	780	1 600	2 380
三步骤	—	1 340	1 680	3 020
合计	1 600	2 850	4 780	9 230

编制本月生产费用分配会计分录:

借:基本生产成本——甲一步骤　　1 600
　贷:原材料　　1 600
借:基本生产成本——甲一步骤　　730
　　　　　　　——甲二步骤　　780
　　　　　　　——甲三步骤　　1 340
　贷:应付职工薪酬　　2 850
借:基本生产成本——甲一步骤　　1 500
　　　　　　　——甲二步骤　　1 600
　　　　　　　——甲三步骤　　1 680
　贷:制造费用　　4 780

根据上月产品成本明细账和本月各种费用分配表,登记产品成本明细账的月初在产品成本和本月生产费用发生额。甲产品各步骤产品成本明细账见表 7-12～表 7-14。

表 7-12　第一步骤甲产品成本明细账　　金额单位:元

摘要	直接材料	直接人工	制造费用	合计
月初在产品成本	400	120	200	720
本月本步骤发生费用	1 600	730	1 500	3 830
账面累计费用	2 000	850	1 700	4 550
完工半成品数量/件	140	140	140	—

表 7-12(续)

摘要	直接材料	直接人工	制造费用	合计
月末在产品约当产量/件	60	30	30	—
约当总产量/件	200	170	170	—
完工半成品单位成本	10	5	10	25
完工半成品成本	1 400	700	1 400	3 500
月末在产品成本	600	150	300	1 050

一步骤在产品分配直接材料的约当产量＝60×100%＝60(件)。

一步骤分配直接材料的总约当产量＝60＋140＝200(件)。

一步骤单位半成品直接材料费用$=\frac{400+1\ 600}{200}$＝10(元)。

一步骤半成品分配直接材料费用＝140×10＝1 400(元)。

一步骤在产品分配直接材料费用＝60×10＝600(元)。

一步骤在产品分配加工费的约当产量＝60×50%＝30(件)。

一步骤分配加工费的总约当产量＝30＋140＝170(件)。

一步骤单位半成品直接人工费用$=\frac{120+730}{170}$＝5(元)。

一步骤半成品分配直接人工费用＝140×5＝700(元)。

一步骤在产品分配直接人工费用＝30×5＝150(元)。

一步骤单位半成品制造费用$=\frac{200+1\ 500}{170}$＝10(元)。

一步骤半成品分配制造费用＝140×10＝1 400(元)。

一步骤在产品分配制造费用＝30×10＝300(元)。

根据第一车间的半成品移交单(单中列示移交数量和第一车间产品成本明细账中完工转出的A半成品单位成本),编制结转A半成品成本会计分录:

借:基本生产成本——甲二步骤　　　　3 500

　贷:基本生产成本——甲一步骤　　　　3 500

表 7-13　第二步骤甲产品成本明细账　　金额单位:元

摘要	A半成品	直接人工	制造费用	合计
月初在产品成本	1 700	170	300	2 170
本月本步骤发生费用	—	780	1 600	2 380
上步骤半成品成本转入	3 500	—	—	3 500
账面累计费用	5 200	950	1 900	8 050
完工半成品数量/件	180	180	180	—
月末在产品约当产量/件	20	10	10	—
约当总产量/件	200	190	190	—
完工半成品单位成本	26	5	10	41
完工半成品成本	4 680	900	1 800	7 380
月末在产品成本	520	50	100	670

第二步骤生产成本明细账全部成本项目采用约当产量法分配。“A半成品”成本项目分配时，月末在产品应按二步骤月末在产品的A半成品投料程度100%计算约当产量；加工费成本项目分配时，月末在产品应按二步骤月末在产品的二步骤加工程度为50%计算约当产量。

二步骤在产品分配A半成品的约当产量＝20×100%＝20(件)。

二步骤分配A半成品的总约当产量＝20＋180＝200(件)。

二步骤在产品分配加工费的约当产量＝20×50%＝10(件)。

二步骤分配加工费的总约当产量＝10＋180＝190(件)。

根据第二车间的半成品移交单(单中列示移交数量和第二车间产品成本明细账中完工转出的B半成品单位成本)，编制结转B半成品成本会计分录：

借：基本生产成本——甲三步骤　　7 380

　贷：基本生产成本——甲二步骤　　7 380

表7-14　第三步骤甲产品成本明细账　　金额单位：元

摘要	B半成品	直接人工	制造费用	合计
月初在产品成本	820	100	120	1 040
本月本步骤发生费用	—	1 340	1 680	3 020
上步骤半成品成本转入	7 380	—	—	7 380
账面累计费用	8 200	1 440	1 800	11 440
完工产品数量/件	160	160	160	—
月末在产品约当产量/件	40	20	20	—
约当总产量/件	200	180	180	—
完工产品单位成本	41	8	10	59
完工产品成本	6 560	1 280	1 600	9 440
月末在产品成本	1 640	160	200	2 000

三步骤在产品分配B半成品的约当产量＝40×100%＝40(件)。

三步骤分配B半成品的总约当产量＝40＋160＝200(件)。

三步骤在产品分配加工费的约当产量＝40×50%＝20(件)。

三步骤分配加工费的总约当产量＝20＋160＝180(件)。

根据第三车间的完工产品交库单(单中列示交库数量和第三车间产品成本明细账中完工转出的甲产品单位成本)，编制结转甲产品完工产品成本会计分录：

借：库存商品——甲产品　　9 440

　贷：基本生产成本——甲二步骤　　9 440

2. 半成品按计划成本综合结转

采用这种结转方法，半成品日常收发的明细核算均按计划成本计价；在半成品实际成本计算出来后，再计算半成品成本差异额和差异率，调整领用半成品的计划成本。而半成品收发的总分类核算则按实际成本计价。

半成品按计划成本综合结转所用账表的特点：

(1) 自制半成品明细账要反映半成品收发、结存的数量和计划成本；自制半成品成本差异明细账要反映自制半成品成本差异额和成本差异率。

(2) 在产品成本明细账中，对于所耗用半成品的成本，可以直接按照调整成本差异后的实际成本登记；也可以按照计划成本和成本差异分别登记，以便于分析上一步骤半成品成本差异对本步骤成本的影响。如采用后一种做法，产品成本明细账中的"半成品"项目，应分设"计划成本""成本差异""实际成本"三栏。

【例 7-4】 某公司甲产品生产属于大量、大批连续式多步骤生产。甲产品生产分两个步骤，分别由两个车间进行。第一车间生产 A 半成品，交 A 半成品库验收，第二车间按照所需数量向 A 半成品库领用。A 半成品按计划成本结转，所耗 A 半成品成本差异率按全月一次加权平均法计算。原材料系生产开始时一次投入，单位各步骤产品耗用上步骤一件半成品，各步骤狭义在产品的本步骤加工程度为 50%，基本生产成本账面费用分配采用约当产量法分配。20××年 6 月份有关生产资料见表 7-15。

表 7-15　各步骤生产数量记录　　单位：件

甲产品	一步骤	A 半成品库	二步骤
月初数	40	60	20
本月投入数	160	140	180
本月转出数	140	180	160
月末数	60	20	40

根据本月各种费用分配表和其他有关资料，将甲产品各步骤的本月生产费用按成本项目登记产品成本明细账。甲产品各步骤在 6 月发生的直接计入费用直接计入，间接计入费用在甲产品各步骤之间分配后登记产品成本明细账(登记过程从略)。

根据上月产品成本明细账和本月各种费用分配表，登记产品成本明细账的月初产品成本和本月生产费用发生额。

甲产品一步骤产品成本明细账同表 7-12 所示。

A 半成品的计划单位成本为 24 元，根据第一车间的半成品入库单(单中列示入库数量和第一车间产品成本明细账中完工转出的 A 半成品单位成本)，编制 A 半成品成本入库会计分录：

借：自制半成品——A 半成品　　3 360
　　材料成本差异——A 半成品　　140
　贷：基本生产成本——甲一步骤　　3 500

根据计价后的半成品交库单和第二车间领用半成品的领用单，登记自制半成品明细账，见表 7-16。

表 7-16　A 半成品明细账　　金额单位：元

A 半成品	数量/件	计划成本	成本差异	实际成本
月初数	60	1 440	−44	1 396
本月收入数	140	3 360	140	3 500
账面累计	200	4 800	96	4 896

表 7-16(续)

A 半成品	数量/件	计划成本	成本差异	实际成本
本月发出数	180	4 320	86.4	4 406.4
月末数	20	480	9.6	489.6

$$半成品成本差异率=\frac{月初半成品成本差异+本月收入半成品成本差异}{月初半成品计划成本+本月收入半成品计划成本}$$

$$=\frac{-44+140}{1440+3360}=\frac{96}{4\ 800}=2\%。$$

发出半成品成本差异=发出半成品计划成本×半成品成本差异率

=4 320×2%=86.4。

根据第二车间领用半成品的领用单，编制第二车间领用 A 半成品成本会计分录：

借：基本生产成本——甲二步骤　　4 406.4

　贷：自制半成品——A 半成品　　4 320

　　材料成本差异——A 半成品　　86.4

甲产品二步骤产品成本明细账见表 7-17。“A 半成品”成本项目采用在产品按定额成本计价法，加工费成本项目采用约当产量法分配。

表 7-17　第二步骤甲产品成本明细账　　金额单位：元

摘要	A 半成品			直接人工	制造费用	合计
	计划成本	成本差异	实际成本			
月初在产品成本	480	—	480	100	120	700
本月本步骤发生费用	—	—	—	1 340	1 680	3 020
上步骤半成品成本转入	4 320	86.4	4 406.4	—	—	4 406.4
账面累计费用	4 800	86.4	4 886.4	1 440	1 800	8 126.4
完工产品数量/件	—	—	—	160	160	—
月末在产品约当产量/件	—	—	—	20	20	—
约当总产量/件	—	—	—	180	180	—
完工产品单位成	24	0.54	24.54	8	10	42.54
完工产品成本	3 840	86.4	3 926.4	1 280	1 600	6 806.4
月末在产品成本	960	—	960	160	200	1 320

根据第二车间的完工产品交库单(单中列示交库数量和第二车间产品成本明细账中完工转出的甲产品单位成本)，编制结转甲产品完工产品成本会计分录：

借：库存商品——甲产品　　6 806.4

　贷：基本生产成本——甲二步骤　　6 806.4

与按实际成本综合结转半成品成本方法相比较，按计划成本综合结转半成品成本具有以下优点：

第一，可以简化和加速半成品核算和产品成本计算工作。按计划成本结转半成品成本,可以简化和加速半成品收发的凭证计价和记账工作;半成品成本差异率如果不是按半成品品种计算,而是按类计算,可以省去大量的计算工作;如果月初半成品存量较大,本月耗用的半成品大部分甚至全部是以前月份生产的,本月所耗半成品成本差异调整也可以根据上月半成品成本差异率计算。这样,不仅简化了计算工作,各步骤的成本计算也可以同时进行,从而加速产品成本的计算工作。

第二,便于各步骤进行成本的考核和分析。按计划成本结转半成品成本,在各步骤的产品成本明细账中,可以分别反映所耗半成品的计划成本、成本差异和实际成本,因而在分析各步骤产品成本时,可以剔除上一步骤半成品成本变动对本步骤产品成本的影响,有利于分清经济责任,考核各步骤的经济效益。如果各步骤所耗半成品的成本差异,不调整计入各步骤的产品成本,而是直接调整计入最后的产成品成本,不仅可以进一步简化和加速各步骤的成本计算工作,而且由于各步骤产品成本中不包括上一步骤半成品成本变动的影响,因而更便于分清各步骤的经济责任,更便于各步骤产品成本的考核和分析。

3. 综合结转的成本还原

从半成品按实际成本综合结转举例的第三步骤产品成本明细账中可以看出,采用综合结转法的结果,表现在产成品成本中的绝大部分费用是所耗第二步骤半成品的费用,而直接人工、制造费用只是第三步骤发生的费用,在产品成本中所占比重很小。显然,这不符合产品成本构成的实际情况,因而不能据以从整个企业角度分析和考核产品成本的构成和水平。因此,在管理上要求从整个企业角度考核和分析产品成本的构成和水平时,还应将综合结转算出的产成品成本进行成本还原。

成本还原,就是倒序进行成本还原,将本月产成品所耗各步骤半成品的综合成本按照本月所产该半成品的成本项目结构进行成本还原,求得本月产成品所耗各步骤半成品相应的成本项目费用;将产成品所耗各步骤原始成本项目费用相加,从而求得按原始成本项目反映的产成品成本资料。成本还原标准是本月所产该种半成品的成本项目结构。本月所产该种半成品的成本项目结构只在各步骤产品成本明细账中查找,因为是综合结转,因而在各步骤自制半成品明细账中找不到该步骤半成品成本项目结构。成本还原的程序如下:

(1) 计算产成品所耗某步骤半成品成本还原分配率。其计算公式为:

$$产成品所耗某步骤半成品成本还原分配率=\frac{产成品所耗该步骤半成品项目成本}{本月所产该步骤半成品总成本}$$

(2) 将产成品所耗某步骤半成品的综合成本按照本月所产该半成品的成本项目结构进行成本还原。以产成品所耗该步骤半成品项目还原分配率分别乘以本月所产该半成品各成本项目费用来进行分解,即求得产成品的该步骤各成本项目成本。

$$产成品所耗该步骤某成本项目成本=\begin{matrix}本月所产该步骤半成\\品某成本项目成本\end{matrix}\times\begin{matrix}产成品所耗该步骤半成品\\成本还原分配率\end{matrix}$$

(3) 倒序进行成本还原,某次成本还原后还有未还原尽的综合费用项目,即各步骤生产的半成品成本均有耗用的上一步骤半成品综合成本项目,因此还应将产成品所耗某步骤半成品的综合成本按照本月该半成品成本项目结构再进行一次成本还原,直至最终进行产成品所耗第一步骤半成品的综合成本还原。

(4) 将产成品所耗各步骤原始成本项目费用相加,从而求得按原始成本项目反映的产成品成本资料。

【例 7-5】 接例 7-3 要求进行成本还原。相关结果见表 7-18～表 7-22。还原分配率保留 5 位小数，还原费用取整数，小数点后四舍五入。

表 7-18　第二步骤 B 半成品成本项目结构

摘要	A 半成品	直接人工	制造费用	合计
B 半成品单位成本/元	26	5	10	41
B 半成品总成本/元	4 680	900	1 800	7 380
B 半成品成本项目比例	26/41	5/41	10/41	1

表 7-19　产成品所耗 B 半成品成本还原计算表

成本项目	B 半成品成本/元	成本还原分配率	产成品成本/元
A 半成品成本	4 680		4 160
二步骤直接人工	900	0.888 89	800
二步骤制造费用	1 800		1 600
合　计	7 380	0.888 89	6 560

表 7-20　产成品所耗 B 半成品成本还原计算表

成本项目	B 半成品成本/元	成本还原分配率	产成品成本/元
A 半成品成本	26		4 160
二步骤直接人工	5	160	800
二步骤制造费用	10		1 600
合　计	41	160	6 560

表 7-21　产成品所耗 B 半成品成本还原计算表

成本项目	B 半成品成本项目比例	产成品成本/元
A 半成品成本	26/41	4 160
二步骤直接人工	5/41	800
二步骤制造费用	10/41	1 600
合　计	1	6 560

表 7-22　成本还原计算表

单位：元

摘要	行序	A 半成品	B 半成品	直接材料	直接人工	制造费用	合计
完工产品成本	①	—	6 560	—	1 280	1 600	9 440
二步骤 B 半成品成本	②	4 680	—	—	900	1 800	7 380
B 半成品项目还原费用	③	4 160	−6 560	—	800	1 600	0
一步骤 A 半成品成本	④	—	—	1 400	700	1 400	3 500
A 半成品项目还原费用	⑤	−4 160	—	1 664	832	1 664	0
还原后的产品总成本	⑥	0	0	1 664	2 912	4 864	9 440

产成品所耗B步骤半成品项目成本还原分配率= 6 560÷7 380=0.888 89。

产成品所耗A步骤半成品项目成本还原分配率= 4 160÷3 500=1.188 57。

将表中第①③⑤行相加即为第⑥行按原始成本项目反映的还原后的产成品总成本。第①行为产成品所耗三步骤原始成本项目费用;第③行为产成品所耗二步骤原始成本项目费用;第⑤行为产成品所耗一步骤原始成本项目费用。显然,以第⑥行与第①行数字相比较,产成品总成本相同,但各成本项目费用构成不同。

由于以前月份所产半成品的成本构成与本月所产半成品的成本构成不可能完全一致,因此,在各月所产半成品的成本构成变动较大的情况下,按照上述方法进行成本还原,对还原结果的正确性就会有较大的影响。在这种情况下,如果半成品的定额成本或计划成本比较准确,为了提高还原结果的正确性,产成品所耗半成品费用可以按定额成本或计划成本的成本构成进行还原。如果采用这样的做法,上述成本还原计算表第③⑤行按成本项目分列的本月所产半成品的总成本,应改为按成本项目分列的半成品定额的或计划的单位成本,以便更准确地反映各成本项目的构成比例。

综上所述,可以看出,采用综合结转法逐步结转产成品成本,从各步骤的产品成本明细账中可以看出各步骤产品所耗上一步骤半成品费用的水平和本步骤加工费用的水平,从而有利于各生产步骤的管理。如果管理上要求提供按原始成本项目反映的产成品成本资料,就需要进行成本还原。如果生产多种产品,成本还原工作繁重。因此,这种结转方法只宜在管理上要求计算各步骤完工产品所耗半成品费用,而不要求进行成本还原的情况下采用。

(三) 逐步结转分步法的优缺点

1. 逐步结转分步法的优点

(1) 能够提供各个生产步骤的半成品成本资料,半成品成本都是随着半成品实物的转移而结转。逐步结转分步法的成本计算对象是企业产成品及其各步骤的半成品,这就为分析和考核企业产品成本计划和各生产步骤半成品成本计划的执行情况,为正确计算半成品销售成本提供了资料。

(2) 能够提供各个生产步骤的狭义在产品成本资料。各生产步骤产品成本明细账中的生产费用余额,反映着留存在各个生产步骤的狭义在产品成本,因而还能为在产品的实物管理和生产资金管理提供资料。

(3) 各生产步骤产品成本明细账能够反映所耗上一步骤半成品费用水平和本步骤加工费用水平,能够较好地满足这些生产步骤成本管理的要求。

2. 逐步结转分步法的缺点

(1) 成本核算工作比较复杂。如果采用综合结转法,需要进行成本还原;如果采用分项结转法,结转的核算工作量大;如果半成品按计划成本结转,还要计算和调整半成品成本差异。

(2) 成本核算工作的及时性也较差。半成品成本都是随着半成品实物的转移而结转,各步骤则不能同时计算成本。

因此,应用这一方法时,必须从实际出发,根据管理要求,权衡利弊,做到既满足管理要求、提供所需的各种资料,又能简化核算工作。

三、平行结转分步法

（一）平行结转分步法概述

1. 平行结转分步法的含义

平行结转分步法，又称不计算半成品成本的分步法，是指产品的各生产步骤只归集本步骤发生的生产费用和本步骤生产费用应计入产成品成本的份额，而后将各步应计入产成品成本的份额汇总计算产成品成本的方法。

2. 平行结转分步法的适用范围

平行结转分步法适用于大量、大批多步骤生产，特别是装配式多步骤生产，也适用于连续式多步骤生产。该方法一般应在半成品种类较多，逐步结转半成品成本的工作量较大，管理上又不要求提供各步骤半成品成本资料的情况下采用。

在采用分步法计算成本的大量、大批多步骤生产中，有的产品生产过程，首先是对各种原材料平行地进行连续加工，成为各种半成品（零件和部件），然后再装配成各种产成品。例如，机械制造企业的车间一般按生产工艺过程设置，设有铸工、锻工、加工、装配等车间。铸工车间利用生铁、钢、铜等各种原料熔铸各种铸件，锻工车间利用各种外购钢材锻造各种锻件，铸件和锻件都是用来进一步加工的毛坯。加工车间对各种铸件、锻件、外购半成品和外购材料进行加工，制造各种产品的零件和部件；然后转入装配车间进行装配，生产各种机械产品。在这类生产企业中，各生产步骤所产半成品的种类很多，但半成品外售的情况却较少，在管理上不要求计算半成品成本。因而，为了简化和加速成本计算工作，在计算产品成本时.可以不计算各步骤所产半成品成本，也不计算各步骤所耗上一步骤的半成品成本（即各步骤之间不结转半成品成本）。

3. 平行结转分步法的特点

(1) 采用这一方法，各生产步骤不计算半成品成本，只计算本步骤所发生的生产费用。除第一步骤生产费用中包括所耗用的原材料和各项加工费用外，其他各步骤只计算本步骤发生的各项加工费用。

(2) 采用这一方法，各步骤之间不结转半成品成本。不论半成品实物是在各生产步骤之间直接转移，还是通过半成品库收发，都不进行总分类核算。也就是说，半成品成本不随半成品实物转移而结转。

(3) 为了计算各生产步骤发生的费用中应计入产成品成本的份额，必须将每一生产步骤发生的费用划分为耗用于产成品部分和尚未最后制成的在产品部分。这里的在产品包括：① 尚在本步骤加工中的在产品；② 本步骤已完工转入半成品库的半成品；③ 已从半成品库转到以后各步骤进一步加工、尚未最后制成的半成品。这是就该生产步骤的广义在产品而言的。

(4) 将各步骤费用中应计入产成品的份额，平行结转、汇总计算该种产成品的总成本和单位成本。

4. 平行结转分步法的成本核算程序

(1) 按产品的生产步骤设置基本生产成本明细账。在基本生产成本明细账中按成本项目设置专栏。对于有月初在产品成本的产品，还应在产品成本明细账中登记月初在产品的成本。

（2）本月费用的横向分配，确定产品的各生产步骤的本月生产费用。编制本月各种费用分配表，并登记相关的成本、费用明细账。生产费用的分配归集包括要素费用、辅助生产费用、制造费用等。在进行成本计算时，应按产品的生产步骤分配和归集生产费用，单设成本项目的直接计入费用，直接计入各成本计算对象；单设成本项目的间接计入费用，单独分配后记入各成本计算对象；不单设成本项目的费用，一般是先按车间、部门或者费用用途，归集为综合费用，月末再直接计入或者分配计入各成本计算对象。

（3）基本生产成本明细账所归集的生产费用纵向分配。月末，各步骤生产费用需要在完工产成品和该步骤广义在产品之间进行分配。在实际工作中，在产品通常采用定额成本计价法或定额比例法。这是因为采用这两种方法，作为分配费用标准的定额资料比较容易取得。如产成品的定额消耗量或定额费用，可以根据产成品数量乘以消耗定额或费用定额计算。在产品的定额消耗量或定额费用，由于广义在产品的实物分散在各生产步骤和半成品库，具体的盘存、计算工作比较复杂，但可以采用倒挤法计算，因而也较简便。如果消耗定额或费用定额准确，这种方法的分配结果也比较合理。在实务操作中，也有企业采用约当产量法计算分配。

（4）将各步骤费用中应计入产成品的份额，平行结转、汇总计算该种产成品的总成本和单位成本。平行结转分步法的成本核算程序如图 7-8 所示。

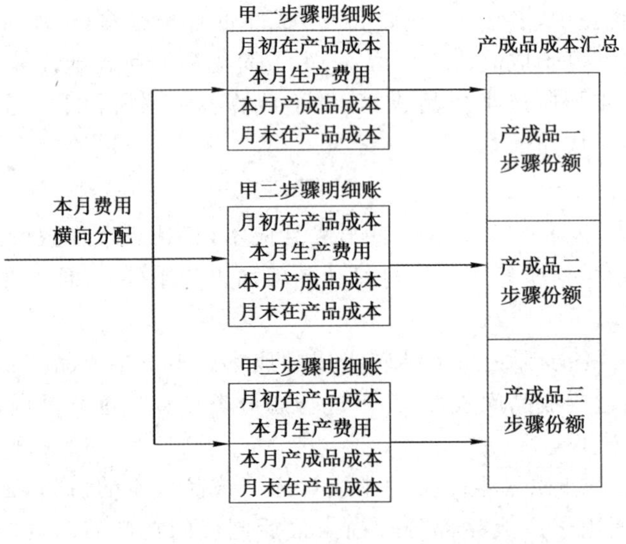

图 7-8　平行结转分步法的成本核算程序

（二）平行结转分步法的成本核算举例

月末，各步骤生产费用需要在完工产成品和该步骤广义在产品之间进行分配。采用约当产量法时，首先需要计算完工产成品和该步骤广义在产品的约当产量（相当于该步骤半成品数量），其中需要计算该步骤月末狭义在产品的约当产量，月末狭义在产品数量按照本步骤完工程度折算分配加工费的约当产量，按照本步骤投料程度折算分配直接材料的约当产量。计算公式如下：

$$\text{产成品某步骤约当产量}=\frac{\text{产成品}}{\text{数量}}\times\frac{\text{单位产成品耗用}}{\text{本步骤半成品数量}}$$

$$\frac{\text{某步骤月末广义}}{\text{在产品约当产量}}=\frac{\text{本步骤月末狭义}}{\text{在产品约当产量}}+\frac{\text{本步骤以后某步骤}}{\text{月末在产品约当产量}}+\frac{\text{本步骤及以后某步骤}}{\text{月末半成品约当产量}}$$

$$\text{本步骤月末狭义在产品约当产量}=\frac{\text{本步骤月末}}{\text{在产品数量}}\times\frac{\text{在产品本步}}{\text{骤完工程度}}$$

$$\frac{\text{本步骤以后某步骤}}{\text{月末在产品约当产量}}=\sum\left(\frac{\text{本步骤以后某步骤}}{\text{月末在产品数量}}\times\frac{\text{单位该步骤产品耗用}}{\text{本步骤半成品数量}}\right)$$

$$\frac{\text{本步骤及以后某步骤}}{\text{月末半成品约当产量}}=\sum\left(\frac{\text{本步骤及以后步骤}}{\text{月末半成品数量}}\times\frac{\text{单位该步骤半成品耗}}{\text{用本步骤半成品数量}}\right)$$

$$\text{某步骤总约当产量}=\frac{\text{产成品该步}}{\text{骤约当产量}}+\frac{\text{该步骤月末广义}}{\text{在产品约当产量}}$$

$$\text{某步骤单位半成品某成本项目费用}=\frac{\dfrac{\text{该步骤月初在产品}}{\text{该成本项目费用}}+\dfrac{\text{该步骤本月该}}{\text{成本项目费用}}}{\text{该步骤总约当产量}}$$

$$\text{某步骤应计入产成品成本的某成本项目费用}=\frac{\text{产成品该步}}{\text{骤约当产量}}\times\frac{\text{该步骤单位半成品}}{\text{该成本项目费用}}$$

$$\text{某步骤月末广义在产品的某成本项目费用}=\frac{\text{该步骤月末广义}}{\text{在产品约当产量}}\times\frac{\text{该步骤单位半成品}}{\text{该成本项目费用}}$$

这种计算约当数量的方法也称为月末法，还可以采用月初法来计算某步骤总约当数量，其计算公式如下：

$$\frac{\text{本步骤以后某步骤}}{\text{月初在产品约当产量}}=\sum\left(\frac{\text{本步骤以后某步骤}}{\text{月初在产品数量}}\times\frac{\text{单位该步骤产品耗用}}{\text{本步骤半成品数量}}\right)$$

$$\frac{\text{本步骤及以后某步骤}}{\text{月初半成品约当产量}}=\sum\left(\frac{\text{本步骤及以后步骤}}{\text{月初半成品数量}}\times\frac{\text{单位该步骤半成品耗}}{\text{用本步骤半成品数量}}\right)$$

$$\frac{\text{某步骤总}}{\text{约当产量}}=\frac{\text{本步骤以后某步骤}}{\text{月初在产品约当产量}}+\frac{\text{本步骤及以后某步骤}}{\text{月初半成品约当产量}}+\frac{\text{本步骤月末狭义}}{\text{在产品约当产量}}+\frac{\text{本步骤本月}}{\text{半成品数量}}$$

【例 7-6】 某公司甲产品生产属于大量、大批连续式多步骤生产，由三个车间分三个步骤加工而成。第一车间加工的 A 半成品为第二车间所用，第二车间加工的 B 半成品为第三车间所用，第三车间加工制成甲产成品。原材料系生产开始时一次投入，单位各步骤产品耗用上步骤一件半成品，各步骤半成品在步骤之间直接移交，各步骤狭义在产品的本步骤加工程度为 50%，基本生产成本账面费用分配采用约当产量法。20××年 6 月份有关生产资料见表 7-23。

表 7-23　各步骤生产数量记录　　单位：件

甲产品	一步骤	二步骤	三步骤
月初在产品数	40	60	20
本月投产数	160	140	180
本月完工数	140	180	160
月末在产品数	60	20	40

根据本月各种费用分配表和其他有关资料，将甲产品各步骤的本月生产费用按成本项目登记产品成本明细账。

甲产品各步骤在6月发生的直接计入费用直接计入，间接计入费用在甲产品各步骤之间分配后登记产品成本明细账，登记结果见表7-11。本月生产费用分配会计分录见例7-3 。

根据上月产品成本明细账和本月各种费用分配表，登记产品成本明细账的月初在产品成本和本月生产费用发生额。甲产品各步骤产品成本明细账见表7-24～表7-26。

表7-24 第一步骤产品成本明细账 金额单位:元

摘要	直接材料	直接人工	制造费用	合计
月初在产品成本	1 200	520	1 000	2 720
本月本步骤发生费用	1 600	730	1 500	3 830
账面累计费用	2 800	1 250	2 500	6 550
完工产品数量/件	160	160	160	—
月末在产品约当产量/件	120	90	90	—
约当总产量/件	280	250	250	—
完工半成品单位成本	10	5	10	25
完工产品成本	1 600	800	1 600	4 000
月末在产品成本	1 200	450	900	2 550

一步骤广义在产品分配直接材料的约当产量＝60×100％＋20＋40＝120(件)。

一步骤分配直接材料的总约当产量:

月末法＝120＋160＝280(件)。

月初法＝(60＋20)＋140＋60×100％＝280(件)。

一步骤单位半成品直接材料费用$=\frac{1\ 200+1\ 600}{280}=10$(元)。

一步骤应计入产成品成本的直接材料费用＝160×10＝1 600(元)。

一步骤广义在产品分配直接材料费用＝120×10＝1 200(元)。

一步骤广义在产品分配加工费的约当产量＝60×50％＋20＋40＝90(件)。

一步骤分配加工费的总约当产量:

月末法＝90＋160＝250(件)。

月初法＝(60＋20)＋140＋60×50％＝250(件)。

一步骤单位半成品直接人工费用$=\frac{520+730}{250}=5$(元)。

一步骤应计入产成品成本的直接人工费用＝160×5＝800(元)。

一步骤广义在产品分配直接人工费用＝90×5＝450(元)。

一步骤单位半成品制造费用$=\frac{1\ 000+1\ 500}{250}=10$(元)。

一步骤应计入产成品成本的制造费用＝160×10＝1 600(元)。

一步骤广义在产品分配制造费用＝90×10＝900(元)。

表 7-25　第二步骤产品成本明细账　　金额单位:元

摘要	直接材料	直接人工	制造费用	合计
月初在产品成本	—	270	500	770
本月本步骤发生费用	—	780	1 600	2 380
账面累计费用	—	1 050	2 100	3 150
完工产品数量/件	—	160	160	—
月末在产品约当产量/件	—	50	50	—
约当总产量/件	—	210	210	—
完工半成品单位成本	—	5	10	15
完工产品成本	—	800	1 600	2 400
月末在产品成本	—	250	500	750

二步骤广义在产品分配加工费的约当产量＝20×50％＋40＝50(件)。

二步骤分配加工费的总约当产量:

月末法＝50＋160＝210(件)。

月初法＝20＋180＋20×50％＝210(件)。

表 7-26　第三步骤产品成本明细账　　金额单位:元

摘要	B半成品	直接人工	制造费用	合计
月初在产品成本	—	100	120	220
本月本步骤发生费用	—	1 340	1 680	3 020
账面累计费用	—	1 440	1 800	3 240
完工产品数量/件	—	160	160	—
月末在产品约当产量/件	—	20	20	—
约当总产量/件	—	180	180	—
完工产品单位成本	—	8	10	18
完工产品成本	—	1 280	1 600	2 880
月末在产品成本	—	160	200	360

三步骤广义在产品分配加工费的约当产量＝40×50％＝20(件)。

三步骤分配加工费的总约当产量＝20＋160＝180(件)。

根据甲产品三个步骤产品成本明细账中计算出的本月完工产品成本,汇总编制 6 月甲产品成本汇总表,在基本生产明细账中转出该品种本月完工产品成本,见表 7-27。

表 7-27　甲产品成本汇总表　　金额单位:元

成本结构	直接材料	直接人工	制造费用	合计
一步骤费用	1 600	800	1 600	4 000
二步骤费用	—	800	1 600	2 400
三步骤费用	—	1 280	1 600	2 880
完工产品总成本	1 600	2 880	4 800	9 280
完工产品单位成本	10	18	30	58

根据第三车间的完工产品交库单(单中列示交库数量和第三车间产品成本明细账中完工转出的甲产品单位成本),编制结转甲产品完工产品成本会计分录:

借:库存商品——甲产品	9 280	
贷:基本生产成本——甲一步骤		4 000
——甲二步骤		2 400
——甲三步骤		2 880

(三)平行结转分步法的优缺点

1. 平行结转分步法的优点

平行结转分步法与逐步结转分步法相比较,具有以下优点:

(1) 采用这一方法,各步骤可以同时计算产品成本,然后将应计入完工产品成本的份额平行结转、汇总计入产成品成本,不必逐步结转半成品成本,从而可以简化和加速成本计算工作。

(2) 采用这一方法,一般是按成本项目平行结转、汇总各步骤成本中应计入产成品成本的份额,因而能够直接提供按原始成本项目反映的产成品成本资料。不必进行成本还原,省去了大量烦琐的计算工作。

2. 平行结转分步法的缺点

这一方法各步骤不计算也不结转半成品成本,因而存在以下缺点:

(1) 不能提供各步骤半成品成本资料及各步骤所耗上一步骤半成品费用资料,因而不能全面地反映各步骤生产耗费的水平,不利于各步骤的成本管理。

(2) 由于各步骤间不结转半成品成本,使半成品实物转移与费用结转脱节,因而不能为各步骤在产品的实物管理和资金管理提供资料。

从以上对比分析中可以看出.平行结转分步法的优缺点正好与逐步结转分步法的优缺点相反。在采用平行结转分步法时,应注意以下两点:

(1) 加强各步骤在产品收发结存的数量核算,以便为在产品的实物管理和资金管理提供资料。

(2) 加强各步骤废品损失的核算和在产品的清查工作,以便及时发现在产品的报废、短缺、毁损情况,及时反映在产品加工报废、盘亏、毁损造成的损失,以弥补平行结转分步法由于在产品费用结转与实物转移脱节所产生的缺点。

四、逐步结转分步法与平行结转分步法的比较

逐步结转分步法与平行结转分步法虽都属于分步法,但二者之间有许多不同之处,主要表现在以下几方面:

(1) 成本计算程序不同。逐步结转分步法在计算成本时,是按产品的生产过程逐步计算并结转半成品成本,直至最后步骤计算出完工产成品成本。平行结转分步法各步骤只计算该步骤应计入产成品成本的份额,将各步骤应计入产成品成本的份额平行汇总,计算出完工产成品的成本。

(2) 各步骤所计算的费用不同。逐步结转分步法下,每一步骤的费用中既包括本步骤发生的加工费用,也包括上一步骤转入的半成品的成本。平行结转分步法下,各步骤的费

用中，除第一步骤外，只包括本步骤发生的加工费用。

(3) 完工产品的概念不同。逐步结转分步法下的完工产品不仅包括最后步骤完工的产成品，还包括各步骤完工的半成品。平行结转分步法下的完工产品只包括最后步骤完工的产成品。

(4) 在产品的概念不同。逐步结转分步法下的在产品，是狭义的在产品。平行结转分步法下的在产品，是广义的在产品。

(5) 成本与实物关系体现不同。在逐步结转分步法下，成本的结转与实物的转移是相一致的，即半成品实物转入某个步骤，其成本也转入某个步骤。平行结转分步法下，成本的结转与实物的转移是脱节的，当半成品转入下一步骤加工时，其成本并不转入下一步骤。

练习与思考

一、单项选择题

1. 工业企业的生产组织类型和管理要求对产品成本计算的影响，主要表现在(　　)。

A. 完工产品与在产品之间分配费用的方法　　B. 成本计算期的确定

C. 间接费用分配方法的确定　　D. 成本计算对象的确定

2. 成本还原的对象是(　　)。

A. 产成品成本

B. 半成品所耗上步骤半成品的综合成本

C. 产成品所耗上步骤半成品的综合成本

D. 产成品所耗各步骤半成品的综合成本

3. 在逐步结转分步法下，完工产品与在产品之间的费用分配，是指在(　　)之间的费用分配。

A. 产成品与该步骤月末广义在产品

B. 半成品与月末广义在产品

C. 产成品与该步骤月末狭义在产品

D. 前面各步骤是半成品与月末狭义在产品，最后步骤是产成品与月末狭义在产品

4. 分项结转分步法的缺点是(　　)。

A. 成本结转工作比较复杂　　B. 需要进行成本还原

C. 不能提供原始项目的成本资料　　D. 不便于加强各生产步骤的成本管理

二、多项选择题

1. 在产品成本计算过程中存在的成本计算对象有(　　)。

A. 产品品种　　B. 产品类型

C. 产品批别　　D. 产品生产步骤

2. 下列产品成本计算方法中，属于产品成本计算的基本方法有(　　)。

A. 分类法　　B. 分批法　　C. 分步法　　D. 品种法

3. 平行结转分步法的适用情况是(　　)。

A. 半成品对外销售

B. 半成品不对外销售

C. 管理上不要求提供各步骤半成品资料

D. 半成品种类较多,逐步结转半成品成本工作量较大

4. 采用简化分批法,要求(　　)。

A. 必须设立基本生产二级账　　B. 不分批计算在产品成本

C. 必须计算累计间接计入费用分配率　　D. 分批计算在产品成本

5. 采用分批法计算产品成本时,如果批内产品跨月陆续完工的情况不多,则先计算完工产品成本时,可以采用(　　)。

A. 定额单位成本　　B. 计划单位成本

C. 实际单位成本　　D. 最近一期相同产品的实际单位成本

三、判断题

1. 在所有的成本计算方法中,品种法是最基本的方法,计算出每种产品的完工产品成本是企业进行成本计算的最终目的。(　　)

2. 在大量、大批生产中,由于产品生产连续不断地进行着,因而产品成本计算要定期在每月月末进行,与产品的生产周期保持一致。(　　)

3. 从产品生产工艺过程看,单步骤生产的工艺过程不能间断,因而不可能也不需要按照生产步骤计算产品成本,只能按照生产产品的品种计算成本。(　　)

4. 采用平行结转分步法,不论半成品是在各生产步骤之间直接结转还是通过半成品库收发,都不通过自制半成品科目进行总分类核算。(　　)

5. 采用逐步结转分步法计算成本时,各步骤的费用由两部分组成,一部分是本步骤发生的费用,另一部分是上一步骤转入的半成品成本。(　　)

四、业务题

1. 某企业按照客户要求,小批生产甲、乙两种产品,该企业5月份各批产品的资料见表7-28、表7-29。

表7-28　产品生产记录

批号	产品名称	产量/件	开工日期	完工日期
408	甲	20	4月	本月全部完工
409	乙	8	5月	本月完工5件,其定额工时3 200小时

表7-29　本月生产费用和生产工时

批号	产品名称	直接材料/元	生产工时/小时	直接人工/元	制造费用/元
408	甲	4 000	1 000		
409	乙	14 000	4 000		
合计			5 000	30 000	60 000

乙产品月末在产品的直接材料按定额成本计价，假设乙产品的月末在产品直接材料定额成本 2 000 元，乙产品月末在产品耗用定额工时 800 小时。直接人工和制造费用按定额工时比例分配。甲产品月初累计费用见产品成本明细账见表 7-30、表 7-31。

表 7-30　产品成本明细账

工作批号：408　　　　　　　　　　　　　　　　开工时期：2022 年 4 月

产品名称：甲产品　　　　　　产量：20 件　　　　　　完工日期：2022 年 5 月

月	日	摘 要	直接材料	直接人工	制造费用	合 计
4	30	月末在产品费用	1 000	8 000	4 000	13 000
5	31	本月生产费用	4 000			
5	31	生产费用累计	5 000			
5	31	完工转出产成品成本(20 件)	5 000			
5	31	完工产品单位成本				

表 7-31　产品成本明细账

工作批号：409　　　　　　　　　　　　　　　　开工时期：2022 年 5 月

产品名称：乙产品　　　　　　产量：8 件　　　　　　完工日期：2022 年 5 月完工 5 件

月	日	摘 要	直接材料	直接人工	制造费用	合 计
5	31	本月生产费用	14 000			
5	31	完工转出产成品成本(5 件)				
5	31	完工产品单位成本				
5	31	月末在产品费用	2 000			

要求：

(1) 计算本月直接人工和制造费用分配率(列出计算式)。

(2) 登记各批产品成本明细账，计算各批完工产品成本。

2. 资料：某企业成批生产多种产品，为简化核算，采用简化的分批法进行成本计算。

(1) 6 月份有关成本计算资料见表 7-32。

表 7-32　产品成本资料

批号	产品	批量/件	投产日期	完工日期
9801	A 产品	100	1 月 6 日	6 月 20 日
9802	B 产品	40	2 月 24 日	6 月 25 日
9803	C 产品	200	3 月 5 日	未完工
9804	D 产品	20	4 月 6 日	未完工
9806	E 产品	80	6 月 10 日	未完工

(2) 月初在产品成本。6 月初在产品成本为 1 340 000 元，其中直接材料 800 000 元(9801 批次 400 000 元，9802 批次 160 000 元，9803 批次 200 000 元，9804 批次 40 000 元)，直接人工 295 000 元，制造费用 245 000 元。月初在产品累计生产工时为 100 000 小时，其中

9801 批次 34 000 小时，9802 批次 28 000 小时，9803 批次 32000 小时，9804 批次 6 000 小时。

(3) 本月发生生产费用。本月发生直接材料费 200 000 元，全部为 9806 批次 E 产品所耗用，本月发生直接人工 84 200 元，制造费用 59 624 元，本月实际生产工时为 26 400 小时，其中 9801 批次 6 000 小时，9802 批次 4 000 小时，9803 批次 7 000 小时，9804 批次 5 000 小时，9806 批次 4 400 小时。

要求：开设基本生产二级账和按产品批次设置的产品成本明细账并登记。

3. 资料：某厂生产的甲产品顺序经过第一、第二和第三共三个基本生产车间加工，第一车间完工产品为 A 半成品，完工后全部交第二车间继续加工；第二车间完工产品为 B 半成品，完工后全部交第三车间继续加工；第三车间完工产品为甲产品产成品。甲产品原材料在第一车间生产开始时一次投入，各车间的工资和费用发生比较均衡，月末在产品完工程度均为 50%。本月有关成本计算资料见表 7-33、表 7-34。

表 7-33　生产数量资料

项　目	第一车间	第二车间	第三车间
月初在产品	50	100	200
本月投入或上步转入	550	500	500
本月完工转入下步或交库	500	500	550
月末在产品	100	100	150

表 7-34　生产费用资料

项　目	第一车间	第二车间	第三车间
月初在产品成本	36 250	130 000	400 000
其中：直接材料(半成品)	25 000	95 000	330 000
直接人工	6 250	20 000	40 000
制造费用	5 000	15 000	30 000
本月本步发生生产费用	511 250	350 000	367 500
其中：直接材料	275 000		
直接人工	131 250	200 000	210 000
制造费用	105 000	150 000	157 500

要求：

(1) 根据资料采用逐步结转分步法(综合结转方式)计算甲产品及其 A 半成品、B 半成品成本(月末在产品成本按约当产量法计算)，编制结转完工产成品的会计分录。

(2) 进行成本还原。

4. 资料：某企业生产的甲产品顺序经过第一、第二和第三三个基本生产车间加工，原材料在第一车间生产开始时一次投入，各车间工资和费用发生比较均衡，月末本车间在产品完工程度均为 50%，本月有关成本计算资料见表 7-35、表 7-36。

表 7-35　生产数量资料

项　　目	第一车间	第二车间	第三车间
月初在产品	50	100	200
本月投入或上步转入	550	500	500
本月完工转入下步或交库	500	500	550
月末在产品	100	100	150

表 7-36　生产费用资料

项　　目	第一车间	第二车间	第三车间
月初在产品成本	321 250	175 000	70 000
其中:直接材料(半成品)	175 000		
直接人工	81 250	100 000	40 000
制造费用	65 000	75 000	30 000
本月本步发生生产费用	511 250	350 000	367 500
其中:直接材料	275 000		
直接人工	131 250	200 000	210 000
制造费用	105 000	150 000	157 500

要求:根据资料采用平行结转分步法计算甲产品成本,根据产品成本计算汇总表编制会计分录。

五、思考题

1. 企业生产特点和管理要求对产品成本计算的影响,主要表现在哪些方面?
2. 产品成本计算的基本方法有哪些?其特点是什么?
3. 什么是产品成本计算的品种法?其特点和适用范围是什么?
4. 试述品种法的计算程序。
5. 什么是产品成本计算的分批法?其特点和适用范围是什么?
6. 试述简化的分批法的特点和适用范围。
7. 什么是产品成本计算的分步法?其特点和适用范围是什么?
8. 逐步结转分步法的特点、优缺点和适用范围是什么?
9. 按计划成本综合结转半成品成本有什么优点?
10. 什么是成本还原?如何进行成本还原?
11. 平行结转分步法的特点、计算程序、适用范围和优缺点是什么?
12. 简述逐步结转分步法与平行结转分步法的比较。

第八章　变动成本法

【学习目标】 通过本章的学习，熟悉变动成本法的概念，掌握变动成本法的理论依据；掌握变动成本法和完全成本法的区别和联系，理解变动成本法的优点和缺点，并掌握两种成本法的结合应用。

第一节　变动成本法与完全成本法概述

一、完全成本法概述

（一）完全成本法的概念

完全成本法亦称“全部成本法”、“归纳成本法”或“吸收成本法”，是指在组织常规的成本计算过程中，以成本按其经济用途分类为前提条件，将全部生产成本作为产品成本的构成内容，只将非生产成本作为期间成本，并按传统式损益确定程序计量损益的一种成本计算模式。

（二）完全成本法的特点

完全成本法就是在计算产品成本和存货成本时，把一定期间内在生产过程中所消耗的直接材料、直接人工、变动制造费用和固定制造费用全部都归纳到产品成本和存货成本中去。在完全成本法下，单位产品成本受产量的直接影响，产量越大，单位产品成本越低，这能刺激企业提高产品生产的积极性。与变动成本法相比，完全成本法有以下特点：

(1) 完全成本法下的产品成本是财务会计上的产品成本。完全成本法下的产品成本是财务会计上进行产品成本、企业损益以及存货成本核算的成本，属于财务成本。

(2) 成本的本质属性是费用归属性。完全成本法从生产的观点以及经济的用途出发考虑产品成本，此时：

$$单位产品成本＝单位变动成本＋单位固定成本$$

(3) 完全成本法下，固定制造费用被认为是可能在将来获取收益的资产，把它当成产品生产成本的构成部分。

二、变动成本法概述

（一）变动成本法的概念

变动成本法又称为直接成本法或边际成本法，是指在组织常规的产品成本计算过程中，以成本性态分析为前提，只将变动生产成本作为产品成本的构成内容，而将固定生产成本及非生产成本作为期间成本，按贡献式损益确定程序计量损益的一种成本计算模式。

变动成本法是将一定时期所发生的成本按照其成本性态分为变动成本和固定成本两大类，其中变动成本又分为变动生产成本和变动非生产成本，而将变动非生产成本和固定成本全部作为期间成本，即变动成本法将直接材料、直接人工和变动制造费用作为产品成本，而把固定制造费用作为期间成本。可见在管理会计中，产品成本只包括变动成本，不包括固定成本，把固定成本当作期间成本，从当期的销售收入中一次性扣除。当然，变动成本法下的存货成本中也不包括固定成本。

（二）变动成本法的特点

（1）变动成本法以成本性态分析为基础计算产品成本。变动成本法下，产品的制造成本按成本性态划分为变动制造费用和固定制造费用两部分。管理会计学理论认为，变动制造费用才构成产品成本，而固定制造费用应当作为期间成本处理。

（2）变动成本法强调不同性态的制造费用在补偿方式上存在差异。管理会计理论认为：

① 产品的成本，与企业的经营状况有关，应在营业收入中得到补偿。

② 固定制造费用，只与企业的经营有关，与特定产品的销售行为无关，应在同期收益中得到补偿。

（3）变动成本法关注的核心是贡献边际，而非产品的营业利润。贡献边际与营业利润的关系：

营业收入－销售产品的变动生产成本＝贡献边际

贡献边际－期间成本＝营业利润

（4）变动成本法强调销售环节对企业利润的贡献。

（三）变动成本法的作用

（1）提供每种产品的盈利能力资料。每种产品的盈利能力是企业利润规划和经营管理中许多重要决策的依据，而每种产品的盈利能力可通过其“贡献边际”即各种产品对企业最终利润所作贡献的大小来体现，而产品贡献的确定有赖于变动成本的计算。

（2）为正确地制定经营决策以及进行成本的计划和控制，提供许多有价值的资料。以贡献边际分析为基础，进行盈亏临界点和本量利分析，以揭示产量与成本变动的内在规律，并用于前景预测、未来规划以及短期经营决策。

（3）变动成本计算便于和标准成本、弹性预算和责任会计等直接结合，在计划和日常控制的各个环节发挥重要作用。变动成本与固定成本具有不同的成本性态，对于变动成本可通过指定标准成本和建立弹性预算进行日常控制和评价。

三、变动成本法的理论前提

管理会计理论认为：在进行产品成本计算、界定产品成本与期间费用时，必须摆脱传统财务会计思维定位束缚，重新认识产品成本和期间成本的本质。按照管理会计对产品成本和期间成本的定义，产品成本只包括变动生产成本，固定生产成本作为期间成本，这就是变动成本法的理论前提。

理解管理会计的理论前提，需要回答三个问题：

（一）重新认识产品成本和期间成本的概念

1. 管理会计学对产品成本的重新认识

在完全成本法下，计算产品成本时，把一定期间内在生产过程中所消耗的直接材料、直接人工、变动制造费用和固定制造费用全部归纳到产品成本中。

按照管理会计学的解释，产品成本是指那些在生产过程中发生的，随着产品实体的流动而流动，随着产品产量的变动而变动，只有当产品实现销售收入时才能与相关收入实现配比、得到补偿的那部分成本。

2. 管理会计学对期间成本的重新认识

按照财务会计学的解释，期间成本是指在一定期间必须得到补偿的销售费用、管理费用和财务费用的总和。在财务会计学上，期间成本称为期间费用。

按照管理会计学的解释，期间成本是指不随着产品实体的流动而流动，而是随企业生产经营持续期间的长短而增减，产生的效益随时间的推移而消逝，不应递延到下一个会计期间，而应当在费用发生的当期全额列入损益表，由当期收入减除的费用。

（二）产品成本只包括变动生产成本

管理会计学理论认为，特定环境下，人们从事生产活动结果的产品与其成本之间必然存在密切的依存关系。

从定性角度看，一方面，产品是产品成本的物质承担者，没有产品实体，产品成本就失去了承载对象；另一方面，没有费用消耗和成本发生，也就不可能形成产品。

从定量的角度看，在相关范围内，产品成本数额的多少与产品产量的大小密切相关。在产品工艺没有发生实质性变化、成本水平保持不变的条件下，产品成本总额应当随着产品的产量成正比例变动。因此，只有变动生产成本才能构成产品成本的内容。

（三）固定制造费用作为期间成本

产品是生产过程的结果，但是并非所有生产成本都应当构成产品成本的内容。因为生产成本中包括固定制造费用，在一定范围内，固定制造费用的发生与实际产品产量的多少或有无并没有因果关系，不会随产量的提高而增加，也不会随产量的下降而减少。当期产量为零时，没有了产品（产品成本的物质承担者），但固定制造费用仍然发生。

固定制造费用是企业定期提供一定的生产经营条件并保持生产能力而发生的费用，它随企业生产经营持续期间的长短而增减，产生的效益随时间的推移而消逝，不应递延到下一个会计期间，而应当在费用发生的当期全额列入损益表，作为当期收益的减除项目。

管理会计学认为，固定制造费用只是定期地创造了可供企业利用的生产能量，因而与期间成本的关系更为密切。它与销售费用、管理费用和财务费用等非生产成本一样，只是定期地创造了维持企业经营的必要条件，具有特点的时效性。这种时效性表现在：不管这些能量和条件是否被当期有效利用，这种成本发生额都不会受到丝毫影响，其效益会随着时间的推移而逐渐消失，不能递延到下期。

综上所述，在变动成本法下，产品成本只包括变动生产成本，固定制造费用与非生产成本均作为期间成本处理。

第二节　变动成本法与完全成本法的区别

变动成本法与完全成本法不同，二者有明显的区别，主要表现在六个方面。

一、应用的前提条件不同

变动成本法首先要求进行成本性态分析，将全部成本划分为变动成本和固定成本两部分，其中直接材料和直接人工为变动成本；属于混合成本性质的制造费用按与业务量变动的关系分解为变动制造费用和固定制造费用两部分。销售费用、管理费用同样也要分解为变动和固定两部分。

完全成本法首先要求把全部成本按其发生的领域或经济用途分类，分为生产成本和非生产成本两类。完全成本法下，将生产成本（变动成本和固定成本）全部计入当期产品成本中。所以，应用全部成本法时，不需要划分固定成本和变动成本之间的界限，更不需要对混合成本进行分解，只需要将成本归总就可以了。

二、产品成本及期间成本的构成内容不同

（一）产品成本构成内容不同

在产品成本的构成内容上，变动成本法和完全成本法的主要区别在于固定制造费用处理的不同。

在变动成本法下，产品的成本划分依据是成本与业务量依存关系的成本性态，产品成本只包括变动生产成本，即由直接材料、直接人工和变动制造费用构成。在完全成本法下产品成本划分依据是成本发生的领域，完全成本法下产品成本包括全部的生产成本，即产品成本由直接材料、直接人工和制造费用构成。产品成本项目构成内容见表 8-1。

表 8-1　变动成本法与完全成本法下产品成本构成内容

项目	变动成本法		完全成本法	
产品成本构成内容	变动生产成本	直接材料	生产成本	直接材料
		直接人工		直接人工
		变动制造费用		制造费用

（二）期间成本的构成内容不同

变动成本法，将固定制造费用、销售费用、管理费用和财务费用作为期间成本，从当期收益中一次性减除；而完全成本法，则将非生产成本——销售费用、管理费用和财务费用作为期间成本，从当期收益中一次性减除。期间成本项目构成内容见表 8-2。

表 8-2　变动成本法与完全成本法下期间成本构成内容

项目	变动成本法	完全成本法
期间成本构成内容	固定制造费用 管理费用 财务费用 销售费用	管理费用 财务费用 销售费用

下面结合实例运用变动成本法与完全成本法，分析产品成本及期间成本的不同。

【例 8-1】　两种成本法下产品成本和期间成本的计算。

已知：泰山公司只生产经营一种产品，投产后第 1 年有关的产销业务量、销售单价与成本资料见表 8-3。

表 8-3　资料

存货及单价		成本项目	变动性 /万元	固定性 /万元	合计/万元
期初存货量/件	0	直接材料	48 000		48 000
本期投产完工量/件	8 000	直接人工	24 000		24 000
本期销售量/件	6 000	制造费用	8 000	20 000	28 000
期末存货量/件	2 000	销售费用	1 200	2 000	3 200
销售单价/万元	20	管理费用	600	5 000	5 600
		财务费用	0	1 200	1 200

要求：分别用变动成本法和完全成本法计算泰山公司当期的产品成本和期间成本。

解　据表 8-3 资料，分别按变动成本法和完全成本法计算当期的产品成本和期间成本，见表 8-4。

表 8-4　产品成本及期间成本计算表　　单位：万元

成本	项目	变动成本法		完全成本法	
		总成本	单位成本	总成本	单位成本
产品成本（产量 8 000 件）	直接材料	48 000	6	48 000	6
	直接人工	24 000	3	24 000	3
	变动制造费用	8 000	1	8 000	1
	固定制造费用	—	—	20 000	2.5
	合计	80 000	10	100 000	12.5
期间成本	固定制造费用	20 000	—	—	—
	销售费用	3 200	—	3 200	—
	管理费用	5 600	—	5 600	—
	财务费用	1 200	—	1 200	—
	合计	30 000	—	10 000	—

本例计算结果表明，变动成本法下确定的产品总成本与单位成本要比完全成本法下的相应数值低；而变动成本法下的期间成本却高于完全成本法的期间成本，这种差异来自两种成本计算法对固定制造费用的不同处理方法。

三、销货成本及存货成本的水平不同

当期末存货量和本期销货量均不为零时，本期发生的产品成本最终表现为销货成本和存货成本。在变动成本法下，固定制造费用作为期间成本直接计入当期利润表，因而没有转化为销货成本或存货成本的可能。在完全成本法下，因为固定制造费用计入产品成本，所以当期末存货存在时，本期发生的固定制造费用需要在本期销货和期末存货之间分配，使得两种成本方法所确定的销货成本及存货成本水平不同。下面结合实例，运用变动成本法与完全成本法，分析销货成本及存货成本水平的不同。

【例 8-2】 两种成本法下销货成本和存货成本的计算。

泰山公司生产一种产品，本年生产 1 000 件，每件直接材料 20 元，每件直接人工 10 元，变动制造费用每件 6 元，固定制造费用总额 20 000 元，本年销售量 800 件。第二年生产 1 000 件，销售 1 100 件。第三年生产 1 000 件，销售 1 000 件。

要求：按变动成本法与完全成本法成本计算销货成本和存货成本。

解　按变动成本法与完全成本法成本计算单位产品成本，见表 8-5。

表 8-5　变动成本法与完全成本法单位成本比较　　单位：元

成本项目	变动成本法	完全成本法
直接材料	20	20
直接人工	10	10
变动制造费用	6	6
固定制造费用	—	20 000÷1 000=20
单位产品成本	36	56

计算销货成本和存货成本，见表 8-6。

由表 8-6 可以看出，完全成本法下的销货成本、期末存货成本包含固定制造费用；变动成本法下的销货成本、期末存货成本没有固定制造费用，变动成本法下的销货成本、期末存货成本必然小于完全成本法下的销货成本和期末存货成本。

四、销货成本的计算公式不完全相同

从理论上看，计算销货成本和期末存货成本可以采用以下一般公式计算：

本期销货成本＝期初存货成本＋本期发生的产品成本－期末存货成本

期末存货成本＝期末存货数量×本期单位产品成本

无论是变动成本法还是完全成本法，都可以按一般公式计算销货成本。采用该式，就意味着必须计算出期末存货成本后，才能计算本期销货成本。由于完全成本法和变动成本法在产品成本构成项目上的差异，二者在计算销货成本和期末存货成本时也不相同。

表 8-6　变动成本法与完全成本法的销货成本和存货成本比较计算表

金额单位:元

时间	产销量关系	序号	项目	变动成本法	完全成本法	差异
第一年	生产 1 000 件,销售 800 件,生产大于销售	①	期初存货成本	0	0	0
		②	本期产品成本	36×1 000=36 000	56×1 000=56 000	−20 000
		③=①+②	可供销售商品成本合计	36 000	56 000	−20 000
		④	期末存货量/件	200	200	0
		⑤=④×单位成本	期末存货成本	200×36=7 200	200×56=11 200	−4 000
		⑥=③−⑤	本期销货成本	36 000−7 200=28 800	56 000−11 200=44 800	−16 000
第二年	生产 1 000 件,销售 1 100 件,生产小于销售	①	期初存货成本	200×36=7 200	200×56=11 200	−4 000
		②	本期产品成本	36×1 000=36 000	56×1 000=56 000	−20 000
		③=①+②	可供销售商品成本合计	7 200+36 000=43 200	11 200+56 000=67 200	−24 000
		④	期末存货量/件	100	100	0
		⑤=④×单位成本	期末存货成本	100×36=3 600	100×56=5 600	−2 000
		⑥=③−⑤	本期销货成本	43 200−3 600=39 600	67 200−5 600=61 600	−22 000
第三年	生产 1 000 件,销售 1 000 件,生产等于销售	①	期初存货成本	100×36=3 600	100×56=5 600	−2 000
		②	本期产品成本	36×1 000=36 000	56×1 000=56 000	−20 000
		③=①+②	可供销售商品成本合计	3 600+36 000=39 600	5 600+56 000=61 600	−22 000
		④	期末存货量/件	100	100	0
		⑤=④×单位成本	期末存货成本	100×36=3 600	100×56=5 600	−2 000
		⑥=③−⑤	本期销货成本	39 600−3 600=36 000	61 600−5 600=56 000	−20 000

（一）变动成本法

由于期初单位存货成本＝本期单位产品成本＝期末单位存货成本＝$b_{产}$，所以，本期销货成本＝单位产品成本×本期销售量＝ $b_{产}x_{销}$。

如果有期初存货，则期初存货成本、本期销货成本、期末存货成本的计算公式如下：

$$期初存货成本=单位产品成本(b_{产})\times期初存货数量(x_{初})=b_{产}x_{初}$$

$$本期生产产品成本=单位产品成本(b_{产})\times本期生产量(x_{产})=b_{产}x_{产}$$

$$本期销售产品成本=单位产品成本(b_{产})\times本期销售数量(x_{销})=b_{产}x_{销}$$

$$期末结存存货成本=期初存货成本+本期生产产品成本-本期销售产品成本$$

$$=b_{产}x_{初}+b_{产}x_{产}-b_{产}x_{销}$$

（二）完全成本法

由于期初单位存货成本、本期单位产品成本、期末单位存货成本不一定相等，取决于前后期成本水平及生产量的变动，所以不能采用上述公式计算销货成本等，具体可采用以下公式计算：

$$期初存货单位成本(c_{初})=期初存货单位变动成本(b_{产})+期初存货单位固定制造费用(c_{a初})$$

$$期初存货总成本=期初存货单位成本(c_{初})\times期初存货数量(x_{初})$$

$$本期生产单位成本(c_{产})=本期生产单位变动成本(b_{产})+本期生产单位固定制造费用(c_{a产})$$

$$本期生产单位固定制造费用(c_{a产})=本期固定制造费用总额(a_{制})/本期生产量(x_{产})$$

本期销货成本、期末存货成本因发出存货计价方法不同而不同，具体为：

（1）先进先出法。

当本期销售量($x_{销}$)＞期初存金额数量($x_{初}$)或者本期生产量($x_{产}$)＞期末存货量($x_{末}$)时，期末结存为本期生产产品，则：

$$本期销售产品成本=c_{初}x_{初}+(b_{产}+c_{a产})(x_{销}-x_{初})$$

$$期末存货成本=(b_{产}+c_{a产})x_{末}$$

当本期销售量($x_{销}$)＜期初存金额数量($x_{初}$)或者本期生产量($x_{产}$)＜期末存货量($x_{末}$)时，本期销售产品均为期初结存部分，期末结存可能既包括期初存货，也包括本期生产产品，则：

$$本期销售产品成本=c_{初}x_{销}$$

$$期末存货成本=c_{初}(x_{初}-x_{销})+(c_{a产}+b_{产})x_{产}$$

（2）一次加权平均法。

$$一次加权平均单位成本(c_{权})=\frac{期初存货成本+本期生产成本}{期初存货量+本期生产量}$$

$$=\frac{c_{初}x_{初}+(c_{a产}+b_{产})x_{产}}{x_{初}+x_{产}}$$

$$本期销售产品成本=一次加权平均单位成本(c_{权})\times本期销售数量(x_{销})$$

$$期末存货成本=一次加权平均单位成本(c_{权})\times期末存货数量(x_{末})$$

【例 8-3】　承例 8-1，期初存货量 2 000 件，期初存货完全成本法下单位成本为 12 元，期初存货变动成本法下单位成本为 10 元。本期投产完工量 8 000 件，本期销售量 6 000 件，期末存货量 4 000 件。

① 变动成本法。

期初存货成本＝10×2 000＝20 000(元)。

本期生产产品成本＝(6＋3＋1)×8 000＝80 000(元)。

本期单位产品成本＝6＋3＋1＝10(元)。

本期销售产品成本＝10×6 000＝60 000(元)。

期末存货成本＝10×4 000＝40 000(元)。

② 完全成本法(先进先出法)。

期初存货成本＝12×2 000＝24 000(元)。

本期生产产品成本＝(6＋3＋1)×8 000＋20 000＝100 000(元)。

本期单位产品成本＝10＋20 000÷8 000＝12.5(元)。

本期销售产品成本＝12×2 000＋12.5×(6 000－2 000)＝74 000(元)。

期末存货成本＝12.5×4 000＝50 000(元)。

③ 完全成本法(一次加权平均法)。

期初存货成本＝12×2 000＝24 000(元)。

本期生产产品成本＝(6＋3＋1)×8 000＋20 000＝100 000(元)。

一次加权平均单位成本＝(24 000＋100 000)÷(2 000＋8 000)＝12.4(元)。

本期销售产品成本＝12.4×6 000＝74 400(元)。

期末存货成本＝12.4×4 000＝49 600(元)。

由以上分析可以看出，变动成本法本期销售产品成本随本期销量成正比例变化；完全成本法下本期销售产品成本水平受到期初存货量、本期生产量、本期销售量、期末存货量、产品单位成本以及存货计价方法的影响。

五、损益确定程序不同

由于两种成本法的损益确定程序不同，因此它们所使用的利润表格式存在一定的区别。变动成本法使用贡献式利润表，完全成本法使用传统式利润表。不同的利润表还可以提供不同的中间指标。如贡献式利润表能够提供“贡献边际”指标，传统式利润表可以提供“营业毛利”指标，这些指标的意义和作用完全不同。除了格式、中期指标不同外，两种方法计算出来的营业利润有可能不同。

(一) 营业利润的计算方法不同

1. 变动成本法下营业利润的计算

营业收入－变动成本＝贡献边际

贡献边际－固定成本＝营业利润

所谓贡献边际，是指产品的销售收入与相应变动成本之间的差额，又称边际贡献、贡献毛益、边际利润或创利额。

单位贡献边际，是指单位产品销售收入与相应单位变动成本之间的差额。

边际贡献率，是指边际贡献在销售收入中所占的百分比，可以理解为每一元销售收入中边际贡献所占的比重。它反映产品给企业做出贡献的能力。

2. 完全成本法下营业利润的计算

营业收入－营业成本＝营业毛利

营业毛利－营业费用＝营业利润

其中，营业成本＝期初存货成本＋本期生产成本－期末存货成本，营业费用即非生产成本（期间费用）。

（二）所编制的利润表格式及提供的中间指标有所不同

在利润表的格式方面，变动成本法使用贡献式利润表。贡献式利润表，又可分为标准式、变通式和简捷式利润表三种，见表8-7。完全成本法使用传统式利润表。变动成本法与完全成本法所编制利润表格式的差异，导致其提供的中间指标不同。两种方法下利润表的格式及其中间指标，见表8-8。

表8-7　三种贡献式利润表格式

贡献式利润表（标准式）	贡献式利润表（变通式）	贡献式利润表（简捷式）
营业收入	营业收入	营业收入
减：变动成本	减：变动生产成本	减：变动生产成本
变动生产成本	营业贡献边际	营业贡献边际
变动销售费用	减：变动非生产成本	减：期间成本
变动管理费用	贡献边际	固定制造费用
变动财务费用	减：固定成本	销售费用
变动成本合计	固定制造费用	管理费用
贡献边际	固定销售费用	财务费用
减：固定成本	固定管理费用	期间成本合计
固定制造费用	固定财务费用	
固定销售费用	固定成本合计	
固定管理费用		
固定财务费用		
固定成本合计		
营业利润	营业利润	营业利润

表8-8　两种方法下利润表格式

变动成本法	完全成本法
贡献式利润表（标准式）	传统式利润表
营业收入	营业收入
减：变动成本	减：营业成本
变动生产成本	期初存货成本
变动销售费用	本期生产成本
变动管理费用	可供销售的商品生产成本
变动财务费用	
变动成本合计	期末存货成本（减）
贡献边际	营业成本合计

表 8-8(续)

变动成本法	完全成本法
减:固定成本	营业毛利
固定制造费用	减:营业费用
固定销售费用	销售费用
固定管理费用	管理费用
固定财务费用	财务费用
固定成本合计	营业费用合计
营业利润	营业利润

【例 8-4】 两种成本法利润表的编制。

承例 8-1 中的表 8-3、表 8-4 的资料，要求：

(1) 分别按变动成本法和完全成本法编制当期利润表(其中贡献式利润表三种格式)。

(2) 比较三种格式的贡献式利润表的异同。

(3) 比较贡献式利润表(简捷式)与传统式利润表在格式上的异同。

解 (1) 利润表的编制。

据以上资料，编制变动成本法和完全成本法下的利润表，见表 8-9。

(2) 三种贡献式利润表的比较分析。

从表 8-9 中，可以看出变动成本法的三种贡献式利润表的异同，表现在以下四个方面。

第一，销售费用、管理费用补偿顺序差异。标准式利润表中，销售费用、管理费用按其成本性态分别分为变动性和固定性费用，其中，变动性费用作为变动成本的一部分，在计算贡献边际前扣除；而固定性费用则在贡献边际后扣除。变通式利润表中，销售费用、管理费用不仅按其成本性态分别分为变动性和固定性费用并在计算贡献边际前、后分别处理，而且把变动生产成本和变动非生产成本分开计算列示，以方便计算生产阶段和销售阶段的贡献边际。简捷式利润表中，只计算生产阶段的贡献边际，而将属于混合成本的销售费用、管理费用与固定制造费用合并为管理会计的期间成本。

第二，虽然非生产成本在贡献式利润表中被扣除的位置不同，但不改变它们期间成本的性质。

第三，变动成本法下利润表的三种格式，都能够提供“贡献边际”这个中间指标。

第四，变动成本法下利润表的三种格式，计算出来的当期营业利润数额相同。

(3) 贡献式利润表(简捷式)与传统式利润表差异分析。

从表 8-9 中，可以看出贡献式利润表(简捷式)与传统式利润表的异同，表现在三个方面：

第一，两种成本法利润表中的营业收入相同。

第二，本期发生的销售费用、管理费用和财务费用都被全额计入当期的利润表，但在计入两种利润表的位置和补偿的途径方面存在形式上的区别。

第三，两种成本法的利润表所提供的中间指标不同，指标的意义和作用也不完全相同。

表 8-9　两种成本法的利润表格式

单位：万元

贡献式利润表						传统式利润表	
标准式		变通式		简捷式			
营业收入	120 000	营业收入	120 000	营业收入	120 000	营业收入	120 000
减：变动成本		减：变动生产成本	60 000	减：变动生产成本	60 000	减：营业成本	
变动生产成本	60 000	营业贡献边际	60 000	营业贡献边际	60 000	期初存货成本	
变动销售费用	1 200	减：变动非生产成本	1 800	减：期间成本		本期生产成本	100 000
变动管理费用	600	贡献边际	58 200	固定性制造费用	20 000	可供销售的商品生产成本	100 000
变动成本合计	61 800	减：固定成本		销售费用	3 200	期末存货成本	25 000
贡献边际	58 200	固定性制造费用	20 000	管理费用	5 600	营业成本合计	75 000
减：固定成本		固定销售费用	2 000	财务费用	1 200	营业毛利	45 000
固定性制造费用	20 000	固定管理费用	5 000	期间成本合计	30 000	减：营业费用	
固定销售费用	2 000	固定财务费用	1 200			销售费用	3 200
固定管理费用	5 000	固定成本合计	28 200			管理费用	5 600
固定财务费用	1 200					财务费用	1 200
固定成本合计	28 200					营业费用合计	10 000
营业利润	30 000	营业利润	30 000	营业利润	30 000	营业利润	35 000

（三）计算出来的营业利润有可能不同

变动成本法和完全成本法对固定制造费用处理的不同，导致二者在计算营业利润时可能不同，表现在以下方面：

第一，如果当期产量等于当期销售量，两种方法计算的利润相等。因为产销量相等时，当期变动成本和当期固定成本都会以不同形式计入当期的利润表中，所以，两种方法计算出来的营业利润相等。

第二，如果当期产量大于当期销量，且无期初存货时，变动成本法下的营业利润小于完全成本法下的营业利润。因为变动成本法下固定制造费用被作为期间成本全部在当期损益中扣除；而完全成本法下，当期的期末存货中承担了一部分固定制造费用，并在资产负债表中体现在流动资产（存货）的价值中，不会在计算当期损益中出现。

第三，如果当期产量小于当期销量，变动成本法下的利润大于完全成本法下的利润。因为当期销量大于当期产量，说明期初存货也会在本期销售出去。变动成本法下，期初存货成本仅包含变动生产成本，不包含固定制造费用；而完全成本法下，期初存货中承担了部分的以前时期的固定制造费用，这部分固定制造费用需用从本期的销售收益中进行补偿，从而增加了本期的销售成本，降低了本期的营业利润。

第四，长期看，变动成本法和完全成本法下计算的营业利润可能平衡或基本平衡。从较长的时期看，如果各期产销量时多时少，长时间内各期产销量的差额相抵后可能保持基本均衡，则两种方法下计算出来的各期营业利润可能达到平衡或基本平衡。

【例 8-5】 已知泰山公司从事单一产品生产，连续 3 年销售量均为 2 000 件，而 3 年的产量分别为 2 000 件、2 400 件和 1 600 件。产品单位售价 40 元，管理费用和销售费用均为固定性费用，两项费用各年总额均为 10 000 元；产品单位变动成本（直接材料、直接人工和变动制造费用）为每件 18 元；固定制造费用 4 800 元。（发出存货采用先进先出法）

要求：据以上资料，分别采用变动成本法和完全成本法计算各年营业利润（不考虑销售税费）。

解 变动成本法和完全成本法下连续三年营业利润的计算见表 8-10、表 8-11。

表 8-10 变动成本法下连续 3 年营业利润计算表 单位：元

项目	第 1 年	第 2 年	第 3 年
营业收入	2 000×40=80 000	2 000×40=80 000	2 000×40=80 000
减：变动生产成本	2 000×18=36 000	2 000×18=36 000	2 000×18=36 000
营业贡献边际	44 000	44 000	44 000
减：期间成本			
固定制造费用	4 800	4 800	4 800
固定销售费用和管理费用	10 000	10 000	10 000
期间成本合计	14 800	14 800	14 800
营业利润	29 200	29 200	29 200

表 8-11　完全成本法下连续三年营业利润计算表　　单位：元

项目	第 1 年	第 2 年	第 3 年
营业收入	2 000×40=80 000	2 000×40=80 000	2 000×40=80 000
减：销售成本			
期初存货成本	0	0	8 000
本期生产成本	18×2 000+4 800 =40 800	18×2 400+4 800 =48 000	18×1 600+4 800 =33 600
可供出售商品成本	40 800	48 000	41 600
期末存货成本	0	(18+4 800/2 400)× (2 400−2 000)=8 000	0
销售成本	40 800	40 000	41 600
营业毛利	39 200	40 000	38 400
减：管理费用和销售费用	10 000	10 000	10 000
营业利润	29 200	30 000	28 400

由表 8-10、表 8-11 可以看出，第一年变动成本法下的营业利润与完全成本法下的营业利润相等，均为 29 200 元。第二年、第三年两种方法下计算出来的营业利润均不相等。但是，从三年时间来看，变动成本法下三年营业利润总额为 29 200+29 200+29 200=87 600(元)；完全成本法下三年的营业利润总额为 29 200+30 000+28 400=87 600(元)，两种方法下三年营业利润总额相等。

六、所提供的信息用途不同

完全成本法提供的信息能揭示外界公认的成本与产品在质的方面的归属关系，按该法提供的成本信息有助于促进企业扩大生产，能刺激企业增产的积极性。

变动成本法能够提供科学反映成本与业务量之间、利润与销售量之间有关量的变化规律的信息，有助于加强成本管理，强化预测、决策、计划、控制和业绩考核等职能，促进以销定产，减少或避免因盲目生产而带来的损失。当单价和成本水平不变时，营业利润额应该直接与销售量的多少挂钩。

第三节　两种成本法分期营业利润差额的变动规律

一、两种成本法分期营业利润差额的含义

在管理会计中，将某期分别按变动成本法和完全成本法确定的营业利润之差，称为该期两种成本计算法下营业利润的广义差额。用公式表示就是：

$$\begin{matrix}\text{某期两种成本计算法}\\ \text{营业利润的广义差额}\end{matrix}=\begin{matrix}\text{该期完全成本法下的}\\ \text{营业利润}(P_{\text{完}})\end{matrix}-\begin{matrix}\text{该期变动成本法下的}\\ \text{营业利润}(P_{\text{变}})\end{matrix}$$

显然，利用以上公式，不同期间两种成本计算法下的营业利润广义差额可能大于零，也

可能小于或者等于零。其中,不等于零的差额称为狭义差额。

二、导致两种成本法分期营业利润出现狭义差额的原因分析

分析两种成本法下分期营业利润出现狭义差额的根本原因,主要应考虑单价、销售量、非生产成本、变动生产成本和固定生产成本等影响营业利润的因素。

(一) 销售收入

无论在哪种成本法下,单价和销售量均为已知常数,计算出来的销售收入是完全相同的,不会导致营业利润出现狭义差额。

(二) 非生产成本

无论在哪种成本法下,非生产成本都属于期间成本,只是在计入利润表的位置和补偿途径方面有形式上的区别,所以不会对两种成本法分期营业利润是否出现狭义差额产生影响。

(三) 变动生产成本

无论在哪种成本法下,变动生产成本均属于产品成本的组成部分,没有什么区别,因而也不可能使分期营业利润出现狭义差额。

(四) 固定制造费用(固定生产成本)

固定制造费用(固定生产成本)是分期营业利润出现差额的根本原因。原因在于两种成本计算法计入当期利润表的固定制造费用的水平出现了差异,这种差异又具体表现为:

一是两种成本计算法计入当期利润表的固定制造费用的水平出现了差异。因为在变动成本法下,计入当期利润表的是当期发生的全部固定制造费用;而在完全成本法下,计入当期利润表的固定制造费用的数额,不仅受到当期发生的全部固定制造费用水平的影响,还要受到可能存在的期末存货成本和期初存货成本中所包含的固定制造费用水平变动的影响。

二是完全成本法下期末存货吸收的固定制造费用与期初存货释放的固定制造费用之间的差异。如果某期完全成本法下期末存货吸收的固定制造费用与期初存货释放的固定制造费用的水平不同,就意味着两种成本法计入当期利润表的固定制造费用的数额不同,一定会使两种成本法的当期营业利润不相等。如果某期完全成本法下期末存货吸收的固定制造费用与期初存货释放的固定制造费用的水平相同,就意味着两种成本法计入当期利润表的固定制造费用的数额相同,两种成本法的当期营业利润必然相等。

【例 8-6】 承例 8-5,分析两种成本法分期营业利润差额的形成原因。

据表 8-10、表 8-11 分析如下:

第 1 年,由于期初存货和期末存货均为零,不存在完全成本法存货释放或吸收固定制造费用的问题,因此,两种成本法计入当期利润表的固定制造费用都是 4 800 元,从而导致两种方法下当期的营业利润相等。

第 2 年,变动成本法将当期发生的 4 800 元固定制造费用全部计入了利润表,而完全成本法下只有[4 800－(4 800÷2 400)(2 400－2 000)]＝4 000(元)的固定制造费用计入了当期利润表,比变动成本法少了 800 元。其原因是(2 400－2 000)＝400(件)期末存货吸收

了800元固定制造费用，并结转到第三期。其第2年的期初存货为零，没有释放出固定制造费用，这导致了该期完全成本法的营业利润比变动成本法多了800元（等于两种成本法下营业利润30 000元与29 200元之差）。

第3年，变动成本法计入利润表的固定制造费用仍为本期发生额4 800元，而按照完全成本法计算的期初存货成本中释放了800元由第二期带来的固定制造费用，加上本期发生的4 800元固定制造费用，最终使完全成本法计入当期利润表的固定制造费用达到4 800＋800＝5 600（元）。这导致该期完全成本法的营业利润比变动成本法少了800元（等于两种成本法下营业利润28 400元与29 200元之差）。

三、广义营业利润差额的变化规律

【例8-7】 承例8-5，分析广义营业利润差额的变化规律。

解 据表8-10、表8-11分析过程如下：

① 第1年。

期末存货量（$a_{末}$）＝期初存货量（$a_{初}$）＝0（件）。

完全成本法下营业利润（$P_{完}$）＝29 200（元）。

变动成本法下营业利润（$P_{变}$）＝29 200（元）。

广义营业利润差额（ΔP）＝$P_{完}-P_{变}$＝29 200－29 200＝0（元）。

② 第2年。

期末存货量（$a_{末}$）＝2 400－2 000＝400（件）。期初存货量（$a_{初}$）＝0（件）。

则：期末存货量（$a_{末}$）＞期初存货量（$a_{初}$）。

完全成本法下营业利润（$P_{完}$）＝30 000（元）。

变动成本法下营业利润（$P_{变}$）＝29 200（元）。

广义营业利润差额（ΔP）＝$P_{完}-P_{变}$＝30 000－29 200＝800（元）＞0。

③ 第3年。

期末存货量（$a_{末}$）＝0（件）。期初存货量（$a_{初}$）＝400（件）。

则：期末存货量（$a_{末}$）＜期初存货量（$a_{初}$）。

完全成本法下营业利润（$P_{完}$）＝28 400（元）。

变动成本法下营业利润（$P_{变}$）＝29 200（元）。

广义营业利润差额（ΔP）＝$P_{完}-P_{变}$＝28 400－29 200＝－800（元）＜0。

据以上分析，可以得出两种方法下广义营业利润差额变化的一般规律：

如果 $a_{末}=a_{初}$，则：$P_{全}=P_{变}$，$\Delta P=0$。

如果 $a_{末}>a_{初}$，则：$P_{全}>P_{变}$，$\Delta P>0$。

如果 $a_{末}<a_{初}$，则：$P_{全}<P_{变}$，$\Delta P<0$。

四、广义差额简算法

为简算完全成本法与变动成本法下的广义营业利润差额，可采用广义营业利润差额的简算法公式。

$$\text{两种成本法当期营业利润差额}(\Delta P)=\text{完全成本法下期末存货吸收的固定制造费用}-\text{完全成本法下期初存货释放的固定制造费用}$$

$$\Delta P = \text{完全成本法下单位期末存货中的固定制造费用} \times \text{期末存货量} - \text{完全成本法下单位期初存货中的固定制造费用} \times \text{期初存货量}$$

【例 8-8】 已知：泰山公司生产一种产品，单位售价 10 元，单位变动生产成本 4 元，固定制造费用总额 24 000 元，固定销售及管理费用共 6 000 元，存货按先进先出法计价，最近三年的产销以及存货量资料见表 8-12。

表 8-12　产销量及存货量资料　　单位：件

项目	第 1 年	第 2 年	第 3 年
期初存货量	0	0	2 000
本期生产量	6 000	8 000	5 000
本期销售量	6 000	6 000	6 000
期末存货量	0	2 000	1 000

要求：(1) 分别按两种方法计算各年营业利润；

(2) 用差额简算法计算各年广义营业利润差额。

解　(1) 按两种方法计算各年营业利润，见表 8-13、表 8-14。

表 8-13　完全成本法下连续三年营业利润计算表　　单位：元

项目	第 1 年	第 2 年	第 3 年
营业收入	6 000×10=60 000	6 000×10=60 000	6 000×10=60 000
减：销售成本			
期初存货成本	0	0	14 000
本期生产成本	4×6 000+24 000=48 000	4×8 000+24 000=56 000	4×5 000+24 000=44 000
可供出售商品成本	48 000	56 000	14 000+44 000=58 000
期末存货成本	0	(4+24 000÷8 000)×(8 000−6 000)=14 000	(4+24 000÷5 000)×(2 000+5 000−6 000)=8 800
销售成本合计	48 000	42 000	49 200
营业毛利	12 000	18 000	10 800
减：管理费用和销售费用	6 000	6 000	6 000
营业利润	6 000	12 000	4 800

表 8-14　变动成本法下连续三年营业利润计算表　　单位：元

项目	第 1 年	第 2 年	第 3 年
营业收入	6 000×10=60 000	6 000×10=60 000	6 000×10=60 000
减：变动生产成本	6 000×4=24 000	6 000×4=24 000	6 000×4=24 000
营业贡献边际	36 000	36 000	36 000
减：期间成本			
固定制造费用	24 000	24 000	24 000

表 8-14(续)

项目	第 1 年	第 2 年	第 3 年
固定销售费用和管理费用	6 000	6 000	6 000
期间成本合计	30 000	30 000	30 000
营业利润	6 000	6 000	6 000

由表 8-13、表 8-14 可以得出：

第 1 年：广义营业利润差额 $\Delta P=P_{全}-P_{变}=6\ 000-6\ 000=0$(元)。

第 2 年：广义营业利润差额 $\Delta P=P_{全}-P_{变}=12\ 000-6\ 000=6\ 000$(元)。

第 3 年：广义营业利润差额 $\Delta P=P_{全}-P_{变}=4\ 800-6\ 000=-1\ 200$(元)。

(2) 用差额简算法计算各年广义营业利润差额。

$$\Delta P=\frac{\text{完全成本法下单位期末存}}{\text{货中的固定制造费用}}\times\frac{\text{期末存}}{\text{货量}}-\frac{\text{完全成本法下单位期初存}}{\text{货中的固定制造费用}}\times\frac{\text{期初存}}{\text{货量}}$$

第 1 年：期初、期末存货等于 0，广义营业利润差额 $\Delta P=0$(元)。

第 2 年：期初存货为 0。

广义营业利润差额 $\Delta P=\frac{24\ 000}{8\ 000}\times(8\ 000-6\ 000)-0=3\times2\ 000-0=6\ 000$(元)。

第 3 年：广义营业利润差额 $\Delta P=\frac{24\ 000}{5\ 000}\times(2\ 000+5\ 000-6\ 000)-\frac{24\ 000}{8\ 000}\times(8\ 000-6\ 000)=4.8\times1\ 000-3\times2\ 000=4\ 800-6\ 000=-1\ 200$(元)。

从以上计算结果可以看出，差额简算法计算出来的各年广义营业利润差额与两种方法下利润表中各年广义营业利润差额一致。

第四节　变动成本法的优缺点及应用

一、变动成本法的优缺点

(一) 变动成本法的优点

变动成本法是适用于面向未来，加强企业内部管理而产生的。它能够提供科学反映成本与业务量之间、利润与销售量之间变化规律的信息，有助于加强成本管理，强化管理会计预测、规划、控制和业绩考核等职能。具体来说它有以下优点：

(1) 变动成本法能够揭示利润和业务量之间的关系。变动成本法能够揭示利润和业务量之间的关系，有利于促使企业重视销售工作，做好销售预测，做到以销定产，减少或避免因盲目生产而带来的损失。

(2) 变动成本法可以提供有用的成本信息，便于科学的成本分析和成本控制。采用变动成本法，产品成本不受固定制造费用和生产业务量的影响，而取决于各项变动生产成本支出的多少，因此可直接分析因成本控制工作本身的好坏而造成的成本升降。同时，采用变动成本法，有助于将固定成本和变动成本指标分解落实到各个责任单位，分清各部门的责任，调动各部门降低成本的积极性，鼓励它们主动采取措施，按不同的方法进行控制，促进成本全面降低。

(3) 变动成本法提供的成本和收益资料，便于企业进行成本预测和短期经营决策。变动成本法是本量利分析的前提条件之一，通过分析利用变动成本法所提供的变动成本、固定成本及边际贡献指标，可以完成成本预测和短期经营决策等许多方面的工作。

(4) 变动成本法可以简化成本核算工作。采用变动成本法，把固定制造费用列入期间成本，从边际贡献项目下直接扣除，这就大大简化了产品成本计算中间接费用的分配，并可减少由于分配方法选择的多样性而可能产生的主观随意性。

(二) 变动成本法的缺点

(1) 变动成本法所计算出来的单位产品成本，不符合传统的成本观念的要求。按照传统成本观念，产品成本是指在生产领域为生产产品而发生的全部生产成本，当然也应当包括固定生产成本。这种观念长期以来在世界范围内得到广泛的支持和认可，并被吸收进企业财务会计基本准则之中，作为对外报告的标准，而按变动成本法确定的产品成本显然不能满足这一要求。

(2) 变动成本法提供的信息不能满足长期经营决策的要求。变动成本法是建立在成本性态分析基础之上的，它以成本性态相关范围假定为前提。但是成本性态受到多个因素的影响，企业固定成本和变动成本的水平不可能一直不变。变动成本法以相关范围假定为前提，即假定单位变动成本和固定成本在相关范围内保持不变。而长期经营决策涉及较长时期，要面对企业增加或减少生产能力和扩大或缩小经营规模的问题，必然会突破相关范围的限制。因此变动成本法所提供的信息资料，不能满足长期经营决策的要求。

(3) 按成本性态将成本划分为固定成本与变动成本本身具有局限性。企业按成本性态将成本划分为变动成本、固定成本、混合成本，以及将混合成本分解为固定成本和变动成本，这本身是一个难题，在很大程度上是假设的结果。

二、变动成本法的应用

企业成本核算既要满足内部管理的需要，又要兼顾对外报告的要求，所以企业可以将完全成本法与变动成本法结合运用。两种成本法的结合一般可采用以下方式：

(一) 双轨制

成本核算设置两套账，即在完全成本法的核算资料之外，另外设置一套变动成本法的核算系统，提供两套平行的成本核算资料，以分别满足不同的需要。这种处理方法工作量太大，并且重复设账会造成人力、物力、财力和时间资源的极大浪费，造成会计运行成本高，不符合成本效益的原则。

(二) 单轨制

企业日常核算采用变动成本法，只设置一套账进行成本核算，即以变动成本法完全取代完全成本法，最大限度地发挥变动成本法的优点。这种方法大大简化了核算的手续和工作量，避免了重复劳动。但是变动成本法取代完全成本法，显然不符合现行财务会计制度的统一要求。按照现行会计准则的规定，编制定期会计报表、存货的计价和收益的确定，应采用完全成本法。因此，这种方法目前在我国还不能实现。

（三）结合制

用变动成本法组织日常核算，对产品成本、存货成本、贡献边际和营业利润都按变动成本计算，以满足企业内部管理的需要；在编制会计报表时，需要对变动成本法计算的期间成本进行调整，计算符合完全成本法的营业利润。结合制下的调整公式如下；

$$\text{某期完全成本法的营业利润}=\text{该期变动成本法的营业利润}+\text{该期两种方法营业利润广义差额}$$

$$\text{某期完全成本法的期末存货成本}=\text{该期变动成本法的期末存货成本}+\text{该期完全成本法期末存货应吸收的固定制造费用}$$

【例 8-9】 已知泰山公司生产一种产品，单位变动成本每件 4 元，年固定制造费用总额 24 000 元，最近三年的产销以及存货量、变动成本法下的营业利润资料见表 8-15。

表 8-15　泰山公司产品资料

项目	第 1 年	第 2 年	第 3 年
期初存货量/件	0	0	2 000
本期生产量/件	6 000	8 000	5 000
本期销售量/件	6 000	6 000	6 000
期末存货量/件	0	2 000	1 000
营业利润/元	6 000	6 000	6 000

要求：运用结合制下的调整公式计算完全成本法下的期末存货成本和三年的营业利润。

解　根据结合制下的调整公式计算如下。

第 1 年：期末存货量＝0，则：

完全成本法下的期末存货成本＝0(元)。两种方法广义营业利润差额＝0(元)。

完全成本法下的营业利润＝6 000＋0＝6 000(元)。

第 2 年：期初存货量＝0，期末存货量＝2 000(件)。

产品单位固定制造费用＝24 000÷8 000＝3(元)。期初存货成本＝0。

则：① 完全成本法下期末存货成本＝4×(8 000－6 000)＋3×(8 000－6 000)＝14 000(元)。

② 两种方法广义营业利润差额＝期末存货吸收的固定制造费用－期初存货释放的固定制造费用＝3×(8 000－6 000)－0＝6 000(元)。

③ 完全成本法的营业利润＝6 000＋6 000＝12 000(元)。

第 3 年：期初存货量＝2000(件)，产品单位固定制造费用＝3(元)；期末存货量＝1 000(件)。

本期产品单位固定制造费用＝24 000÷5 000＝4.8(元)。

则：① 完全成本法下期末存货成本＝4×(2 000＋5 000－6 000)＋4.8×(2 000＋5 000－6 000)＝4 000＋4 800＝8 800(元)。

② 两种方法广义营业利润差额＝期末存货吸收的固定制造费用－期初存货释放的固定制造费用＝4.8×(2 000＋5 000－6 000)－ 3×(8 000－6 000)

=4 800-6 000=-1 200(元)。

③ 完全成本法的营业利润=6 000-1 200=4 800(元)。

练习与思考

一、单项选择题

1. 某期按变动成本法与按完全成本法确定的营业利润不相等的根本原因是(　　)。

A. 两种方法对固定制造费用的处理方式不同

B. 两种方法计入当期损益表的固定制造费用的水平不同

C. 两种方法计算销售收入的方法不同

D. 两种方法将营业费用计入当期损益表的方式不同

2. 在变动成本法下,构成产品成本的是(　　)。

A. 变动生产成本　　B. 生产成本

C. 变动成本总额　　D. 变动成本与固定成本之和

3. 某企业只生产一种产品,本月份生产并销售产品 100 件,单位产品售价 1 000 元;发生变动生产成本 30 000 元,变动管理费用和变动销售费用 2 080 元,固定制造费用10 000 元,固定管理费用和固定销售费用共 40 000 元。则按变动成本法,该企业实现的营业利润为(　　)元。

A. 17 920　　B. 70 000　　C. 67 920　　D. 18 000

4. 某企业只生产一种产品,2015 年初的存货 40 000 元,期末存货是 0 元。在这种情况下,按完全成本法确定的营业利润比按变动成本法确定的营业利润(　　)。

A. 小　　B. 大　　C. 相等　　D. 不确定

5. 采用变动成本法和完全成本法确定的营业利润(　　)。

A. 不等　　B. 相等　　C. 可能不等

D. 全成本法确定的营业利润大于变动成本法确定的营业利润

6. 假设本期与上期的其他条件不变,当本期的销售量比上期减少时,如按变动成本法确定营业利润,本期与上期相比较将(　　)。

A. 增加　　B. 减少

C. 可能增加,也有可能减少　　D. 没有变化

7. 已知 2014 年某企业按变动成本法计算的营业利润为 13 500 元,假定 2015 年销售量与 2014 年相同,产品价格及成本水平都不变,但产量有所提高,则该年按变动成本法计算的营业利润为(　　)。

A. 必然大于 13 500 元　　B. 必然等于 13 500 元

C. 必然小于 13 500 元　　D. 可能等于 13 500 元

8. 如果完全成本法下期末存货吸收的固定制造费用大于期初存货释放的固定制造费用,则完全成本法计算的营业利润与变动成本法计算的营业利润的差额(　　)。

A. 一定等于零　　B. 可能等于零

C. 一定大于零　　D. 一定小于零

9. 如果某期按变动成本法计算的营业利润为 5 000 元，该期产量为 2 000 件，销售量为 1 000 件，期初存货为 0，固定制造费用总额 2 000 元，则按完全成本法计算的营业利润为(　　)。

A. 0 元　　B. 1 000 元　　C. 5 000 元　　D. 6 000 元

10. 如果完全成本法下期末存货比期初存货成本多 20 000 元，而变动成本法的期末存货成本比期初存货成本多 8 000 元，则可断定两种成本法的广义营业利润之差为(　　)。

A. 8 000 元　　B. 12 000 元　　C. 28 000 元　　D. 20 000 元

二、多选题

1. 下列成本中，属于变动成本的是(　　)。

A. 直接材料　　B. 直接人工　　C. 折旧费用　　D. 管理人员薪酬费用

2. 关于固定成本，下列说法正确的是(　　)。

A. 固定成本总是不随业务量的变动而变动

B. 随着产量的上升，单位固定成本会下降

C. 固定成本是针对某一相关范围内而言的固定

D. 随着产量的上升，单位固定成本不变

3. 变动成本法下，产品成本包括(　　)。

A. 直接材料　　B. 直接人工　　C. 变动制造费用　　D. 固定制造费用

4. 下列对完全成本法与变动成本法下各期损益的比较正确的是(　　)。

A. 当产量小于销量时，按变动成本法计算的利润小于按完全成本法计算的利润

B. 当产量等于销量时，若无期初存货，则完全成本法下的营业利润等于变动成本法下的营业利润

C. 当产量大于销量时，若无期初存货，按变动成本法计算的利润小于按完全成本法计算的利润

D. 当产量小于销量时，按变动成本法计算的利润大于按完全成本法计算的利润

5. 下列各项中，能影响完全成本法与变动成本法分期营业利润差额水平的因素有(　　)。

A. 销售收入　　B. 非生产成本

C. 固定制造费用　　D. 期初与期末存货量

6. 变动成本的理论前提为(　　)。

A. 产品成本只包括生产成本

B. 产品成本只包括变动生产成本

C. 制造费用应作为期间成本处理

D. 当期发生的全部固定制造费用应作为期间成本

7. 下列项目中，不会导致完全成本法和变动成本法确定的分期营业利润不同的是(　　)。

A. 直接材料　　B. 直接人工

C. 变动制造费用　　D. 固定制造费用

8. 在不考虑其他附加条件的情况下，完全成本法下期末存货吸收的固定制造费用与期

初存货释放的固定制造费用相比，(　　)。

A. 前者等于后者，广义营业利润差额等于零

B. 前者大于后者，广义营业利润差额大于零

C. 前者小于后者，广义营业利润差额小于零

D. 前者大于后者，广义营业利润差额小于零

9. 下列各项中，属于变动成本特征的有(　　)。

A. 在相关范围内，其成本总额不受产量增减变动的影响

B. 在相关范围内，其成本总额随着产量增减成比例变动

C. 在相关范围内，其单位成本不受产量变动的影响而保持不变

D. 单位成本随着产量的增加而相应减少

10. 下列各项中，不可能导致狭义营业利润差额发生的因素包括(　　)。

A. 单价　　B. 销售量　　C. 变动生产成本　　D. 固定制造费用

三、判断题

1. 在一定条件下，某一决策方案的增量成本应为该方案相关产品的单位变动成本与其相关业务量的乘积。(　　)

2. 由于固定成本总额不随业务量发生任何数额变化，因而某个月份的固定成本与该年度的固定成本水平应该是一致的。(　　)

3. 固定成本是一种长期都不发生变动的成本。(　　)

4. 成本按性态分类是变动成本法应用的前提条件。(　　)

5. 按产品成本与期间成本的划分口径和营业利润确定程序的不同，可以将成本计算划分为完成成本法和变动成本法。(　　)

6. 变动成本法的理论前提是产品成本只应包括变动生产成本，固定生产成本必须作为期间成本处理。(　　)

7. 当存货量不为零时，按变动成本法确定的存货成本必然小于完全成本法下的存货成本。(　　)

8. 在相关范围内，不论各期产量是否相等，只要销售量相等，其按完全成本法计算的各期营业利润都相等。(　　)

9. 导致变动成本法和完全成本法这两种方法分期营业利润出现狭义差额的根本原因，就在于它们对固定性生产成本的处理采取了不同的方式。(　　)

10. 在应用变动成本法的多种设想中，能同时兼顾企业内部管理和对外报告要求的方法被称为双轨制。(　　)

四、简答题

1. 什么是变动成本法？什么是完全成本法？两种方法各有哪些特点？

2. 变动成本法的理论前提是什么？

3. 变动成本法与完全成本法在产品成本构成上有哪些不同？

4. 变动成本法与完全成本法相比，在营业利润确定方面有何不同？

5. 两种方法广义营业利润差额变动的一般规律是什么？

6. 变动成本法有哪些优缺点?

五、业务题

1. 已知:泰山公司本期有关资料如下:单位直接材料成本20元,单位直接人工成本10元,单位变动制造费用14元,固定制造费用总额8 000元,单位变动性销售与管理费用8元,固定性销售与管理费用2 000元。期初存货为零,本期生产量2 000件,销售量1 200件,单位售价80元。

要求:分别按两种成本法的有关公式计算下列指标:① 单位产品成本;② 期间成本;③ 销货成本;④ 营业利润。

2. 泰山公司公司只生产一种产品,2023年3月有关资料如下:期初存货400件,本期生产量1 600件,本期销售量1 800件,每件产品售价为100元,期初存货和本期生产产品的单位变动生产成本60元,本期单位固定生产成本30元,上期单位固定生产成本20元,销售与管理费用全部是固定性费用,共计10 000元。存货采用先进先出法计价。

要求:

(1) 分别采用两种成本法计算营业利润。

(2) 分析营业利润差异。

3. 泰山公司只生产一种产品,正常月产量为5 000件。平均每件产品单位成本:直接材料220元,直接人工140元,机器折旧按件产量计算,折旧费每件30元,按产量计算耗费水电费费10元。准备生产的固定制造费用200 000元,固定性销售及行政管理费用300 000元。本月实际生产4 800件,预计月末库存100件,销售4 700件;月中旬某客户临时订货200件(假定在泰山公司生产能力范围内),客户只肯出价490元,而该厂通常售价600元。

要求:按变动成本法与完全成本法,计算分析本案例营业利润,讨论是否接受该订单?

第九章　本量利分析

【学习目标】 通过本章的学习，了解本量利分析及盈亏临界点的含义；掌握本量利关系的基本公式，掌握贡献边际及其相关指标的计算；熟练掌握保本点以及安全边际的计算；掌握影响利润各因素的变动分析。

第一节　本量利分析概述

一、本量利关系分析的概念

本量利分析是对成本、业务量（产量或销量）、利润之间相互关系进行分析的一种简称，也称 CVP 分析（cost volume profit analysis）。

本量利分析促使人们研究成本、数量和利润之间关系的动因。企业的内部经营管理工作，通常以数量为起点，以利润为目标。企业管理人员在决定生产和销售数量时，非常想知道它对企业利润的影响。但是这中间隔着收入和成本。对于收入，他们很容易根据数量和单价来估计，而成本则不然。无论是总成本还是单位成本，他们都感到难以把握。他们不能用单位成本乘以数量来估计总成本，因为数量变化之后，单位成本也会变化。管理人员需要一个数学模型，这个模型应当除了业务量和利润之外都是常数，使业务量和利润之间建立起直接的函数关系。这样，他们可以利用这个模型在业务量变动时估计其对利润的影响，或者在目标利润变动时计算出完成目标所需要的业务量水平。建立这样一个模型的主要障碍，是成本和业务量之间的数量关系不清楚。为此，人们首先研究成本和业务量之间的关系，并确立了成本按性态的分类，然后在此基础上明确成本、数量和利润之间的相互关系。

本量利分析的应用十分广泛。它与经营风险分析相联系，可促使企业努力降低风险；与预测技术相结合，企业可进行保本预测、保利的预测等；与决策融为一体；在成本计划和控制等多方面具有广泛的用途，也是管理会计中的一项基础内容。

二、本量利分析的基本公式

目前多数企业都使用损益法来计算利润，即首先确定一定期间的收入，然后计算与这些收入相配合的成本，二者之差为期间利润。

$$\text{利润}(F)=\text{销售收入}-\text{总成本}=px-(a+bx)$$

$$\text{总成本}=\text{变动成本}+\text{固定成本}=\text{单位变动成本}\times\text{产量}+\text{固定成本}$$

$$\text{销售收入}(S)=\text{单价}\times\text{销量}=px$$

假设产量和销量相同，则有：

利润(F)＝单价×销量－单位变动成本×销量－固定成本＝$px-bx-a$

利润(F)＝(单价－单位变动成本)×销量－固定成本＝$(p-b)x-a$

其中，p 表示价格；x 表示销售量；b 表示单位变动成本；a 表示固定成本；F 表示利润；S 表示销售收入

这个方程式是明确表达成本、业务量、利润之间数量关系的本量利关系基本公式，它含有 5 个相互联系的变量，给定其中 4 个，便可求出另 1 个变量的值。

在规划期间利润时，通常把单价、单位变动成本和固定成本视为稳定的常量，只有销量和利润两个自由变量。给定销量时，可利用方程式直接计算出预期利润；给定目标利润时，可直接计算出应达到的销售量。

【例 9-1】 假设某公司每月固定成本 1 000 元，只生产一种产品，单价 10 元，单位变动成本 6 元，本月计划销售 500 件，问预期利润是多少？

将有关数据代入本量利关系的基本公式：

利润＝单价×销量－单位变动成本×销量－固定成本

＝10×500－6×500－1 000＝1 000(元)。

这个方程式是一种最基本的形式，它可以根据所需计算的问题变换成其他形式，或者根据企业具体情况增加一些变量，成为更复杂、更接近实际的方程式。本量利关系的基本公式实际上是损益表的模型化表达，不同的损益表可以构造出不同的模型。

三、贡献边际及其相关指标

在本量利分析中，经常用到贡献边际(contribution margin)这个指标。贡献边际，又称为边际贡献、贡献毛益、创利额、边际利润、临界收益等。这一概念是指产品销售收入扣除自身变动成本后给企业作的贡献，它首先用于收回企业的固定成本，如果还有剩余则成为利润；如果不足以收回固定成本，则发生亏损。它除了以贡献边际总额(Tcm)表示外，还有单位贡献边际(cm)与贡献边际率(cmR)两种形式。

贡献边际的基本公式为：

贡献边际(Tcm)＝销售收入－变动成本＝$px-bx$

贡献边际(Tcm)＝单位贡献边际×销售量＝$cm\cdot x$

贡献边际(Tcm)＝销售收入×贡献边际率＝$S\cdot cmR$

通常，贡献边际这个指标后面可以不写“总额”这两个字，即表示贡献边际总额。

【例 9-2】 假设某公司只生产一种产品，单价 6 元，单位变动成本 3 元，销量 600 件，则：贡献边际＝6×600－3×600＝1 800(元)。

由于变动成本既包括生产制造过程的变动成本，还包括销售、管理费中的变动成本即期间变动成本，所以，贡献边际也可以具体分为制造贡献边际和营业贡献边际，用公式表示为：

制造贡献边际＝销售收入－产品制造变动成本

营业贡献边际＝制造贡献边际－销售和管理变动成本

通常，如果在“贡献边际”前未加任何定语，那么则是指“营业贡献边际”，也就是已经扣除了全部变动成本的贡献边际。

【例 9-3】 假设某公司只生产一种产品，单价 6 元，单位产品制造变动成本 2 元，单位销售及管理费变动成本 1 元，销量 600 件，则：

制造贡献边际＝6×600－2×600＝2 400(元)。营业贡献边际＝2 400－1×600＝1 800(元)。

贡献边际如果用单位产品表示，则称为单位贡献边际，其计算公式为：

$$单位贡献边际(cm)=单价-单位变动成本=p-b$$

$$单位贡献边际(cm)=\frac{贡献边际总额}{销售量}=\frac{Tcm}{x}$$

$$单位贡献边际(cm)=销售单价\times贡献边际率=p\cdot cmR$$

单位贡献边际同样也可以分为制造贡献边际和营业贡献边际，用公式表示为：

$$单位制造贡献边际=销售单价-单位产品制造变动成本$$

$$单位营业贡献边际=单位制造贡献边际-单位销售和管理变动成本$$

【例 9-4】 仍然使用前面例 9-3 的资料，则：单位贡献边际＝6－(2＋1)＝3(元)。

单位制造贡献边际＝6－2＝4(元)。单位营业贡献边际＝4－1＝3(元)。

前面贡献边际和单位贡献边际都是贡献边际绝对数的表现形式，贡献边际还可以用相对数的形式来表示，即贡献边际率。

贡献边际率(cmR)，是指贡献边际在销售收入中所占的百分率。用公式表示为：

$$贡献边际率(cmR)=\frac{贡献边际总额}{销售收入}\times100\%=\frac{Tcm}{S}\times100\%$$

$$贡献边际率(cmR)=\frac{单位贡献边际}{销售单价}\times100\%=\frac{cm}{p}\times100\%$$

$$贡献边际率(cmR)=1-变动成本率=1-bR$$

【例 9-5】 仍然使用前面例 9-3 的资料，则：贡献边际率$=\frac{1\ 800}{6\times600}\times100\%=50\%$。

或：贡献边际率$=\frac{3}{6}\times100\%=50\%$。

通常，"贡献边际率"一词是指营业贡献边际率。贡献边际率，可以理解为每 1 元销售收入中贡献边际所占的比重，它反映产品给企业做出贡献的能力。

与贡献边际率相对应的概念是变动成本率(bR)，即变动成本在销售收入中所占的百分率。用公式表示为：

$$变动成本率(bR)=\frac{变动成本总额}{销售收入}\times100\%=\frac{bx}{px}\times100\%$$

$$变动成本率(bR)=\frac{单位变动成本}{销售单价}\times100\%=\frac{b}{p}\times100\%$$

$$变动成本率(bR)=1-贡献边际率=1-cmR$$

【例 9-6】 仍然使用前面例 9-3 的资料，则：

变动成本率$=\frac{3\times600}{6\times600}\times100\%=50\%$。或：变动成本率$=\frac{3}{6}\times100\%=50\%$。

通常，"变动成本率"一词是指营业变动成本率。由于销售收入被分为变动成本和贡献边际两部分，前者是产品自身的耗费，后者是给企业的贡献，二者百分率之和应当为 1，用公式表示，即

$$变动成本率+贡献边际率=1$$

【例 9-7】 仍然使用前面例 9-5 和例 9-6 的资料，变动成本率＋贡献边际率＝50％＋50％＝1。

第二节　单一品种的本量利分析

一、保本分析

保本分析是本量利分析的一项基本内容，亦称损益平衡分析或盈亏临界点分析、损益平衡分析、两平分析、够本分析等。

（一）保本分析的基本概念

保本（break even），是指企业在一定时期内收支相等、盈亏平衡、不盈不亏、利润为零。

$$F=0 \qquad px=a+bx \qquad Tcm=a$$

保本分析（break even analysis），就是研究当企业恰好处于保本状态时本量利关系的一种定量分析方法。它是确定企业经营安全程度和进行保利分析的基础，保本分析就是根据成本、销售收入、利润等因素之间的函数关系，预测企业在怎样的情况下达到不盈不亏的状态。保本分析所提供的信息，对于企业合理计划和有效控制经营过程极为有用，如预测成本、收入、利润和预计售价、销量、成本水平的变动对利润的影响等。保本分析的关键是保本点的确定。

（二）保本点的确定

保本点（break even point，BEP）又称盈亏临界点，是指能使企业达到保本状态的业务量的总称，即使得企业处于既不亏损又不盈利的状态时的业务量。在该业务量的水平上，企业的收入等于总成本，即利润为零的状态。

单一品种的保本点有三种表现形式：一是保本点销售量，简称保本量（x_0）；二是保本点销售额，简称保本额（S_0）；三是保本作业率（DR）。

1. 单一品种保本点的确定

单一品种保本点的确定方法有图解法、公式法。

（1）图解法。图解法是指通过绘图的方法确定保本点位置。该法的原理是总收入等于总成本时，企业恰好保本。具体作图步骤如下：

① 以单价 p 为斜率，画销售收入线 $y=px$；

② 以固定成本为截距，以单位变动成本为斜率，画线；

③ 当单价 p 大于单位变动成本 b 时，销售收入与总成本必有交点（x_0，y_0），交叉点为保本点，x_0为保本量，y_0为保本销售额。保本图如图 9-1 所示。

保本图此法的优点在于形象、直观，容易理解。但由于绘图比较麻烦，而且保本量和保本额的确定都需要在数轴上读出，因此结果可能不十分准确。

（2）公式法。公式法是在本量利关系基本公式的基础上，根据保本点的定义，先求出保本量，再推算保本额的一种方法。

① 保本点销售量。保本点销售量是按实物量计算的保本点指标。由于本量利分析的基本公式为：

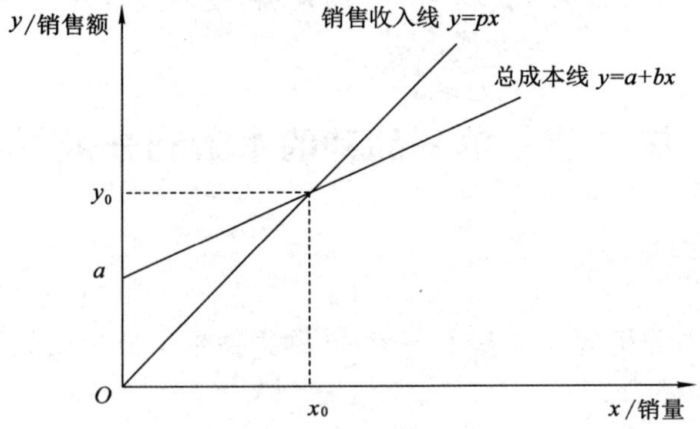

图 9-1 保本图

$$利润=单价\times销量-单位变动成本\times销量-固定成本$$

令利润等于 0,此时的销量为盈亏临界点销售量：

$$0=单价\times保本点销售量-单位变动成本\times保本点销售量-固定成本$$

所以,上面的式子可以演变为：

$$保本点销售量(x_0)=\frac{固定成本}{单价-单位变动成本}=\frac{a}{p-b}$$

又由于：

$$单价-单位变动成本=单位贡献边际$$

所以,上式还可以写为：

$$保本点销售量(x_0)=\frac{固定成本}{单位贡献边际}=\frac{a}{cm}$$

【例 9-8】 假设某公司生产和销售单一产品,销售单价为 60 元,正常销售量为 5 000 件,固定成本总额为 60 000 元,单位变动成本为 40 元。则：

利润(F)=5 000×(60−40)−60 000=40 000(元)。

保本点销售量$=\frac{60\ 000}{60-40}=3\ 000$(件)。

② 保本点销售额。对于单一产品来说,保本点销售额可以直接用下列公式计算：

$$保本点销售额(S_0)=保本点销售量\times单价=p\cdot x_0$$

【例 9-9】 仍然使用例 9-8 的资料,则:保本点销售额=3 000×60=180 000(元)。

对于单一产品来说,保本点销售额还可以利用另外一个公式计算：

$$保本点销售量=\frac{固定成本}{单位贡献边际}$$

将其两边等式同乘单价,可得：

$$保本点销售量\times单价=\frac{固定成本}{单位贡献边际}\times单价$$

$$保本点销售量\times单价=\frac{固定成本}{\frac{单位贡献边际}{单价}}$$

上式中左边即保本点销售额,右边分母即贡献边际率,所以：

$$保本点销售额=\frac{固定成本}{贡献边际率}=\frac{a}{cmR}$$

【例 9-10】 仍然使用例 9-8 的资料，则：

$$保本点销售额=\frac{60\ 000}{(60-40)\div 60}=180\ 000(元)。$$

③ 保本点作业率。保本点作业率(DR)，又叫危险率(danger rate)，是指保本点销售量占企业正常销售量的比重。所谓正常销售量，是指正常市场和正常开工情况下的企业销售数量。该指标是一个反指标，越小说明企业越安全。

保本点作业率(DR)的计算公式如下：

$$保本点作业率=\frac{保本点销售量}{现有或预计销售量}\times 100\%=\frac{x_0}{x}\times 100\%$$

这个比率表明企业保本的业务量在正常业务量中所占的比重。由于多数企业的生产经营能力是按正常销售量来规划的，生产经营能力与正常销售量基本相同，所以，保本点作业率还表明保本状态下的生产经营能力的利用程度。

【例 9-11】 如果例 9-8 中的企业正常销售量为 5 000 件，保本点销售量为 3 000 件，则：

$$保本点作业率=\frac{3\ 000}{5\ 000}\times 100\%=60\%$$

保本点作业率还可以利用保本点销售额进行计算，其计算公式如下：

$$保本点作业率=\frac{保本点销售额}{现有或预计销售额}\times 100\%=\frac{S_0}{S}\times 100\%$$

【例 9-12】 如果例 9-9 中的企业正常销售额为 300 000 元，盈亏临界点销售额为 180 000元，则：$保本点作业率=\frac{180\ 000}{300\ 000}\times 100\%=60\%$。

计算表明，该企业的作业率必须达到正常作业的 60%以上才能取得盈利，否则就会发生亏损。

$$保本点作业率(DR)=\frac{x_0}{x}=\frac{cm\cdot x_0}{cm\cdot x}=\frac{a}{Tcm}$$

根据保本点作业率，计算保本点销售量、保本点销售额：

$$保本点销售量(x_0)=现有销售量\times 保本点作业率=x\cdot DR$$

$$保本点销售额(S_0)=现有销售额\times 保本点作业率=S\cdot DR$$

2. 根据保本点指标计算固定成本

企业保本时，贡献边际等于固定成本。

$$固定成本(a)=单位贡献边际\times 保本点销售量=cm\cdot x_0$$

$$固定成本(a)=贡献边际率\times 保本点销售额=S_0\cdot cmR$$

$$固定成本(a)=贡献边际额\times 保本点作业率=Tcm\cdot DR$$

(三) 保本的其他影响因素分析

保本的其他影响因素分析是指，在现有或预计销售量的基础上，测算影响利润的各个因素单独达到什么水平度时，仍能确保企业不亏损的分析方法。

销售量、单价、单位变动成本和固定成本的变化，都会对利润产生影响。当这种影响是消极的且达到一定程度时，就会使企业的利润为零而进入盈亏临界状态；如这种变化超出上述程度，企业就转入了亏损状态，发生了质的变化。

保本的其他影响因素分析的目的之一就是确定能引起这种质变的各因素变化的临界值。简单来说，就是求取达到保本状态的单价的最小允许值以及单位变动成本和固定成本的最大允许值。

1. 保本的其他影响因素分析假定

(1) 销售量为常数：现有或预计销售量是一个已知的常数。

(2) 正常盈利：现有或预计销售量大于保本点销售量；安全边际大于0；利润大于0。

原利润为 I ：$I=(p-b)x-a>0$。

(3) 因素单独变动(因素不相关)假定：在现有或预计销售量的基础上测算保本的其他指标时，假定另外两项其他因素不变。

2. 保本的其他指标计算

(1) 保本单价(最小值)。单价下降会使利润下降，下降到一定程度时，就是企业能忍受的单价最小值。

$$(p_0-b)x-a=0$$

$$\text{保本单价}=\text{单位变动成本}+\frac{\text{固定成本}}{\text{现有销量}}$$

$$p_0=b+\frac{a}{x}$$

【例 9-13】 仍然使用例 9-8 的资料，设保本单价为 P_0，则：$5\,000\times(P_0-40)-60\,000=0$，$P_0=52$(元)。单价降至 52 元，即降低 8 元时企业由盈利转入亏损。

(2) 保本单位变动成本(最大值)。单位变动成本上升会使利润下降，并趋近于零，此时的单位变动成本是企业能忍受的最大值。

$$(p-b_0)x-a=0$$

$$\text{保本单位变动成本}=\text{单价}-\frac{\text{固定成本}}{\text{现有销量}}$$

$$b_0=p-\frac{a}{x}$$

【例 9-14】 仍然使用例 9-8 的资料，设保本单位变动成本为 b_0，则：$5\,000\times(60-b_0)-60\,000=0$，$b_0=48$(元)。单位变动成本由 40 元上升至 48 元时，企业利润由 40 000 元降至 0。

(3) 保本固定成本(最大值)。固定成本上升也会使利润下降，并趋近于零。

$$(p-b)x-a_0=0$$

$$\text{保本固定成本}=(\text{单价}-\text{单位变动成本})\times\text{现有销量}$$

$$a_0=(p-b)x$$

【例 9-15】 仍然使用例 9-8 的资料，设保本固定成本为 a_0，则：$5\,000\times(60-40)-a_0=0$，$a_0=100\,000$(元)。固定成本由 60 000 元上升至 100 000 元时，企业由盈利转为亏损。

(四) 经营安全程度分析

1. 安全边际指标

安全边际(margin of safety)是指现有或预计业务量超过保本点业务量的差额。安全边际主要有安全边际量、安全边际额、安全边际率三种表现形式。它们是正指标。

(1) 安全边际量。其计算公式为：

$$安全边际量=现有或预计销售量-保本量=x-x_0$$

【例 9-16】 仍然使用例 9-8 的资料，则：安全边际量=5 000−3 000=2 000(件)。

$$安全边际量=\frac{安全边际额}{单价}=\frac{S-S_0}{p}$$

(2) 安全边际额。其计算公式为：

$$安全边际额=安全边际量\times销售单价$$

$$安全边际额=现有或预计销售额-保本额=S-S_0$$

【例 9-17】 仍然使用例 9-8 的资料，则：安全边际额=2 000×60=120 000(元)。
或：安全边际额=5 000×60−180 000=120 000(元)。

(3) 安全边际率。其计算公式为：

$$安全边际率(MR)=\frac{安全边际量}{现有或预计销售量}\times100\%=\frac{x-x_0}{x}\times100\%$$

$$安全边际率(MR)=\frac{安全边际额}{现有或预计销售额}\times100\%=\frac{S-S_0}{S}\times100\%$$

【例 9-18】 仍然使用例 9-8 的资料，则：安全边际率$=\frac{2\ 000}{5\ 000}\times100\%=40\%$。

或：安全边际率$=\frac{120\ 000}{5\ 000\times60}\times100\%=40\%$。

$$安全边际量(x-x_0)=x\cdot MR$$

$$安全边际额(S-S_0)=S\cdot MR$$

另外，安全边际率与保本点作业率存在以下关系：

$$安全边际率+保本点作业率=1$$

$$MR+DR=1$$

【例 9-19】 仍然使用例 9-12 和例 9-18 的资料，则：
安全边际率+保本点作业率=60%+40%=1。

安全边际和安全边际率的数值越大，企业发生亏损的可能性越小，企业就越安全。安全边际率是相对指标，便于不同企业和不同行业的比较。企业安全性的经验数据见表 9-1。

表 9-1　企业经营安全性检验标准

安全边际率	10%以下	10%～20%	20%～30%	30%～40%	40%以上
安全程度	危险	值得注意	比较安全	安全	很安全

2. 安全边际与利润的关系

$$F=Tcm-a=cm\cdot x-a$$

$$a=cm\cdot x_0$$

$$F=cm\cdot x-cm\cdot x_0=cm\cdot(x-x_0)$$

$$利润=单位贡献边际\times安全边际销售量$$

【例 9-20】 仍然使用例 9-8 的资料，则：
安全边际量=5 000−3 000=2 000(件)，利润=2 000×(60−40)=40 000(元)。

$$F=S\cdot cmR-a$$

$$a=S_0\cdot cmR$$

$$F=S\cdot cmR-S_0\cdot cmR=(S-S_0)\cdot cmR$$

$$\text{利润}=\text{贡献边际率}\times\text{安全边际销售额}$$

【例 9-21】 仍然使用例 9-8 的资料,则:安全边际额=5 000×60－180 000=120 000(元)。利润=120 000×$\frac{60-40}{60}$=40 000(元)。

$$S-S_0=S\cdot MR$$

$$F=(S-S_0)\cdot cmR=S\cdot MR\cdot cmR$$

$$F/S=MR\cdot cmR$$

$$\text{销售利润率}=\text{贡献边际率}\times\text{安全边际率}$$

【例 9-22】 仍然使用例 9-8 的资料,则:安全边际率=$\frac{2\ 000}{5\ 000}$×100%=40%。

利润=300 000×$\frac{60-40}{60}$×40%=40 000(元)。

$$F=(S-S_0)\cdot cmR=S\cdot MR\cdot cmR=Tcm\cdot MR$$

$$\text{安全边际率}(MR)=\frac{x-x_0}{x}=\frac{cm\cdot(x-x_0)}{cm\cdot x}=\frac{F}{Tcm}$$

（五）关于保本状况的进一步研究

下列情况下企业一定处于保本状态:① 收支相等;② 利润为零;③ 贡献边际等于固定成本;④ 安全边际各项指标均为零;⑤ 保本作业率为 100%。

二、保利分析

当企业的销售量超出保本点时,可以实现利润。保本点分析是在假定企业的利润为零的经营状态下来研究问题的。企业的目标当然不是利润为零,是尽可能多地超越保本点而实现利润。所以,实现目标利润分析是盈亏临界点分析的延伸和拓展。为了便于分析和预测目标利润,需建立实现目标利润的有关模型。

保利分析就是研究当企业达到一定目标利润时本量利关系的一种定量分析方法。

（一）保利点及其计算

保利点是指在单价和成本水平确定的情况下,为确保预先确定的目标利润能够实现,而应达到的销售量和销售额的统称。保利点具体包括保利量和保利额两个指标。

若新的目标利润为 F_1,保利量和保利额公式如下:

$$(p-b)x_1-a=F_1$$

$$\text{保利量}(x_1)=\frac{\text{固定成本}+\text{目标利润}}{\text{单位贡献边际}}=\frac{a+F_1}{p-b}=\frac{a+F_1}{cm}$$

$$S_1\cdot cmR-a=F_1$$

$$\text{保利额}(S_1)=\frac{\text{固定成本}+\text{目标利润}}{\text{贡献边际率}}=\frac{a+F_1}{cmR}=\text{保利量}\times\text{单价}=px_1$$

【例 9-23】 仍然使用例 9-8 的资料,假设某公司生产和销售单一产品,销售单价为 60 元,固定成本总额为 60 000 元,单位变动成本为 40 元。当企业希望下年度获得 50 000 元的目标利润时，该产品的目标销售量和销售额分别为：保利量$(x_1)=\dfrac{a+F_1}{cm}=\dfrac{60\ 000+50\ 000}{60-40}=$ 5 500(件)；保利额$(S_1)=5\ 500\times 60=330\ 000$(元)。

（二）保净利点及其计算

前面所讲的目标利润均为所得税前的利润，所得税费用对于实现了利润的企业来说，是一项必然的支出；对于目标利润的分析和预测来说，也应该是一项必然的扣除。所以，从税后利润的角度进行目标利润的分析与预测，对企业而言或许更为适用。保净利点是指当考虑所得税时，在单价和成本水平确定的情况下，为确保预先确定的税后目标利润能够实现，而应达到的销售量和销售额的统称。保净利点具体包括保净利量和保净利额两个指标。税后目标利润又称为目标净利。

若新的目标净利润为F_2，所得税税率为tR，则：

$$税后目标利润=税前目标利润\times(1-所得税率)$$

$$税前目标利润=税后目标利润\div(1-所得税率)$$

$$F_1(1-tR)=F_2$$

$$F_1=\frac{F_2}{1-tR}$$

$$[(p-b)x_2-a](1-tR)=F_2$$

$$保净利量(x_2)=\frac{固定成本+\dfrac{目标净利润}{1-所得税率}}{单位贡献边际}=\frac{a+\dfrac{F_2}{1-tR}}{p-b}=\frac{a+\dfrac{F_2}{1-tR}}{cm}$$

$$(S_2\cdot cmR-a)(1-tR)=F_2$$

$$保净利额(S_2)=\frac{固定成本+\dfrac{目标净利润}{1-所得税率}}{贡献边际率}=\frac{a+\dfrac{F_2}{1-tR}}{cmR}=保净利量\times单价=px_2$$

【例 9-24】 仍然使用例 9-8 的资料，所得税 25%。当企业希望下年度获得 37 500 元的税后目标利润时，该产品的目标销售量和销售额分别为：

保净利量$(x_2)==\dfrac{a+\dfrac{F_2}{1-tR}}{p-b}=\dfrac{60\ 000+\dfrac{37\ 500}{1-25\%}}{60-40}=5\ 500$(件)。

保利额$(S_2)=5\ 500\times 60=330\ 000$(元)。

从保本点、保利点与保净利点公式可以看出：凡计算销售量指标时，均以单位贡献边际为分母；凡计算销售额指标时，则由贡献边际率为分母；只是这些公式的分子不同而已。

（三）保利的其他影响因素分析

保利的其他影响因素分析是指，在现有或预计销售量的基础上，测算影响利润的各个因素单独达到什么水平度时，为确保预先确定的目标利润能够实现的分析方法。

销售量、单价、单位变动成本和固定成本的变化，都会对利润产生影响。保利的其他影响因素分析的目的就是求取达到保利的单价、单位变动成本和固定成本。

1. 保利的其他影响因素分析假定

(1) 销售量为常数：现有或预计销售量是一个已知的常数。

(2) 因素单独变动(因素不相关)假定：在现有或预计销售量的基础上测算保利的其他

指标时，假定另外两项其他因素不变。

2. 保利的其他指标计算

原利润为 F，$F=(p-b)x-a$，新的目标利润为 F_1。

(1) 保利单价。保利单价是指在其他因素既定的条件下，为保证目标利润实现应当达到的单价，又称为目标单价。其计算公式如下：

$$(p_1-b)x-a=F_1$$

$$保利单价=单位变动成本+\frac{固定成本+目标利润}{预计销量}$$

$$p_1=b+\frac{a+F_1}{x}$$

【例 9-25】 仍然使用例 9-8 的资料，假设企业希望下年度获得 50 000 元的目标利润，设保利单价为 p_1，则：$5\ 000\times(p_1-40)-60\ 000=50\ 000$(元)，$p_1=62$(元)。

单价上升至 62 元，企业利润由 40 000 元上升至 50 000 元。

(2) 保利单位变动成本。保利单位变动成本是指在其他因素既定的条件下，为保证目标利润的实现，应当达到的单位变动成本。其计算公式如下：

$$(p-b_1)x-a=F_1$$

$$保利单位变动成本=单价-\frac{固定成本+目标利润}{预计销量}$$

$$b_1=p-\frac{a+F_1}{x}$$

【例 9-26】 仍然使用例 9-8 的资料，假设企业希望下年度获得 50 000 元的目标利润，设保利单位变动成本为 b_1，则：$5\ 000\times(60-b_1)-60\ 000=50\ 000$(元)，$b_1=38$(元)。

单位变动成本由 40 元下降至 38 元时，企业利润由 40 000 元上升至 50 000 元。

(3) 保利固定成本。保利固定成本是指在其他因素既定的条件下，为保证目标利润的实现，应当达到的固定成本。其计算公式如下：

$$(p-b)x-a_1=F_1$$

$$保利固定成本=(单价-单位变动成本)\times预计销量-目标利润$$

$$a_1=(p-b)x-F_1$$

【例 9-27】 仍然使用例 9-8 的资料，假设企业希望下年度获得 50 000 元的目标利润，设保利固定成本为 a_1，则：$5\ 000\times(60-40)-a_1=50\ 000$ (元)，$a_1=50\ 000$(元)。

固定成本由 60 000 元下降至 50 000 元时，企业利润由 40 000 元上升至 50 000 元。

三、有关因素变动对相关指标的影响

影响保本点、目标利润的基本因素主要是固定成本总额、单位变动成本、单位售价和产销量等。对这些因素的特征进行深入研究，可以帮助企业挖掘增加盈利的潜力。

(1) 单位售价变动的影响分析。当其他因素不变时，单位售价上升，单位贡献边际则上升，保本点、保利点下降，利润上升；若单位售价下降，单位贡献边际则下降，保本点、保利点上升，利润下降。

(2) 固定成本变动的影响分析。在其他因素保持不变的条件下，固定成本的增减变动将使保本点同比例、同方向增减变动；将使保利点同方向增减变动；而利润向反方向变动。

企业经营规模越大，固定成本越大，保本点就越高；在其他条件不变的情况下，利润就越小。

(3) 单位变动成本变动的影响分析。如果其他因素不变，单位变动成本上升，单位贡献边际则下降，保本点、保利点上升，利润降低；若单位变动成本下降，单位贡献边际则上升，保本点、保利点下降，利润上升。

(4) 目标利润变动的影响分析。从保本点与保利点的计算公式可以发现，只有保利点公式中包括目标利润因素，因此目标利润的变动只能影响保利点，而不能影响保本点。

(5) 销售量变动的影响分析。由于保本点与保利点本身是业务量指标，因此销量的变动不会影响保本点与保利点水平，只会影响利润。销售量提高，利润增加；销售量下降，利润减少。

四、本量利关系图

盈亏临界点并没有说明随着作业的变化，利润如何变化。为了捕捉利润与业务量的关系，通常使用本量利关系图。

将成本、销量、利润的关系反映在直角坐标系中，即成为本量利关系图，因其能清晰地显示企业不盈利也不亏损时应达到的产销量，故又称为盈亏临界图或损益平衡图。用图示表达本量利的相互关系，不仅形象直观、一目了然，而且容易理解。根据资料的多少和目的不同，本量利关系图有多种形式。

(一) 传统式本量利关系图

传统式本量利关系图是本量利关系图最基本的形式，其特点就是将固定成本置于变动成本之下，从而清楚地表明固定成本不随业务量变动的特征。传统式本量利关系图的绘制方法如下：

(1) 在直角坐标系中，以横轴表示销售量，以纵轴表示成本和销售收入。

(2) 绘制固定成本线。在纵轴上找出固定成本数值，即(0，固定成本数值)，以此为起点，绘制一条与横轴平行的固定成本线。即固定成本线 $y=a$。

(3) 绘制总成本线。以(0，固定成本数值)为起点，以单位变动成本为斜率，绘制总成本线。即总成本线 $y=a+bx$。

(4) 绘制销售收入线。以坐标原点(0，0)为起点，以销售单价为斜率，绘制销售收入线。即收入线 $y=px$。

这样，绘制出的总成本线和销售收入线的交点就是盈亏临界点。图 9-2 就是根据有关数据绘制的基本的本量利关系图，直观、形象而又动态地反映了销售量、成本和利润之间的关系。

传统式本量利关系图表达的意义如下：

(1) 固定成本线与横轴之间的距离为固定成本值，它不因产量增减而变动。

(2) 变动成本线与固定成本线之间的距离为变动成本，它随产量而成正比例变化。

(3) 变动成本线与横轴之间的距离为总成本，它是固定成本与变动成本之和。

(4) 销售收入线与总成本线的交点，是保本点。它在横轴上对应的销售量表明企业在此销售量下总收入与总成本相等，既没有利润，也不发生亏损。在此基础上，增加销售量，销售收入超过总成本，销售收入线与总成本线的距离为利润值，形成盈利区；反之，形成亏

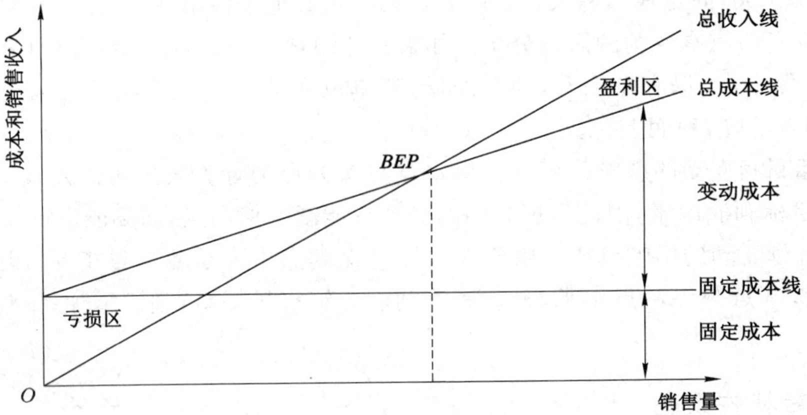

图 9-2　传统式本量利关系图

损区。

（二）贡献边际式本量利关系图

贡献边际式本量利关系图是一种将固定成本置于变动成本之上，能够反映贡献边际形成过程的图形，这是传统式本量利关系图不具备的。图 9-3 是根据有关资料绘制的贡献边际式本量利关系图。该图的绘制程序如下：

（1）在直角坐标系中，以横轴表示销售量，以纵轴表示成本和销售收入。

（2）绘制变动成本线。以坐标原点（0，0）为起点，以单位变动成本为斜率，绘制变动成本线。即变动成本线 $y=bx$。

（3）绘制总成本线。以（0，固定成本数值）为起点，以单位变动成本为斜率，绘制总成本线。即总成本线 $y=a+bx$。总成本线与变动成本线平行。总成本线与变动成本线间竖直方向距离为固定成本。

（4）绘制销售收入线。以坐标原点（0，0）为起点，以销售单价为斜率，绘制销售收入线。即收入线 $y=px$。收入线与变动成本线夹角间竖直方向距离为贡献边际。

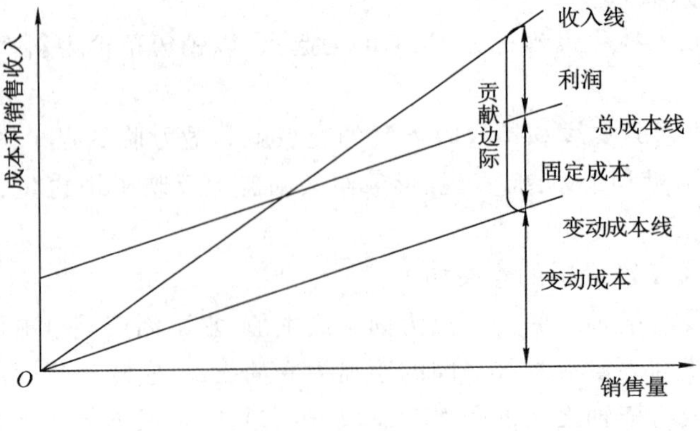

图 9-3　贡献边际式本量利图

这种图的主要优点是可以表示贡献边际的数值。销售收入线与变动成本线之间所夹区域为贡献边际区域。当贡献边际正好等于固定成本时，企业达到不盈不亏状态；当贡献边际超过盈亏临界点并大于固定成本时，企业获得了利润；当贡献边际没有达到盈亏临界点时，企业发生了亏损。

（三）利量式关系图

利量式关系图是反映利润与销售量之间依存关系的图形。如图 9-4 所示，该图绘制的程序是，在平面直角坐标系中，以横轴代表销售量，以纵轴代表利润（或亏损）；然后在纵轴原点以下部分找到与固定成本总额相等的点（0，固定成本数值），该点表示业务量等于零时，亏损额等于固定成本；最后，从点（0，固定成本数值）出发画出利润线，该线的斜率是单位贡献边际。利润线为 $y=cm \cdot x-a$。利润线与横轴的交点即为盈亏临界点。

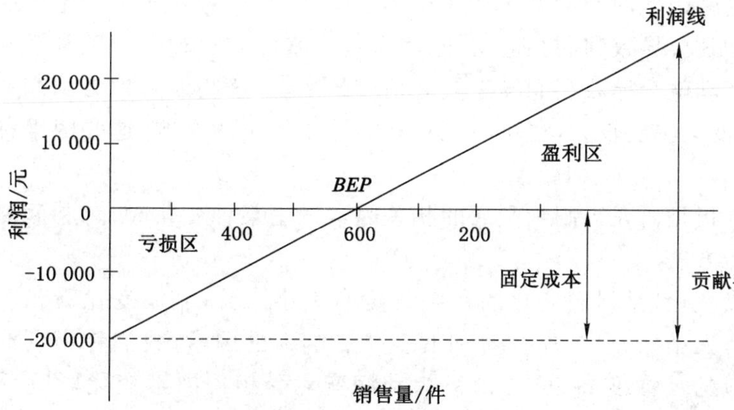

图 9-4　利量式关系图

该图形能直观反映业务量与利润、贡献边际和固定成本之间的关系。当销售量为零时，企业的亏损就等于固定成本，随着销售量的增长，亏损越来越少，当销售量超过盈亏临界点时，企业开始出现利润，而且销售量越大，利润越多。可见，这种简单明了的图形更容易为企业管理人员理解。

第三节　利润敏感性分析

一、敏感性分析原理

在前边的保本分析中，曾认为除待求变量外的其他参数都是确定的。实际上，市场的变化（原材料价格、产品价格、供求数量等波动）和企业技术条件（原材料消耗和工时消耗水平波动）的变化，会引起模型中的参数发生变化，使得原来计算出来的保本点、目标利润或目标销售量失去可靠性。经营者希望事先知道哪一个参数影响小，哪一个参数影响大，影响程度如何。他们掌握这些数据有重要的实用意义，可在情况发生变化后及时采取对策，调整企业计划，使生产经营活动经常被控制在最有利的状态之下。

敏感性分析研究的是，当一个系统的周围条件发生变化时，导致这个系统的状态发生了怎样的变化，是变化大（敏感）还是变化小（不敏感）。敏感性分析是研究与分析一个系统

(关键指标)因相关因素(某个或某几个参数)发生变化而引起其状态或输出结果变化的敏感程度的方法。不同相关因素变化对关键指标变化的影响程度有大小之分(关键指标变化受相关因素变化的影响程度有大小之分)

相关因素变化对关键指标变化的影响方式有直接、间接两种;影响方向有同方向变化、反方向变化两种。

二、利润敏感性分析

(一) 利润敏感性分析的意义

销售量、单价、单位变动成本、固定成本诸因素中的某个或某几个的变动,都会对利润产生影响。即使这些因素的变动方向和变动幅度完全一样,对利润所产生的影响也将大不相同。有些因素增长会导致利润相应增加,而有些因素的增长却会导致利润相应下降。有些因素只要略有变动就会导致利润发生较大幅度的变动,这些因素称为利润的强敏感性因素;有些因素即使变动幅度较大,也可能仅对利润产生较小的影响,这些因素称为利润的弱敏感性因素。

利润敏感性分析是研究当制约利润的相关因素发生某种变化时,对利润变化所产生影响的一种定量分析方法。

不同相关因素变化,对利润变化的影响程度有大小之分(利润变化受相关因素变化影响反应的灵敏度有大小之分)。那些对利润变化影响大的因素,我们称为利润变化受相关因素变化影响反应的灵敏度高,反之则称为利润变化受相关因素变化影响反应的灵敏度低。企业的决策人员需要知道利润受哪些因素的变化反应比较敏感,而受哪些因素的变化反应不太敏感,以便分清主次,抓住重点,确保目标利润的实现。

(二) 利润敏感性分析的假定

(1) 四个因素的假定:利润只受销售量、单价、单位变动成本、固定成本四项因素变化的影响。

(2) 因素单独变动(因素不相关)假定:假定任一因素变化不会引起其他三项因素变化。

(三) 利润灵敏度指标的计算及其排列规律

利润灵敏度指标又叫利润受有关因素变动影响反应的灵敏度指标,简称灵敏度指标。利润的某因素灵敏度系数(D_i)是指利润变动率除以该因素变动率。其计算公式为:

$$利润的某因素敏感系数=\frac{利润变动率}{某因素(变量)变动率}$$

$$D_i=\frac{R_F}{R_i}$$

其中,敏感系数为正值的,表明它与利润同向增减;敏感系数为负值的,表明它与利润反向增减。

$$D_x=\frac{R_F}{R_x} \qquad D_p=\frac{R_F}{R_p} \qquad D_b=\frac{R_F}{R_b} \qquad D_a=\frac{R_F}{R_a}$$

【例 9-28】 仍然使用例 9-8 的资料,假设某公司去年生产和销售单一产品,正常销售量为5 000件,销售单价为 60 元,固定成本总额为 60 000 元,单位变动成本为 40 元。假设企业希望今年获得 50 000 元的目标利润，今年影响利润的各因素灵敏度指标分别为：

原利润(F)＝5 000×(60－40)－60 000＝40 000(元)。

$\Delta F=F_1-F=50\ 000-40\ 000=10\ 000$(元)。

$R_F=10\ 000\div 40\ 000\times 100\%=25\%$。

(1) $\Delta x=10\ 000\div(60-40)=500$。$R_x=500\div 5\ 000\times 100\%=10\%$。

$D_x=25\%\div 10\%=2.5$。

这说明销售量每上升 1%，利润将增加 2.5%。

(2) $\Delta p=10\ 000\div 5\ 000=2$。$R_p=2\div 60\times 100\%=3.33\%$。

$D_p=25\%\div 3.33\%=7.5$。

这就是说，单价对利润的影响很大，从百分率来看，利润以 7.5 倍的速率随单价变化。涨价是提高盈利的最有效手段，价格下跌也将是企业最大的威胁。经营者根据敏感系数知道，每降价 1%，企业将失去 7.5%的利润，必须格外予以关注。

(3) $\Delta b=-10\ 000\div 5\ 000=-2$。$R_b=-2\div 40\times 100\%=-5\%$。

$D_b=-25\%\div 5\%=-5$。

由此可见，单位变动成本对利润的影响比单价要小，单位变动成本每上升 1%，利润将减少 5%。但是，敏感系数绝对值大于 1，说明变动成本的变化会造成利润更大的变化，仍属于敏感因素。

(4) $\Delta a=-10\ 000$。$R_a=-10\ 000\div 60\ 000\times 100\%=-16.67\%$。

$D_a=-25\%\div 16.67\%=-1.5$。这说明固定成本每上升 1%，利润将减少 1.5%。

就本例而言，利润的诸多因素敏感系数排序，其中最敏感的首先是单价(敏感系数为 7.5)，其次是单位变动成本(敏感系数－5)，再次是销量(敏感系数 2.5)，最后是固定成本(敏感系数－1.5)。

具体利润的各因素敏感系数还可以通过以下公式计算得到：

$$单价的敏感系数=\frac{单价\times 销售量}{利润基数}$$

$$单位变动成本的敏感系数=-\frac{单位变动成本\times 销售量}{利润基数}$$

$$销售量的敏感系数=\frac{销售量\times(单价-单位变动成本)}{利润基数}$$

$$固定成本的敏感系数=-\frac{固定成本}{利润基数}$$

$$F\cdot R_F=(p-b)x\cdot R_x \qquad F\cdot R_F=px\cdot R_p$$

$$F\cdot R_F=-bx\cdot R_b \qquad F\cdot R_F=-a\cdot R_a$$

$$D_p=\frac{R_F}{R_p}=\frac{px}{F} \qquad D_x=\frac{R_F}{R_x}=\frac{(p-b)x}{F} \qquad D_b=\frac{R_F}{R_b}=-\frac{bx}{F} \qquad D_a=\frac{R_F}{R_a}=-\frac{a}{F}$$

【例 9-29】 仍然使用例 9-8 和例 9-28 的资料，假设某公司去年生产和销售单一产品，正常销售量为 5 000 件，销售单价为 60 元，固定成本总额为 60 000 元，单位变动成本为 40 元，利润为 40 000 元。去年利润的各因素灵敏度指标分别为：

$D_p=\frac{px}{F}=\frac{60\times 5\ 000}{40\ 000}=7.5$。

$D_x=\frac{(p-b)x}{F}=\frac{(60-40)\times 5\ 000}{40\ 000}=2.5$。

$D_b=-\frac{bx}{F}=-\frac{40\times 5\ 000}{40\ 000}=-5$。

$D_a=-\frac{a}{F}=-\frac{60\ 000}{40\ 000}=-1.5$。

分析上述利润各因素敏感系数的计算公式，可以得到以下几点规律性的结论：

第一，关于利润敏感系数的符号。某一因素的敏感系数为负号，表明该因素的变动与利润的变动为反向关系；反之，为正号则表明是同向关系。

第二，利润敏感系数的排列不唯一。

第三，关于利润敏感系数的大小。从上述公式中不难看出，由于利润各因素敏感系数的分母均为"F"，所以其相互间的大小关系直接决定于各自分子数值的大小，应具体分析：

若企业有盈利，$F=(p-b)x-a>0$，$px=a+bx+F$，$px>a$，$px>bx$，$px>(p-b)x$。

（1）利润的单价敏感系数总是最高，也就是说涨价是企业提高盈利的最直接、最有效的手段，而价格下跌则是企业最大的威胁。

（2）利润的单价敏感系数和利润的变动成本敏感系数之和，等于利润的销售量敏感系数（$D_x=D_p+D_b$）。

（3）利润的销售量敏感系数一定大于利润的固定成本敏感系数（$D_x=1-D_a$）。所以，敏感系数最小的因素，不是单位变动成本就是固定成本。

利润敏感系数提供了各因素变动百分比和利润变动百分比之间的比例，但不能直接显示变化后利润的值。为了弥补这种不足，有时需要编制"敏感分析表"和"敏感分析图"，列示各因素变动百分率及相应的利润值。敏感分析表见表 9-2。

表 9-2　单因素变动敏感分析表

项目	利润变动百分比		
	－10％	0％	10％
单价/元	10 000	40 000	70 000
销量/件	30 000	40 000	50 000
固定成本/元	46 000	40 000	34 000
单位变动成本/元	60 000	40 000	20 000

各因素变动百分比通常以±10％为范围，便可以满足实际需要。

列表法的缺点是不能连续表示变量之间的关系，为此可以用敏感分析图来表示。敏感分析图如图 9-5 所示。

图 9-5 中横轴代表单位变动成本、固定成本、销量、单价等各因素变动百分比；纵轴代表利润。根据原来的目标利润点（0，40 000）和单位变动成本变化后的点（＋10％，20 000），画单位变动成本线。这条直线反映单位变动成本不同变化水平时，所对应的利润值和利润变动百分比。其他因素的直线画法与变动成本线类似。这些直线与利润线的夹角越小，利润的某因素敏感系数越高。

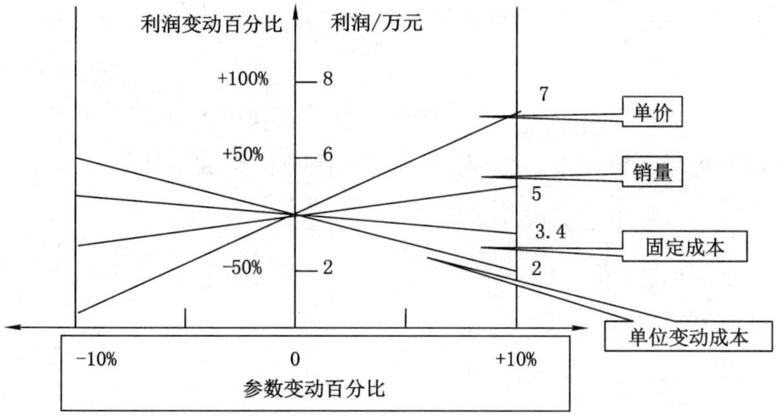

图 9-5　各因素对利润的敏感分析

第四节　多品种条件下的本量利分析

多品种的本量利分析，与单一品种本量利分析有很大的区别。因为多种产品的销售量无法直接相加，所以就无法直接应用以单一品种为基础的保本量与保利量计算公式。而多种产品的销售收入可以直接相加，所以当企业生产销售多种产品时，只能以保本销售额、保利销售额反映企业的状态。多品种的保本点分析是社会生产实践中常见的分析方法，与其相比，单一品种保本点分析带有更多的理论色彩。这就需要进一步研究适用于多品种条件下的本量利的分析方法与模型。

多品种条件下的本量利分析有品种结构不变假设，是指在一个多品种生产和销售的企业中，各种产品的销售收入在总收入中所占的比重是常数。在这种情况下，各产品销售收入之间的比例固定、各产品销售量之间的比例固定。在多品种结构下，可采用综合贡献边际率法进行本量利分析。综合贡献边际率法是指在计算综合贡献边际率的基础上，进行多品种的本量利分析的一种方法。该法不要求分配固定成本，而是将各种产品所创造的贡献边际视为补偿企业全部固定成本和利润的来源。在计算综合贡献边际率的基础上，计算保本点综合销售额、保利点综合销售额。

一、总额法

综合贡献边际率，是指企业综合贡献边际占企业综合销售收入的比例。

$$综合贡献边际率 = \frac{企业贡献边际}{企业销售收入} \qquad cmR = \frac{\sum Tcm_i}{\sum S_i}$$

$$\sum Tcm_i = \sum S_i \cdot cmR \qquad F = \sum S_i \cdot cmR - a$$

（一）保本分析

$$0 = \sum S_{0i} \cdot cmR - a \qquad \sum S_{0i} = \frac{a}{cmR} \qquad 综合保本额 = \frac{固定成本}{综合贡献边际率}$$

$$S_{0i}=\sum S_{0i}\cdot\frac{S_i}{\sum S_i}\qquad 某产品保本额=综合保本额\times该产品的销售比重$$

$$x_{0i}=\frac{S_{0i}}{p_i}\qquad 某产品保本量=\frac{该产品保本额}{该产品单价}$$

已知综合贡献边际率情况下，多品种的利润和企业固定成本计算公式如下：

$$a=\sum S_{0i}\cdot cmR\qquad F=\sum S_i\cdot cmR-a$$

$$F=\sum S_i\cdot cmR-\sum S_{0i}\cdot cmR\qquad F=(\sum S_i-\sum S_{0i})\cdot cmR$$

（二）保利分析

$$F_1=\sum S_{1i}\cdot cmR-a$$

$$\sum S_{1i}=\frac{a+F_1}{cmR}\qquad 综合保利额=\frac{固定成本+目标利润}{综合贡献边际率}$$

$$S_{1i}=\sum S_{1i}\cdot\frac{S_i}{\sum S_i}\qquad 某产品保利额=综合保利额\times该产品的销售比重$$

$$x_{1i}=\frac{S_{1i}}{p_i}\qquad 某产品保利量=\frac{该产品保利额}{该产品单价}$$

【例 9-30】 假设 A 公司生产甲、乙、丙三种产品，年固定成本 2 240 元，有关资料见表 9-3，假设该公司预期利润为 1 120 元。求企业的保本点销售额、保利点销售额和各产品的保本点销售额、保利点销售额。

表 9-3 销售和成本计划资料 金额单位:元

产品	甲	乙	丙	合计
单价	10	10	5	
单位变动成本	8	7	3	
单位贡献边际	2	3	2	
销量/件	500	200	600	
贡献边际率/%	20	30	40	
贡献边际	1 000	600	1 200	2 800
销售收入	5 000	2 000	3 000	10 000
销售比重/%	50	20	30	100

综合贡献边际率$=\frac{2\ 800}{10\ 000}\times100\%=28\%$，综合保本额$=\frac{2\ 240}{28\%}=8\ 000$(元)。

甲产品保本额=8 000×50%=4 000(元)，乙产品保本额=8 000×20%=1 600(元)。

丙产品保本额=8 000×30%=2 400(元)。

甲产品保本量=4 000÷10=400(件)，乙产品保本量=1 600÷10=160(件)。

丙产品保本量=2 400÷5=480(件)。

综合保利额$=\frac{2\ 240+1\ 120}{28\%}=12\ 000$(元)。

甲产品保利额=12 000×50%=6 000(元)。

乙产品保利额＝12 000×20％＝2 400(元)。

丙产品保利额＝12 000×30％＝3 600(元)。

甲产品保利量＝6 000÷10＝600(件)，乙产品保利量＝2 400÷10＝240(件)。

丙产品保利量＝3 600÷5＝720(件)。

二、加权平均法

采用这种方法，综合贡献边际率是根据各种产品的贡献边际率，以各种产品的销售比重为权数计算的加权平均数。其具体公式为：

$$cmR=\frac{\sum Tcm_i}{\sum S_i}=\frac{\sum(S_i\cdot cmR_i)}{\sum S_i}=\sum\left(\frac{S_i}{\sum S_i}\cdot cmR_i\right)$$

$$\text{综合贡献边际率}=\sum(\text{某产品的贡献边际率}\times\text{该产品的销售比重})$$

【例 9-31】 仍然使用例 9-30 的资料，求综合贡献边际率。

综合贡献边际率＝20％×50％＋30％×20％＋40％×30％＝28％。

在其他条件不变的前提下，企业应积极采取措施，努力提高贡献边际率水平较高的产品的销售比重，降低贡献边际率水平较低的产品的销售比重，从而提高企业的综合贡献边际率水平，达到降低企业保本额和保利额的目的。

【例 9-32】 仍然使用例 9-30 的资料，假定甲、乙、丙三种产品的销售比重分别改为30％、20％、50％，它们的边际贡献率和企业固定成本均不变。求综合贡献边际率和企业的保本点销售额、保利点销售额。

综合贡献边际率＝20％×30％＋30％×20％＋40％×50％＝32％。

综合保本额＝$\frac{2\ 240}{32\%}$＝7 000(元)，综合保利额＝$\frac{2\ 240+1\ 120}{32\%}$＝10 500(元)。

练习与思考

一、单项选择题

1. 销售收入为 20 万元，贡献边际率为 60％，其变动成本总额为(　　)万元。

A. 8　　B. 12　　C. 4　　D. 16

2. 某企业生产甲、乙、丙三种产品，已知三种产品的单价分别为 30 元、25 元和 22 元，单位变动成本分别为 20 元、15 元和 11 元，销售量分别为 1 000 件、5 000 件和 300 件。固定成本总额为 25 000 元，则加权平均贡献边际率为(　　)。

A. 28.96％　　B. 39.13％　　C. 42.46％　　D. 50％

3. 制造贡献边际是指(　　)。

A. 销售收入与产品变动成本之差

B. 销售收入与销售和管理变动成本之差

C. 销售收入与产品贡献边际之差

D. 销售收入与产品变动成本加销售和管理变动成本之差

4. 保本作业率与安全边际率之间的关系是(　　)。

A. 二者相等　　B. 前者一般大于后者

C. 后者一般大于前者　　D. 二者之和等于1

5. 在企业产销单一产品时,不会影响保本点的因素是(　　)。

A. 单价　　B. 单位变动成本

C. 实际销售量　　D. 固定成本总额

二、多项选择题

1. 当其他条件不变时,不能与利润同方向变动的因素是(　　)。

A. 变动成本　　B. 固定成本

C. 销售量　　D. 产品单价

2. 为简化本量利分析的研究,本量利分析基本假设主要有(　　)。

A. 相关范围假设　　B. 模型线性假设

C. 产销平衡假设　　D. 品种结构不变假设

3. 下列各项中,可以作为判定企业处于保本状态的条件有(　　)。

A. 盈亏临界点作业率为零　　B. 安全边际等于零

C. 贡献边际率等于零　　D. 销售利润率等于零

4. 安全边际率=(　　)。

A. 安全边际量÷实际销售量　　B. 保本销售量÷实际销售量

C. 安全边际额÷实际销售额　　D. 保本销售额÷实际销售额

5. 在企业正常盈利的条件下,利润灵敏度的排列规律有(　　)。

A. 单价的灵敏度最大　　B. $D_x=D_p+D_b$

C. 固定成本的灵敏度最低　　D. $D_x=1-D_a$

三、判断题

1. 安全边际量的数值越大,表明企业经营的安全程度越大。(　　)

2. 当销售量上升时,单位贡献边际上升,安全边际也上升。(　　)

3. 如果表明企业危险,根据企业安全性的经验数据,安全边际率应在10%以下。(　　)

4. 在其他情况不变的前提下,若使利润上升35%,单位变动成本需下降17.5%;若使利润上升32%,销售量需上升14%。这说明利润对销量的变动比对单位变动成本的变动敏感。(　　)

5. 变动成本率与贡献边际率之和为1。(　　)

四、简答题

1. 本量利分析的基本假设有哪些?

2. 什么是贡献边际?它有哪几种表现形式,其计算公式如何?

3. 什么是盈亏临界点?单一品种产品的盈亏临界点有哪几种核算模型?

4. 什么是安全边际?为什么要核算安全边际?

5. 本量利关系图包括哪些类型？每种本量利关系图各有那些优缺点？

6. 什么是利润的敏感性分析？各因素对利润的敏感系数如何计算？

7. 单一产品条件下的保本点、保利点、保净利点如何计算？

五、计算分析题

1. 已知某公司只销售一种产品，2022 年单位变动成本为 15 元，变动成本总额为63 000 元，共获税前利润 18 000 元，若该公司计划于 2023 年维持销售单价不变，变动成本率仍维持 30%。

要求：

(1) 预测 2023 年的保本销售量。

(2) 若 2023 年的计划销售量比 2022 年提高 8%，则可获得多少税前利润？

2. 某企业只产销一种产品，2022 年销售量为 10 000 件，每件售价 200 元，单位成本为 150 元，其中单位变动成本 120 元。该企业拟使 2023 年的营业利润在 2022 年的基础上增加 20%。

要求：

(1) 运用本量利分析原理进行规划，从哪些方面采取措施(要求定量计算；假定采取某项措施时，其他条件不变)，才能实现 2021 年的目标利润？

(2) 对你提出的各项措施，运用敏感性分析原理，测算其对营业利润的敏感系数。

3. 设某企业同时生产 A、B、C 三种产品，有关资料见表 9-4。

表 9-4　A、B、C 三种产品资料表

项目	A 产品	B 产品	C 产品
产销量/件	90 000	90 000	60 000
单位售价/元	20	10	5
单位变动成本/元	15	6	2
固定成本总额/元	627 000		

要求：该公司的保本销售额。

第十章 经营预测

【学习目标】 通过本章的学习，理解和掌握经营预测的一般程序和各种预测方法；理解和掌握如何进行销售、成本、利润预测。

第一节 经营预测概述

一、经营预测的定义

预测，是指从已知事件测定未知事件的过程，是立足于现实，回顾历史，推测未来的行为总称。预测是与未来的不确定性有关的，预测的目的就在于通过对历史的分析和对现状的研究，求得对未来的了解，以减少未来的不确定性对人们活动的影响。

预测分析，就是预测人员对不同的预测对象、目标，依据过去、现在的信息，选取适当的预测方法进行预测的过程。人们可以对社会发展的各个方面，如人口、经济、政治、军事、气象等进行预测。不同的预测对象需要采取相应的预测方法，才能取得人们期望的结果。管理会计重点研究的是企业生产经营活动中的经营预测。

经营预测是指根据企业的内外部经济现状、掌握的历史资料和事物之间的内在联系，运用一定的科学预测方法和手段，对企业生产经营活动的未来发展趋势及其状况进行的预计和推测。“凡事预则立，不预则废。”随着我国市场经济的不断发展，企业面临的国内外竞争越来越激烈，为了求生存、谋发展，企业应对市场变化和发展趋势进行深入调查，在准确的经营预测的基础上进一步进行决策和规划。只有通过准确经营预测，才能更好地掌握市场和企业内部的发展动态和趋势，进而做出最佳的决策。科学的经营预测是企业制定发展规划、做出正确决策的依据，是企业编制计划、进行科学决策的重要组成部分。

按预测的期限分，成本预测可以分为长期预测和短期预测。其中，长期预测指对一年以上期间进行的预测，如三年或五年；短期预测指一年以下的预测，如按月，按季或按年。

二、经营预测的基本原则

我们进行经营预测时要遵循一定的原则，才能使经营预测更具科学性、准确性、实用性。

（一）可靠性原则

真实可靠的数据是进行预测的基础。我们在进行经营预测时应遵循可靠性原则，在收集数据和信息时，实事求是，去粗取精，去伪存真，提取出对预测有用的数据和信息，包括正面和负面信息，为经营预测提供最佳的依据。

（二）延续性原则

事物的发生、发展往往是连续性的，它或多或少与过去和现在存在一定的联系。我们在进行经营预测时应遵循延续性原则，假定过去和现在的某种发展规律将会延续下去，其发展的条件同样适用于未来，进而把未来作为过去和现在的延伸进行预测。

（三）相关性原则

企业生产经营活动过程中的一些经济变量之间存在着相互依存、相互制约的关系。我们在进行经营预测时应遵循相关性原则，根据经济变量之间的联系，利用对某些经济变量的分析研究来推测其他相关的经济变量发展的规律。

（四）规律性原则

事物的发展具有一定的规律性。在企业的经营活动中，许多经济变量会出现某种规律性的情况。我们在进行经营预测时应透过现象看本质，运用定性和定量分析方法，发现其中的规律性，并利用概率分析及数理统计的方法进行推测，进而获得科学、准确的预测数据。

三、经营预测的方法

经营预测的方法多种多样，选择恰当的预测分析方法对经营预测的准确性将产生很大的影响。经营预测的方法主要分为定性预测方法和定量预测方法。

（一）定性预测方法

定性预测方法，又称为“主观预测方法”，是指依靠熟悉业务知识、具有丰富经验和综合分析能力的专业人员，根据个人经验和知识并结合预测对象的特点进行综合分析，对事物的未来状况和发展趋势进行推测的一种预测方法。为了使经营预测更加准确，定性预测方法应建立在必要的数据基础上，并与定量预测方法配合使用。该类预测方法的特点是：需要的数据少，能考虑无法定量的因素，比较简单可行，主要根据人们积累的实际经验和掌握的科学知识进行判断。定性预测方法主要有：个人判断法、专家会议法、德尔菲法等。

1. 个人判断法

个人判断法是指分析者基于企业所处环境的现状和发展趋势、政策方案及其可能结果等，根据自己个人的经验，或征求某位专家的意见，进行综合整理，并据此得出最终结论的预测方法。这种方法最大的优点是在分析者知识水平较高、经验较为丰富的情况下，能够充分地发挥他们的微观智能结构效应，排除他人意见的干扰，充分发挥个人的能动性和创造力。但是，个人判断法易受分析者或专家的智能结构、知识的广度和深度、占有资料的多少、信息来源及其可靠性、对预测对象兴趣的大小乃至偏见等因素所限制，缺乏相互启发的氛围，因此难免带有一定的局限性。

2. 专家会议法

专家会议法由资历深厚的专家组召开座谈会或以其他可行方式，对事物的未来发展变化趋势进行估计和推测。这种方法可以综合多位专家的意见，考虑的因素较为全面，避免陷入个人意见的误区。但是，可能会由于专家意见相互冲突、矛盾，难以形成一致意见。同时，专家会议容易受权威人士左右，最终影响结论的客观性。

3. 德尔菲法

德尔菲法也称社会集体经验判断法，是指采用信函的方式分别向有关专家提供信息并征求意见，将专家的意见进行综合、整理后，匿名反馈给各位专家，同时再次征求意见，这样反复地综合意见和反馈意见，直到得出基本一致意见为止的预测方法。这种方法综合了个人判断法和专家会议法的优点，有利于各个专家客观地发表自己的意见。

（二）定量预测方法

定量分析法，又称“数量分析法”，是指在完整掌握与预测对象有关的各种定量资料的基础上，运用数学方法进行分析，进而发现各要素之间的内在规律性，建立能够反映各要素间内在规律性的预测模型的方法体系。因此，它的准确性主要取决于历史数据的准确性、代表性和数学模型与预测环境的拟合性。定量分析法主要包含两类预测方法：趋势预测分析法和因果预测分析法。

(1) 趋势预测分析法。它是指将一个指标本身过去的变化趋势作为预测的依据，认为未来是过去历史的延伸，从而对未来进行预测。该法也称时间序列分析法。它是将预测对象的历史数据按时间顺序排列，应用数学方法处理、计算，借以预测其未来发展趋势的分析方法。趋势预测法将影响因素全部归结于时间，其计算方法相对简便，但精准度较低。这类方法主要包括：算数平均法、移动平均法、加权平均法、平滑指数法等。

(2) 因果预测分析法。它认为指标之间并不是彼此孤立的，它是根据预测变量与其他变量之间的相互关系建立相应的关系模型进行预测分析，从一个指标的变动情况推断另一个指标的变动情况。因果分析法需要较多的历史数据，计算方法相对比较复杂，但预测的精准度较高。这类方法主要包括：本量利分析法、投入产出分析法、回归分析法等。

（三）两类方法的关系

两类方法并非相互排斥，而是相辅相成。用定量预测方法初步得到的预测值是按历史资料和数学模型计算出来的，某些因素可能未包括进去，所以仍需对初步预测值进行定性分析，加以修正，确定出预测的结论值。在实际工作中，数量方法与非数量方法需要结合起来应用，相互取长补短，才能收到较好的效果。

四、经营预测的一般程序

为了获得更加准确的经营预测数据，我们在预测时应遵守一定的程序，预测的具体步骤一般包括以下几个：

（一）确定预测目标

我们在进行经营预测时，首先要弄清楚预测什么，预测要实现什么样的目标，要解决什么样的问题，然后才能根据预测的具体对象和内容，确定预测的时间、期间、范围以及如何收集资料等。

（二）收集有关的数据和信息

经营预测有赖于系统、准确、全面的数据和信息，收集全面、可靠的信息，并对这些数据和信息进行分析、整理、选择，这是开展经营预测的前提条件之一。有关数据和信息的来源主要有:政府部门、企业内部各部门、上游和下游客户、竞争者、整个市场环境、相关研究单位或学术团体、刊物资料等。为了得到必需的资料,预测人员要根据预测问题的内容和范围,收集分析各种有关的数据资料,并对收集来的资料进行加工、审核,使这些资料具有相关性、可靠性和动态更新性。企业为了组织长期预测工作,还应该建立资料档案,系统地积累资料,以便持续地研究企业经营环境的发展方向。

(三) 选择预测方法

预测方法多种多样,既有定性预测方法,又有定量预测方法,我们要根据预测对象的特点及收集到的信息选择恰当和切实可行的预测方法。当资料不够完备、准确度较低时,可采用定性预测方法;当掌握的资料比较齐全、准确度较高时,特别是历史数据资料齐备时,可采用定量预测方法。在可能的情况下,尽量综合运用几种方法同时进行预测。

(四) 实施预测,并对预测结果进行评价

运用所收集的信息和选定的预测方法,对预测对象提出实事求是的预测结果,并对预测的结果进行比较、分析和评定,确定预测结果的可靠程度及适用程度。采用定性预测方法时,预测者可对事物发展的性质、方向和程度做出判断;采用定量预测方法时,预测者可利用模型,由自变量估计因变量,即给定一个自变量数值,估算出对应的因变量数值。

(五) 对预测结果进行修正

随着时间的推移,情况会发生各种各样的变化,我们还应该根据形势的变化,考虑改进、改变预测方法,补充新的数据并进行新的判断和预测,对初步的预测结果进行补充和修正,保证预测结果尽可能符合实际情况。

五、经营预测的意义

(一) 经营预测是企业进行经营决策的基础和依据

在社会主义市场经济条件下,企业的生存发展与市场息息相关,企业的经营决策离不开科学的经营预测。企业的经营预测就是要在销售预测的基础上,通过成本预测、利润预测和资金需求量的预测等,为企业的经营决策提高基础和依据。

(二) 经营预测有利于提高企业的竞争能力

企业依靠科学的经营预测可以充分了解竞争的形势和竞争对手的情况,通过采取合理的策略,在竞争中争取主动,从而提高竞争能力。

(三) 经营预测是企业进行科学管理的基础

现代企业管理中大量采用全面预算、目标成本管理、绩效考评等科学管理手段,而这些手段都必须建立在科学的经营预测基础上,科学的经营预测为科学管理提供了依据。

第二节　销售预测

一、销售预测的定义和作用

销售预测是指企业在一定的市场环境和行销规划下,根据产品的历史销售数据,对在未来某一时期的销售量、价格和销售额的预计和测算。随着市场经济的不断发展,市场竞争日益激烈,外部环境日益复杂,企业能否生存下去并持续发展,在很大程度上取决于企业能否生产出适销对路、质量合格、满足市场需求的产品,市场决定着企业的生存和发展。在实行"以销定产"的条件下,企业的全部经营活动和产品的销售是密切相关的。销售预测是制定企业经营决策最重要的依据,现实和科学的销售预测对企业的整个生产经营活动具有十分重要的作用。这些作用主要表现在以下几个方面:

(一) 销售预测是企业各项经营预测的起点

经营预测包括销售预测、成本预测、利润预测、资金需求量预测等,在以销定产的方式下,销售预测是其他预测的起点。例如,企业对销售数量、规格和品种方面的预测决定着企业生产产品的数量、规格和品种,从而影响生产预测、产品成本预测,再进一步影响企业的利润预测、投资预测以及资金需求量等各方面。因此,能否对销售进行科学、准确的预测,对企业其他方面的预测将起着决定性的作用。

(二) 销售预测是进行经营决策的基础

在企业的生产经营过程中,许多决策都要以销售预测为前提,例如,产品品种决策、生产规模决策、投资决策、成本决策等。企业的投资、采购、生产、销售、售后等各个环节紧密相连,科学、准确的销售预测是生产经营决策最重要的依据。

(三) 销售预测是企业编制各项计划的前提

企业应通过销售计划对整个生产经营活动进行组织和协调,通过编制销售计划将生产和市场需求有机地结合起来。销售计划中包含销售数量、结构、品种、规格、生产所需的财力和物力等,这是企业编制其他计划的依据,如生产计划、成本计划、采购计划等。因此,企业计划的编制一般都从销售计划开始,而销售预测的准确性决定了销售计划的科学性和合理性。

二、销售预测要考虑的主要因素

影响销售的因素很多,企业在进行销售预测时要考虑多个层面的因素,不仅包括市场经济环境、消费者等外部宏观环境,而且包括企业的生产销售政策等内部微观环境。

(一) 市场经济的发展速度

企业是市场经济发展的一个部分,市场经济发展的速度制约着整个社会的需求和消费水平,对企业的采购、生产和销售产生重要影响。市场经济发展良好将为企业发展创造良好的市场环境,市场经济发展缓慢将制约企业发展。因此,我们在进行销售预测时,应当充分识别整个市场的宏观经济环境。例如,国家相关的政策、方针,国内生产总值(GDP)和居民消费价格指数(CPI)的变化和增长等。

(二) 社会购买力水平

社会购买力是指一定时期内全社会用于购买商品的货币支付能力。社会购买力反映该时期全社会市场容量的大小,社会购买力的强弱对企业的销售量将产生重要影响。社会购买力主要包括居民购买力、企业购买力和政府购买力。购买力的大小，取决于社会生产的发展和国民收入的分配。社会购买力随着社会生产的增长而不断提高，国民收入中积累与消费比例关系的变化也对购买力产生直接的影响。

（三）消费者的消费习惯

消费者的消费习惯主要包括消费结构和消费倾向，消费习惯受到生产发展、科学文化、居民收入、社会环境、消费者心理、风俗习惯等多个主客观因素的影响。因此，企业在进行销售预测时，应综合考虑各方面因素的现状和未来发展趋势的影响作用。

（四）市场价格

销售预测不仅要对销售量进行准确的预测，同时还要预测产品的销售价格，只有对二者都进行准确的预测，企业才能获得准确的销售预测数据，进而对成本预测、利润预测等产生积极作用。企业在进行销售预测时，应当基于产品的供求关系、消费者的消费水平、消费者对市场价格的信赖和承受程度等方面的信息，对市场价格的变动及其变动趋势作一个准确的预测。

（五）竞争态势

随着市场经济的不断发展，大部分产品都处于“卖方市场”，同行业、同类产品的竞争力越来越激烈。企业在进行销售预测时，应对现有的和潜在的竞争对手进行调查和研究，做到知己知彼，才能在激烈的竞争中立于不败之地。

（六）企业内部因素

产品销售也受到产品研发、产品质量、生产、市场、售后等各个因素的影响，企业在进行销售预测时，也应考虑企业内部各个因素的影响作用。例如，生产能力、生产技术等因素对产品的质和量将产生重要影响，从而影响销售；广告宣传、销售网络的构建等因素将影响企业的市场影响力，进而影响销售。

三、销售预测分析的常用方法

销售预测的基本方法可分为定性分析和定量分析两大类，下面将分别介绍销售预测中定性分析和定量分析方法的具体运用。

（一）定性销售预测

1. 个人判断法

在销售预测中，个人判断法主要是指销售人员根据经验或直觉进行判断和预估，然后由销售经理加以综合，从而得出企业总体的销售预测的一种方法。由于销售人员更加接近、了解和熟悉市场，用这种方法得出的预测数据比较接近实际。同时，这种预测方法也有利于制定恰当的销售目标，发挥各销售人员的积极性，激励他们努力完成各自的销售任务。但是，由于受各种因素的影响，销售人员的预测也会出现偏差，往往需要修正。

【例 10-1】 电冰箱的生产和销售是某公司的主要业务之一，甲、乙、丙三名销售人员和一名经理对下一年度的冰箱销售量进行预测，每个预测者预计其销售量、概率及各自权重见表 10-1。请采用个人判断法进行销售预测。

表 10-1　电冰箱销量预测表

人员	最高		正常		最低		权重
	销量/万台	概率	销量/万台	概率	销量/万台	概率	
甲	600	0.2	500	0.6	400	0.2	1
乙	550	0.2	480	0.5	350	0.3	1
丙	500	0.2	400	0.5	300	0.3	1
经理	520	0.3	430	0.5	320	0.2	2

解　用概率计算出每个预测者的期望值。

甲预测的销量期望值＝600×0.2＋500×0.6＋400×0.2＝500(万台)。

乙预测的销量期望值＝550×0.2＋480×0.5＋350×0.3＝455(万台)。

丙预测的销量期望值＝500×0.2＋400×0.5＋300×0.3＝390(万台)。

经理预测的销量期望值＝520×0.3＋430×0.5＋320×0.2＝435(万台)。

$$综合的预测销售量=\frac{500\times1+455\times1+390\times1+435\times2}{1+1+1+2}=443(万台)。$$

2. 调查分析法

在销售预测中,调查分析法是指通过对有代表性顾客的消费意向的调查,了解市场需求的变化趋势,进行销售预测的一种方法。通过对顾客的消费意向进行调查分析,特别是顾客对企业产品的需求量、客户的财务状况、产品的选择标准等,可以为企业的销售预测提供最有价值的信息。对于大宗或耐用的消费品,如汽车、电视、冰箱等,调查分析法的准确性和可靠性较高。

企业在进行调查分析时,应选择具有普遍性和代表性的调查对象,尽量覆盖不同阶层或行业的需要、习惯、爱好等。同时,应采用简便易行的方式对消费者进行调查,并对调查所取得的数据与资料进行科学的分析和预测。只有这样,所获得的资料才具有真实性、代表性,才能作为预测的依据。

【例 10-2】　电冰箱的生产和销售是某公司的主要业务之一,该企业对某地区近年电冰箱购买情况的调查资料见表 10-2。

表 10-2　调查资料表

家庭组别 (年收入,单位:元)	家庭户数	每户平均购买额 (按调查结果)/元	本企业最高市场占有率
＜50 000	50 000	50	0.3
50 000～99 999	30 000	150	0.2
100 000～150 000	10 000	250	0.2
＞150 000	5 000	350	0.1

解　根据顾客调查分析法,该公司的市场潜量和销售潜量分别为 9 850 000 元和 2 500 000元。具体的计算过程见表 10-3。

表 10-3　例 10-2 计算表

家庭组别(年收入，单位:元)①	家庭户数②	每户平均购买额(按调查结果)/元③	市场潜量/元④=②×③	本企业最高市场占有率⑤	本企业销售潜量/元⑥=④×⑤
>50 000	50 000	50	2 500 000	0.3	750 000
50 000～99 999	30 000	150	4 500 000	0.2	900 000
100 000～150 000	10 000	250	2 500 000	0.2	500 000
>150 000	5 000	350	1 750 000	0.1	1 750 000
合计	95 000		11 250 000		2 325 000

3. 德尔菲法

在销售预测中采用德尔菲法，企业一般会通过邮件等方式向应邀参加预测的专家提供有关社会和经济发展动态、本企业过去预测与实际销售的比较记录、本企业今后的市场规划等资料，征询专家意见，并将专家意见进行综合、整理后，匿名反馈给各位专家，再次征求意见，一般要经过三轮或四轮征询意见，最后得出基本一致的意见。

德尔菲法的预测程序如下：

(1) 准备阶段。准备阶段的主要工作有：确定预测目标、准备背景材料、设计调查咨询表、选定专家等四方面工作。

① 确定预测目标：确定预测目标包括确定预测总目标(或称预测主题)和细目标。预测细目标是为得出预测目标，需要专家回答的一系列具体问题(或称预测事件)。这是预测最基础的一步。

② 准备背景材料：背景资料是向专家提供的，与预测目标有关的国内外资料，供专家参考。

③ 设计调查咨询表：调查咨询表的设计主要是调查内容本身，同时也需在表中说明预测目的和对象。向专家征询的调查咨询表，应特别注意，提问必须十分明确，避免产生误解；所提问题不宜过多，以 20 个为宜；要说明咨询表寄回的时间。

④ 在选择专家时应注意三个问题。

第一，广泛性。一般应实行“三三制”。本单位、本部门的专家人数占 1/3，与本单位、本部门有业务联系、关系密切行业的专家人数占 1/3，社会上有影响的知名人士、对市场问题有研究的专家人数占 1/3。

第二，自愿性。选择专家应了解他们是否有时间、有精力，是否愿意参加预测活动，以避免专家意见回收率低，并为保证预测质量提供条件。

第三，人数适度。选择专家人数不能过少，以免缺乏代表性；也不能过多，以免组织困难，成本上升。一般以 10～20 人为宜，重大预测目标可超过 100 人。

(2) 征询阶段。这一阶段的任务是反复轮番地向专家征询预测意见。

第一轮：向专家们分别寄出调查咨询表和背景资料，请他们独立填写。在规定时间内收回调查征询表后，对专家们的意见进行综合分析和统计归纳，并提出下一轮的预测要求。

第二轮：把第一轮的统计归纳的意见和预测要求，寄给专家，由专家重新提出各自的预测意见，并寄回给预测组织者。预测者再重新进行综合分析和归纳，并提出第三轮的预测要求。

以后参照第二轮的做法，进行第三轮、第四轮……直至预测结果被认为基本趋于一致为止。

(3) 最终预测阶段。这个阶段的任务主要是对最后一轮的专家征询意见进行统计归纳，得出最后预测结果。统计归纳的方法与每轮征询意见后的统计归纳的方法大致相同。下面具体介绍几种方法。

① 算术平均法。算术平均法是对所有的专家预测值进行算术平均，其值作为专家预测的最终结果，主要用于数量预测的归纳处理。

② 中位数法和上、下四分位数法。它主要用于时间或数量的预测处理。把中位数作为最终预测结果或每轮的归纳协调结果，把上、下分位数作为专家意见的离散程度。

将专家预测意见(包括重复的)按从小到大(或从先至后)的顺序排列起来，处于中间的那个数称为中位数。当专家预测意见为奇数个时，中间的那个数即为中位数；当专家预测意见为偶数个时，以最中间的两个预测数的算术平均值作为中位数。类似地，上、下四分位数分别表示处于专家预测意见排序数列中的3/4处与1/4处的两个数。

用中位数和上、下四分位数描述预测结果，中位数表示预测结果的期望值，上、下四分位数表示预测结果的上、下限。

该方法的特点是：

第一，匿名性。参与调查的专家只与调查小组采用通信方式联系，而且彼此互不见面，克服了面对面召开专家座谈会的缺点。

第二，多次反馈性。调查小组把收集的各专家的咨询意见，再次以匿名方式反馈给各位专家，使每个专家了解其他专家的见解和理由，以便各专家独立地提出创新见解。

第三，集中性。调查小组通过与每个专家多次通信往来，最后采用统计方法，将专家们较集中的意见选出来，作为预测的成果。

【例 10-3】 某公司聘请6位专家，采用德尔菲法对该企业下一年度的电冰箱销售量进行预测，假设最高、最可能、最低预测销售量的概率分别为0.3、0.5和0.2，预测结果见表10-4，求最终的销售预测量。

表 10-4　电冰箱销售量预测表　　单位：万台

专家序号	第一次判断情况			第二次判断情况			第三次判断情况		
	最高	正常	最低	最高	正常	最低	最高	正常	最低
1	660	620	590	660	620	580	650	620	580
2	700	630	600	690	630	600	720	640	600
3	680	610	580	700	610	590	660	610	580
4	710	640	600	690	640	600	700	640	600
5	630	610	560	630	600	550	640	610	560
6	650	620	570	650	620	580	670	630	560
平均值	672	622	583	670	620	583	673	625	580

最终的销售预测量＝673×0.3＋625×0.5＋580×0.2≐630(万台)。

（二）定量销售预测

1. 趋势预测分析法

在销售预测中，趋势预测分析法是指根据企业历史的、按发生时间的先后顺序排列的一系列销售数据，应用一定的数学方法进行加工处理，按时间数列找出销售随时间而发展变化的趋势，由此推断其未来发展趋势的分析方法。这类方法适用于历年销售具有明显规律的情况，主要包括算术平均法、移动平均法、加权平均法、指数平滑法等。

(1) 算术平均法。算术平均法就是把若干历史时期的销售量或销售额作为观测值，求出其算术平均数，并将平均数作为下期销售的预测值。算术平均法计算简便，但无法体现销售量的增减趋势，一般适用于食品、日用品等非季节性产品的预测。其计算公式如下：

$$\text{预测销售量}(\bar{Q})=\frac{\sum \text{各期实际销售量}}{\text{计算期数}}=\frac{\sum_{i=1}^{n}Q_i}{n}$$

其中，$\bar{Q}$ 表示销售量(额)的预测值；n 表示观察期个数；Q_i 表示第 i 期的实际销售量。

算术平均法把每个观察值看成是同等重要的，如果产品的销售额或销售量在选定的观察期中呈现某种上升或下降的趋势时，就不能简单采用这种方法。假设销售量随时间的变化成等差数列，则单期变化趋势值(d)固定，连续两期销量趋势值之间的平均差额是(d)。

$$\bar{Q}_{n+1}=\bar{Q}_n+d$$

$$\bar{Q}_{n+2}=\bar{Q}_n+2d$$

$$\bar{Q}_n=\bar{Q}_m+(n-m)\cdot d$$

$$d=\frac{\bar{Q}_n-\bar{Q}_m}{n-m}=\frac{Q_n-Q_m}{n-m}$$

假设销售量随时间的变化成等差数列，则算术平均数反映了历史数据的中间水平，因为历史数据第 1 期到第 n 期时间间隔为 $n-1$ 期，时间间隔的一半是 $(n-1)\div 2$，第 1 期加上时间间隔的一半是 $(n+1)\div 2$ 就是中间的一期，所以算术平均数反映了第 $(n+1)\div 2$ 期水平。这时预测时必须在算术平均数的基础上加上单期变化趋势值乘以间隔期数，对初步的预测结果进行必要的修正，保证预测结果尽可能符合实际情况。

$$\bar{Q}_{n+1}=\frac{\sum_{i=1}^{n}Q_i}{n}+\left(\frac{n-1}{2}+1\right)\cdot d=\frac{\sum_{i=1}^{n}Q_i}{n}+\frac{n+1}{2}\cdot d$$

$$\bar{Q}_{n+2}=\frac{\sum_{i=1}^{n}Q_i}{n}+\left(\frac{n-1}{2}+2\right)\cdot d=\frac{\sum_{i=1}^{n}Q_i}{n}+\frac{n+3}{2}\cdot d$$

【例 10-4】 某公司今年 1—6 月电冰箱的销售量见表 10-5，要求采用算术平均法预测 7 月、8 月的销售量。

表 10-5 电冰箱销售量资料表 单位:千台

月份	1月	2月	3月	4月	5月	6月
实际销售量	25	27	28	29	32	33

解 销售量平均数$=\frac{25+27+28+29+32+33}{6}=29$(千台)。$d=\frac{33-25}{6-1}=1.6$。

$Q_7=29+1.6\times(\frac{6-1}{2}+1)=34.6$(千台)。$Q_8=29+1.6\times(\frac{6-1}{2}+2)=36.2$(千台)。

(2) 移动平均法。移动平均法,是将简单平均改为分段平均,并且按照时间序列数据点的顺序,逐点推移,总是利用最后 m 期简单平均进行预测。其数学模型为:

$$\text{预测销售量}(\bar{Q})=\frac{\sum\text{最后 } m \text{ 期实际销售量}}{m}=\frac{\sum_{i=n-m+1}^{n}Q_i}{m}$$

假设销售量随时间的变化成等差数列,则算术平均数反映了历史数据的中间水平,因为历史数据第$(n-m+1)$期到第 n 期的时间间隔为 $m-1$ 期,时间间隔的一半是$(m-1)\div 2$。这时预测时必须在算术平均数的基础上加上单期变化趋势值乘以间隔期数,对初步的预测结果进行必要的修正,保证预测结果尽可能符合实际情况。

$$\bar{Q}_{n+1}=\frac{\sum_{i=n-m+1}^{n}Q_i}{m}+(\frac{m-1}{2}+1)\cdot d=\frac{\sum_{i=n-m+1}^{n}Q_i}{m}+\frac{m+1}{2}\cdot d$$

$$\bar{Q}_{n+2}=\frac{\sum_{i=n-m+1}^{n}Q_i}{m}+(\frac{m-1}{2}+2)\cdot d=\frac{\sum_{i=n-m+1}^{n}Q_i}{m}+\frac{m+3}{2}\cdot d$$

【例 10-5】 沿用例 10-4 的资料,利用最后 3 期简单平均预测 7 月、8 月的销售量。

解 销售量平均数$=\frac{29+32+33}{3}\approx 31.33$(千台)。$d=\frac{33-25}{6-1}=1.6$。

$Q_7=31.33+1.6\times(\frac{3-1}{2}+1)=34.53$(千台)。

$Q_8=31.33+1.6\times(\frac{3-1}{2}+2)=36.13$(千台)。

(3) 加权平均法。在销售预测中采用加权平均法,就是将若干历史时期的销售量或销售额作为观察值,将各个观察值与各自的权数相乘之积加总,然后除以权数之和,得出其加权平均数,即为销售量的预测值。一般情况下,近期的实际销售情况与预测期的销售情况更为相似,因此近期观察值的权数取值较大,远期观察值的权数取值较小。

权数的确定有两种方法:

① 自然权数法,按照历史数据的顺序以 1,2,3,…,n 为权数。自然权数法的计算公式:

$$\text{预测销售量}(\bar{Q})=\frac{\sum\text{某期销售量}\times\text{该期权数}}{\text{各期权数之和}}=\frac{\sum_{i=1}^{n}(Q_i\cdot W_i)}{\sum_{i=1}^{n}W_i}$$

$$\bar{Q}_{n+m}=\frac{\sum_{i=1}^{n}(Q_i\cdot W_i)}{\frac{n\cdot(n+1)}{2}}+md$$

加权平均数一般表示最后一期水平，这时预测时必须在加权平均数的基础上加上单期变化趋势值乘以间隔期数，对初步的预测结果进行必要的修正，保证预测结果尽可能符合实际情况。

$$\bar{Q}_{n+1}=\frac{\sum_{i=1}^{n}(Q_i\cdot W_i)}{\frac{n\cdot(n+1)}{2}}+d$$

$$\bar{Q}_{n+2}=\frac{\sum_{i=1}^{n}(Q_i\cdot W_i)}{\frac{n\cdot(n+1)}{2}}+2d$$

【例 10-6】 沿用例 10-4 的资料，采用自然权数法预测 7 月、8 月的销售量。

解　销售量平均数$=\frac{25\times1+27\times2+28\times3+29\times4+32\times5+33\times6}{1+2+3+4+5+6}\approx30.33$(千台)。

$d=\frac{33-25}{6-1}=1.6$。

$Q_7=30.33+1.6\times1=31.93$(千台)。$Q_8=30.33+1.6\times2=33.53$(千台)。

② 饱和权数法。饱和权数法的计算公式：

$$\text{预测销售量}(\bar{Q})=\sum\text{某期销售量}\times\text{该期权数}=\sum_{i=1}^{n}(Q_i\cdot W_i)$$

W_i 应满足下列两个条件：$0<W_i<1$，$\sum_{i=1}^{n}W_i=1$。

加权平均数一般表示最后一期水平，这时预测时必须在加权平均数的基础上加上单期变化趋势值乘以间隔期数，对初步的预测结果进行必要的修正，保证预测结果尽可能符合实际情况。

$$\bar{Q}_{n+1}=\sum_{i=1}^{n}(Q_i\cdot W_i)+d$$

$$\bar{Q}_{n+2}=\sum_{i=1}^{n}(Q_i\cdot W_i)+2d$$

【例 10-7】 沿用例 10-4 的资料，采用饱和权数法预测 7 月、8 月的销售量。规定 $W_1=0.1$，$W_2=0.1$，$W_3=0.1$ $W_4=0.2$，$W_5=0.2$，$W_6=0.3$。

解　$\bar{Q}=0.1\times25+0.1\times27+0.1\times28+0.2\times29+0.2\times32+0.3\times33=30.1$(千台)

$Q_7=30.1+1.6\times1=31.7$(千台)。$Q_8=30.1+1.6\times2=33.3$(千台)。

(4) 指数平滑法。指数平滑法是通过上期的实际销售量和上期的预测销售量，以平滑系数 α 和 $1-\alpha$ 为权数计算加权平均数，作为下一期销售预计数的一种预测方法。它是加权平均法的一种变化，要计算的是指数平滑平均数。其计算公式如下：

$$\text{预测销售量}(\bar{Q})=\frac{\text{平滑}}{\text{系数}}\times\frac{\text{前期实}}{\text{际销售量}}+(1-\frac{\text{平滑}}{\text{系数}})\times\frac{\text{前期预}}{\text{测销售量}}$$

$$\bar{Q}_t=\alpha\cdot Q_{t-1}+(1-\alpha)\cdot\bar{Q}_{t-1}$$

α 表示指数平滑系数($0<\alpha<1$)。

从上述公式可知，系数 α 的取值如果越大，则近期实际销售对预测结果的影响也越大；如果 α 的取值越小，则近期实际销售对预测结果的影响也越小，各期预测值所连成的曲线就越平滑。α 在 0.3 与 0.7 之间比较恰当，可以使得出的预测值比较平稳，能反映企业有关数据稳定的变化趋势。不同的平滑指数会使预测结果产生较大的差异，确定恰当的平滑指数是这一方法的关键。

【例 10-8】 沿用例 10-4 的资料。假设 α 为 0.7，1 月份销售量的预测值为 25，试用指数平滑法预测 7 月的销售量。

解 7 月的预测销售量为 32.39 千台，具体预测过程见表 10-6。

表 10-6 指数平滑法计算表 单位：千台

月份	Q_t	α	Q_{t-1}	$1-\alpha$	$\bar{Q}_{t-1}$	$\bar{Q}_t$
1 月	25					25
2 月	27	0.7	25	0.3	25	25
3 月	28	0.7	27	0.3	25	26.4
4 月	29	0.7	28	0.3	26.4	27.52
5 月	32	0.7	29	0.3	27.52	28.56
6 月	33	0.7	32	0.3	28.56	30.97
7 月		0.7	33	0.3	30.97	32.39

2. 因果预测分析法

在销售预测中，因果预测分析法是指根据所掌握的与销售相关的资料，找出与销售相关的因素，并分析它们之间的因果关系，从而建立相应的因果预测模型。常用的因果预测方法有回归直线法和多元回归分析法等。

(1) 回归直线法。回归直线法也称一元回归分析法，假定预测对象销售量的变量因素只有一个，根据直线方程式 $y=a+bx$，按照数学上的最小二乘法来确定一条误差最小、能正确反映自变量 x 与因变量 y 之间关系的直线。它的常数项 a 与系数 b 的值可按下列公式计算：

$$a=\frac{\sum y-b\sum x}{n}\qquad b=\frac{n\sum xy-\sum x\sum y}{n\sum x^2-(\sum x)^2}$$

求出 a 与 b 的值后，结合自变量 x 的预计销售量(或销售额)情况，代入公式 $y=a+bx$，即可求得预测对象 y 的预计销售量或销售额。

【例 10-9】 电冰箱压缩机是某公司某子公司的业务之一，主要销售给 A 公司和所在地区的冰箱企业。而决定压缩机销量的最主要因素是电冰箱的销售量。假设 A 公司及其所在地区近几年的电冰箱实际销售数量和该子公司电冰箱压缩机的销售数量见表 10-7，且

2023年该地区电冰箱的预测销售量为330万台，请采用回归分析法预测2023年该子公司压缩机的销售量。

表 10-7 销售资料表 单位：万台

年度	2017年	2018年	2019年	2020年	2021年	2022年
电冰箱销售量	152	186	201	220	256	298
压缩机销售量	33	42	53	61	72	89

解 ① 根据一元回归分析法原理，对表10-7中数据进行加工整理，具体见表10-8。

表 10-8 一元回归分析法计算表

年度	电冰箱销售量 x/万台	压缩机销售量 y/万台	xy	x^2
2017年	152	33	5 016	23 104
2018年	186	42	7 812	34 596
2019年	201	53	10 653	40 401
2020年	220	61	13 420	48 400
2021年	256	72	18 432	65 536
2022年	298	89	26 522	88 804
$n=6$	$\sum x = 1\,313$	$\sum y = 350$	$\sum xy = 81\,855$	$\sum x^2 = 300\,841$

② 将表10-8中的数据代入最小二乘法公式中，计算 a 和 b 的值。

$$b=\frac{n\sum xy-\sum x\sum y}{n\sum x^2-(\sum x)^2}=\frac{6\times 81\,855-1\,313\times 350}{6\times 300\,841-(1\,313)^2}=0.389\,5。$$

$$a=\frac{\sum y-b\sum x}{n}=\frac{350-0.389\,5\times 1\,313}{6}=-26.90。$$

(3) 将 a 和 b 代入公式 $y=a+bx$，可得出：

2023年该子公司压缩机的销售量$=-26.90+0.389\,5\times 330=101.64$(万台)。

(2) 多元回归法。在生产经营活动实践中，影响实践过程的变动因素是多种多样的，要正确并且全面的预测未来的经营状况，就必须考虑多个自变量的同时变动对经营成果的决定性影响。这就需要建立多元回归方程来进行预测。

多元回归方程的表达式可以表示为 $y=a+b_1x_1+b_2x_2+b_3x_3+\cdots+b_ix_i+\cdots+b_nx_n$。

其中，y 表示因变量；a 表示固定的初始量；x_i 表示各个自变量；b_i 表示每个 x_i 变动一个单位时，y 的变动值。

【例 10-10】 某公司专门生产电动自行车专用电瓶，而决定电瓶销售量的因素是电动自行车的销售量和销售网络维护费。假设近5年该公司电瓶的实际销量、销售网络维护费、电动自行车的实际销售量的统计资料见表10-9。预计2023年销售网络维护费将达到10万元，2023年该地区的电动自行车销售量预计为280万辆，采用多元回归模型预测2023年公司电瓶的销售量。

表 10-9　统计资料表

年度	2018 年	2019 年	2020 年	2021 年	2022 年
电瓶销售量/万只	20	28	32	38	42
销售网络维护费/万元	2	3	5	6	8
电动自行车销售量/万辆	120	140	180	220	240

解　首先，建立多元回归模型：$y=a+b_1x_1+b_2x_2$。

其中，y 表示电瓶的销售量；x_1 表示销售网络维护费；x_2 表示电动自行车销售量。

其次，计算下列三元一次方程组，求 a，b_1，b_2 的值。

$$\begin{cases}\sum y_i = na + b_1 \sum x_{1i} + b_2 \sum x_{2i} \\ \sum x_{1i}y_i = a\sum x_{1i} + b_1 \sum x_{1i}^2 + b_2 \sum x_{1i}x_{2i} \\ \sum x_{2i}y_i = a\sum x_{2i} + b_1 \sum x_{1i}x_{2i} + b_2 \sum x_{2i}^2\end{cases}$$

再次，根据资料进行计算，结果见表 10-10。

表 10-10　多元回归计算表

y_i	x_{1i}	x_{2i}	x_{1i}^2	x_{2i}^2	$x_{1i}x_{2i}$	$x_{1i}y_i$	$x_{2i}y_i$
20	2	120	4	14 400	240	40	2 400
28	3	140	9	19 600	420	84	3 920
32	5	180	25	32 400	900	160	5 760
38	6	220	36	48 400	1 320	228	8 360
42	8	240	64	57 600	1 920	336	10 080
$\sum y_i=160$	$\sum x_{1i}=24$	$\sum x_{2i}=900$	$\sum x_{1i}^2=138$	$\sum x_{2i}^2=172\ 400$	$\sum x_{1i}x_{2i}=4\ 800$	$\sum x_{1i}y_i=848$	$\sum x_{2i}y_i=30\ 520$

最后，将表 10-10 的数值代入上面的方程组。

$$\begin{cases}160=5a+24b_1+900b_2 \\ 848=24a+138b_1+4\ 800b_2 \\ 30\ 520=900a+4\ 800b_1+172\ 400b_2\end{cases}$$

解方程组得：$a=5.571\ 43$，$b_1=0.952\ 35$，$b_2=0.121\ 43$。

则销售预测模型为 $y=5.571\ 43+0.952\ 35x_1+0.121\ 43x_2$。

2023 年该公司电瓶预计销售量为：

$y=5.571\ 43+0.952\ 35\times10+0.121\ 43\times280=49.09\ 53$（万只）。

（三）季节预测分析法

有些产品如农副产品、各季节衣服鞋帽、电扇空调等产品的销售，随着气候的变化带有明显的季节性，这种变动就叫季节性变动。季节变动是指销量或价格由于自然条件、生产条件和生活习惯等因素的影响，随着季节的转变而呈现周期性变动。这种周期通常为 1 年。为了对这些销量会随季节变动的产品进行准确预测，我们应采用季节预测分析法。

季节性变动对产品销售影响的具体预测分析公式如下：

$$Y_t = T_t \times S_t$$

其中：Y_t 为销售量；T_t 为趋势值；S_t 为季节指数；t 为时间。

季节预测分析法的具体步骤为：

① 收集两年（通常至少三年）各月或各季的统计资料（观测值）；

② 求出各年同月或同季观察值的平均数（A_i）；

③ 求出历年间所有月份或季度的平均值（B）；

④ 计算各月或各季的季节指数，即 $S_i = A_i / B$；

⑤ 根据未来年度的全年趋势预测值，求出各季的平均趋势预测值，然后乘以相应季节指数，即得出未来年度内各季度包含季节变动的预测值。

【例 10-11】 空调是某公司的业务之一，假设该公司 2020 年、2021 年、2022 年各季度的空调销售量见表 10-11。2023 年的销售量以 2022 年的销售量为基数按 8%递增，请采用季节预测法预测该公司 2023 年各季度的空调销售量。

表 10-11　空调销售资料表　　单位：万台

季度	2020 年	2021 年	2022 年
第一季度	53	62	82
第二季度	796	853	968
第三季度	98	105	125
第四季度	120	132	143

解　(1) 各季度的平均值、各年的合计数计算见表 10-12。

表 10-12　计算表　　单位：万台

季度	2020 年	2021 年	2022 年	各季度平均值(A_i)
第一季度	53	62	82	65.67
第二季度	796	853	968	872.33
第三季度	98	105	125	109.33
第四季度	120	132	143	131.67
合计数	1067	1 152	1 318	1 179

(2) 三年所有季度的总平均数(B)＝1 179÷4＝294.75(万台)。

第一季度的季节指数：$S_1 = A_1/B$＝65.67÷294.75＝0.222 8。

第二季度的季节指数：$S_2 = A_2/B$＝872.33÷294.75＝2.959 6。

第三季度的季节指数：$S_3 = A_3/B$＝109.33÷294.75＝0.370 9。

第四季度的季节指数：$S_4 = A_4/B$＝131.67÷294.75＝0.446 7。

(3) 2023 年各季度的平均趋势预测值＝1 318÷4×1.08＝355.86(万台)。

(4) 2023 年第一季度的预测值＝355.86×0.222 8＝79.29(万台)。

2023 年第二季度的预测值＝355.86×2.959 6＝1 053.20(万台)。

2023 年第三季度的预测值＝355.86×0.370 9＝131.99(万台)。

2023 年第四季度的预测值＝355.86×0.446 7＝158.96(万台)。

(四)产品寿命周期分析法

产品寿命周期，是指产品从进入市场开始到被市场淘汰退出市场为止所持续的时间。它反映了产品经济值在市场上的变化过程，又称产品市场寿命周期。根据产品寿命周期的变化情况，可以将产品寿命周期划分为四个阶段：投入期、成长期、成熟期、衰退期。

1. 投入期

投入期是指新产品开始投放市场的试销阶段。这一阶段的特点是产品的销售量增长缓慢，企业从该产品得到的利润很少或者亏损。

2. 成长期

成长期是指产品逐渐被消费者接受，在市场上打开销路阶段。这一阶段的特点是：产品的销售增长很快，并且开始有盈利。在成长期，由于新产品已受到其他竞争者的注意，竞争对手也开始涌入市场，竞争加剧。

3. 成熟期

成熟期是指产品进入大批量生产并稳定进入市场销售的阶段。这一阶段的特点是产品的销售增长率开始降低，产品在市场中所占的份额较大，企业有较多的利润，所得利润在弥补了亏损后还有较多富余，利润达到最大化。

4. 衰退期

衰退期是指产品开始老化过时，销售量有明显下降趋势，产品转入更新换代的阶段。这一阶段的特点是产品的销售已开始出现负增长，产品的价格因竞争而不断下降，而成本却在不断上升，因而企业的利润也开始下降甚至亏损。在这一阶段，新产品和替代品已为人们认同。

研究产品寿命周期的目的，就是使企业在经营活动中，能根据市场和产品的变化，在不同的产品寿命阶段预测不同的销售量。

在投入期，可采用判断分析法进行预测；在成长期可采用因果法或修正的时间序列回归法进行预测；成熟期最好采用平均法。

【例 10-12】 产品寿命周期分析法在销售量预测中的应用。

已知：2022 年某企业对其生产的某产品销售情况进行调查。该产品已试销 1 年，截至年底在本市已拥有 8 000 个用户，本市共有居民 1 000 000 户。据悉 2023 年外地从本市订货该产品 3 000 台，本市从外地订货该类产品 2 000 台。假定该产品寿命周期的试销期为 1～4年，产品普及率为 0.1%～5%，该厂的市场占有率为 80%。

要求：按产品寿命周期分析法预测该厂 2023 年销售量。

解 本市平均年需要量$=\dfrac{1\ 000\ 000\times 5\%-8000}{4-1}=14\ 000$(台)。

本市人本地购买量＝本市平均年需要量－本市人外地购买量

本市销售量＝本市人本地购买量＋外市人本地购买量

2023 年本企业预计销售量＝2022 年本市销售量 × 本企业市场占有率

$=(14\ 000-2\ 000+3\ 000)\times 80\%=12\ 000$(台)。

第三节 成本预测

一、成本预测的定义和作用

成本预测是指运用一定的科学方法，对未来成本水平及其变化趋势做出科学的估计。成本预测包括近期预测(月、季、年)和远期预测(3 年、5 年、10 年)。近期预测着重分析影响成本的各个因素的变动，测算各种方案的成本指标，从中选择最优方案据以确定计划成本指标。其中，最常见的成本预测是年度成本预测。远期预测通常用于分析宏观经济变动对企业成本的影响(如生产力布局变动、经济结构变动、价格变动等)，为企业确定中长期预算和年度预算提供资料。

成本预测对企业经营和管理将产生积极的作用。一方面，成本预测是成本管理的重要环节，它是进行成本决策和编制成本计划的依据，便于发现各个成本控制点，进而提出降低产品成本的各个措施。同时，在科学的成本预测与决策的基础上，企业可编制出对未来的生产经营活动具有指导性作用的成本预算。另一方面，成本预测有利于企业做出最佳决策。成本预测作为经营预测的重要组成部分，通过成本预测，可以使企业对未来的成本水平及其变化趋势做到“心中有数”，有助于减少决策的主观性和盲目性，使经营管理者易于选择最优方案，做出正确决策。例如，在产品设计方案选择、零件外购或自制、是否增加新设备、新产品是否投产等决策中，准确的成本预测有利于企业选择最优方案。

二、成本预测应考虑的主要因素

成本预测不能凭主观臆断，企业成本支出应服务于企业总的经营目标，基于企业成本的多个构成要素和成本方案的可行性，分析影响成本的内外部因素。

(一) 外部经济环境

随着市场经济的不断发展，企业与外部经济环境的联系越来越紧密，政府、市场、供应商、消费者等外部因素的变动对企业成本将产生重要影响。从国家层面看，生产力布局变动、经济结构变动、相关的政策和法律修订等因素对企业成本将产生重要影响。从市场层面看，价格变动、供应链管理、消费者关系、行业竞争等因素也将对企业成本产生重要影响。因此，企业应对外部经济环境的变动进行评估，预测它们对企业成本的影响，在此基础上进行进一步的成本预测。

(二) 企业经营目标

为了保证成本预测达到预期的目标，成本预测应该以企业总的经营目标为出发点，首先制定出企业总成本目标，再对总成本目标进行分解，分解到各部门、各生产环节、各科室，甚至具体到每一个员工。在总成本目标的分解过程中，各部门和机构的成本预测应该以企业经营目标为基准进行协调，以保证整个企业的成本预测、决策系统的协调性和一致性。

(三) 成本的各个构成要素

生产成本和期间费用是企业总成本的两个最重要组成部分。

生产成本是企业为生产产品或提供劳务而发生的各项生产费用，在企业总成本中占较大的比例，主要包括原材料、燃料动力、人员工资等直接支出，以及维修费、折旧费等制造费用。因此，企业在进行成本预测时，应立足于生产成本的各个构成因素，全面估计材料、能源、备品配件、人员工资、维修、改造等各项成本费用的变动，进而获得预测期的生产成本数据。

期间费用主要包括管理费用、销售费用和财务费用，这也是企业成本的重要组成部分。具体来看，管理费用主要包括管理人员工资、职工福利费、差旅费、办公费、董事会会费等；销售费用主要包括包装费、广告费、展览费、销售人员工资等；财务费用主要包括利息费用、汇兑损失、结算手续费等。因此，企业应对上述各项期间费用进行准确的预测，为企业的成本决策、成本控制提供有价值的数据和信息。

(四) 成本预测方案的可行性

成本预测的方案应该切实可行，包括技术上是否可行、产品质量是否有保证、是否符合国家有关法律及社会道德的约束等。同时，成本预测方案应该具有应变能力，必须考虑可能发生的因素变化，并拟定应变措施，使成本预测、决策方案具有一定的弹性。

三、成本预测步骤

一般来说，成本预测的步骤包括：

(一) 提出目标成本草案

所谓目标成本是指在确保实现目标利润的前提下，企业在成本方面应达到的目标。它规定着企业未来降低成本的努力方向，一般有效益性、可控性、目的性与先进性的特点。目标成本的提出与测定应经过反复测算才能完成。一般可以采用以下方法进行预测。

1. 按目标利润进行预测

这种方法以事先确定目标利润为前提。它是一种以市场为导向、对有独立的制造过程的产品进行利润计划和成本管理的方法。它以大量市场调查为出发点，根据客户认可的价值和竞争者的预期反应，估计出在未来某一时点市场上的目标售价，然后减去企业的目标利润，从而得到目标成本。其计算公式为：

目标成本＝预计单价×预测销售量－目标利润

【例 10-13】 已知某企业生产乙产品，预测全年销售收入为 100 万元，目标利润 15 万元，则有：目标成本＝100－15＝85(万元)。

这种方法可将目标成本与目标利润衔接起来，但它无法直接确定目标固定成本和目标单位变动成本。

2. 按产值成本率进行预测

按企业预计总产值的一定比例确定预计产品成本。产品成本与产品产值之间客观上存在着一定的比例关系，比例越大说明消耗越大，成本越高；比例越小，说明消耗越小，成本越低。因此，企业进行成本预测时，可参照同类企业相似产品的实际产值成本率预计本企业的产值成本率，从而确定预期成本。虽然这种方法简便、易行、工作量小，但预测的数据不太准确。其计算公式为：

目标成本＝预计总产值×预计产值成本率

3. 以先进的成本水平作为目标成本

确定目标成本还可以从本企业的历史最好水平或国内外同类企业先进水平中选择，也可以按照上年实际水平扣减成本降低额作为目标成本。这种方法可以直接确定单位目标成本，但无法与目标利润结合起来。

我国常采用后一种方式预测目标成本，西方国家多采用前一种方式。二者结合起来运用，可以取长补短，更有实际意义。

（二）产品成本水平发展趋势的预测

目标成本提出后，企业还需要利用有关总成本模型预测总成本发展趋势，以检验在现有条件下实现目标成本的可能性与现实性。

（三）修订目标成本

通过上一步骤，既可了解在目前条件下实现目标成本的可能性有多大，又能促使企业积极采取措施降低成本，并测算出这些措施对未来成本水平的影响，为形成最终下达的目标成本方案奠定基础。将预测成本与目标成本测试分析后，若差距较小，以原提出的目标成本作为正式目标成本；若经过测算比较，原定目标成本草案与现实可能相距太大，难以达到，则应适当修正目标，使之尽量符合客观实际。

四、成本预测常用的方法

经营预测中常见的几种定性和定量预测方法均可运用于成本预测中，例如：个人判断法、专家会议法、趋势预测法、因果预测法等。下面介绍两种常见的预测方法在成本预测中的具体运用。

（一）技术测定法

技术测定法是指在充分挖掘生产潜力的基础上，根据产品设计结构、生产技术条件和工艺方法，对影响人力、物力消耗的各项因素进行技术测试和分析计算，从而确定产品成本的一种方法。该方法比较科学、准确，但工作量较大，适用于品种少、技术资料比较齐全的产品成本预测。

（二）历史资料分析法

历史资料分析法是根据过去一定期间内的成本与业务量的历史资料，采用适当的数学方法对其进行数据处理，准确地表达实际成本与业务量之间的依存关系（$Y=a+bX$），从而分解出固定成本总额和单位变动成本的一种定量分析法。根据总成本模型（$Y=a+bX$），就可以利用预测的产销量来预测未来的总成本。常用的方法包括高低点法、回归直线法、加权平均法。高低点法、回归直线法要有历史的业务量与总成本同期配套资料；加权平均法则需要历史的a和b资料。高低点法、回归直线法前面已讲解，这里只介绍加权平均法。

加权平均法是根据固定成本总额和单位变动成本的历史资料，赋予相应的权数，分别计算各自的加权平均数。其计算公式如下：

$$\bar{a}_{n+1}=\frac{\sum(a_i w_i)}{\sum w_i}+d_a$$

$$\bar{b}_{n+1}=\frac{\sum(b_iw_i)}{\sum w_i}+d_b$$

$$y=\bar{a}_{n+1}+\bar{b}_{n+1}x$$

【例 10-14】 设某企业 1—5 月平均总成本数据见表 10-13，预测 6 月生产 8 000 件的总成本。

表 10-13 成本数据表 单位：元

月份	固定成本总额	单位变动成本
1 月	180 000	120
2 月	185 000	110
3 月	210 000	90
4 月	230 000	85
5 月	255 000	80

解 根据表 10-13 的资料按计划期远近分别加权计算。

$\bar{a}=\frac{180\ 000\times1+185\ 000\times2+210\ 000\times3+230\ 000\times4+255\ 000\times5}{1+2+3+4+5}=225\ 000$(元)。

$\bar{b}=\frac{120\times1+110\times2+90\times3+85\times4+80\times5}{1+2+3+4+5}=90$。

$d_a=\frac{255\ 000-180\ 000}{5-1}=18\ 750$(元)。

$d_b=\frac{80-120}{5-1}=-10$。

$\bar{a}_{n+1}=225\ 000+18\ 750=243\ 750$(元)。

$\bar{b}_{n+1}=90-10=80$。

$y=243\ 750+80\times8\ 000=883\ 750$(元)。

第四节 利润预测

所谓目标利润(target profit)是指企业在未来一段时间内，经过努力应该达到的最优化利润控制目标。它是企业未来经营必须考虑的重要战略目标之一。

一、目标利润的预测分析

传统的利润预测就是根据事先预计的销售量、成本、价格水平测算可望实现的利润额，其计算公式与事后的实际利润计算并没有本质区别。尽管这种测算利润可以通过若干不同的模式表达出来，但其共性在于必须以销售量、成本、价格等因素为自变量测算出来的利润作为未来的奋斗目标，其实质反映的不过是“以产定销”或“产品经济”的指导思想和经营方针，不利于加强会计管理。因此，测算利润不是利润预测的重点和终点，而应以目标利润的预测为中心，利润测算要为目标利润服务。

利润预测是实现企业经营目标的重要环节，准确的利润预测对企业的生产经营和投资决策有重要的作用。一方面，销售预测和成本预测是利润预测的基础，企业在利润的敏感性分析过程中，通过分析有关因素变动对利润的影响程度，可以进一步挖掘提高销售额、降低成本的潜力点，并采取一定措施加强利润管理，从而提高企业的盈利能力。另一方面，实现利润最大化是企业的根本目标，准确的利润预测可以为企业的各项决策提供依据，有利于企业做出最优的经营和投资决策。

目标利润应体现如下原则：

(1) 可行性。它应该反映未来企业可能实现的最佳利润水平，既先进又合理。

(2) 客观性。为保证目标利润具有最大的可能性，在预测目标利润时必须以客观存在的市场环境、技术发展状况为背景，以实现参数为依据，不能脱离现实。

(3) 严肃性。目标利润必须经过反复测算、验证调整后方能最终确定，确定后的目标利润应保持相对稳定，不得随意更改。

(4) 指导性。目标利润不应当是现有业务量、成本、价格的消极后果；相反，对上述因素的未来发展起着某种规定或约束作用，具有指导性。这一点体现在目标利润一经确定，就应及时组织落实为实现目标利润在产量、成本、价格等方面必须达到的各项指标和有关措施，并作为编制全面预算的基础。

按上述原则，目标利润的预测步骤大致如下：

(一) 调查研究，确定利润率标准

选择确定利润率的标准，必须注意从以下三个方面的结合上去考虑。

第一，从可供选择的利润率的计算口径上看，主要包括销售利润率、产值利润率和资金利润率等。第二，从可供选择的利润率指标的时间特征上看，主要包括近期平均利润率、历史最高水平的利润率和上级指令性利润率。第三，从可供选择的利润率指标的空间特征上看，主要包括国际、全国、同行业、本地区和本企业的利润率。

利润率标准不宜定得过高或偏低，否则会挫伤企业各方面的积极性和主动性。

(二) 计算目标利润率基数

将选定的利润率标准乘以企业预期应达到的有关业务量及资金指标，便可测算出目标利润基数。基本公式：

目标利润基数＝有关利润率标准×相关预计指标

(1) 如果按销售利润率计算，则目标利润为：

目标利润基数＝预定的销售利润率×预计产品销售额

(2) 如果按产值利润率计算，则目标利润应为：

目标利润基数＝预定的产值利润率×预计总产值

(3) 如果按资金利润率计算，则目标利润应为：

目标利润基数＝预定的资金利润率×预计资金平均占有额

(三) 确定目标利润修正值

目标利润修正值是对目标利润基数的调整额。一般可先将目标利润基数与测算利润(即按传统方式预测出来的利润额)进行比较分析，并按本量利分析的原理分项测算为实现目标利润基数而应采取的各项措施(包括单项措施和综合措施)，即分别计算各因素的期望

值，并分析其可能性。

若期望值与可能相差较大，则适当修改目标利润，确定目标利润修正值。这个过程可反复测算多次，直至各项期望值均具有实现可能性为止。

（四）最终下达目标利润，分解落实纳入预算体系

最终下达的目标利润应该为目标利润基数与修正值的代数和。它应反映或能适应预算期企业可望实现的生产经营能力、技术质量保证、物资供应、人力设备及资金流转水平及市场环境等约束条件。按调整措施修订后的诸因素测算的期望利润应与目标利润口径一致。

最终下达的目标利润＝目标利润基数＋目标利润修正值

目标利润一经确定，就应立即纳入预算执行体系，层层分解落实，以此作为采取相应措施的依据。

练习与思考

一、单项选择题

1. 预测方法分为两大类，具体包括定量分析法和（　　）。

A. 加权平均法　　B. 定性分析法　　C. 回归分析法　　D. 指数平滑法

2. 假设平滑指数为0.6，9月份实际销售量为600千克，原来预测9月份销售量为630千克，则预测10月份的销售量为（　　）。

A. 618千克　　B. 600千克　　C. 612千克　　D. 630千克

3. 通过函询方式，在互不通气的前提下向若干经济专家分别征求意见的方法是（　　）。

A. 个人判断法　　B. 专家会议法　　C. 德尔菲法　　D. 顾客意向调查法

4. 下列各种销售预测方法中，属于没有考虑远近期销售业务量对未来销售状况会产生不同影响的方法是（　　）。

A. 平滑指数法　　B. 算数平均法　　C. 加权平均法　　D. 移动平均法

5. 下列各项中，可用于预测追加资金需要量的方法是（　　）。

A. 平均法　　B. 回归分析法　　C. 指数平滑法　　D. 销售百分比法

二、多项选择题

1. 成本预测包括（　　）。

A. 目标成本预测　　B. 因素变动预测法

C. 资金预测　　D. 历史成本预测法

2. 定量分析法包括（　　）。

A. 德尔菲法　　B. 算术平均法

C. 回归分析法　　D. 移动平均法

3. 当预测销售量比较平稳的产品销量时,较好的预测方法是(　　)。

A. 算术平均法　　B. 移动平均法

C. 因果预测分析法　　D. 判断分析法

4. 较大的平滑指数可用于(　　)情况的销售预测。

A. 近期　　B. 远期

C. 波动较大　　D. 波动较小

三、判断题

1. 预测分析是企业决策分析的前提。(　　)

2. 平滑指数取值越小,则近期实际数对预测结果的影响就大。(　　)

3. 高低点法下的高点数据是指产销量等的最大点及其对应的资金占用量,低点数据是指产销量等的最小点及其对应的资金占用量。(　　)

4. 定性分析法与定量分析法在实际应用中是相互排斥的。(　　)

5. 算数平均法的优点是考虑了时间序列的变化趋势。(　　)

四、简答题

1. 常见的预测分析法主要有哪些?

2. 什么是平滑指数法? 它有哪些优点和缺点?

3. 如何运用德尔菲法进行销售预测?

4. 在资金需求预测中,销售百分比法具体如何运用?

5. 请介绍销售预测、成本预测、利润预测和资金需求预测之间的关系。

6. 如何运用修正的时间序列回归法进行销售预测?

7. 简述经营预测的一般程序。

五、计算题

1. 某企业生产一种产品,2022 年 1—12 月销售量资料见表 10-14。

表 10-14　销售量资料表

单位:万台

月份	1月	2月	3月	4月	5月	6月	7月	8月	9月	10月	11月	12月
销量	25	23	26	29	24	28	30	27	25	29	32	33

要求:分别按以下方法预测 2023 年 1 月份的销售量。

(1) 按 12 个月的算术平均法预测 2023 年 1 月份的销售量。(保留小数点后两位数字)

(2) 根据预测期前 6 个月的数据,采用加权平均法预测 2022 年 1 月份的销售量,假设前 6 个月每个月的权重分别为 0.1、0.1、0.1、0.2、0.2、0.3。

2. 某电气设备厂 1—9 月的实际生产成本分别为 186 万元、170 万元、180 万元、176 万元、185 万元、180 万元、190 万元、188 万元、191 万元。设 1 月份的成本预测值为 183 万元,$a=0.4$,请用指数平滑法预测该厂 10 月份的生产成本。

第十一章　短期经营决策

【学习目标】 通过本章的学习，理解短期经营决策分析的程序；理解短期经营决策需要考虑的成本概念；掌握生产决策分析的具体应用；了解企业定价的影响因素和定价目标，掌握各种定价方法；理解各种定价策略。

第一节　决策分析概述

一、决策分析的意义

所谓决策，就是人们基于对客观规律的认识，在充分考虑各种可能的前提下，对未来实践的方向、目标、原则和方法做出决定的过程。简单说，决策就是选择的过程，是对未来各种可能的行动方案进行选择或做出决定。分析，就是对达成任务目标的各种可能方案，进行利与弊、成本与效益的分析，以评选最佳行动方案。

管理会计人员为了有效地协助企业决策者针对企业未来经营活动所面临的问题，对有关未来经营战略、方针、目标、措施与方法做出正确的判断与决策，在调查和预测的基础上，充分利用会计资料和其他有关信息，运用专门方法对可能采取方案的经济效益进行科学的计算、分析和比较，从中选取最优方案的过程，称为决策分析。简而言之，决策分析就是一种解决问题、选择行动方案、找寻理想结果的程序。

现代管理理论认为，管理的重心在于经营，经营的重心在于决策。正确的决策对于企业的生存与发展至关重要，决策的正确与否直接关系着企业的兴衰成败。要做出合理正确的决策，就必须以良好的预测为前提，没有准确、科学的预测，就无法做出符合客观实际的科学决策。

二、决策分析的程序

（一）调研经营形势，明确经营问题

进行决策分析的首要工作就是要对企业的经营状况及发展形势进行调查研究，明确企业在经营过程中存在的问题。

（二）确定决策分析目标

针对经营中所存在的问题而确定经营目标，明确企业未来努力的方向，确定决策目标应当符合以下三点要求：

（1）目标要具体化，即确定的目标要具体明确．不能过于笼统抽象，以免被误解。

(2) 目标要数量化，即尽可能地用可计量的数量指标表达决策目标。

(3) 明确约束条件，即凡是附有条件的目标，应充分揭示其约束条件。

对于企业来说，决策分析的直接目标就是尽可能取得最大的经济效益，因此企业进行决策分析的一切工作都应是围绕着这个目标而开展的，只有确定了决策分析目标，才能使企业决策分析的相关工作有的放矢。

(三) 设计各种备选方案

由于决策是对未来各种可能的行动方案进行选择的过程，因此，必须根据所确定的决策目标和所掌握的各种相关信息，并充分考虑实际情况，设计制定出各种备选方案。这是科学决策的基础和保证。备选方案的提出，一般要经过形成基本设想、做出初步方案、最后形成备选方案的反复补充修改的过程。在这个过程中，应当充分体现解放思想、鼓励创新和集思广益的精神。

(四) 评价方案的可行性

制定出备选方案以后，决策者根据所掌握的相关信息，对各种备选方案采用定量分析方法进行可行性研究，从不同的侧面论证各方案在技术上和经济上的先进性与可行性，对各方案做出初步评价。在初步评价的基础上，还要进一步对各方案进行定性分析，考虑各种非计量或非财务性因素的影响。

(五) 选择未来行动的方案

在对各备选方案进行定量与定性分析的基础上，依照一定的原则和要求确定择优的标准及方法.通过不断比较、筛选，全面权衡利弊得失，最后选择出相对最优的最满意方案。

(六) 组织决策方案的实施、跟踪、反馈

决策方案一旦被确定，管理人员即落实该方案的实施，并在实施的过程中进行一系列的监督工作，最后由各部门反馈该方案实施以后的结果及其他信息，以揭示偏离决策目标的程度和原因。决策者根据反馈信息，采取相应措施纠正偏差，甚至调整决策目标或修改原决策方案，使之尽量符合客观需要和适应企业内外部环境，以保证决策目标的顺利实现。

三、决策分析的分类

决策分析根据不同的标准，可分为不同的类别。

(一) 按照决策时间的长短分类

按照决策时间的长短分类，决策可分为短期决策和长期决策。

(1) 短期决策，一般是指在一个经营年度或经营周期内能够实现其目标的决策，主要包括生产决策和定价决策等内容。它的主要特点是充分利用现有资源进行战术决策，一般不涉及大量资金的投入，且见效快，因此短期决策又称短期经营决策。

(2) 长期决策，是指在较长时期内(超过一年)才能实现的决策。它的主要特点是对若干期的收支产生影响，一般需投入大量资金，且见效慢，因此长期决策又称长期投资决策或资本性支出决策。

(二) 按决策的重要程度分类

按决策的重要程度分类，决策可分为战略决策和战术决策。

(1) 战略决策，是指关系到企业未来发展方向、大政方针的全局性重大决策。这类决策取决于企业的长远规划和外部环境对企业的影响，它的正确与否，对企业的成败具有决定性意义。

(2) 战术决策，是指为达到预期的战略决策目标，对日常经营活动所采用的方法与手段的局部性决策。这类决策主要考虑怎样使现有的人力、物力、财力资源得到最合理、最充分的利用，决策的正确与否都不会对企业的大局产生决定性影响。

（三）按决策条件的肯定程度分类

按决策条件的肯定程度分类，决策可分为确定型决策、风险型决策和不确定型决策。

(1) 确定型决策，这类决策所涉及的各种备选方案的各项条件都是已知的，且一个方案只有一个确定的结果。这类决策比较容易，只要进行比较分析即可。

(2) 风险型决策，这类决策所涉及的各种备选方案的各项条件虽然也是已知的，但表现出若干种变动趋势，每一个方案的执行都会出现两种或两种以上的不同结果，可以依据有关数据通过预测来确定某结果的客观概率。这类决策由于结果的不唯一性，存在一定的风险。

(3) 不确定型决策，与风险型决策不同，这类决策所涉及的各种备选方案的各项结果只能以决策者的经验判断确定的主观概率作为决策依据。做出这类决策难度较大，需要决策人具有较高的理论知识水平和丰富的实践经验。

（四）按决策方案之间的关系分类

按决策方案之间的关系分类，决策可分为单一方案决策、互斥方案决策和组合方案决策。

(1) 单一方案决策，这种决策只需要对一个备选方案做出接受或拒绝的选择，因而也称“采纳与否决策”。例如亏损产品是否停产的决策，是否接受特殊价格追加订货的决策等。

(2) 互斥方案决策是指在两个或两个以上相互排斥的备选方案中选出唯一的一个方案的决策。例如，零部件是自制还是外购的决策，几种新产品中选择哪种产品生产的决策，联产品是直接出售还是进一步加工的决策等。

(3) 组合方案决策是指在企业资源总量受到一定限制的条件下，从多个备选方案中选出一组最优的组合方案，使企业的综合经济效益达到最优。

（五）按决策的重复程度分类

按决策的重复程度分类，决策可分为程序化决策和非程序化决策。

(1) 程序化决策，是指例行的或重复性的决策。它相对简单，并且在很大程度上依赖以前的解决方法，因而在决策时，不需要列出一系列可能的解决方案，只要按照事先规定好的一个系统化的程序、规则或政策去做就可以了。例如，正常生产情况下每次存货的采购员，可以按照事先确定的经济批量采购，而无须重新作决策。

(2) 非程序化决策，是指复杂的、非例行的决策。也即这种决策是独一无二的、不重复发生的。当管理人员遇到新出现的问题时，没有事先准备好的解决方法可循，需要按照决策程序一步步地进行。例如，是否接受特殊价格追加订货的决策就属于非程序化决策。

决策除了按上述标志进行分类外，还有一些其他分类方法，如按决策解决的问题内容分类，分为生产决策、定价决策、建设项目决策、新增固定资产决策和更新改造决策。

第二节　短期经营决策的相关概念

短期经营决策需要通过比较不同备选方案相关损益的大小进行最优化选择。而影响相关损益大小的重要因素有生产经营能力、相关收入、相关成本。

一、生产经营能力

生产经营能力有以下几种形式。

（一）最大生产经营能力

最大生产经营能力又叫理论生产经营能力，是指企业在不追加资金投入的前提下，百分之百有效利用工程技术、人力及物力资源而可能实现的生产经营能力，它是生产经营能力的上限。

（二）正常生产经营能力

正常生产经营能力又叫计划生产经营能力，即已经纳入企业年度计划，充分考虑到现有市场容量、生产技术条件、人力资源状况、管理水平，以及可能实现的各种措施等情况所必须达到的生产经营能力。

（三）剩余生产经营能力

(1) 绝对剩余生产经营能力，也称暂时未被利用的生产经营能力，它是指企业最大生产经营能力与正常生产经营能力之差，属于生产经营的潜力。

(2) 相对剩余生产经营能力，是指由于受市场容量或经济效益原因的影响，决策规划的未来生产经营规模小于正常生产经营能力而形成的差量，也可以理解为因临时转变经营方向而闲置的那部分生产经营能力。

（四）追加生产经营能力

追加生产经营能力是指根据需要和可能，通过追加资金投入等措施而增加的，超过最大生产经营能力的那部分生产经营能力。

(1) 临时性追加的生产经营能力，是指通过临时性租赁而形成的生产经营能力。

(2) 永久性追加的生产经营能力，是指通过追加固定资产投资而形成的生产经营能力。显然，永久性追加的生产经营能力会改变企业未来期间的最大生产经营能力。

生产经营能力是确认机会成本、专属成本的重要参数。

二、相关收入

相关收入是指与特定决策方案相联系的、能对决策产生重大影响的、在短期经营决策中必须予以充分考虑的收入，又称有关收入。

如果某项收入只属于某个经营决策方案，即若有这个方案存在，就会发生这项收入，若该方案不存在，就不会发生这项收入，那么，这项收入就是相关收入。

相关收入的对立概念是无关收入。如果无论是否存在某决策方案，均会发生某项收入，那么就可以断定该项收入是上述方案的无关收入。

三、相关成本

相关成本是指与特定决策方案相联系的、能对决策产生重大影响的、在短期经营决策中必须予以充分考虑的成本。如果某项成本只属于某个经营决策方案，即若有这个方案存在，就会发生这项成本，若该方案不存在，就不会发生这项成本，那么，这项成本就是相关成本。相关成本包括差量成本、边际成本、机会成本、沉没成本、付现成本、重置成本、专属成本、共同成本、可延缓成本、不可延续成本、深加工成本等。

无关成本是指凡不受决策结果影响，与决策关系不大，已经发生或注定要发生的成本。无关成本包括沉没成本、共同成本、不可延缓成本、约束性成本等。

相关成本与无关成本的区分并不是绝对的。有些成本在某一决策方案中是相关成本，而在另一决策方案中却可能是无关成本。

（一）差量成本与边际成本

按照成本的差异性，可将成本分为差量成本与边际成本。

1. 差量成本

广义差量成本是指两个备选方案相关成本之间的差额。例如，某企业为了提高其经营效率，决定采购一台设备。目前市场上有 A 和 B 两种类型的设备都能满足该企业的要求，A 设备的购入成本为 8 000 元，B 设备的购入成本为 7 600 元。则购买 A 设备或购买 B 设备这两个方案的差量成本为 400 元。

狭义差量成本又称作增量成本，用于反映生产能力利用率不同在成本上发生的差别，也就是由于在原来基础上因追加一定业务量产品的生产所增加的成本数额。

在一定条件下，某一决策方案的增量成本就是该方案的相关变动成本，即等于该方案的单位变动成本与相关业务量的乘积。例如，企业决定接受某项特殊价格的订单而导致产量增加，由此引起变动生产成本的增加，增加的变动生产成本就是增量成本。但应注意的是，绝不能认为增量成本在任何条件下都等于变动成本，因为增量成本有时也会包括固定成本。

2. 边际成本

从理论上讲，边际成本是指连续型成本函数的一阶导数。它反映了当业务量无限小变动时所造成的成本差量与业务量变动的差量之比的极限关系，或者说是当业务量向无限小变化时，成本的变动数额。当然，这是从纯经济学角度来讲的，事实上，产量不可能向无限小变化，至少应为 1 个单位的产量。因此，边际成本也就是产量每增加或减少一个单位业务量所引起的成本变动数额。

由此看来，边际成本和变动成本是有区别的，变动成本反映的是增加单位产量所追加成本的平均变动，而边际成本反映每增加一个单位产量所追加的成本的实际数额。所以，只有在相关范围内，增加一个单位产量的单位变动成本才能和边际成本相一致。

边际成本是增量成本的一种特殊形式。

（二）机会成本

它以经济资源的稀缺性和多种选择机会的存在为前提，企业进行经营决策时，必须从多个备选方案中选择一个最优方案，而放弃其他的方案。此时，被放弃的次优方案所可能获得的潜在利益就称为已选中最优方案的机会成本，又叫机会损失。选择方案时，将机会成本的影响考虑进去，有利于对所选方案的最终效益进行全面评价。

例如，现有一空置的车间既可以用于A产品的生产，也可以用于出租。如果用来生产A产品，其收入为35 000元，成本费用为18 000元，可获净利17 000元；用于出租则可获租金收入12 000元。

在决策中，如果选择用于生产A产品则必然放弃出租方案，其本来可能获得的租金收入12 000元应作为生产A产品的机会成本，由生产的A产品负担。这时，我们可以得出正确的判断结论：生产A产品将比出租多获净利5 000元。

机会成本产生于某项资产的用途选择。具体讲，一项资产只能用来实现某一职能而不能用于实现其他职能，则不会产生机会成本。如公司购买的一次还本付息债券，只能在到期时获得约定的收益，因而不会产生机会成本。如果一项资产可以同时用来实现若干职能，则可能会产生机会成本。如公司购买的可转让债券，既可以到期获得约定收益，又可以在未到期前中途转让以获得转让收益，从而可能产生机会成本。

机会成本仅仅只是被放弃方案的潜在利益，而非实际支出，因而不能据以登记入账。由于公司资源的有限性，必须充分利用资源效益，所以，机会成本在经营决策中应作为一个现实的重要因素予以考虑。

（三）沉没成本、付现成本与重置成本

按照成本的时效性，可将成本分为沉没成本、付现成本与重置成本。

沉没成本是指过去已经发生了并无法由现在或将来的任何决策所改变的成本。沉没成本是对现在或将来的任何决策都无影响的成本。可见，沉没成本是企业在以前经营活动中已经支付现金，而在现在或将来经营期间摊入成本费用的支出。因此，固定资产、无形资产、递延资产的投资等均属于企业的沉没成本，现在的任何决策对其无影响。

付现成本又叫现金支出成本。在进行短期经营决策时，付现成本就是动用现金支付的有关成本。在企业现金短缺、支付能力不足、筹资又十分困难的情况下，对于那些急需上马的方案进行决策时，必须以付现成本而不是以总成本作为方案取舍的标准。

重置成本是指目前从市场上购买同一项原有资产所需支付的成本，也称现行成本。在短期经营决策的定价决策以及长期投资决策的以新设备替换旧设备的决策中，需要考虑以重置成本作为相关成本。

（四）专属成本和共同成本

固定成本还可以按其所涉及范围的大小，划分为专属成本和共同成本。

专属成本是指那些能够明确归属于特定决策方案，如可以明确归属于企业生产的某种产品，或为企业设置的某个部门而发生的固定成本。没有这些产品或部门，就不会发生这些成本，所以专属成本是与特定的产品或部门相联系的特定的成本。它往往是为了弥补生产能力不足的缺陷，增加有关专用装置、设备、工具等长期资产而发生的。专属成本的确认与取得上述专用装置、设备、工具的方式有关。① 如是租入的，是应付租金。② 如是购入的，短期使用，是买入成本。③ 如是购入的，长期使用，是使用成本（折旧费）。

共同成本是与专属成本相对立的成本，是指应当由多个方案共同负担的，如为多种产品的生产或为多个部门的设置而注定要发生的固定成本。由于它的发生与特定方案的选

择无关,因此,在决策中可以不予考虑。

在进行方案选择时,专属成本是与决策有关的成本,必须予以考虑;而共同成本则是与决策无关的成本,可以不予以考虑。

应注意的是:专属成本与共同成本的划分是就固定成本而言的,所有的变动成本一般都是与决策相关的成本。

(五) 可延缓成本和不可延缓成本

可延缓成本是指在短期经营决策中对其暂缓开支不会对企业未来的生产经营产生重大不利影响的那部分成本。由于可延缓成本在时间上具有一定弹性,在决策中应当充分予以考虑。

不可延缓成本,是与可延缓成本相对立的成本,是指在短期经营决策中,若对其暂缓开支就会对企业未来的生产经营产生重大不利影响的那部分成本。

(六) 深加工成本

深加工成本是指在半成品是否深加工决策中必须考虑的、由于对半成品进行深加工而追加发生的变动成本。它的计算通常要考虑单位深加工单位变动成本与相关的深加工业务量两大因素。至于深加工所需要的相关固定成本,在经营决策中应当列作专属成本。

第三节　短期经营决策的常用方法

短期经营决策的常用方法有相关损益分析法、单位资源贡献边际分析法、贡献边际总额分析法、差别损益分析法、相关成本分析法、成本无差别点分析法等。

一、相关损益分析法

某方案的相关损益,是指该方案相关收入与相关成本之差。

甲方案相关损益=甲方案相关收入－甲方案相关成本

$$F_{甲}=S_{甲}-C_{甲}$$

相关损益指标是一个正指标,决策标准:哪个方案的相关损益最大,哪个方案最优。此方法还可以用来进行全部方案的排序。

它是短期经营决策的基本方法。所有的短期经营决策常用方法本质上都是相关损益分析法。其他方法都是相关损益分析法的变形。具体有以下几种变形。

(一) 贡献边际总额分析法

当有关决策方案的相关收入均不为零,固定成本是无关成本,相关成本全部为变动成本时,可以将贡献边际总额作为决策评价指标。

在这里,“贡献”是指企业的产品或劳务对企业利润目标的实现所作的贡献。传统会计认为只有当收入大于完全成本时,才形成贡献;而管理会计则认为只要收入大于变动成本,就会形成贡献。因为固定成本总额在相关范围内并不随业务量(产销量)的增减变动而变动,因此,收入减变动成本后的差额(即贡献边际)越大,则减去不变的固定成本后的余额(即利润)也就越大。也就是说,贡献边际的大小,反映了备选方案对企业利润目标所作贡献的大小。

甲产品贡献边际＝甲产品收入－甲产品变动成本

贡献边际总额是一个正指标，决策标准：哪个方案的该项指标大，哪个方案为优。

（二）单位资源贡献边际分析法

当有关决策方案的固定成本是无关成本，且企业生产只受到某一项资源的约束，或未知业务量的条件下，可采用单位资源贡献边际法进行决策。

$$单位资源贡献边际=\frac{单位贡献边际}{单位产品资源消耗定额}$$

单位资源贡献边际是一个正指标，判断标准：哪个方案的该项指标大，哪个方案为优。

（三）直接判断法

直接判断法，是指通过比较方案是否具备有关判断条件直接做出决策的方法。

二、差别损益分析法

差别损益分析法是指在进行两个互斥方案的决策时，以差别损益指标作为评价方案取舍标准的一种决策方法。

其基本原理：

甲比乙差别损益＝甲相关损益－乙相关损益

其计算程序：① 甲比乙差别收入等于两方案相关收入之差；② 甲比乙差别成本等于两方案相关成本之差；③ 甲比乙差别损益＝甲比乙差别收入－甲比乙差别成本。

公式为：

$$\Delta S=S_{甲}-S_{乙} \qquad \Delta C=C_{甲}-C_{乙} \qquad \Delta F=\Delta S-\Delta C$$

根据差别损益做出决策的判断标准是：若甲比乙差别损益 ΔF 大于零，则甲方案优于乙方案；若甲比乙差别损益 ΔF 等于零，则甲方案与乙方案的效益相同；若甲比乙差别损益 ΔF 小于零，则乙方案优于甲方案。

值得注意的是，在使用差量分析法进行决策分析之时，计算差量收入和差量成本的时候，方案的前后顺序必须保持一致。

应注意的是，差量分析法仅适用于两个方案之间的比较。如果有多个方案可供选择，在采用差量分析法时，只能选择同一方案作为对比方案，别的方案与该方案进行比较、分析，逐步筛选，择出最优方案。

三、相关成本分析法

当有关决策方案的相关收入一致均为零时，可以只对比有关决策方案的相关成本。相关成本是一个反指标，决策标准：哪个方案的相关成本最低，哪个方案最优。

相关成本分析法的变形是成本无差别点分析法。

成本无差别点分析法，是指在各备选方案的相关收入均为零，相关的业务量为不确定因素时，通过判断处于不同水平的业务量与成本无差别点之间的关系，利用不同业务量优势区域进行最优决策方案选择的方法。使用成本无差别点分析法的关键，是寻找使两个或多个方案的成本相等的业务量，这个业务量称为成本无差别点。然后，根据备选方案在无差别点两侧的总成本的高低，结合实际业务量数额，选择最优方案。

成本无差别点图如图 11-1 所示。

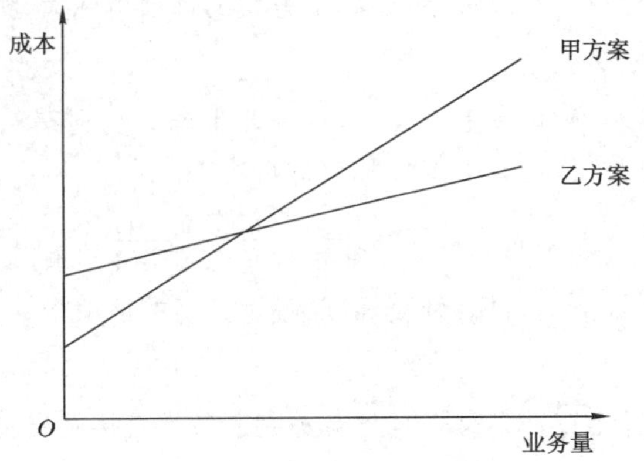

图 11-1　成本无差别点图

$$y = a_1 + b_1 \cdot x$$
$$y = a_2 + b_2 \cdot x$$
$$a_1 + b_1 \cdot x_0 = a_2 + b_2 \cdot x_0$$
$$\text{成本无差别点业务量}(x_0) = \frac{\text{两方案相关固定成本之差}}{\text{两方案相关单位变动成本之差}}$$
$$x_0 = \frac{a_1 - a_2}{b_2 - b_1}$$

判断标准是:

① 若业务量 $x > x_0$,则固定成本较高的乙方案为最优方案。

② 当业务量 $x < x_0$,则固定成本较低的甲方案为最优方案。

③ 若业务量 $x = x_0$,则两方案的成本相等,二者均可。

第四节　生产决策

生产决策是指在短期内围绕是否生产、生产什么、怎样生产以及生产多少等方面的问题而进行的决策,它是企业经营决策的重要内容之一。常见的生产决策包括是否接受特殊价格订货的决策、亏损产品是否停产或亏损部门是否停业的决策、半成品是否进一步深加工的决策、零部件是自制还是外购的决策、如何合理利用有限资源安排生产的决策、如何选择生产工艺技术方案的决策,等等。

一、生产何种新产品的决策

新产品开发的品种决策,是指企业在利用现有的绝对剩余生产经营能力开发新产品的过程中,在两个或两个以上可供选择的多个新品种中选择一个最优品种的决策。它属于互斥方案决策的类型。根据情况可以分别采用贡献边际总额分析法、单位资源贡献边际分析法、相关损益分析法等方法。

(一)不追加专属成本的情况

1. 已知业务量

如果已知业务量,可以采用贡献边际总额分析法进行决策。

【例 11-1】 某企业使用同一台设备可以生产甲产品,也可以生产乙产品。若该设备最大生产能力为 200 000 机器小时,则在相关范围内生产两种产品的有关资料预测见表 11-1。

要求:根据已知资料为该企业做出生产哪种产品的决策分析。

表 11-1 两种产品的资料表

金额单位:元

项目	甲产品	乙产品
每件机器小时	100	80
单位售价	112	70
单位变动成本		
直接材料	36	30
直接人工	28	16
变动制造费用	32	12
固定制造费用	140	112

解 由于该企业是用同一台设备进行生产,总生产能力为 200 000 机器小时,那么形成 200 000 机器小时生产能力而发生的成本,无论对生产甲产品还是生产乙产品都是相同的,因而不是决策分析的相关成本,所以此决策的相关成本仅为变动成本。

本例应用贡献边际总额分析法如下:

(1) 根据生产能力,计算生产两种产品的最大生产量。

甲产品最大产量=最大生产能力机器小时÷甲产品每件所需机器小时
=200 000÷100=2 000(件)。

乙产品最大产量=最大生产能力机器小时÷乙产品每件所需机器小时
=200 000÷80=2 500(件)。

(2) 分别计算甲、乙两种产品的单位变动成本。

甲产品的单位变动成本=直接材料+直接人工+变动制造费用
=36+28+32=96(元)。

乙产品的单位变动成本=直接材料+直接人工+变动制造费用
=30+16+12=58(元)。

(3) 分别计算甲、乙两种产品的单位贡献边际。

生产甲产品的单位贡献边际=112-(36+28+32)=16(元)。

生产乙产品的单位贡献边际=70-(30+16+12)=12(元)。

一般情况下,我们不能把单位贡献边际的大小作为择优的标准,因为,单位贡献边际大的产品,未必提供的贡献边际总额也最大。因此,必须计算各种产品的贡献边际总额。

生产甲产品的贡献边际总额=16×2 000=32 000(元)。

生产乙产品的贡献边际总额=12×2 500=30 000(元)。

从以上计算结果可知，应选择生产甲产品，比生产乙产品能多实现贡献边际总额2 000元。

2. 未知业务量

未知业务量情况下，可以用单位资源贡献边际分析法直接进行决策。

【例 11-2】 仍然使用例 11-1 的资料，如果不知道该设备最大生产能力，要求：根据已知资料为该企业做出生产哪种产品的决策分析。

解 这时不能计算各种产品的贡献边际总额，可以计算单位资源贡献边际的大小来决策。

本例应用单位资源贡献边际分析法如下：

生产甲产品的单位资源贡献边际＝16÷100＝0.16(元)。

生产乙产品的单位资源贡献边际＝12÷80＝0.15(元)。

从以上计算结果可知，应选择生产甲产品，比生产乙产品能多实现单位资源贡献边际0.01 元。

(二) 追加专属成本的情况

如果新产品投产将发生不同的专属成本的话，在决策时就应以各种产品的相关损益额作为判断方案优劣的标准。这时，相关损益等于贡献边际额减专属固定成本。相关损益额越大，该产品就越可取。

【例 11-3】 仍然使用例 11-1 的资料，生产甲产品需要配备专用模具，需追加专属成本3 000 元。要求：根据已知资料为该企业做出生产哪种产品的决策分析。

解 生产甲产品的相关损益总额＝16×2 000－3 000＝29 000(元)。

生产乙产品的相关损益总额＝12×2 500＝30 000(元)。

从以上计算结果可知，应选择生产乙产品，比生产甲产品能多实现相关损益额1 000元。

二、亏损产品的决策

是否继续生产亏损产品的决策，又称亏损产品是否停产的决策，是指围绕亏损产品所做出的在未来一段时期内是否按照原有规模继续组织生产而开展的决策。它属于接受或拒绝方案决策的类型。

一般来说，对于亏损产品不能简单地予以停产，而应当综合考虑企业的生产能力和经营状况，视其能否提供一定的贡献边际，做出停产、继续生产、转产或出租等最优选择。在相对剩余生产经营能力无法转移的情况下，若贡献边际为正数，说明它们的生产还可为增加企业总的盈利做出一定的贡献，可继续生产；否则，应考虑停产。在相对剩余生产经营能力可以转移的情况下，则需要比较亏损产品的贡献边际与机会成本，若亏损产品的贡献边际大于机会成本，则继续生产，否则，应考虑停产。

(一) 相对剩余生产经营能力无法转移的情况

在相对剩余生产经营能力无法转移的情况下，只要亏损产品能提供正的边际贡献总额，就应继续生产。

所谓相对剩余生产经营能力无法转移，是指闲置的生产经营能力不能用于转产，或者是设备出租。

所谓直接判断法就是根据有关判定条件直接做出亏损产品是否停产决策的方法。需要判断亏损产品是否满足以下条件：

① 该亏损产品的单价大于其单位变动成本；

② 该亏损产品的单位边际贡献大于零；

③ 该亏损产品的收入大于其变动成本；

④ 该亏损产品的边际贡献大于零；

⑤ 该亏损产品的边际贡献率大于零；

⑥ 该亏损产品的变动成本率小于1。

【例 11-4】 某公司生产甲、乙、丙三种产品，有关资料见表11-2。

表 11-2　三种产品资料表

项目	甲	乙	丙
销售量/件	2 000	1 000	800
单价/元	20	60	25
单位变动成本/元	9	46	15
固定成本总额/元	36 000（按各种产品销售金额比例分配）		

甲、乙、丙三种产品的盈亏情况见表11-3。

表 11-3　三种产品的损益表　　单位：元

项目	甲	乙	丙	合计
销售收入总额	40 000	60 000	20 000	120 000
变动成本总额	18 000	46 000	12 000	76 000
贡献边际总额	22 000	14 000	8 000	44 000
固定成本总额	12 000	18 000	6 000	36 000
净利	10 000	（4 000）	2 000	8 000

如果亏损产品乙停产，继续生产甲、丙的盈亏情况，见表11-4。

表 11-4　甲、丙两种产品的损益表　　单位：元

项目	甲	丙	合计
销售收入总额	40 000	20 000	60 000
变动成本总额	18 000	12 000	30 000
贡献边际总额	22 000	8 000	30 000
固定成本总额	24 000	12 000	36 000
净利	（2 000）	（4 000）	（6 000）

本例不停产与停产对比的差量利润为：差量利润＝8 000－（－6 000）＝14 000（元）。即差量损益为正，前者为优，即亏损产品乙不应停产。

此外，本例还可以通过编制差量分析表的形式来分析，见表 11-5。

表 11-5　差量分析表　　单位：元

方案	相关收入	相关成本	相关收益
不停产	40 000＋60 000＋20 000＝120 000	18 000＋46 000＋12 000＝76 000	44 000
停产	40 000＋20 000＝60 000	18 000＋12 000＝30 000	30 000
差量	60 000	46 000	14 000

不停产与停产对比的差量利润＝乙产品收入－乙产品变动成本

本例还可以采用直接判断法，该亏损产品的单价 60 大于其单位变动成本 46，该亏损产品的单位边际贡献大于零，所以亏损产品乙不应停产。

（二）相对剩余生产经营能力可以转移的情况

所谓相对剩余生产经营能力转移有关的机会成本，是指转产产品获得边际贡献，或设备出租的租金收入。

应用直接判断法，需要根据下列结论做出决策：

(1) 如果该亏损产品的贡献边际大于与相对剩余生产经营能力转移有关的机会成本，就应当继续生产。在此情况下，如果盲目停产，企业将因此而多损失相当于上述边际贡献与机会成本之差那么多的利润。

(2) 如果亏损产品创造的贡献边际小于与相对剩余生产经营能力转移有关的机会成本，就应当停止生产该亏损产品。

(3) 如果亏损产品创造的贡献边际等于与相对剩余生产经营能力转移有关的机会成本，则停止或继续生产该亏损产品都可以。

这时的直接判断法就是相关损益分析法。

【例 11-5】 使用例 11-4 的资料，假定乙产品的市场容量、价格和成本水平均不变，但停产后的相对剩余生产经营能力可用于对外承揽零星加工业务，预计可获得15 000万元贡献边际。要求：做出是否生产乙产品的决策，并说明理由。

解　方法一，相关损益分析法。

生产乙产品相关损益＝1 000×(60－46)＝14 000(元)，转产相关损益＝15 000(元)。

选择对外承揽零星加工业务。

方法二，差量分析法。

生产乙产品对比转产差量利润＝乙产品收入－乙产品变动成本－生产机会成本

＝1 000×(60－46)－15 000＝－1 000(元)。

选择对外承揽零星加工业务。

三、产品增产决策

产品增产的决策是指由于企业现有的生产能力除了完成既定的生产任务外，还有一定的剩余生产能力，为了充分地利用这一部分剩余的生产能力，就必须在原预定投产的几种产品中适当地扩大某产品的生产量，为此，就要正确选择以增产哪种产品为宜。

【例 11-6】 某企业原来生产 A、B 两种产品，实际开工率只占原设计生产能力的 70%。

现准备将剩余的生产能力全部用于增产 A 产品 40%，或全部用于增产 B 产品 60%。若绝对剩余生产经营能力不用来增产 A、B 两种产品，设备可以对外出租获得租金收入 10 000 元。有关资料见表 11-6。

表 11-6　资料表

项目	A 产品	B 产品
预计产销量/件	4000	3 000
销售单价/元	15	12
单位变动成本/元	8	6
固定成本总额/元	30 000	

要求：企业如何决策。

解　方法一，相关损益分析法。

增产 A 产品相关损益＝4 000×(15－8)×40%＝11 200(元)。

增产 B 产品相关损益＝3 000×(12－6)×60%＝10 800(元)。

出租相关损益＝10 000(元)。

选择增产 A 产品业务。

方法二，差量分析法。

增产产品对比出租差量利润＝产品增产收入－产品增产变动成本－增产机会成本

增产 A 产品对比出租差量利润＝4 000×(15－8)×40%－10 000

＝11 200－10 000＝1 200(元)。

增产 B 产品对比出租差量利润＝3 000×(12－6)×60%－10 000

＝10 800－10 000＝800(元)。

选择增产 A 产品业务。

四、接受追加订货决策

正常订货是指企业在组织一定时期生产之前争取到的、已纳入该期生产经营计划的订货，又称正常任务；与正常订货相联系的售价为正常价格。追加订货通常是指在计划执行过程中，由外单位临时提出的额外订货任务，即正常订货以外的订货。

接受特殊价格追加订货的决策，是指企业在正常经营过程中对于是否安排低于正常订货价格的追加订货生产任务所作的决策。它属于“接受或拒绝方案”的决策类型。

如果追加订货量小于或等于剩余生产能力，企业就可以利用现有的绝对剩余生产能力来完成追加订货量的任务，这是比较正常的。

如果追加订货量大于剩余生产能力，也就是剩余生产能力不足以完成追加订货，企业要解决这个问题有下列方法：

第一种方法是通过租入设备或购买设备的方式，追加资金投入，弥补生产能力的不足，这样也会发生相应的专属成本。

第二种方法是既不减少追加订货量，也不追加专属成本，而是将正常订货的一部分挪做追加订货，以弥补剩余生产能力的不足。根据正常订货合同的违约条款，向客户支付因在经营期内不能如数及时交货而发生的违约罚款。

企业是否接受追加订货，应视具体情况而定，概括来讲，分为简单条件和复杂条件。

（一）简单条件

应用直接判断法，必须同时满足以下三个条件：

第一，追加订货量小于或等于企业的绝对剩余生产能力（后者为企业最大生产能力与正常订货量之差）。在这种情况下，企业就有可能利用其绝对剩余生产能力来组织追加订货的生产，而不冲击正常任务的完成。

第二，企业的绝对剩余生产能力无法转移。

第三，要求追加订货的企业没有提出任何特殊的要求，不需要追加投入专属成本。

在简单条件下，只要追加订货方案的单价大于其单位变动成本，便可接受追加订货。

【例 11-7】 直接判断法在是否接受低价追加订货决策中的应用。

已知：某企业只生产一种产品（甲产品），每年最大生产能力为 12 000 件。本年已与其他企业签订了 10 000 件甲产品的供货合同，平均价格为 1 200 元/件，单位完全成本为 1 000 元，单位变动生产成本为 800 元。假定该企业的绝对剩余生产能力无法转移。

1 月上旬，B 企业要求以 900 元/件的价格向该企业追加订货 1 000 件甲产品，年底前交货；追加订货没有特殊要求，不涉及追加投入专属成本。请分析该企业是否接受追加订货。

解 直接判断法：追加订货方案的单价 900 大于其单位变动成本 800，便可接受追加订货。

也可采用差量分析法。

追加订货对比不追加订货差量利润＝追加订货收入－追加订货变动成本

＝1 000×(900－800)＝100 000（元）。

（二）复杂条件

复杂条件有以下几种情况：

(1) 若企业的绝对剩余生产能力可以转移，则必然涉及转移的绝对剩余生产能力的机会成本，则可采用差量分析法进行决策。

(2) 若追加订货冲击正常任务，此时存在减少正常任务的机会成本，是减少正常任务而减少的相关损益，即减少正常任务而减少的贡献边际。若因为被冲击的正常任务无法正常履行合同，需支付违约金。

(3) 若订货企业有特殊要求，在这种情况下，存在追加订货的专属成本。

1. 已知追加订货量

【例 11-8】 某企业只生产一种产品（甲产品），每年最大生产能力为 12 000 件。本年已与其他企业签订了 10 000 件甲产品的供货合同，平均价格为 1 200 元/件，单位完全成本为 1 000 元，单位变动生产成本为 800 元。合同规定，如正常订货不能如期履约交付给客户，企业须支付给客户 10 000 元违约金。假定该公司的绝对剩余生产能力可以转移，设备可以对外出租获得租金收入 90 000 元。

1 月上旬，B 企业要求以 900 元/件的价格向该企业追加订货 1 200 件甲产品，年底前交货；该公司的追加订货有特殊的工艺要求，需要该公司追加投入 20 000 元。请分析该企业是否该接受 B 企业追加订货的合同。

解　采用差量分析法。

追加订货对比出租差量利润＝追加订货收入－追加订货变动成本－追加订货机会成本－追加订货专属成本＝1 200×(900－800)－90 000－20 000＝10 000(元)。

可接受追加订货。

【例 11-9】　仍然使用例 11-8 的资料，假定 B 企业要求以 900 元/件的价格向该企业追加订货 2 200 件甲产品，年底前交货；该公司的追加订货有特殊的工艺要求，需要该公司追加投入 20 000 元。请分析该企业是否该接受 B 企业追加订货的合同。

解　采用差量分析法。

减少正常任务量＝追加订货量－绝对剩余生产能力

追加订货对比出租差量利润＝追加订货收入－追加订货变动成本－追加订货机会成本－追加订货专属成本－违约金－减少正常任务的贡献边际＝2 200×(900－800)－90 000－20 000－10 000－(2 200－2 000)×(1 200－800)＝20 000(元)。

可接受追加订货。

2. 未知追加订货量

【例 11-10】　仍然使用例 11-8 的资料，假定 B 企业要求以 900 元/件的价格向该企业追加订货甲产品，年底前交货；该公司的追加订货有特殊的工艺要求，需要该公司追加投入 20 000元。请分析追加订货量多少，该企业可以该接受 B 企业追加订货的合同。

解　$x<2\ 000$，$\because \Delta I=Tcm_{特x}-C_{专}-C_{机}=(900-800)x-20\ 000-90\ 000>0$

$\therefore x>1\ 100$

$x>2\ 000$，$\because \Delta I=Tcm_{特x}-C_{专}-C_{机}-C_{违}-Tcm_{正}(x-2\ 000)$

$=(900-800)x-20\ 000-90\ 000-10\ 000-(1\ 200-800)(x-2\ 00)>0$

$\therefore x<2266$

结论：$1100<x<2266$。

追加订货量在此范围内可接受追加订货。

五、半成品是否深加工的决策

决策时只需考虑深加工后增加的收入是否超过增加的成本，如果前者大于后者，则应进一步加工为产成品出售；反之，则应作为半成品销售。深加工前的收入和成本都与决策无关，不必予以考虑。

在某些行业的企业中，经常会面临着已部分完工的半成品立即出售或深加工为完工产品后再行出售的抉择问题。例如，棉纺织厂既可出售半成品棉纱，也可以通过对棉纱继续加工织成坯布(完工产品)后再出售。当然，完工产品的销售单价要比半成品高些，但继续加工一般都要追加变动成本和专属固定成本。

企业是否接受半成品深加工，应视具体情况而定，概括来讲，分为简单条件和复杂条件。

(一) 简单条件

必须同时满足以下三个条件：

第一，企业已具备深加工生产能力，可以将全部半成品深加工变成产成品。

第二,企业的深加工生产能力无法转移。

第三,半成品与产成品的投入产出比为 1∶1。

凡不能同时具备上述三个条件的情况,称为复杂条件。

在简单条件下,只要半成品深加工方案的差量单价大于其差量单位变动成本,便可接受追加订货。

【例 11-11】 某公司每年生产、销售甲产品 4 000 件,每件变动成本为 16 元,每件固定成本为 1 元,售价为 24 元。如果把一件甲产品深加工成一件乙产品,售价可提高到 30 元,但单位变动成本需增加 4 元。

要求:做出企业直接销售甲产品还是加工为乙产品后再出售的决策。

解 直接判断法:半成品深加工方案的差量单价 6 大于其差量单位变动成本 4,便可接受深加工。

也可采用差量分析法。

深加工对比不深加工差量利润=深加工差量收入-深加工变动成本

=4 000×(30-24)-4 000×4=8 000(元)。

(二) 复杂条件

复杂条件有以下几种情况:

(1) 若企业的深加工生产能力可以转移,则必然涉及转移的深加工生产能力的机会成本,则可采用差量分析法进行决策。

(2) 半成品与产成品的投入产出比不为 1∶1

(3) 若深加工有特殊的工艺要求,在这种情况下,存在深加工的专属成本。

【例 11-12】 某公司每年生产、销售甲产品 4 000 件,每件变动成本为 16 元,每件固定成本为 1 元,售价为 24 元。如果把两件甲产品深加工成一件乙产品,售价可提高到 65 元,但一件乙产品深加工部分发生单位变动成本 10 元;另外深加工发生专属固定成本 1 000 元;企业的深加工生产能力可以转移,设备可以对外出租获得租金收入 9 000 元。

要求:做出企业直接销售甲产品还是加工为乙产品后再出售的决策。

解 采用差量分析法。

深加工对比出租差量利润=深加工差量收入-深加工变动成本-深加工机会成本-深加工专属成本

=2 000×65-4 000×24-2 000×10-9 000-1 000=4 000(元)。

六、自制还是外购的决策

由于所需零配件的数量对自制方案或外购方案都是一样的,因而通常只需要考虑自制方案和外购方案的成本高低,在相同质量并保证及时供货的情况下,选成本最低的方案。

影响自制或外购的因素很多,因而所采用的决策分析方法也不尽相同,一般采用相关成本法决策。

(一) 简单条件

如果企业已经有能力自制零部件,则与自制能力有关的共同固定生产成本属于沉没成本,决策中不考虑。零部件自制能力无法转移。

在简单条件下，只要对比自制单位变动成本和外购价格即可。

自制单位变动成本＞外购价格时，应该外购。

自制单位变动成本＜外购价格时，应该自制。

【例 11-13】 某公司生产甲产品每年需要 A 零件 58 000 件，由车间自制时每件成本为 78 元，其中单位变动成本为 60 元，单位固定成本为 18 元。现市场上销售的 A 零件价格为每件 65 元，且质量更好、保证按时送货上门。请为该厂做出零件自制还是外购的决策分析。

解　由于自制单位变动成本 60 元＜外购单位价格 65 元，所以，应选择自制。这时每件 A 零配件的成本将降低 5 元，总共降低 290 000 元。

如果停产外购，则自制时所负担的一部分固定成本（外购价格与自制单位成本的差额）将由其他产品负担，此时企业将减少利润：58 000×（65－60）＝290 000（元）。

（二）复杂条件

复杂条件有以下几种情况：

（1）若企业的零部件自制能力生产能力可以转移，则必然涉及转移的零部件自制能力的机会成本，即出租的租金收入或转产产品的贡献边际额。

（2）若零部件自制有特殊的工艺要求，在这种情况下，存在零部件自制的专属成本。

1. 零部件的需用量确定

【例 11-14】 某公司每年生产电冰箱需要 A 零件 6 000 个，若从市场上购买，每个零件进货成本为 58 元。如果该厂生产车间有剩余的生产能力可以自制 A 零件，估计生产每个零件的成本资料为：直接材料 30 元，直接人工 16 元，变动制造费用 9 元，固定制造费用 12 元。企业要生产该零件，需要专门购置一台检验设备，每年折旧 15 000 元。生产车间的剩余生产能力除了可以自制 A 零件，也可以对外出租，预计每年可获租金 5 000 元。

请为该公司做出零件自制还是外购的决策分析。

解　（1）计算自制单位 A 零件的相关成本。

自制 A 零件的单位变动成本＝单位直接材料＋单位直接人工＋单位变动制造费用
＝30＋16＋9＝55（元）。

自制 A 零件的相关总成本＝自制变动成本＋自制机会成本＋自制专属成本
＝55×6 000＋15 000＋5 000＝350 000（元）。

（2）计算外购零件的相关总成本。

外购零件的相关总成本＝外购单位成本×需用量＝58×6 000＝348 000（元）。

所以应选择外购方案。因为外购比自制可节约成本 2 000 元。

2. 零部件的需用量不确定

此时采用成本无差别点分析法。自制方案相关成本与外购方案相关成本的对比将在某个产量点产生优劣互换的现象，即产量超过某一限度时自制有利，产量低于该限度时外购有利。

这时，就必须首先确定该产量限度点（利用成本分界点的分析方法），并将产量划分为不同的区域，然后确定在何种区域内哪个方案最优。

【例 11-15】 使用例 11-14 的资料，A 零件全年需用量不确定，要求采用成本无差别点法做出零件自制还是外购的决策。

解 $b_A \cdot x_A + C_{机} + C_{专} = p_A \cdot x_A$

$55x_A + 15\ 000 + 5\ 000 = 58x_A, x_0 = \dfrac{20\ 000}{58-55} \approx 6\ 667$。

若 $x_A > 6\ 667$，选自制；若 $x_A < 6\ 667$，选外购。本例成本无差别点图如图 11-2 所示。

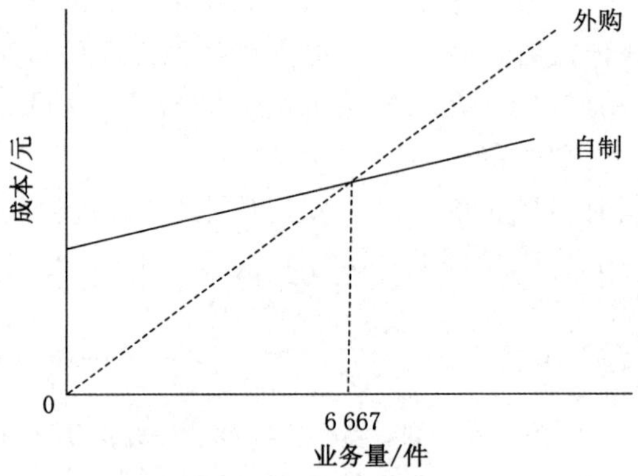

图 11-2　例 11-15 的成本无差别点图

【例 11-16】 仍然使用前面例 11-14 的资料，A 零件全年需用量不确定。外购 8 000 件以内，单价 58 元；外购 8 000 件以上，单价 57 元。

要求采用成本无差别点法做出零件自制还是外购的决策。

解 $b_A \cdot x_A + C_{机} + C_{专} = p_A \cdot x_A$

当 A 零件全年需用量在 8 000 件以内时：

$55x_A + 15\ 000 + 5\ 000 = 58x_A, x_{01} = \dfrac{20\ 000}{58-55} \approx 6\ 667$。

当 A 零件全年需用量在 8 000 件以上时：

$55x_A + 15\ 000 + 5\ 000 = 57x_A, x_{02} = \dfrac{20\ 000}{58-55} \approx 6\ 667$。

结论：若 $x_A < 6\ 667$，选外购；若 $6\ 667 < x_A < 8\ 000$，选自制；若 $8\ 000 < x_A < 10\ 000$，选外购；若 $x_A > 10\ 000$，选自制。

本例成本无差别点图如图 11-3 所示。

七、生产工艺决策

同一种产品或零件，往往可以按不同的生产工艺进行加工。采用先进的生产工艺技术时，由于劳动生产率高、劳动强度低、材料消耗少，可能导致较低的单位变动成本，但往往采用较先进的设备装置，导致相关固定成本高。采用传统的生产工艺技术时，情况就会相反。在这种情况下，可以采用成本无差别点法进行决策。这时，只要确定不同生产工艺的成本分界点（不同生产工艺相关总成本相等时的产量点），就可以根据产量确定选择何种生产工艺最为有利。

【例 11-17】 已知：某企业决定生产 A 零件，有甲、乙两种不同的工艺方案可供选择。甲方案采用传统技术，其相关固定成本为 30 000 元，单位变动成本为 40 元。乙方案采用自

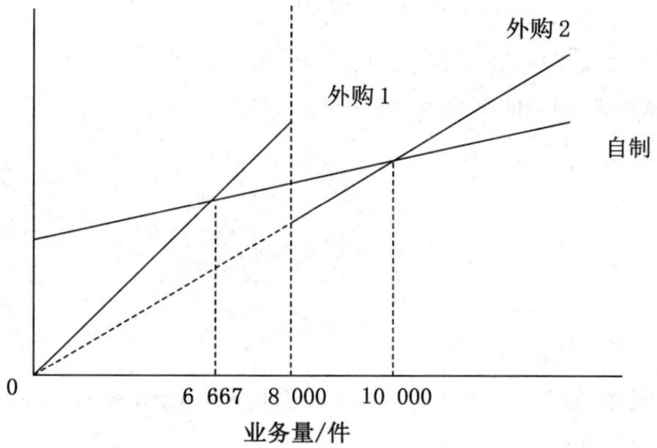

图 11-3　例 11-16 的成本无差别点图

动化技术，相关固定成本为 45 000 元，单位变动成本为 30 元。

要求采用成本无差别点法做出生产工艺的决策。

解　假设两个方案成本无差别点业务量为 x，则：$45\ 000+30x=30\ 000+40x$，$x=1\ 500$，即成本无差别点产量为 1 500 件。

当产量等于分界点产量，即 1 500 件时，甲、乙两方案的相关成本如下：

甲方案：30 000＋40×1 500＝90 000(元)。

乙方案：45 000＋30×1 500＝90 000(元)。

即甲、乙两个方案均可取。

结论：若产量＜1 500 件，选甲方案；若产量＞1 500 件，选乙方案。

本例成本无差别点图如图 11-4 所示。

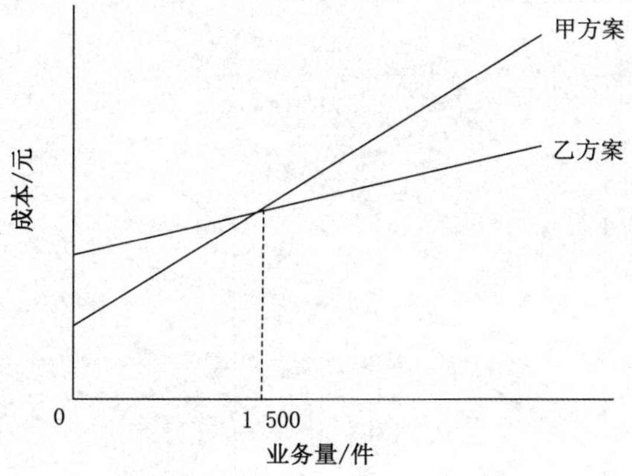

图 11-4　例 11-17 的成本无差别点图

【例 11-18】　已知：某企业决定生产 A 零件，有甲、乙、丙三种不同的工艺方案可供选择。甲方案采用传统技术，其相关固定成本为 30 000 元，单位变动成本为 40 元。乙方案采用自动化技术，相关固定成本为 45 000 元，单位变动成本为 30 元。丙方案采用数控技术，相关固定成本为 60 000 元，单位变动成本为 25 元。

要求采用成本无差别点法做出生产工艺的决策。

解 假设甲、乙方案成本无差别点业务量为 x，则：$30\ 000+40x=45\ 000+30x$，$x=1\ 500$，即甲、乙方案成本无差别点产量为 1 500 件。

此时，三方案的相关成本如下。

甲方案：30 000＋40×1 500＝90 000（元）。

乙方案：45 000＋30×1 500＝90 000（元）。

丙方案：60 000＋25×1 500＝97 500（元）。

所以甲、乙方案成本无差别点有效。

假设甲、丙方案成本无差别点业务量为 x，则：$30\ 000+40x=60\ 000+25x$，$x=2\ 000$，即甲、丙方案成本无差别点产量为 2 000 件。

此时，三方案的相关成本如下。

甲方案：30 000＋40×2 000＝110 000（元）。

乙方案：45 000＋30×2 000＝105 000（元）。

丙方案：60 000＋25×2 000＝110 000（元）。

所以甲、丙方案成本无差别点无效。

假设乙、丙方案成本无差别点业务量为 x，则：$45\ 000+30x=60\ 000+25x$，$x=3\ 000$，即乙、丙方案成本无差别点产量为 3 000 件。

此时，三方案的相关成本如下。

甲方案：30 000＋40×3 000＝150 000（元）。

乙方案：45 000＋30×3 000＝135 000（元）。

丙方案：60 000＋25×3 000＝135 000（元）。

所以乙、丙方案成本无差别点有效。

结论：若产量＜1 500 件，选甲方案；若 1 500＜产量＜3 000 件，选乙方案；若产量＞3 000件，选丙方案。

本例成本无差别点图如图 11-5 所示。

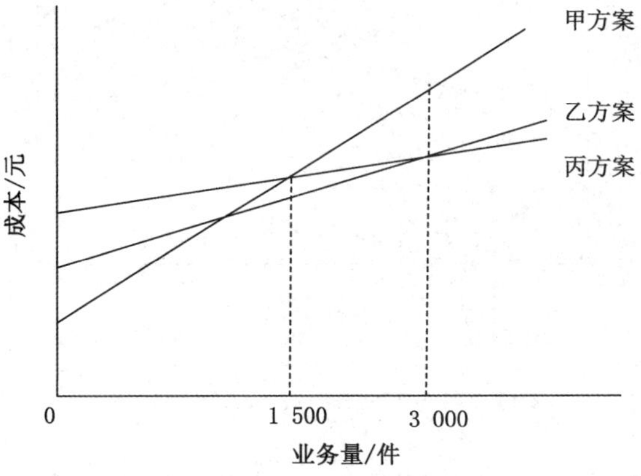

图 11-5　例 11-18 的成本无差别点图

第五节　定价决策

一、影响定价的因素

定价是指在调查分析的基础上，选用合适的产品定价方法，为销售的产品制定最为恰当的售价，并根据具体情况运用不同价格策略，以实现经济效益最大化的过程。定价的影响因素主要包括：

(1) 价值因素。价格是价值的货币表现，价值的大小决定着价格的高低。

(2) 成本因素。成本是影响定价的基本因素。但从长期来看，产品价格应等于总成本加上合理的利润，即产品售价必须足以补偿全部的生产、管理、营销成本，并为企业提供合理的利润。

(3) 市场供求因素。当一种产品的市场供应大于需求时，就会对其价格产生向下的压力；而当其供应小于需求时，则会推动价格的提升。

(4) 竞争因素。竞争越激烈，对价格的影响也越大。在完全竞争的市场上，企业几乎没有定价的主动权，只能接受市场价格，其定价管理的核心问题是在产品价格既定的条件下，依据“边际收入与边际成本相等时，企业的利润最大化”的原则，决定预期实现最大化利润的产销水平。在不完全竞争的市场上，竞争的强度主要取决于产品生产的难易和供求形势。

(5) 政策法规因素。各个国家对市场物价的高低和变动都有限制和法律规定，同时国家会通过生产市场、货币金融等手段间接调节价格。企业在制定定价策略时，一定要很好地了解本国及所在国有关方面的政策和法规。

二、企业的定价目标

定价目标是指企业在一定的经营环境中，制定产品价格，通过价格效用实现企业预期的经营目标。企业自身的实际情况及所面临的外部环境不同，企业的定价目标也多种多样，主要有以下几种：

(1) 实现利润最大化。这种目标通常是通过为产品制定一个较高的价格，从而提高产品单位利润率，最终实现企业利润最大化。它适用于在市场中处于领先或垄断地位的企业，或者在行业竞争中具有很强的竞争优势，并能长时间保持这种优势的企业。

这种目标还有根据不同地区税率的高低分别进行定价。如跨国公司为了追求本身的利益，往往在各地子公司之间相互进行贸易，故意抬高低税率地区或免税地区子公司的产品价格，同时压低高税率地区子公司的产品价格，以便在纳税时避高就低，转移利润。

(2) 保持或提高市场占有率。企业为了实现这一目标，其产品价格往往需要低于同类产品价格，以较低的价格吸引客户，逐步扩大市场份额，但在短期内可能要牺牲一定的利润空间。因此，这种定价目标要求企业具有潜在的生产经营能力，总成本的增长速度低于总销量的增长速度，商品的需求价格弹性较大，即适用于能够薄利多销的企业。

(3) 稳定价格。通常做法是由行业中的领导企业制定一个价格，其他企业的价格则与之保持一定的比例关系，无论是大企业还是中小企业，都不会随便降价。这种定价通常适用于产品标准化的行业，如钢铁制造业等。

(4) 应付和避免竞争。当竞争对手维持原价时，企业也保持原价；竞争对手改变价格时，企业也相应地调整价格，但是企业不会主动调整价格。这种定价方法主要适用于中小型企业。

(5) 树立企业形象及产品品牌。以树立企业形象及产品品牌为定价目标主要有两种情况：一是树立优质高价形象。企业在定价时，可以不拘泥于实际成本，而是制定一个较高的价格，产生一种品牌的增值效应。采用这种策略，不但可以使企业获得高额利润，还能够满足消费者的心理需求。二是树立大众化评价形象。通过大众化的评价定位树立企业形象，吸引大量的普通消费者，以扩大销量，获得利润。

(6) 保持良好的销售渠道。为了使营销渠道畅通无阻，企业必须研究价格对中间商的影响，充分考虑中间商的利益，促使中间商有较大的积极性去推销产品。

三、产品定价方法

产品定价方法主要包括以成本为基础的定价方法和以市场需求为基础的定价方法两大类。

(一) 以成本为基础的定价方法

以成本为导向的定价最常用的方法是成本加成定价法，其理论基础是产品的价格必须首先补偿成本，然后再考虑为投资者提供合理的利润。成本加成定价法是在单位产品成本的基础上按预定的加成率计算相应的加成额，进而确定产品的目标售价，其基本的计算公式为：

$$产品价格=单位产品成本+(单位产品成本\times 加成率)=单位产品成本\times(1+加成率)$$

1. 完全成本法下的成本加成定价法

$$价格=单位产品生产成本\times(1+成本毛利率)$$

$$成本毛利率=\frac{利润+非生产成本}{生产成本}$$

【例 11-19】 某公司生产甲产品，预计单位产品的制造成本为 100 元，成本毛利率为 60%。根据上述资料，运用成本加成定价法测算的单位甲产品的价格。

解 价格=100×(1+60%)=160(元)。

2. 变动成本法下的成本加成定价法

$$价格=单位变动生产成本\times(1+成本贡献率)$$

$$成本贡献率=\frac{利润+固定成本+变动非生产成本}{生产成本}$$

【例 11-20】 某公司生产甲产品，预计单位产品的变动生产成本为 80 元，成本贡献率为 100%，根据上述资料，运用成本加成定价法测算单位甲产品的价格。

解 价格=80×(1+100%)=160(元)。

运用成本加成定价法，不论是使用完全成本法的数据，还是使用变动成本法的数据，计算结果应该一致。

(二) 以市场需求为基础的定价方法

以成本为基础的定价方法，主要关注企业的成本状况而不考虑市场需求状况，因而这种方法制定的产品价格不一定满足企业销售收入或利润最大化的要求。最优价格应是企业取得最大销售利润时的价格。以市场需求为基础的定价方法可以契合这一要求，主要有需求价格弹性法、边际分析法和利润无差别点法等。

1. 需求价格弹性法

价格弹性是度量商品价格所引起需求量变动程度的指标。商品的需求会受到价格高低的影响，但也不是每样商品的市场需求都受价格影响，即使受价格影响，其影响程度也大小不同。

有的商品需求受价格变动影响甚微或不受影响。例如，食盐、米、面等，它们的价格变动(下降)，对消费且影响不大，人们不会因此而大量食用。我们称其为缺乏价格弹性或者无价格弹性。而价格变动对销售量有较大影响的，称为有价格弹性或富于弹性。特别是高档消费品一类是最明显的例子。

在其他条件不变的情况下，某种产品的需求量随其价格的升降而变动的程度，就是需求价格弹性系数。需求价格弹性系数是指需求量变动百分比相当于价格变动百分比的倍数。其计算公式为：

$$\text{需求价格弹性系数}=\frac{\text{目标需求量变动率}}{\text{价格变动率}} \qquad E=\frac{R_Q}{R_p}$$

需求的价格弹性系数一般为负值，其绝对值可以反映出需求量随其价格的升降而变动的程度。弹性系数绝对值>1 时，称为富有弹性，或弹性大，表明价格以较小幅度的变动时，可使需求量产生较大幅度的反弹。弹性系数绝对值<1 时，称为缺乏弹性，或弹性小，表明价格变动幅度即使很大，需求量的变化幅度也不会太大。弹性系数绝对值=1 时，称为单一弹性，表明需求量受价格变动影响的幅度完全与价格本身变动幅度一致。

对于弹性大的产品，提高价格不能增加需求量，而降低价格会促使需求量大大提高，因此，对这类产品通过适当降低价格，以刺激需求大幅度提高，达到薄利多销、增加利润的目的。对于弹性小的产品，当价格变动时，需求量相应的增减变动幅度很小，因此，对这类产品不仅不应调低价格，相反，在条件允许的范围内应适当调高价格。对于需求单一弹性的产品，前两种价格策略均不适用，只能选择其他的价格策略。

在已知需求价格弹性系数和需求量变动百分率的情况下，可以进一步求单价的变动百分率和变化后的新单价，其基本计算公式为：

$$\text{单价变动率}=\frac{\text{目标需求量}-\text{基数需求量}}{\text{基数需求量}\times\text{需求价格系数}}=\frac{\text{目标需求量变动率}}{\text{需求价格系数}}$$

$$R_p=\frac{R_Q}{E}$$

$$p^1=p\times(1+R_p)$$

【例 11-21】 某企业计划年度生产销售 A 产品 3 000 台，基期每台销售价格 400 元，销售量为 2 500 台，该产品的价格弹性系数大致在－2 左右。

问计划期单位产品价格大致在什么范围较合适？

解 单价变动率$=\frac{3\ 000-2\ 500}{2\ 500\times(-2)}=-0.1$，$p^1=400\times(1-0.1)=360$(元)。

即单价可下调至 360 元，可完成销售 3 000 台。

2. 边际分析法

边际分析法，是指基于微分极值原理，通过分析不同价格与销售量组合下的产品边际收入、边际成本和边际利润之间的关系，进行定价决策的一种定量分析方法。

边际是指每增加或减少一个单位所带来的差异。那么，产品边际收入、边际成本和边际利润就是指销售量每增加或减少一个单位所形成的收入、成本和额利润的差额。按照微分极值原理，如果利润函数的一阶导数等于零，即边际利润等于零，边际收入等于边际成本，那么，利润将达到最大值。此时的价格就是最优销售价格。

当收入函数和成本函数均可微时，直接对利润函数求一阶导数，即可得到最优售价。

【例 11-22】 假定某企业只生产和销售一种产品 A，根据对价格和销售量之间关系的预测，确定该产品价格与销售量有如下关系：$p=600-20x$，总销售成本方程为：$TC=1\ 000+40x$。要求：计算 A 产品的最优销售价格和最优销售量。

解 $S=(600-20x)x=600x-20x^2$

$F=(600x-20x^2)-(1\ 000+40x)=-20x^2+560x-1\ 000$

$F'=-40x+560=0$

最优销售量＝14。

最优销售价格＝600－20×14＝320。

最大利润＝320×14－1 000－40×14＝2 920。

3. 利润无差别点法

利润无差别点销量是指某种产品为确保原有盈利能力，在调价后应至少达到的销售量指标。

$$I=(p-b)x-a$$

$$I=(p_1-b)x_1-a$$

$$x_1=\frac{a+I}{p_1-b}$$

$$\text{利润无差别点销量}=\frac{\text{固定成本}+\text{调价前可获利润}}{\text{拟调单价}-\text{单位变动成本}}$$

决策标准为：

若调价后可望实现销量＞利润无差别点销量，则可调；

若调价后可望实现销量＜利润无差别点销量，则不能调；

若调价后可望实现销量＝利润无差别点销量，则调与不调均可。

【例 11-23】 已知：当某公司生产经营的 A 产品的售价为 100 元/件时，可以实现销售量 10 000 件，固定成本为 300 000 元，单位变动成本为 60 元，实现利润为 100 000 元。假定企业现有最大生产能力为 19 000 件。

要求：利用利润无差别点法分析以下各不相关条件下的调价方案的可行性。

(1) 若将售价调低为 85 元/件，预计市场容量可达到 16 500 件左右。

解 利润无差别点销量＝(300 000＋100 000)÷(85－60)＝16 000(件)。

∵最大生产能力＝19 000 件＞预计市场容量＝16 500 件

可望实现销量＝16 500 件＞利润无差别点销量＝16 000 件

∴应当考虑调价

(2) 若将售价调低为 80 元/件，预计市场容量可达到 20 000 件以上。

解　利润无差别点销量＝(300 000＋100 000)÷(80－60)＝20 000(件)。

∵最大生产能力 19 000 件＜预计市场容量 20 000 件

最大生产能力 19 000 件＜利润无差别点＝20 000 件

∴不应调价

(3) 若调低售价为 80 元/件，预计市场容量可达到 23 000 件，但企业必须追加 50 000 万元固定成本才能具备生产 23 000 件产品的能力。

解　利润无差别点销量＝[(300 000＋50 000)＋100 000]÷(80－60)＝22 500(件)。

∵最大生产能力＝预计市场容量＝23 000 件

可望实现销量＝23 000 件＞利润无差别点销量＝22 500 件

∴应当考虑调价

(4) 若调高售价为 110 元/件，只能争取到 7 000 件订货(剩余生产能力无法转移)。

解　利润无差别点销量＝(300 000＋100 000)÷(110－60)＝8 000(件)。

∵最大生产能力＝19 000 件＞预计市场容量＝7 000 件

可望实现销量＝7 000 件＜利润无差别点销量＝8 000 件

∴不应调价

(5) 调价水平与销量情况同(4)，但剩余生产能力可以转移，可获贡献边际 60 000 万元。

解　利润无差别点销量＝[300 000＋(100 000－60 000)]÷(110－60)＝6 800(件)。

∵最大生产能力＝19 000 件＞预计市场容量＝7 000 件

可望实现销量＝7 000 件＞利润无差别点销量＝6 800 件

∴应考虑调价

(三) 特殊定价方法

在特殊条件下，需要实施特殊的定价方法。特殊定价的目的，在于扩大产品的销售数量，获得尽可能多的盈利。特殊定价方法是以特定的限制条件为前提的，在不同的特定限制条件下，特殊定价的方法也有所不同。

1. 单位变动成本定价法

当企业有剩余生产能力，剩余生产能力无法转移，增加产品产量而不必增加固定成本时；只要产品的特殊定价大于其单位变动成本，即使低于其单位成本，也可以给企业增加利润。

$$\text{产品特殊定价} \geqslant \text{单位变动成本}$$

2. 保本定价法

当企业有剩余生产能力，但增加产品产量需要增加固定成本时，产品的特殊定价必须至少能够补偿其单位成本和单位产品应负担的新增固定成本之和，若定价超出这二者之和，便可以给企业增加利润。公式为：

$$\text{保本定价} \geqslant \text{单位变动成本} + \frac{\text{专属固定成本}}{\text{预计销量}}$$

3. 保利定价法

保利定价是指在其他因素既定的条件下，为保证目标利润实现应当达到的单价，又称为目标单价。其计算公式如下：

$$保利定价=单位变动成本+\frac{固定成本+目标利润}{预计销量}$$

四、价格运用策略

（一）折扣定价策略

折扣定价策略，是指在一定条件下，以降低商品的销售价格来刺激购买者，从而达到扩大商品销售量目的的定价策略。具体方式有以下几种：

1. 数量折扣

这是一种按购买者购买数量的多少所给予的价格折扣。购买者购买数量越多，则折扣越大；反之，则越小。它鼓励购买者大量或集中向本企业购买。数量折扣又可分为累计与非累计数量折扣两种。非累计数量折扣，规定一次购买某种商品达到一定数量时，给予折扣优惠，其目的是在鼓励购买者大量购买的同时，便于企业安排大批量生产和销售，节约生产和销售费用。累计数量折扣，规定购买者在一定时期内，购买商品如果达到一定数量或金额时，可按总量大小给予不同的折扣。这样做的目的：一是可以鼓励购买者经常向本企业采购，成为稳定的长期客户；二是便于企业进行销售预测，制订生产经营计划。

2. 现金折扣

这是一种按购买者付款期限长短所给予的价格折扣，其目的在于鼓励购买者尽早偿付货款，加速资金周转。

3. 交易折扣

这是一种按各类中间商在商品流通过程中负担职能的大小所给予的价格折扣。其实质是卖方对买方提供商业服务所给予的报酬。交易折扣的多少，随行业与产品的不同而不同。对同一行业或同一品种的产品，则又要看中间商所承担的责任多少而定。一般来说，给予批发商折扣较多，给予零售商折扣较少。

4. 季节性折扣

季节性折扣是对购买者在商品淡季购买所付出的价格折扣。这样做，既鼓励了购买者提早采购，减轻了企业的仓储压力，又加速了企业资金周转，充分发挥企业的生产能力。

（二）心理价格策略

心理定价策略主要是零售企业针对顾客消费心理而采取的定价策略。常用的方法主要有以下几种：

1. 尾数定价

消费者购物时，对价格往往有这样一种心理倾向，即偏重于价格的整数，而忽视价格的零数。例如，当一件商品标价为 0.95 元时，消费者会在心理上认为其价格只是以角和分来计量，因而比较便宜；当标价在 1 元时，消费者则会认为计量单位以元计算，因而比较昂贵。其实两种标价之差仅为 0.05 元，而消费者却会认为两种标价之间的差别很大。这种消费者在购物时对价格数字的心理倾向，会指导消费者的购物行为，从而导致商品需求的变动。尾数定价法正是利用了消费者的这种心理，采取非整数的定价形式，以达到引起消费者的购买欲望、增加销售量的目的。以这种方法制定的价格，其尾数以 8、9 为多，这样既能给消费者一个价格较低的印象，又能使消费者认为企业定价认真准确，从而产生一种信任感。这种方法虽然具有较强的吸引力，但也存在着一定的局限性，它一般只适用于价值较小、销售量大、销售面广、购买次数多的中低档日用消费品。对于高档商品则不宜采用，否则会影响商品的声誉。

2. 整数定价

与尾数定价法相反，整数定价是以整数为商品定价的一种方法。消费者购物时，特别是在选购耐用消费品或高档商品时，看重的往往是其质量。在他们看来，价格越高，说明质量越好，安全保险系数越大，"一分钱一分货"的观念根深蒂固。因此，为高档商品或耐用消费品定价时，宜采用整数定价，给消费者一种质量好、可靠性强的印象，从而刺激其购买欲望。

3. 声望定价

一般说来，有名望的商店出售的商品，其价格要比一般商店高；同类商品中，名牌商品价格要比非名牌商品价格高。这是因为这类商店或商品在消费者心目中已经有了良好的形象，能使消费者产生信任感。这种以商店或商品的声望来为商品定价的方法就是声望定价法。由于声望定价商品的购买者，多是以商品能否显示其身份和地位，以商品的品牌以及价格能否炫耀其"豪华"为目的的，因而往往采用整数高位定价，以满足消费者的心理需要。

4. 高位定价

高位定价根据消费者"价高质优"的心理特点实行高标价促销的方法。高位定价的必须是优质产品，不能弄虚作假。

5. 双位定价

双位定价是指在向市场以挂牌价格销售时，采用两种不同的标价来促销的一种定价方法。比如：某产品标明"原价 158 元，现促销价 99 元"。这种策略适用于市场接受程度较低或销路不太好的产品。

（三）组合定价策略

组合定价策略是针对相关产品组合所采取的一种方法。它根据相关产品在市场竞争中的不同情况，使互补产品价格有高有低，或使组合售价优惠。相关商品的定价，主要有以下三种情况。

(1) 对于具有互补关系的相关产品，可以采取降低部分产品价格而提高互补产品价格，以促进销售，提高整体利润，如便宜的整车与高价的配件等。互补关系的相关商品，是指其使用价值的实现互为前提条件的两种或两种以上的商品。这些商品的使用价值只有配套使用才能实现，如果失去一方，另一方的使用价值就难以实现。

(2) 对于具有配套关系的相关产品，可以对组合购买进行优惠，比如西服套装中的上衣和裤子，既可单独穿用，又可配合穿用。配套关系的相关商品，是指其使用价值既可单独发生作用，又可与另一种商品配合发挥作用的商品。为这类相关商品定价，可实行单件高价、配套优惠的策略。如果仅购买一件西服上衣，按原价出售；如果购买西服套装，则可按原价八折出售，或是免费赠送一件配套的衬衣。

(3) 对于销售商品与服务维修的定价。如果企业是为了方便客户使用，解除客户购物后的后顾之忧，可以把产品价格定得高些，而把修理服务费定得低些。如果企业是为了鼓励客户积极购买产品，加速产品更新换代，则应把新产品价格定得低些，而把修理服务费定得高些。

(四) 寿命周期定价策略

寿命周期定价策略是根据产品从进入市场到退出市场的生命周期，分阶段确定不同价格的定价策略。产品在市场中的寿命周期一般分为推广期、成长期、成熟期和衰退期。推广期产品需要获得消费者的认同，进一步占有市场，一般应采取低价促销策略。成长期的产品有了一定的知名度，销售量稳步上升，可以采用中等价格。成熟期的产品市场知名度处于最佳状态，可以采用高价促销，但由于市场需求接近饱和，竞争激烈，定价时必须考虑竞争者的情况，以保持现有市场销售量。衰退期的产品市场竞争力下降，销售量下滑，应该降价促销或维持现价并辅之以折扣等其他手段，同时，积极开发新产品，保持企业的市场竞争优势。

产品寿命周期不同阶段的基本区别在于各阶段销售增长率的变化不同。在投入期，销售量增长缓慢，销售增长率较小；在成长期，销售量急剧上升，销售增长率较大；在成熟期，销售量增长趋缓，销售增长率较小；而在衰退期，销售量开始减少，销售增长率出现负数。

产品寿命周期的阶段价格策略主要有：

1. 投入期的价格策略

作为刚刚投入市场的新产品，虽然具有一定的技术、经济优势，甚至还可能是独家生产经营，但由于产品结构和工艺尚未定型，质量不太稳定，大批生产的能力也未形成，加上消费者(或用户)对新产品缺乏了解和信任，因而销路有待打开，产品开发是否成功还没有把握。

针对上述特征，企业为尽快打开局面，可采取以下价格策略：

(1) 撇脂策略。即在投入期，以高价投放新产品，并辅以高促销手段，从而保证获得初期高额利润，以后随产品销路的扩大逐渐降价。采取此策略，高价高利，可以迅速回收投资，并为以后产品降价促销提供条件。但这种策略也会引来竞争，影响及时打开销路。因此，常用于市场上没有类似替代物，在短期内居垄断地位并容易开辟市场的新产品。

(2) 渗透策略。即在投入期，以低价投放新产品，并辅以高促销手段，其目的在于尽快打开销路，夺取更大的市场份额。在有效占领市场后，再逐渐提高价格水平。这种策略能有效地排斥竞争者，使企业长期占有市场，从而持久地给企业带来日益增多的利润。但渗透策略定价水平低，企业投资回收速度放慢，企业在投入期经济效益较差。在产品市场规模大、竞争激烈、价格弹性大的情况下，采用渗透策略，可以达到以廉取胜、薄利多销的目的。

2. 成长期的价格策略

产品经过投入期的试销和改进，技术日趋成熟，质量也基本稳定，逐渐形成销售高峰，产品进入成长期。在成长期内，由于广告宣传等促销作用，产品已为消费者(或用户)所熟悉，并在竞争中占有较大优势，市场需求量扩大，利润也开始迅速增长。

成长期是产品开发的关键时期，企业一方面应该努力稳定和适当提高产品的质量，扩大生产能力；另一方面应在保证市场供应，维持、扩大市场占有率的情况下，通过采用目标价格策略，修正预测值，确定最优价格。具体做法是使该阶段的目标利润率高于整个寿命期里的平均利润率。这样不仅可以使产品的成长期成为企业获利最多的时期，而且企业也有了降价促销的后续手段，从而在销售困难时期可以以多补少，使整个寿命期内的产品利润最大化。

3. 成熟期的价格策略

产品进入成熟期，市场需求量接近饱和，销售增长率逐渐下降。本阶段的最大特点，就是随着大量竞争者进入市场，竞争日益激烈。

为了延长产品的成熟期，提高产品开发的经济效益，企业一方面应该继续加强广告宣传和用户服务工作，在保持老用户的同时，努力扩大新用户；另一方面则应努力加强内部管理，大幅度降低产品成本，为今后采用竞争价格策略创造条件，维持原有的市场占有率。

竞争价格策略，因竞争者的情况而异。对于竞争条件（如成本、质量、性能等）差的对手，可以采用低价倾销的方法，在价格政策允许的范围内挤走竞争者或乘机扩大己方市场占有率；对于竞争条件强的对手，可以采用“你提我也提，你降我也降”的办法，努力维持原有市场占有率；对于竞争条件相当的对手，为了避免竞争可能形成的两败俱伤的局面，可以采用非价格竞争的办法，即在维修、供应备品备件、代培人员等方面提供更优越的条件，以维持原有的市场占有率。

采用竞争价格策略，确定降价幅度时，必须注意以下三点：

① 降价幅度必须考虑产品的价格弹性，凡价格弹性大的产品，降价幅度应该小些，价格弹性小的产品，降价幅度应该大些；

② 降价幅度应能引起消费者（或用户）的注意，如果同时辅以各种宣传措施，效果将更好；

③ 降价幅度不能太大，必须保证产品盈利，并消除降价幅度过大形成的不良影响。

4. 衰退期的价格策略

新技术的出现，预示着品质更优越、性能更卓著的新产品将替代市场上原有的老产品，于是原有产品进入衰退期。衰退期产品的特点是，由于消费者（或用户）的购买转向新产品，导致原有产品销售增长率和利润急剧下降，甚至出现负增长的情况，市场需求逐渐缩小。

对处于衰退期的产品，企业应积极转移产品市场，努力在新地区开拓对该产品的需求，并努力开发新产品，创造新的需求，此外，企业还应配合不同的价格策略，充分发挥原有产品的创利潜力。

（1）维持价格策略。即对该种产品不作较大幅度的削价，而基本维持原有价格水平，以保持该产品在消费者心目中的地位。当然，也应辅之以其他手段，如数量折扣、金额折扣、馈赠礼品等，以尽量延长产品寿命期。

（2）变动成本策略。即以单位变动成本作为最低价格，防止产品销售量减少，从而以该产品提供的贡献边际（销售收入超过变动成本的部分）来弥补一部分固定成本，为整个企业盈利增加做出贡献。

练习与思考

一、单项选择题

1. 某公司有5 000件积压的在产品,总制造成本为50 000元。如果花20 000元再加工后出售,可得销售收入35 000元。该产品也可卖给某批发公司,可得销售收入8 000元。在分析这两个备选方案的过程中,沉没成本是(　　)。

A. 8 000元　　B. 15 000元

C. 20 000元　　D. 50 000元

2. 在短期经营决策中,可以不考虑的因素一般是(　　)。

A. 差量成本　　B. 机会成本

C. 沉没成本　　D. 付现成本

3. 当生产能力无法转移时,亏损产品的(　　)时,应当停产。

A. 单价大于其单位变动成本　　B. 贡献边际大于零

C. 变动成本小于其收入　　D. 贡献边际小于零

4. 当企业资金不足时,决策时考虑的重点是(　　)。

A. 机会成本　　B. 沉没成本

C. 差别成本　　D. 付现成本

5. 在经营决策过程中,因选取某一方案而放弃另一方案所付出的代价或丧失的潜在利益,就是所谓的(　　)。

A. 增量成本　　B. 机会成本

C. 专属成本　　D. 沉没成本

6. 在折扣定价策略中,按购买者付款期限长短所给予的价格折扣属于(　　)。

A. 数量折扣　　B. 现金折扣

C. 交易折扣　　D. 季节性折扣

二、多项选择题

1. 下列各项中,属于生产经营决策相关成本的有(　　)。

A. 增量成本　　B. 机会成本

C. 专属成本　　D. 不可避免成本

2. 下列属于短期经营决策的是(　　)。

A. 特殊订单接受与否决策　　B. 亏损产品是否应该停止生产的决策

C. 固定资产投资决策　　D. 零部件自制与否决策

3. 提高产品价值的途径包括(　　)。

A. 在产品功能不变的情况下,成本降低

B. 在产品功能提高的情况下,成本降低

C. 在产品成本提高的情况下,功能提高的幅度大于成本提高的幅度

D. 在产品功能降低的情况下,成本降低的幅度小于功能降低的幅度

4. 生产经营决策的常用方法包括(　　)。

A. 单位资源贡献边际分析法　　B. 差别损益分析法

C. 相关成本分析法　　D. 成本无差别点法

三、判断题

1. 机会成本由于采纳某方案时其未实际发生,因此在决策时不应考虑。　(　　)

2. 亏损产品能够提供贡献边际额,意味该亏损产品一定要继续生产。　(　　)

3. 在运用贡献边际法进行备选方案的择优决策时,在企业的某项资源(如原材料、人工工时、机器工时等)受到限制的情况下,应通过计算、比较各备选方案的单位资源贡献边际额,来正确进行择优决策。　(　　)

4. 渗透定价策略是指新产品在定价时采用先高价后低价的策略。　(　　)

5. 在产品成本不变的情况下,功能提高,将会提高产品的价值。　(　　)

四、简答题

1. 决策分析的类别分为哪些?一般程序是什么?

2. 试阐述经营决策分析成本的概念。

3. 如何进行追加订货的决策?

4. 如何进行半成品深加工的决策?

5. 如何进行零部件自制或外购的决策?

6. 阐述定价的决策方法。

五、计算分析题

1. 资料:某企业现有一定闲置的设备台时和一定数量限制的某种材料,拟用于开发A、B两种新产品。A品种的预计单价为200元/件,单位变动成本为160元,消耗甲材料的单耗定额为10千克/件;B品种的预计单价为100元/台,单位变动成本为70元,消耗甲材料的消耗定额为6千克/台。开发新品种不需要追加专属成本。

要求:做出开发何种新产品的决策。

2. M企业组织多品种经营,其中有一种变动成本率为80%的甲产品于2022年亏损了10 000元,其完全成本法计算的销售成本为110 000元。假定2023年市场销路、成本水平均不变。

要求:请用差量分析法就以下不相关的情况为企业做出有关该亏损产品的决策,并说明理由。

(1) 假定与该亏损产品有关的生产能力无法转移。2023年是否继续生产该产品?

(2) 假定与该亏损产品有关的生产能力可用于临时对外出租,租金收入为25 000元。2023年是否继续生产该产品?

(3) 假定条件同(1),但企业已具备增产一倍该亏损产品的能力,且无法转移。2023年是否应当增产该产品?

(4) 假定条件同(2),但企业已具备增产一倍该亏损产品的能力,且无法转移。2023年是否应当增产该产品?

3. 资料:某企业常年生产需用的某部件以前一直从市场上采购。当采购量在 5 000 件以下时,单价为 8 元;达到或超过 5 000 件时,单价为 7 元。如果追加投入 12 000 元专属成本,就可以自行制造该部件,预计单位变动成本为 5 元。

要求:用成本无差别点法为企业做出自制或外购 A 零件的决策,并说明理由。

4. 假设 M 公司只生产甲产品,生产能力为 200 件,正常产销量为 160 件,固定成本为 1 600元,单位变动成本为 40 元,正常销售价格为 70 元。

(1) 现有某客户欲订 40 件,但最高出价每件只能为 45 元。

要求:① M 公司未接受该特殊订货前,可以利用的暂时闲置生产能力是生产多少件甲产品? ② 接受该特殊订货将使 M 公司的利润发生怎样的变化? ③ M 公司是否接受该特殊订货?

(2) 现有某客户欲订 50 件,但最高出价每件只能为 45 元,如果减少正常销售将支付违约金 100 元。

要求:用相关损益分析法进行是否接受该特殊订货的决策分析。

(3) 现有某客户欲订 30 件,但最高出价每件只能为 45 元。M 公司拟利用闲置生产能力并增加专属固定成本 240 元后即可生产,乙产品的变动成本为 30 元。

要求:分析 M 公司是否接受该特殊订货,接受该特殊订货将使 M 公司利润发生怎样的变化。

5. 某企业生产甲半成品,年生产量为 1 000 件,直接对外销售单价为每件 50 元,单位变动成本为 28 元;若进一步加工为乙产品,则每件加工成本为 35 元,乙产品销售单价为每件 100 元。

要求:分别就以下情况做出是否进一步加工甲半成品的决策分析。

(1) 该企业具备深加工 1 000 件乙产品的生产能力,不需要追加专属成本,生产能力也不可转移。

(2) 该企业只有深加工 800 件乙产品的生产能力,该能力也可用于对外承揽加工业务,预计一年可获贡献总额 8 000 元,不需要追加专属成本。

6. 兴达公司决定生产 A 产品,现有甲、乙、丙三种不同的工艺方案,有关资料见表 11-7。

表 11-7 资料表

方案	单位变动成本/元	专属固定成本/元
甲	4	650
乙	5	400
丙	6	250

要求:试对甲、乙、丙三种不同的方案进行选择。

第十二章　成本控制系统

【学习目标】 通过本章的学习，理解预算的概念和作用，掌握企业全面预算编制实务；了解成本控制的含义及作用、成本控制与标准成本系统的关系；理解标准成本的含义、种类及标准成本的制定；掌握成本差异的计算与分析方法；理解成本中心、利润中心、投资中心的意义、特点和各自的适用范围；掌握责任中心业绩的考核与评价。

第一节　预算管理与控制

古人云："凡事预则立，不预则废"。这里的"预"，对企业来说，应该就是指预算。企业的生产经营活动是一个非常复杂的过程。企业要在日趋激烈的市场竞争中生存和发展，不断提高市场占有率，提高企业的经济效益，既要受到宏观经济环境的影响，又要受到企业内部销售、生产、采购环节的协调和各个职能部门相互配合程度的制约。通过预算管理，能够做到全面地综合、协调、规划企业内部各部门、各层次的经济关系与职能，使之统一服从于企业总目标的要求。因此，掌握预算编制的工作内容、程序和方法，充分发挥预算的作用，对于提高企业的战略管理水平有着十分重要的意义。

一、预算的概念及组成内容

预算是面向未来，基于业务活动和经营过程，对企业某一特定期间的资源进行优化配置的规划。预算的重点在于通过资源的优化配置实现价值的最大增值。

本书将预算定义为：预算是在预测和决策的基础上，围绕公司的经营目标，对公司在未来一定时期内的资金筹集和投放、各项收入和支出、经营成果及其分配等资金运动所做的计划安排。

全面预算是根据企业目标所编制的经营、资本、财务等年度收支总体计划。全面预算涉及企业经营活动的各个方面，它以实现企业的经营目标为目的，通过对市场需求的研究和预测，以销售预算为起点，据以延伸到生产、成本、费用和资金收支等方面，最后编制出预计财务报表的预算体系。在预算编制过程中，必须使每一项预算、每一个指标都紧紧围绕企业的目标利润来制定，同时整个企业的营销活动、设备投资、技术管理和人员培训等环节，都必须编制预算，实现预算控制。企业各级管理人员乃至广大职工，都要参与预算工作，使全面预算具有全过程性和全员性的特点，从而保证各部门和整个企业的预算管理工作能够顺利进行。

全面预算包括日常业务预算、专门决策预算和财务预算三个方面。

日常业务预算又叫经营预算，它是企业全面预算的基础。日常业务预算是为供应、生产、销售及管理活动所编制的预算，包括销售预算、生产预算、直接材料采购预算、直接人工预算、制造费用预算、单位产品成本和期末存货预算、销售和管理费用预算等。这些预算主要反映企业日常经营活动的收入和费用的构成情况，通常与企业利润表的计算有关，它们前后衔接，相互勾稽，既有价值量指标，又有实物量和时间量指标。

专门决策预算亦称特种决策预算，是针对企业在销售期内不经常发生的、一次性经济活动所编制的预算，包括根据长期投资决策所编制的资本支出预算和一次性专门业务预算等。

财务预算是反映企业在预算期内有关现金收支、经营成果和财务状况的预算，包括现金收支预算、预计利润表、预计资产负债表等。

财务预算作为全面预算体系中的最后环节，可以从价值方面总括地反映经营期决策预算与业务预算的结果，亦称为综合预算或总预算，其余预算则相应称为辅助预算或分预算。显然，财务预算在全面预算体系中有举足轻重的地位。

企业全面预算体系如图 12-1 所示。

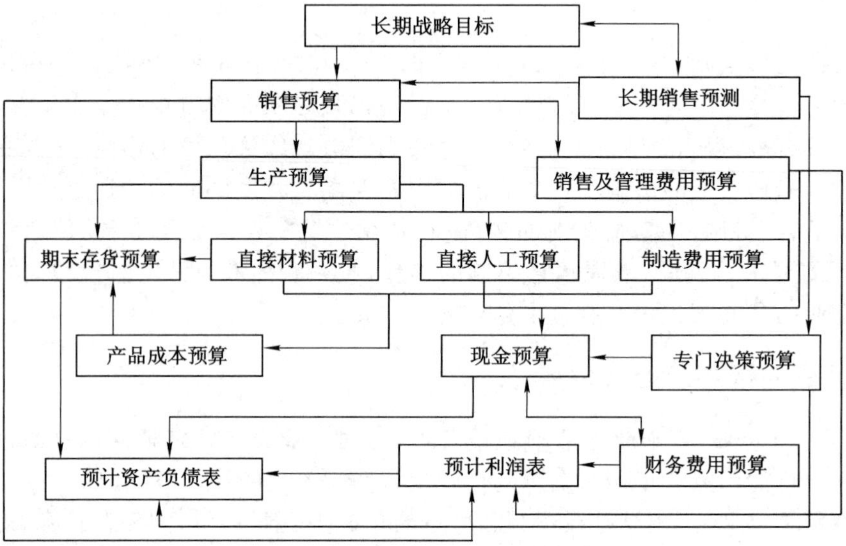

图 12-1　企业全面预算体系

二、业务预算的编制

（一）销售预算

销售预算是预算期内企业各种产品可能实现的销售量和销售收入的预算。它是在对市场需求进行研究和预测的基础上制定的。在市场经济体制下，企业生产的产品品种、规格和数量，完全取决于产品的销售状况，但产品的销售规模又受到企业生产能力、产品质量、原材料供应和劳动力素质等因素的制约和影响。为了保证企业经营目标的顺利实现，企业必须首先制定出销售预算，再根据销售预算确定的有关指标来编制生产预算、成本预算和现金收支预算。因此，销售预算是编制全面预算的起点，也是编制其他各项预算的基础，正确地编制销售预算是保证全面预算质量的关键。

编制销售预算的主要依据是预算期内的市场动态、国内外政治经济形势以及本企业历期的产品销售量等资料。产品销售数量的预测是否准确，对企业全面预算的编制质量与执行结果影响极大。因此，在编制销售预算前，必须选择适当的产品销售量预测方法。

销售预算是按不同产品的品种、数量、单价、金额等项目分别填制的。在实际工作中，销售预算通常还包括“预计现金收入计算表”，以反映前期应收账款的收回以及本期的销售收入情况。预计现金收入既可以反映企业预算期内可以收回的现金总量，也为以后将要编制的现金预算准备了必要的资料。

（二）生产预算

生产预算是从事工业生产的企业在预算期内所要达到的生产规模及其产品结构的预算。销售预算编制以后，就可以根据销售预算所确定的每季度的销售量，按产品名称、数量分别编制生产预算。生产预算主要是具体规划企业在预算期内的产品生产活动，以确定企业预算期各种产品的实际生产数量。每种产品的生产数量是根据预算期内的产品销售量、预算期期初和期末的存货量等因素共同决定。其计算公式如下：

预算期产口生产量＝预算期预计销售量＋预算期末存货量－预算期初存货量

必须注意的是，预算期末存货量应按下期预计销售需要量的比例折合留存，其目的是保证满足下期初销售量扩大的需要。若下期预计销售量降低，则上期末只需保留较低水平的期末存货量。因此，在编制生产预算时，必须使生产量、销售量和库存量之间保持一定的比例关系，以避免储备不足、产销脱节或超储积压现象的发生。

（三）直接材料预算

直接材料预算包括直接材料数量和直接材料金额两个方面。企业材料的耗用量与采购量的多少，取决于生产量的大小。生产预算编制完成以后，就可以具体安排生产进度并据以编制直接材料采购预算，以确定预算期的材料采购量和材料采购金额。直接材料采购预算的编制依据主要包括生产预算的每季预算生产量、单位产品的材料消耗定额、预算期期初和期末材料库存量、材料的计划单位成本、材料采购的付款条件等。

预算期生产量与单位产品材料消耗定额的乘积等于直接材料的生产用量。由于企业必须保持一定数量的材料库存，以备临时生产量变化之需，从而导致直接材料的生产用量与采购量往往不一致。直接材料的生产量与期末存货量之和构成直接材料需要量，但企业预算期初往往存在一定数量的材料库存，可以满足产品生产的材料需要。因此，预算期的直接材料采购量是材料需要量与期初材料库存量的差额。

预算期每种材料采购的数量，可按下述公式进行计算：

$$\begin{matrix}\text{预算期材料}\\\text{采购量}\end{matrix}=\text{预算期生产量}\times\begin{matrix}\text{单位产品}\\\text{材料消耗定额}\end{matrix}+\begin{matrix}\text{预算期末}\\\text{材料库存量}\end{matrix}-\begin{matrix}\text{预算期初}\\\text{材料库存量}\end{matrix}$$

材料的单位成本乘以材料采购量，等于材料采购金额。材料的单位成本包括单位材料应摊的买价和应计入材料成本的运费、装卸费、包装整理费和储存费等等。在材料采购预算中，为了便于现金预算的编制，通常还附有预算期的“预计现金支出计算表”，以反映前期应付购料款的偿还和本期购料款的支付，从而确定出各期用于材料采购的现金支出。

（四）直接人工预算

直接人工预算是为直接生产工人的人工费用编制的预算，包括直接人工工时预算和直接人工成本两部分。直接人工预算的编制依据主要包括：生产预算中的每季预计生产量、单位产品的工时定额、单位工时的工资率(包括基本工资、各种津贴及社会保险费等)。

由于企业中的职工工种不同、工资级别不同，小时工资率也不一样。所以，预算期的直接人工成本应按不同的小时工资率分类计算并予以加总。其计算公式如下：

预算期直接人工成本＝小时工资率×单位产品工时定额×预计生产量

(五)制造费用预算

制造费用预算是从事生产的企业在预算期内为完成生产预算所需各种间接费用的预算，又叫工厂间接费用预算，它包括生产成本中除直接材料和直接人工以外的一切费用明细项目。编制制造费用预算应将制造费用按成本习性分为变动制造费用和固定制造费用两大类，并分别编制。变动制造费用通常以预算期的某种预计业务量(如产量、工时等)来计算分配率，据以将预算期的变动制造费用总额在各种产品和各个季度之间进行分配。固定制造费用与企业的业务量无关，但与企业的生产能力有关，企业应根据预算期生产能力的变动情况，对诸如管理人员工资等项目，可以根据基期的实际开支水平、结合上级下达的成本降低指标进行计算。若以人工工时为分配标准，制造费用预算基本计算公式：

预计制造费用＝预计固定性制造费用＋预计变动性制造费用

预计变动制造费用＝预计直接人工小时×各种变动费用每小时分配金额

为了便于现金预算的编制，在制造费用预算中，一般还附有“预计现金支出计算表”。必须注意的是，虽然绝大部分制造费用需在当期用现金支付，但也存在已由以前年度支付而应在预算期摊销的固定资产折旧和长期待摊费用，以及应由当期负担而在以后期间支付的预计费用等，对这些项目必须在“预计现金支出计算表”中予以调整。

(六)单位产品成本预算

单位产品成本预算又叫单位产成品成本预算，它是在以上五种业务预算的基础上进行编制的。编制单位产品预算的目的是为了确定产品销售成本和期末产成品存货成本，以便为编制预计利润表和预计资产负债表做准备。

编制单位产品成本预算的依据，主要是生产预算中的期末产品存货数量和直接材料、直接人工、变动制造费用等项目的消耗定额(用量标准)和价格标准。

(七)销售及管理费用预算

销售及管理费用预算包括为销售产品和开展一般行政管理工作所发生的各种费用。与编制制造费用预算相似，编制销售及管理费用预算时，也应将销售及管理费用划分为变动销售及管理费用和固定销售及管理费用两大类，并分别编制预算。变动销售及管理费用通常以预算期的某种预计业务量(如销售量、销售额等)为标准来计算分配率，进行分配计算。

为了便于现金预算的编制，在销售及管理费用预算后面，一般也附“预计现金支出计算表”。

三、专门决策预算的编制

专门决策预算内容繁多，一般包括专项投资预算和专项筹资预算。专项投资预算包括资本支出预算(固定资产投资预算)和股权投资预算等；专项筹资预算包括借款筹资预算、股权筹资预算、股利支付预算等。这些预算的格式和内容，可以根据企业的不同情况，灵活掌握，自行设计。这里仅以资本支出预算为例说明。

资本支出预算是根据经过审核批准的各个长期投资决策项目所编制的预算，并需详细列出该项目在寿命周期内各个年度的现金流出量与现金流入量的明细资料，以控制不合理或超预算的现金流量，考核企业的投资效果。资本支出预算编制的主要依据是企业进行长期投资决策的有关资料。

四、财务预算的编制

财务预算是反映企业在预期内有关现金收支、经营成果和财务状况的预算，是以货币量度集中反映企业经营业务、专门决策和整体计划的总预算。财务预算主要包括现金预算、预计利润表、预计资产负债表等。

（一）现金预算

现金是指企业的库存现金、银行存款等货币资金。现金预算是用来反映预算期内的现金收支余缺和现金筹集、运用的预算。现金预算一般由现金收入、现金支出、现金多余或不足以及资金的筹集与运用等四个部分构成。通过编制现金预算，可以加强对预算期内现金的有效控制，合理调度资金，保证企业各个时期的资金需要。

编制现金预算的依据主要包括各项业务预算、资本支出预算、预算期的资金筹集和运用计划等。

现金预算应按年分季或分月进行编制，以便对现金收支进行有效的控制。由于预算期内借入资金的时间不易确定，所以借入资金通常视为发生在季初或月初，归还借款本息的时间视为季末或月末，以便利息的计算。同时，企业还应确定出合理的现金限额，以备生产经营活动的临时性资金需要。现金限额应根据企业的历史资料和管理人员的经验来确定，不能过大或越小，否则会影响资金的使用效率或不能满足企业正常运转的资金需要。

（二）预计利润表

预计利润表是按照企业利润表的内容和格式编制的反映企业在预算期内利润目标的预算报表。编制预计利润表是企业整个预算过程的一个重要环节，它可以揭示企业预期的盈利情况，从而有助于经理人员及时调整经营策略。预计利润表可以按照全部成本法和变动成本法两种方法编制。按照变动成本法编制的预计利润表更适合企业内部管理的需要。

编制预计利润表的主要依据是业务预算和专门决策预算等有关数据。

（三）预计资产负债表

预计资产负债表是按照企业资产负债表的内容和格式编制的综合反映企业期末财务状况的预算报表，编制时，应以期初的资产负债表为基础，结合现金预算、预计利润表等有关资料，分析计算资产、负债、所有者权益各项目的期末数额。

根据期初资产负债表及预算期间各项预算中的有关资料分析计算，可编制预算期期末的资产负债表。

第二节　标准成本控制

一、标准成本控制概述

标准成本控制产生于20世纪20年代的美国，是泰勒制与会计系统相结合的产物。标准成本控制最显著的特点是把成本预算、成本控制和成本计算有机地结合起来，是企业内部控制成本、考核和评价成本水平的重要成本管理工具。

标准成本控制也称为标准成本制度或标准成本法，是指预先制定标准成本，将实际成本与标准成本加以比较，揭示成本差异、评价业绩，并对成本加以控制，这是标准成本系统的本质内容。在标准成本系统中，将目标成本纳入成本管理和会计核算体系，形成了一整套计算与核算程序，与传统成本核算程序相比，标准成本系统对于加强企业成本管理具有重要意义。

标准成本系统是围绕标准成本的相关指标而设计的，它具有事前估算成本、事中与事后计算与分析成本的功能，是将成本的前馈控制、反馈控制及核算功能有机结合而形成的成本控制系统。其具体包括以下三方面内容。

(1) 标准成本的制定。

在标准成本的制定阶段，需要对产品的生产工艺、技术流程以及生产和供销过程的各个方面进行全面分析研究，制定标准成本。因此，标准成本的制定与成本的前馈控制相联系，是采用标准成本系统的前提和关键，据此可以达到事前成本控制的目的。

(2) 成本差异的计算分析。

在产品生产的进程中，将发生的实际成本同事先制定的标准成本进行比较，揭示成本差异并进行差异分析，发现问题、分析原因，使成本在生产的进程中得到控制。因此，成本差异的计算分析与成本的反馈控制相联系，是标准成本系统的重点，藉此可以促使成本控制目标的实现，并据以进行业绩考评。

(3) 成本差异的账务处理。

在成本发生时计算成本并对成本及其差异进行相应的账务处理，为存货计价和收益的计量提供成本资料。因此，成本差异的账务处理与成本的日常核算相联系。

二、标准成本的制定

产品成本包括直接材料、直接人工和制造费用三个成本项目，制定单位产品的标准成本，应分别就直接材料成本、直接人工成本和制造费用制定。

每一成本项目的标准成本都由“用量标准”和“价格标准”两项内容构成。“用量标准”和“价格标准”应由管理人员组织工程技术、生产、会计、采购、销售、人事部等相关人员分析研究确定。

每一成本项目标准成本计算的通用模式如下：

$$\text{标准成本} = \sum(\text{用量标准} \times \text{价格标准})$$

无论是价格标准还是用量标准，都可以是理想状态的或正常状态的，据此得出理想的标准成本或正常的标准成本。在分别成本项目确定标准成本的基础上，汇总确定产品标准成本。

（一）直接材料标准成本的制定

直接材料是指可以直接归属于某种产品、构成该产品实体的原材料及主要材料。直接材料标准成本包括直接材料用量标准和直接材料价格标准。

1. 直接材料用量标准的制定

直接材料用量标准是指在现有生产技术条件和正常经营条件下，生产单位产品所需要的原料及主要材料的标准用量，通常包括构成产品实体应耗用的材料数量、生产中的必要消耗量，以及不可避免的废品损失中的消耗等。

材料用量标准一般应由生产技术部门制定提供，定额健全时，也可依据材料消耗定额制定。另外，还可以根据产品的不同情况由管理人员会同负责产品设计的工程技术人员确定。企业材料用量标准应根据其产品的设计、生产和工艺现状，结合企业经营管理情况和成本降低计划要求，考虑材料在使用过程中发生的必要损耗，并按照产品的零部件分别制定各种原料及主要材料的消耗标准。在制定材料用量标准过程中，产品如为首次生产的新产品，则应根据产品设计要求的材料质量、规格型号等逐项分析，如为以前生产过的产品，可以根据前期资料加以修订调整确定。

2. 直接材料价格标准的制定

直接材料价格标准是指产品生产所需要各种材料的标准价格，它是以订货合同为基础，考虑各种未来可能发生的变动，所确定的购买材料应当支付的价格，包括材料的买价和运杂费等采购费用，是企业编制的材料计划价格，即标准单价。

材料价格标准通常由采购部门和财务部门共同协商制定。因为材料价格在很大程度上受外部因素的影响，较难为管理人员所控制，所以，在制定材料价格标准时，应由采购部门负责，并征求财务部门的意见，考虑市场价格的变动和发展趋势，以及影响价格因素的定货批量和运输方式等因素。

直接材料标准成本等于单位产品所需用的各种材料标准用量与各自的标准价格的乘积之和。

$$直接材料标准成本=\sum(直接材料标准用量\times直接材料标准价格)$$

（二）直接人工标准成本的制定

直接人工是指可以直接归属到产品、为制造该产品而直接发生的人员薪酬。直接人工标准成本包括直接人工用量标准和直接人工价格标准。直接人工用量标准是指标准工时；直接人工价格标准是指标准人工率。

1. 直接人工用量标准的制定

直接人工标准工时是指在现有生产技术条件下生产工人生产每单位产品所需用的工作时间，包括对产品直接加工所需用的工时、必要的间歇和停工工时以及不可避免的废品耗用工时等。

直接人工用量标准通常由劳资部门和生产技术部门根据技术测定和统计调查资料确定。并且生产技术部门需要考虑员工的平均技术水平，按产品加工工序分别计算，然后按产品分别汇总确定。

2. 直接人工价格标准的制定

直接人工标准人工率是指每个直接人工标准工时应获取的人工额，包括生产工人的工资以及根据工资计提的其他职工薪酬等。

直接人工标准人工率通常由劳资部门会同财会部门，按工种或作业性质分别确定。它可能是预定的人工率，也可能是正常的人工率。如果采用计件工资制，标准人工率是预定的每件产品支付的人工额除以标准工时，或者是预定的小时人工；如果采用月薪制，需要根据月工资总额和可用工时总量来计算标准人工率。企业应根据自身的现行工资制度合理确定标准人工率。

直接人工标准工时和直接人工标准人工率标准确定后，直接人工标准成本应由直接人工价格标准和直接人工用量标准相乘求得，即：

$$\begin{aligned}\text{直接人工标准成本} &= \sum(\text{直接人工价格标准} \times \text{直接人工用量标准}) \\ &= \sum(\text{直接人工标准工时} \times \text{直接人工标准人工率})\end{aligned}$$

如果产品加工需要不同工艺从而需要不同的工人进行加工，其单位产品直接人工标准成本，则等于生产单位产品的各项作业的标准工时与各自的标准人工率乘积之和，用公式表示为：

$$\text{直接人工标准成本} = \sum(\text{各项作业标准工时} \times \text{相应的标准人工率})$$

（三）制造费用标准成本的制定

制造费用标准成本需要先按部门分别编制，然后再将同一产品所涉及的各部门单位制造费用标准加以汇总，得出整个产品的制造费用标准成本。由于制造费用按其性态可分为变动成本和固定成本两部分，所以制造费用的标准成本需要分别变动制造费用标准成本和固定制造费用标准成本制定。

制造费用的标准成本同样也由价格标准和用量标准构成。

1. 变动制造费用标准成本的制定

在变动成本法下，固定制造费用不计入产品成本，因此单位产品的标准成本中不包括固定制造费用的标准成本。这样，企业只需要制定变动制造费用的标准成本而不需要制定固定制造费用的标准成本，固定制造费用的控制通过预算管理来进行。

变动制造费用标准成本需要分别价格标准和用量标准来制定。

变动制造费用的价格标准是每一工时变动制造费用的标准分配率，它根据变动制造费用预算和预算的标准总工时计算求得。

$$\text{变动制造费用标准分配率} = \frac{\text{变动制造费用预算}}{\text{预算的标准工时}}$$

变动制造费用的用量标准是生产单位产品所需的工时或台时，通常采用单位产品直接人工工时标准，与制定直接人工标准用量的方法类似。有的企业采用机器工时或其他用量标准。作为数量标准的计量单位，工时标准应尽可能与变动制造费用保持较好的线性关系。

确定数量标准和价格标准之后，两者相乘即可得出变动制造费用标准成本，其计算公式为：

$$变动制造费用标准成本=变动制造费用标准分配率\times 标准工时$$

各车间变动制造费用标准成本确定之后，可汇总出单位产品的变动制造费用标准成本。

2. 固定制造费用标准成本的制定

在完全成本法下，固定制造费用要计入产品成本，制造费用预算需分别按变动费用和固定制造费用进行编制。变动制造费用预算应根据变动成本特性，并参照以往的经验，由有关部门加以确定。固定制造费用预算可参照历史资料并考虑预期生产力的利用程度加以估计。

固定制造费用标准成本也需要分别价格标准和用量标准制定。

固定制造费用的价格标准是其每小时的标准分配率，它根据固定制造费用预算和预算的标准总工时计算求得。

$$固定制造费用标准分配率=\frac{固定制造费用预算}{预算的标准工时}$$

固定制造费用的用量标准与变动制造费用的用量标准相同，包括直接人工工时、机器工时、其他用量标准等，并且两者要保持一致，以便进行差异分析。这个标准用量与制定直接人工标准用量的方法类似。

确定数量标准和价格标准之后，两者相乘即可得出固定制造费用标准成本，其计算公式为：

$$固定制造费用标准成本=固定制造费用标准分配率\times 标准工时$$

各车间固定制造费用的标准成本确定之后，可汇总出单位产品的固定制造费用标准成本。

（四）单位产品标准成本的制定

分别成本项目制定标准成本后，汇总即可确定单位产品的标准成本。通常，企业可编制“标准成本卡”，反映产成品标准成本的具体构成。在每种产品生产之前，它的标准成本卡要送达有关人员，包括各级生产部门负责人、财会部门、仓库等，作为领料、派工和支出其他费用的依据。

三、成本差异的计算分析

成本差异，是指在一定时期生产的一定数量产品所发生的实际成本与其标准成本之间的差额。成本差异可用公式表示：

$$成本差异=实际成本-标准成本$$

在标准成本系统下，企业在生产经营过程中以预定的标准成本为尺度衡量实际成本，而实际成本往往由于种种原因与预定的标准成本不符，有一定的差异。前文按照不同的分类标准可将成本差异分为多种，这些成本差异在成本差异计算分析过程中需要结合应用。在实务中，为便于成本差异的分因素定量分析，通常将成本差异分解为价格差异和用量差异两个因素，分别计算成本差异额，进行因素分析。

价格差异，是由实际价格和标准价格之间的差异所引起的，其计算建立在实际投入数量的基础上，计算一般模式如下：

价格差异＝(实际用量×实际价格)—(实际用量×标准价格)
＝(实际价格—标准价格)×实际用量

用量差异，是由于实际产量上的实际用量和实际产量上允许的标准用量之间差异所引起的，其计算建立在标准价格的基础上，计算一般模式如下：

用量差异＝(实际用量×标准价格)—(标准用量×标准价格)
＝(实际用量—标准用量)×标准价格

(一) 直接材料成本差异的计算分析

直接材料成本差异，是指在实际产量下，直接材料实际总成本与直接材料标准总成本之间的差额。直接材料成本是变动成本，按差异形成的原因，直接材料成本差异可以进一步分解为以下两种差异：一是实际材料用量脱离标准用量而形成的材料用量差异；二是材料实际价格脱离标准价格而形成的材料价格差异。有关计算公式如下：

1. 直接材料成本差异的计算

直接材料成本差异＝直接材料实际成本－直接材料标准成本
＝直接材料用量差异＋直接材料价格差异

2. 直接材料用量差异的计算

直接材料用量差异＝(材料实际用量×材料标准价格)－(材料标准用量×材料标准价格)
＝(材料实际用量－材料标准用量)×材料标准价格

3. 直接材料价格差异的计算

直接材料价格差异＝(材料实际用量×材料实际价格)－(材料实际用量×材料标准价格)
＝(材料实际价格－材料标准价格)×材料实际用量

【例 12-1】 某公司生产乙产品耗用 C 材料。本期生产乙产品 200 件，耗用 C 材料 1 000千克，C 材料的实际价格为每千克 100 元。假设 C 材料的标准价格为每千克 110 元，单位甲产品的标准用量为 4.5 千克 C 材料。

直接材料成本差异分析如下：

直接材料成本差异＝100×1 000－4.5×200×110＝1 000(元)(不利差异)

直接材料用量差异＝(1 000－4.5×200)×110＝11 000(元)(不利差异)

直接材料价格差异＝(100－110)×1 000＝ －10 000(元)(有利差异)

材料价格差异是在采购过程中形成的，其产生原因主要有：材料采购价格编制不当；材料市场价格变化；未按经济采购批量进货；未能及时订货造成的紧急订货使买价格和运费上升；运输安排不当使运费和途耗增加；不必要的快速运输方式，违反合同被罚款，承接紧急订货造成额外采购等。材料价格差异一般应由采购部门负责，在分析差异时，还应区分主观、客观因素进行具体分析和调查，才能明确最终原因和责任归属。

材料用量差异是在材料耗用过程中形成的，产生原因主要包括：材料质量差，废料过多；产品设计或工艺变更，用料标准未能及时调整；生产工人操作技术不熟练或不认真，造成废品废料；机器设备效率增减，使材料耗用量发生变化等。材料用量差异主要为可控差异，一般应由生产部门负责，但是有时应由其他部门负责，如材料质量低劣引起的用量差异应由采购部门负责。因此，需要进行具体的调查分析才能明确责任归属。

（二）直接人工成本差异的计算分析

直接人工成本差异，是指在实际产量下，直接人工实际总成本与直接人工标准总成本之间的差额。直接人工成本也是变动成本，其成本差异可以进一步分解为以下两种差异：一是实际人工工时用量脱离标准工时用量而形成的人工用量差异，即效率差异，类似于直接材料用量差异；二是人工实际价格脱离标准价格而形成的人工价格差异，类似于材料价格差异。所以，直接人工成本差异的计算分析方法类似于直接材料成本差异。有关计算公式如下：

1. 直接人工成本差异的计算

直接人工成本差异＝直接人工实际成本－直接人工标准成本
＝直接人工用量差异＋直接人工价格差异

2. 直接人工用量差异的计算

直接人工用量差异＝(实际工时×标准人工价格)－(标准工时×标准人工价格)
＝(实际工时－标准工时)×标准人工价格

3. 直接人工价格差异的计算

直接人工价格差异＝(实际工时×实际人工价格)－(实际工时×标准人工价格)
＝(实际人工价格－标准人工价格)×实际工时

【例 12-2】 某公司本期生产乙产品 200 件，实际耗用人工 9 000 小时，实际工资总额 90 000元，平均每工时 10 元。假设标准工资率 9 元，单位产品的工时耗用标准为 40 小时。

直接人工成本差异分析如下：

直接人工成本差异＝10×9 000－9×40×200＝18 000(元)(不利差异)

直接人工用量差异＝(9 000－40×200)×9＝9 000(元)(不利差异)

直接人工价格差异＝(10－9)×9 000＝9 000(元)(不利差异)

一般而言，直接人工价格差异形成的原因主要包括：高、低工资的工人生产调度不当，生产工人升级或降级使用；工资变动，原工资标准未及时调整；工资计算方法变更；出勤率变化；奖励制度未产生实效；加班或雇佣临时工；季节性或临时性生产增发工资等。在实际工作中，由于具体安排工作时也会由于某种原因造成人工价格出现差异，由此产生的责任应由劳动人事部门或生产部门承担，有时也会涉及其他部门。由于人工价格差异产生的原因复杂且难以控制，在分析人工价格差异时，应结合各部门的工作和责任范围，进行具体分析评价。

直接人工用量差异的形成原因，主要包括：生产工人经验不足、工作不熟练，未能在标准工时内完成任务；工作环境差，工人劳动情绪不佳，影响生产潜能发挥；材料供应不及时，造成停工待料，浪费工时；设备故障较多，停工待修，浪费工时；生产工艺变更，未能及时修订标准；生产计划安排不当，造成“窝工”；材料质量低劣致加工时间延长，新工人上岗多，机器或工具选用不当，产品批量少、批次多，调整准备时间长等。人工效率差异基本上都是可控差异，主要应由生产部门负责，但这也不是绝对的，有些差异如材料质量不好、供应不及时或由于生产工艺变化引起的差异，应由采购部门、动力部门及其他有关部门负责。因此，在分析人工效率差异时，应针对具体负责部门进行分析评价。

（三）变动制造费用成本差异的计算分析

变动制造费用成本差异，是指在实际产量下，变动制造费用实际总成本与其标准总成本之间的差额。变动制造费用成本差异可以进一步分解为以下两种差异：一是实际工时用量脱离标准工时用量而形成的用量差异，也叫效率差异；二是实际变动制造费用分配率脱离其标准而形成的价格差异，又称耗费差异或开支差异。有关计算公式如下：

1. 变动制造费用成本差异的计算

变动制造费用成本差异＝实际变动制造费用－标准变动制造费用

＝变动制造费用效率差异＋变动制造费用开支差异

2. 变动制造费用效率差异的计算

变动制造费用效率差异＝（实际工时×标准分配率）—（标准工时×标准分配率）

＝（实际工时－标准工时）×标准分配率

3. 变动制造费用开支差异的计算

变动制造费用开支差异＝（实际工时×实际分配率）—（实际工时×标准分配率）

＝（实际分配率－标准分配率）×实际工时

变动制造费用开支差异类似于材料价格差异和直接人工工资率差异，变动制造费用效率差异类似于材料用量差异和直接人工效率差异。所以，变动制造费用成本差异的计算分析方法类似于直接材料成本差异或直接人工成本差异。

【例 12-3】 某公司本期生产乙产品 200 件，实际耗用人工 9 000 小时，实际发生变动制造费用 22 500 元，变动制造费用实际分配率为每直接人工工时 2.5 元。假设变动制造费用标准分配率为 3 元，单位产品的工时耗用标准为 40 小时。

变动制造费用差异分析如下：

变动制造费用成本差异＝2.5×9 000－3×40×200＝－1 500（元）（有利差异）

变动制造费用效率差异＝（9 000－40×200）×3＝3 000（元）（不利差异）

变动制造费用开支差异＝（2.5－3）×9 000＝－4 500（元）（有利差异）

通常情况下，变动制造费用开支差异的形成原因主要有：预算或标准估计有误，导致实际变动制造费用发生额与预计数额发生偏差；间接材料价格的变化、质量的低劣，间接人工工资的调整；其他各项费用控制不当等。由于变动制造费用耗费差异构成内容繁多，具体原因各异，因此，可根据变动制造费用的明细项目（如间接材料、间接人工、动力费用等），区分可控与不可控因素进行分析，并视具体情况确定其责任的归属。

变动制造费用效率差异的形成原因与直接人工效率差异产生的原因相同，其责任归属也与直接人工效率差异相同。

（四）固定制造费用成本差异的计算分析

固定制造费用成本差异，是指在实际产量下，固定制造费用实际发生总额与其标准发生总额之间的差额。虽然固定制造费用具有在其相关范围内总额不变的特性，但是在实际工作中，由于生产能力利用程度的不同、生产效率高低的不同、实际执行与预算的不同，仍会出现固定制造费用成本差异。对固定制造费用进行成本控制是通过编制固定预算来实现的。

固定制造费用成本差异是指一定期间的实际固定制造费用与标准固定制造费用之间

的差额。其计算公式为：

固定制造费用成本差异＝实际产量下实际固定制造费用－实际产量下标准固定制造费用

固定制造费用是固定成本，它在一定业务量范围内不随业务量的变动而变动。因此，固定制造费用成本差异不能简单地分为价格差异和数量差异两种类型。根据固定制造费用不随业务量的变动而变动的特性，为了计算固定制造费用标准分配率，须根据固定制造费用预算，设定一个预算工时，实际工时与预算工时的差异导致的固定制造费用成本差异是其生产能力利用程度差异。因此，固定制造费用成本差异除了像变动制造费用那样包括开支差异和效率差异外，还包括生产能力利用差异。

一般而言，造成固定制造费用耗费差异的原因主要有：管理人员薪酬调整，折旧方法的改变；租赁费、保险费的调整及办公费用价格上涨等。这些因素变化主要是客观因素引起的，不是控制的重点。造成固定制造费用能量差异的原因主要有：市场萎缩，订货减少；原设计生产能力过剩；供应不足，停工待料；能源短缺，开工不足；机械故障，停工待修；产品调整，批量减少；人员技术水平有限，未能充分发挥设备能力等。能量差异是由于现有生产能力没有发挥出来造成的差异，其责任主要应由高层管理人员负责，计划部门、采购部门、生产部门、销售部门等都有可能负有一定的责任，应视企业的具体情况确定。

第三节　责任成本控制

一、含义

责任成本控制是在分权管理的条件下，为适应经济责任制的要求，在企业内部建立若干责任单位，并对它们分工负责的经济活动进行规划、控制、考核与业绩评价的一整套内部会计控制制度。

责任会计是分权管理的产物，它要求将单位内部独立发挥作用的各级、各部门确定为权责范围不同的各个责任中心，按其权责范围分别编制预算，记录预算的执行情况，定期提出报告，用来评价考核单位内部责任中心管理的业绩。其主要内容包括以下几个方面。

（一）明确权责范围

实施责任会计，首先要根据企业的具体情况和内部管理的实际需要，合理地划分各责任中心。责任中心按其授权范围的大小分为成本中心、利润中心和投资中心三种形式，由于各责任中心所承担的责任都不一样，因此，必须首先依据各个责任中心的具体特点，明确规定其权责范围，从而正确地确定其核算内容。

（二）编制责任预算

企业应根据全面预算所确定的生产经营总目标和任务，按责任中心进行层层分解、落实，并为每个责任中心编制责任预算，作为今后控制各责任中心经济活动的依据，同时也作为评价其工作成果的基本标准。

（三）制定业绩考核标准

业绩考核标准应当具有可控性、可计量性和协调性等特点，即其考核的内容只能是责任中心能够控制的因素；考核指标的实际执行情况要能比较准确地计量和报告，并能使各个责任中心在完成企业总的目标中明确各自的目标和任务，以实现局部和整体的统一。

(四) 制定内部转移价格

为了分清经济责任，正确地评价各责任中心的工作业绩，对各责任中心之间相互提供的产品和劳务都应该进行结算，这就需要根据各责任中心的特点，对企业内所转移的各种产品和劳务合理地制定内部转移价格。由于内部转移价格的合理与否直接关系到与之相关的各责任中心的利益，因此，内部转移价格的确定要讲究科学性和合理性，既有助于调动各责任中心的积极性，又有助于实现局部和整体之间的目标一致。

(五) 建立责任信息系统

责任预算一经确定，就要按责任中心建立相应的一套完整的日常记录、计算和积累有关责任预算执行情况的信息跟踪系统，对实际执行情况进行跟踪反映，并定期编制业绩报告。企业应根据各责任中心的业绩报告，分析预算执行差异发生的原因，及时通过信息反馈，控制并调节它们的日常经营活动；同时，还要督促它们迅速采取有效措施，纠正缺点，巩固成绩。因此，责任会计的信息系统必须满足相关性、及时性和准确性等要求。

(六) 制定考评奖惩制度

企业应定期编制责任报告，对各责任中心的工作成果进行全面分析和评价，制定一套既完整、合理，又切实有效的考评奖惩制度，根据各责任中心的实际工作业绩的好坏进行奖惩，鼓励先进，鞭策落后。如果一个责任中心的工作业绩因其他责任单位的过失而受到损害，应由责任单位赔偿。该制度应有助于实现责、权、利的统一。

二、责任中心

(一) 责任中心的含义

责任中心是指企业内部承担一定经济责任，并拥有相应管理权限和享受相应利益的责任单位。它是按照各自经营活动的特点以及各自能够控制的范围划分的。划分责任中心的标准通常有以下三条：一是经营管理范围可明确划分的单位，各个责任中心具有明确的权责范围，都要对一定的财务指标承担完成的责任；二是经济责任可明确划分的单位，要通过定岗位、定职责、定任务给每个责任单位以压力，使之完成各自的财务指标；三是生产经营业绩可明确考核的单位，即要有明确的相关会计指标来衡量经营业绩。

按照上述标准，企业内的车间、班组以及销售、财务、采购、劳动工资、行政管理等部门都有其责任范围，均可控制各自的费用、成本和收益，因此这些部门或单位均可划定为责任中心。按照责任对象的特点和责任范围的大小，责任中心可以分为成本中心、利润中心和投资中心。

(二) 成本中心

成本中心，是指那些只能控制成本，从而只对成本负责的责任中心。成本中心有狭义和广义之分。狭义的成本中心是指对产品生产或劳务提供资源的耗费负责的责任中心，主要指生产产品或提供劳务的责任中心；广义的成本中心除狭义的成本中心外，还包括那些非生产性的以控制经营管理费用为主的责任中心，也即费用中心。

成本中心往往没有收入，或者有少量收入但不成为主要的考核内容。成本中心的应用范围最广泛，任何只发生成本的责任领域都可以确定为成本中心。对这类责任中心只是考核成本，而不能考核其他内容。

（三）利润中心

利润中心是对利润负责的责任中心。由于利润等于收入减去成本和费用，所以，利润中心实际上既要对收入负责，又要对成本和费用负责。通常一个利润中心能同时控制生产和销售，但没有责任或没有权力决定该中心资产投资的水平，因而，该责任中心的评价标准是利润的多少。本质上，利润中心指的是管理人员有权对其供货的来源和市场的选择进行决策的单位。

按照产品销售区域的不同，利润中心可分为自然利润中心和人为利润中心两类。

（四）投资中心的含义

投资中心是对投资负责的责任中心。投资中心既对成本、收入和利润负责，又对其投资及其利用效益负责，投资中心在责任中心中处于最高层次，不仅在产品的生产和销售上享有较大的自主权，而且具有一定的投资决策权，能够相对独立地运用其所掌握的资金，因而它既要对成本和利润负责，又要对资金的合理运用负责。它具有最大的决策权，也承担最大的责任。整个企业本身就可作为一个投资中心，企业内部规模和管理权限较大的部门和单位，如子公司、分公司、事业部分等都可以成为投资中心。在组织形式上，成本中心一般不是独立法人，利润中心可以是也可以不是独立法人，而投资中心一般是独立法人。

三、业绩评价

（一）成本中心的业绩评价

成本中心业绩考核评价的指标是责任成本，对于责任成本考核需把握以下几点：① 责任成本的核算目的是控制成本；② 责任成本的计算对象是责任中心；③ 责任成本的核算范围是各个责任中心的可控成本部分；④ 责任成本既核算责任中心的可控变动间接费用，又核算可控固定间接费用。

由于成本中心只对成本负责，职责比较单一，因此，对其业绩进行评价和考核的重点是责任成本。成本中心的考核指标主要包括目标成本降低额和目标成本降低率，其计算公式如下：

$$\text{目标成本降低额}=\text{目标(或预算)成本}-\text{实际成本}$$

$$\text{目标成本降低率}=\frac{\text{目标成本降低额}}{\text{目标成本}}\times 100\%$$

在对成本中心进行考核时，应注意区分可控成本和不可控成本，不可控成本不应计入责任成本。还需注意的是，如果预算产量与实际产量不一致时，应先按弹性预算的方法调整预算指标，然后再进行考核。

成本中心应该定期编制业绩报告，作为考核和评价其工作成果的依据。业绩报告的具体形式一般包括三栏：成本中心可控成本的预算额、实际发生额、差异额。对于不可控成本可以不予列示，或是作为附属资料列示，以便于有关部门和人员全面了解本中心成本消耗的总体情况。

实际工作中对预算额和实际发生额之间产生的差异要进行分析，可以在业绩报告中进行说明，也可在“差异”栏后增设“差异分析”一栏逐项进行分析。对差异额的分析有助于成本中心改进生产经营方式，对各种可控成本实施有效的调节措施。对于由客观环境因素导致的差异，经分析后可以提出对预算额进行修订。

成本中心的业绩报告应按层次逐级编写和报送，直至最高管理层。任何一级成本中心的责任成本都为下级成本中心转来的责任成本和本级成本中心各项可控成本之和。

（二）利润中心的业绩评价

利润中心业绩的评价和考核主要是通过一定期间实现的利润与“责任预算”所确定的预计利润数进行比较，并进而对差异形成的原因和责任进行具体剖析，借以对经营上的得失和有关人员的功过作出全面而正确的评价。利润中心业绩评价的主要指标是“责任利润”，而责任利润又有多种含义或多种选择，主要的评价指标包括可控边际贡献、部门边际贡献和税前部门利润等。

对利润中心进行考核与评价的关键是其责任利润的实现情况，通过利润中心的业绩报告所提供的边际贡献、经营利润等具体指标，可以对此进行衡量。利润中心业绩报告的编制基础是销售预算、成本预算以及它们各自的实现情况，预算额与实际额之间的差异反映了利润中心经营业绩的优劣。

（三）投资中心的业绩评价

投资中心比利润中心范围更大，特别是要更多地考虑长期的效益，投资中心的负责人除了控制成本和进行价格决策外，即不仅拥有短期经营决策权，还拥有长期投资决策权。因此，对投资中心的考核既要衡量其利润，又要衡量其资产，并把利润与其所占资产联系起来。所以，考核投资中心工作绩效时，不但要考核其成本、收入、利润，而且要将所获利润与所占用资金对比，考核资金的运用效果。因此，投资报酬率、剩余收益和经济附加值都成为考评投资中心管理者的重要指标。

对投资中心进行考核与评价的关键是其投资效益的实现情况，通过投资中心的业绩报告所提供的投资报酬率、剩余收益等具体指标，可以对此进行衡量。投资中心业绩报告既要列示成本、收入、利润的预算数和实际数，还要列示经营资产、销售利润率、投资报酬率以及剩余收益的预算数和实际数，以便对投资中心的经营业绩作出全面的评价。

练习与思考

一、单项选择题

1. 下列各项中，属于编制全面预算的关键和起点的是（　　）。

A. 直接材料预算　　B. 直接人工预算

C. 生产预算　　D. 销售预算

2. 下列各项中，只涉及实物计量单位而不涉及价值计量单位的预算是（　　）。

A. 销售预算　　B. 生产预算

C. 专门决策预算　　D. 财务预算

3. 编制经营预算与财务预算的期间通常是（　　）

A. 1个月　　B. 1个季度　　C. 半年　　D. 1年

4. 与预算成本不同，标准成本是一种(　　)。

A. 总额的概念　　B. 单位成本的概念

C. 历史成本　　D. 实际成本

5. 成本差异按其性质的不同可划分为(　　)。

A. 数量差异和价格差异　　B. 纯差异和混合差异

C. 有利差异和不利差异　　D. 可控差异和不可控差异

6. 对于任何一个成本中心来说，其责任成本应等于该中心的(　　)。

A. 产品成本　　B. 固定成本之和

C. 可控成本之和　　D. 不可控成本之和

7. 下列各项中，不属于利润中心应当拥有的权利是(　　)。

A. 价格决策权　　B. 投资决策权

C. 生产决策权　　D. 销售决策权

二、多项选择题

1. 编制生产预算时需要考虑的因素有(　　)。

A. 基期生产量　　B. 预算期预计期末存货量

C. 预算期预计销售量　　D. 预算期预计期初存货量

2. 销售及管理费用预算编制的主要依据是(　　)。

A. 有关标准价格　　B. 预算期销售量

C. 单位产品变动性标准费用额　　D. 有关标准耗用量

3. 下列各项中，能够为编制预计利润表提供信息来源的有(　　)。

A. 销售预算　　B. 产品成本预算

C. 销售及管理费用预算　　D. 制造费用预算

4. 下列各项中，属于标准成本控制系统构成内容的有(　　)。

A. 标准成本的制定　　B. 成本差异的计算与分析

C. 成本差异的账务处理　　D. 成本差异的分配

5. 按成本差异形成过程进行分类，可将成本差异分为(　　)。

A. 价格差异　　B. 用量差异　　C. 纯差异　　D. 混合差异

6. 在下列各项指标中，属于利润中心考核范畴的有(　　)。

A. 人为利润总额　　B. 贡献边际总额

C. 负责人可控利润总额　　D. 可控利润总额

7. 下列各项中，可以作为内部转移价格的有(　　)。

A. 标准变动成本　　B. 双重价格　　C. 标准成本加成　　D. 协商价格

三、判断题

1. 销售预算是以生产预算为依据编制的。(　　)

2. 全面预算是指为企业供、产、销及管理活动所编制的，反映企业收入与费用构成情况的预算。(　　)

3. 在编制生产预算时,应考虑产成品期初期末存货水平。 ( )
4. 在标准成本控制系统中,计算价格差异的用量基础是实际产量下的标准耗用量。 ( )
5. 单位产品任何一项成本的标准成本都应等于该项目的价格标准与标准用量的乘积。 ( )
6. 各成本中心的可控成本之和等于企业的总成本之和。 ( )
7. 责任会计的核心在于利用会计信息对各分权单位的业绩进行计量。 ( )

四、简答题

1. 全面预算包括哪些内容?
2. 如何理解预算编制的折中程序?
3. 什么是标准成本制度? 它包括哪些内容?
4. 在标准成本系统中,其变动成本数量差异有哪些? 价格差异有哪些?
5. 成本中心的评价考核标准有哪些? 如何对成本中心的业绩进行考核?
6. 利润中心的评价考核标准有哪些? 如何对利润中心的业绩进行考核?
7. 投资中心的业绩评价标准有哪些? 如何对投资中心的业绩进行考核?

参考文献

[1] 财政部会计资格评价中心. 初级会计实务[M]. 北京:经济科学出版社,2022.
[2] 财政部会计资格评价中心. 中级会计实务[M]. 北京:经济科学出版社,2022.
[3] 亨格瑞,达塔尔. 成本与管理会计[M] 15 版. 王立彦,刘应文,译. 北京:中国人民大学出版社,2019.
[4] 胡玉明. 管理会计应用指引详解与实务[M]. 北京:经济科学出版社,2019.
[5] 美国管理会计师协会,管理会计词典(英汉对照)[M]. 刘霄仑,译. 北京:经济科学出版社,2017.
[6] 全国会计专业技术资格考试领导小组. 财务管理[M]. 北京:经济科学出版社,2022.
[7] 孙茂竹,于富生. 成本与管理会计[M]. 3 版. 北京:中国人民大学出版社,2020.
[8] 孙茂竹,支晓强,戴璐. 管理会计学[M]. 9 版. 北京:中国人民大学出版社,2020.
[9] 王化成,刘俊彦,荆新. 财务管理学[M]. 9 版. 北京:中国人民大学出版社,2021.
[10] 王艳茹,孙茂竹,李朝晖. 成本管理会计[M]. 4 版. 大连:东北财经大学出版社,2021.
[11] 张敏,黎来芳,于富生. 成本会计学[M]. 9 版. 北京:中国人民大学出版社,2021.
[12] 赵书和. 成本与管理会计[M]. 5 版. 北京:机械工业出版社,2019.
[13] 中华人民共和国财政部,企业会计准则(合订本)(2020)[M]. 北京:经济科学出版社,2020.
[14] 中华人民共和国财政部. 管理会计应用指引[M]. 上海:立信会计出版社,2019.
[15] 中华人民共和国财政部. 企业财务通则[M]. 北京:中国财政经济出版社,2006.
[16] 中华人民共和国财政部. 企业会计准则应用指南(2022)[M]. 上海:立信会计出版社,2021.